U0822653

中华人民共和国行政处罚法释义

袁雪石 著

中国法制出版社
CHINA LEGAL PUBLISHING HOUSE

前 言

一、《行政处罚法》的制定修改情况

1987 年，原国务院法制局开始着手分析、研究行政处罚在立法和执法实践中存在的问题。1989 年，开始起草行政处罚条例。1990 年开始起草行政处罚法。[①] 1991 年，全国人大常委会法工委行政立法研究组起草了行政处罚法初稿。1992 年，全国人大常委会认为行政处罚直接涉及公民基本权利，需要上升为法律的形式来制定，于是将其列入立法计划。1995 年，全国人大常委会公布了行政处罚法草案，1996 年 3 月 17 日，八届全国人大第四次会议审议通过了《行政处罚法》。[②] 制定《行政处罚法》，是我国行政法制建设中的一件大事，也是加强社会主义民主政治建设的一个重要步骤。《行政处罚法》的制定，对于规范行政机关有效地依法行政，改进行政管理工作，加强廉政建设，维护社会秩序和公共利益，保护公民的合法权益，促进社会主义市场经济的健康发展，都起到了重要作用。

在最初的立法过程中，立法机关参考了德国、奥地利、前苏联、日本、我国台湾地区等立法实践。时任全国人大常委会法工委刘烈处长总结介绍的国外行政处罚立法的特点及趋势，许多都被我国立法所采纳，如采取统一的法典式制定行政处罚法、行政处罚分散规定在单行法、法定行政处罚设定权种类和处罚执行机关、法定处罚程序、行政处罚向"轻刑化"发展等。[③]

2009 年 8 月 27 日，根据法律清理的要求，《行政处罚法》进行了第一次修

---

① 汪永清：《行政处罚法适用手册》，中国方正出版社 1996 年版，第 279 页。

② 应松年主编：《行政法与行政诉讼法学》，高等教育出版社 2017 年版，第 185 页。

③ 刘烈：《国外行政处罚立法状况》，《行政法学研究》1994 年第 1 期。

改[1]，主要是调整了刑事责任、治安管理处罚条例的表述。2017 年 9 月 1 日，根据改革文件的要求，《行政处罚法》进行了第二次修改，在第三十八条中增加一款，作为第三款："在行政机关负责人作出决定之前，应当由从事行政处罚决定审核的人员进行审核。行政机关中初次从事行政处罚决定审核的人员，应当通过国家统一法律职业资格考试取得法律职业资格。"[2] 这次调整对法制审核影响较大。

2021 年 1 月，《行政处罚法》进行了第三次修改。此次修改从 2018 年启动，修改幅度较大，增加了 22 条，修改了 50 多条，删除了 1 条，修订草案经过三次审议，增加了行政处罚的概念、主观过错要件、赋权乡镇街道实施行政处罚，扩张了行政处罚的种类等。修订的指导思想：一是贯彻落实党中央重大决策部署，立法主动适应改革需要，体现和巩固行政执法领域中取得的重大改革成果。二是坚持问题导向，适应实践需要，扩大地方的行政处罚设定权限，加大重点领域行政处罚力度。三是坚持权由法定的法治原则，增加综合行政执法，赋予乡镇街道行政处罚权，完善行政处罚程序，严格行政执法责任，更好地保障严格规范公正文明执法。四是把握通用性，从行政处罚法是行政处罚领域的通用规范出发，认真总结实践经验，发展和完善行政处罚的实体和程序规则，为单行法律、法规设定行政处罚和行政机关实施行政处罚提供基本遵循。[3]

需要注意的是，虽然《行政处罚法》规定了行政主体、行政程序、行政责任等，但其也有自己的弱点。《行政处罚法》有效实施的前提是单行法中的行政管理措施能被准确识别为行政处罚。除此之外，《行政处罚法》尚有不少制度亟待细化，甚至是否有必要制定配套行政法规，也值得进一步研究。

《行政处罚法》只是形成了一个小的制度体系，行政法的法典化对于整体提升依法行政的水平、补充法律漏洞、保护个人合法权益等至关重要。中国行政法法典化的背景是改革和开放，法典化是个划时代的大工程，比编纂民法典更加困难，如要启动编纂，这方面要做的工作还很多。

---

① 《全国人民代表大会常务委员会关于修改部分法律的决定》（中华人民共和国主席令第 18 号）。

② 《全国人民代表大会常务委员会关于修改〈中华人民共和国法官法〉等八部法律的决定（含：检察官法、公务员法、律师法、公证法、仲裁法、行政复议法、行政处罚法）》（中华人民共和国主席令第 76 号）。

③ 许安标：《关于〈中华人民共和国行政处罚法（修订草案）〉的说明》（2020 年 7 月 3 日）。

二、关于本书

本书的主要特点是实践性，其次才是理论性。

本书注重理论与实践相结合，坚持问题导向，全书共回答了数百个问题，采用的是法典评注的编写方法，以梳理、阐释《行政处罚法》的客观适用规则为中心，竭力回答已获悉的问题，重视立法、行政、司法实践甚于学说，重视通说甚于个人见解，重视国内法治甚于国外法治。①

在结构内容上，每章下面设置本章概要，逐条解释时，采用本条来源、立法演变、规范意旨、构成要件、法律效果、案例评议等逻辑顺序，不少条款设置“微言要义”，用法律谚语等短句提炼法条的精神实质。在法条适用部分，努力梳理关联法条、实务见解、学术见解，提出本书见解，并注重最小法律适用关键词的解读。案例主要使用最高人民法院、最高人民检察院公报案例、指导案例，以及行政执法、行政复议、行政审判等方面的经典案例。对于法律空白或者衔接不明确的部分，进行体系续造，提出自身见解。对于外国法的材料，着重从阐释法条的历史由来、补充不完全法条等角度使用。本书《行政处罚法》2021 年修订要点已经在各章篇首作了概括，此处不作赘述。本书收录的法律规范截至 2021 年 4 月 15 日。

基于整体主义的治理理念，本书除了选择《行政处罚法》本身的资料外，还选择使用《行政强制法》《行政复议法》《行政诉讼法》等关联资料，同时还兼顾《民法典》《刑法》等领域的关联资料，以期还原真实世界的法律适用。

三、致谢

本书是我十余年来从事规范和监督行政执法制度设计、参与本次《行政处罚法》修订等工作的个人体会，但不代表所在单位观点。

写作是件辛苦事，是否写作本书，我下了很大决心。本次修法变动较大，在立法过程中，不断有地方、部门和理论界的同志与我当面或者通过电话沟通探讨，而推动贯彻实施《行政处罚法》也是职责所在，这些因素推动我最后决

---

① 关于法典评注，国内的介绍参见贺剑：《法教义学的巅峰——德国法律评注文化及其中国前景考察》，《中外法学》2017 年第 2 期。卜元石：《德国法律评注文化的特点与成因》，《南京大学学报（哲学·人文科学·社会科学）》2020 年第 4 期。朱晔：《日本民法注释的演变对中国的启示》，《南京大学学报（哲学·人文科学·社会科学）》2020 年第 4 期。朱庆育：《中国民法典评注写作指南》，https：//www. legal – theory. org/？ mod = info&act = view&id = 25298，中国理论法学研究信息网。

定写作本书。

写作让生活变得更快。人的一生非常短暂。写作本书的时间主要是夜晚、清晨，等待电脑开机的那一刹那，我经常回想起少年时代父母亲每天三四点钟就开始忙碌的日子，好生活都是奋斗出来的，希望本书能对读者有所裨益。写作期间，有一天回家后，发现孩子正静静地看本书的初稿，突然，他一扭头对我说：“爸！这个字错了！”那一刻，我有一点点心动，努力挤时间写书、努力追梦，也算行不言之教吧。他的侧影一直到现在还熨在我的心里。近几年来，工作和写作占据了我绝大部分时间，写作其实占用的是家人的时间，感谢父母、岳父母，感谢妻子，感谢姐姐姐夫、哥哥嫂子等，是他们让我成为一个幸福的人。

工作以后，领导和同事是我最好的老师。文稿改了几十稿后，领导和同志们经常还会找出“硬伤”，这种感觉一直让我如履薄冰。近两年，我感觉自己对法律理论、实践的认识逐渐有了一点升华，这些个人的“顿悟”，离不开领导和同志们的经年“点化”。感谢领导对我的培养厚爱和谆谆教诲，感谢同志们对我的关心、指点和帮助，感谢理论界和实务界前辈、同仁对我的提携、鼓励和支持，是他们让我成为更好的自己。

感谢宋华琳、曹鎏、苏苗罕、李洪雷、张红、骆梅英、潘波等理论界和实务界精英为本书提供了资料，是他们让本书更贴近理论和实践。

感谢中国法制出版社社领导的支持，感谢袁笋冰、刘晓霞等诸位编辑为本书的出版所做的努力和付出，是他们让本书更加规范、更加精致。

今年是恩师杨立新教授七十大寿，也是我和妻子跟随恩师杨立新教授学习二十周年，谨以此书恭祝恩师七十华诞！

由于时间仓促，认识有限，不足之处在所难免，欢迎大家批评指正。

目 录

第一编 条文注解

第二编　专题研究

第一编　条文注解

第一章　总　则

本章概要

本章规定了立法目的、行政处罚的定义、适用范围、基本原则、行民衔接、行刑衔接。在本次修订中，本章增加了行政处罚的定义，为认定行政处罚提供判断标准，解决行政处罚界限不清的问题。同时，第二章补充列举行政处罚种类。① 规定行政处罚的定义至关重要，立法机关、行政机关、司法机关乃至当事人可以据此判断非典型行政处罚行为是不是行政处罚，是否要适用本法。

本章对实施行政处罚的原则作了规定。一是处罚与教育相结合的原则。行政处罚的目的，重在纠正违法行为，教育公民、法人或者其他组织自觉遵守法律，即矫正和预防，罚款等只是处罚的手段，不是处罚的目的。二是依法原则。行政机关实施行政处罚，必须以法律为准绳，严格遵守法定程序。三是公正、公开原则。给予行政处罚，必须查明事实，以事实为根据，与违法行为的事实、性质、情节以及社会危害程度相当。有关行政处罚的规定要公布，使公民和组织能够知道，未经公开，不能作为处罚的依据；实施行政处罚要公开，以便人民群众进行监督。

本章对当事人的权利作了规定。一是陈述和包括听证在内的申辩权。听证是正式的申辩程序。同时，非现场处罚有特别的陈述、申辩要求。二是申请行政复议或提起行政诉讼权。当事人对行政处罚不服的，可以依法提请行政复议或者提起行政诉讼。三是要求行政赔偿权。公民、法人或者其他组织对于行政机关违法给予行政处罚受到损害的，有权依法取得赔偿。

本次修订增加了行政处罚的定义。简单来讲就是，新的、额外的、终局性的不利处分。所谓的终局性，是相对于行政强制措施等的暂时性而言的。

---

① 张桂龙：《行政处罚法主要修改内容》，法治政府网：http：//fzzfyjy. cupl. edu. cn/info/1042/12691. htm。

第一条 【立法宗旨和立法依据】

为了规范行政处罚的设定和实施，保障和监督行政机关有效实施行政管理，维护公共利益和社会秩序，保护公民、法人或者其他组织的合法权益，根据宪法，制定本法。

微言要义

预防重于救济。① 预防的正义比严峻惩罚的正义更好。②

本条来源

原法第一条。

立法演变

无变化。

条文释义

一、规范意旨

本条主要是为了规定立法目的与立法依据，虽然不直接适用于具体情形，但对于法律解释具有重要意义。行政处罚是法律的“牙齿”，设定行政处罚是为了保障法律得以正确实施。“规范行政处罚的设定和实施，保障和监督行政机关有效实施行政管理，维护公共利益和社会秩序，保护公民、法人或者其他组织的合法权益”四个立法目的共同构成了法律解释的逻辑基础，《宪法》则构成了法律解释的规范基础，本条统率整部法律全文，也蕴含了依职权行政行为的一般逻辑。

二、立法目的

从各地区权责清单来看，行政处罚是执法依据数量最多的行政权力，是行政机关最主要的监管手段。1996 年《关于〈中华人民共和国行政处罚法（草

① 郑玉波：《法谚（一）》，法律出版社 2007 年版，第 141 页。
② 雷立柏：《拉英德汉法律格言词典》，宗教文化出版社 2008 年版，第 131 页。

案)〉的说明》提出：行政处罚是国家法律责任制度（包括刑事责任、民事责任、行政责任）的重要组成部分，是行政机关依法行政的手段之一。各级政府为了有效地行使行政管理职权，保障法律的贯彻执行，需要有行政处罚手段。

（一）规范行政处罚的设定和实施

本法对行政处罚的设定和实施作出了详细规定，其他法律规范设定行政处罚需要遵守其一般规定。该法有以下特点：

1. 中央保留。

中央的立法权限大于地方的立法权限。如，法律、行政法规才能设定行政处罚的种类；地方性法规不能设定限制人身自由、吊销营业执照的行政处罚；地域管辖权只能由法律、行政法规、部门规章规定除外情形。

2. 立法保留。

人大机关的立法权限大于行政机关的立法权限。如，限制人身自由的行政处罚，只能由法律设定；规章只能设定警告、通报批评和一定数量的罚款；其他规范性文件不得设定行政处罚，从本法上下文来看，国务院或者国务院办公厅的文件也不能设定行政处罚。《行政处罚法》规定了法律、法规、规章设定行政处罚的权限，明确了“立法之外无处罚”，塑造了我国立法权的分配模式，并为《立法法》所肯定。①

（二）保障和监督行政机关有效实施行政管理

我国理论界讨论的平衡论、控权论和管理论等对《行政处罚法》的立法产生了实质影响。② 本法既给行政机关创造便利，又不遗余力地防止行政处罚权滥用。只要法律中存在针眼般的漏洞，就会被实践成倍地放大。

1. 保障。

本法规定的过错推定、先行登记保存、调查取证、执行罚电子送达、电子支付等都是为了保障行政机关能够迅速矫正和制裁行政违法行为。实践中，人、

---

① 何海波：《聚焦行政处罚法修改》，主持人语，《中国法律评论》2020 年第 5 期。

② 英国权威学者韦德认为，关于行政法定义，首先一个最为接近的说法是，认为行政法是有关控制政府权力的法。从大多数法律人的观点来讲，这一定义，至少构成了该学科的核心。行政法的主要目的，就是保证政府权力始终在法律的边界内行使，从而保护公民权利，防止权力滥用。［英］威廉·韦德、［英］克里斯托弗·福赛：《行政法（第十版）》，中国人民大学出版社 2018 年版，第 4 页。这一观点至少在 1997 年就已经在中国具有广泛影响。叶必丰：《控权论研究》，《南京大学法律评论》1997 年卷。

财、物、车、场所、制服、证件等都是制约行政机关有效实施行政处罚的重要因素。

2. 监督。

绝对的权力导致绝对的腐败。为了避免权力滥用，需要控制和监督行政权力的运行，本法规定了一系列制度，如，分别规定简易程序和普通程序，实行包括听证在内的申辩制度，决定罚款的机关与收缴罚款的机构分离。本次修订又增加规定罚款、没收违法所得或者没收非法财物拍卖的款项，不得同作出行政处罚决定的行政机关及其工作人员的考核、考评直接或者变相挂钩；县级以上人民政府应当定期组织开展行政执法评议、考核，加强对行政处罚的监督检查，规范和保障行政处罚的实施。这些比较充分地体现了控权论观点。

（三）维护公共利益和社会秩序

应受行政处罚的行为必须有社会危害性。如果当事人的行为与公共利益和社会秩序无关，则一般要适用调整平等主体之间人身关系和财产关系的民商事法律。

1. 如何判断什么是公共利益？

大量现行法律规范都提到了“公共利益”，但是绝大多数没有明确何为“公共利益”。在理论上，“公共利益”是一个不确定法律概念①，其外延的大小决定了行政权力介入民事权益的程度。

只有极个别法律明确了何为“公共利益”。根据《国有土地上房屋征收与补偿条例》第八条的规定，征收土地决定作出的前提是，为了保障国家安全、促进国民经济和社会发展等公共利益的需要，如国防和外交的需要；由政府组织实施的能源、交通、水利等基础设施建设的需要；由政府组织实施的科技、教育、文化、卫生、体育、环境和资源保护、防灾减灾、文物保护、社会福利、市政公用等公共事业的需要；由政府组织实施的保障性安居工程建设的需要；由政府依照城乡规划法有关规定组织实施的对危房集中、基础设施落后等地段进行旧城区改建的需要；法律、行政法规规定的其他公共利益的需要。

---

① 胡锦光、王锴：《论我国宪法中“公共利益”的界定》，《中国法学》2005 年第 1 期；胡锦光、王锴：《论公共利益概念的界定》，《法学论坛》2005 年第 1 期。

2. 如何认定侵害知识产权的行为，是否构成行政违法？

在民事上，侵害知识产权往往构成大规模侵权，涉及的受害者众多，因此，其同时构成对公共利益和社会秩序的侵犯。原国家版权局答复：

就如何认定损害公共利益这一问题，依据《著作权法》规定，第四十七条①所列侵权行为，均有可能侵犯公共利益。就一般原则而言，向公众传播侵权作品，构成不正当竞争，损害经济秩序就是损害公共利益的具体表现。在“2002 年 WTO 过渡性审议”中，国家版权局也曾明确答复“构成不正当竞争，危害经济秩序的行为即可认定为损害公共利益”。如商业性卡拉 OK 经营者，未经著作权人许可使用作品，特别是在著作权人要求其履行合法义务的情况下，仍然置之不理。主观故意明显，应属情节严重的侵权行为。这种行为不仅侵犯了著作权人的合法权益，并且损害了市场经济秩序和公平竞争环境。该行为应属一种损害公共利益的侵权行为。②

对于侵害知识产权的行为，《专利法》等规定了行政机关责令停止侵权行为、行政处罚等监管手段。

（四）保护公民、法人或者其他组织的合法权益

行政是对市场与社会的干预，干预的根本目的是保护公民、法人或者其他组织的合法权益，维护固有的社会秩序。罗豪才教授等提出的平衡论，强调权力与权利的平衡，是对这一立法目的的有力阐释。③

1. 当事人利益。

本法在保护当事人利益方面有不少实体或者程序规定，如陈述申辩权，申请行政复议、提起行政诉讼的救济权，申请听证、回避的权利，申请延期或者分期缴纳罚款的权利，等等。

---

① 对应 2020 年修改后的《著作权法》第五十二条。

② 《国家版权局关于查处著作权侵权案件如何理解适用损害公共利益有关问题的复函》（国权办〔2006〕43 号）。

③ 罗豪才、袁曙宏、李文栋：《现代行政法的理论基础——论行政机关与相对一方的权利义务平衡》，《中国法学》1993 年第 1 期；罗豪才、沈岿：《平衡论：对现代行政法的一种本质思考——再谈现代行政法的理论基础》，《中外法学》1996 年第 4 期；罗豪才、甘雯：《行政法的“平衡”及“平衡论”范畴》，《中国法学》1996 年第 4 期；罗豪才、宋功德：《行政法的失衡与平衡》，《中国法学》2001 年第 2 期；罗豪才、宋功德：《行政法的治理逻辑》，《中国法学》2011 年第 2 期。

2. 第三人利益。

第三人利益在行政处罚过程中存在是一个常态。如，行政处罚决定公开涉及第三人信息时，要依据《政府信息公开条例》第十五条等规定。[①] 再如，行政机关在实施责令退赔时，要考虑涉案财物已发现的债权人和潜在的债权人，与《民法典》第一百八十七条等规定相衔接。[②]

三、根据《宪法》

习近平总书记强调，宪法是国家根本法，是治国安邦的总章程，具有最高的法律地位、法律权威、法律效力。依法治国，首先是依宪治国；依法执政，关键是依宪执政。

《宪法》作为《行政处罚法》的制定依据，表现在很多方面。如，《宪法》第三十条规定："中华人民共和国的行政区域划分如下：（一）全国分为省、自治区、直辖市；（二）省、自治区分为自治州、县、自治县、市；（三）县、自治县分为乡、民族乡、镇。直辖市和较大的市分为区、县。自治州分为县、自治县、市。自治区、自治州、自治县都是民族自治地方。"《行政处罚法》实施主体遵循了上述规定。再如，《宪法》规定"中华人民共和国公民在法律面前一律平等""国家尊重和保障人权"等，《行政处罚法》关于当事人合法权益等保障体现了《宪法》关于公民基本权利的规定。

四、行政处罚的功能、作用

行政处罚作为一种干预措施，目的是通过合理的激励机制，使失序状态回到自发秩序状态，让市场与社会按照法定的秩序要求运行。1996 年《关于〈中华人民共和国行政处罚法（草案）〉的说明》提出："行政处罚的目的，重在纠正违法行为，教育公民、法人或者其他组织自觉遵守法律。"

（一）行政处罚的功能、作用

一是矫正违法，即通过行政处罚实现矫正违法行为，恢复被侵扰的社会秩

---

① 该条规定："涉及商业秘密、个人隐私等公开会对第三方合法权益造成损害的政府信息，行政机关不得公开。但是，第三方同意公开或者行政机关认为不公开会对公共利益造成重大影响的，予以公开。"

② 该条规定："民事主体因同一行为应当承担民事责任、行政责任和刑事责任的，承担行政责任或者刑事责任不影响承担民事责任；民事主体的财产不足以支付的，优先用于承担民事责任。"

序，以实现特殊预防。[1] 二是法治教育，即通过教育促进当事人守法，实现针对具体违法行为人的预防，通过惩戒建立负向激励，从而避免其再度违法；通过教育促进社会公众守法，实现针对社会公众的预防，以“以案说法”的方式教化社会公众守法，以“杀鸡儆猴”的方式，警告社会公众不要违法。[2] 三是制裁违法，即对侵害共同生活利益的行政违法行为谴责非难，维护公共秩序，以实现一般预防。[3]

对于当事人而言，行政机关立案后，及时作出行政处罚决定也很重要，有利于结束生产生活的不确定状态，否则就好像人在睡觉时，头上始终悬着一把剑，股民等第三人会基于邻避效应而减少与当事人的交易等，从而影响当事人的利益。

（二）行政处罚是否具有补偿功能

有观点提出，罚款作为常用的行政违法惩戒手段面临不足以遏制违法的窘境。行政罚款在补偿公共利益损失上具有独特优势，应当在理论上承认行政罚款的补偿性，并在实践中通过罚款标准的完善实现行政罚款对公共利益损失的补偿功能。[4]

本书认为，这一观点具有启发性。过罚相当是本法确定的基本原则，如果想让行政罚款发挥公共利益的补偿作用，则立法必须充分考量个案的差异性，也必须充分考量是否能弥补公共利益的损失，必须赋予行政机关更适合实际情况的裁量权。而公共利益损失，也需要可操作的测算标准。从过罚相当的要求来看，“过”应当包括当事人的过错、违法行为的情节、危害后果的大小等，“过”既体现在责任成立方面，又体现在责任范围方面，而责任范围既可以从当事人的角度，也可以从公共利益损失的角度出发。因此，所谓的补偿功能，

---

① 崔卓兰：《行政处罚法学》，吉林大学出版社 1998 年版，第 5 页。

② 陈清秀：《“行政罚法”》，法律出版社 2016 年版，第 7 页。

③ 我国台湾地区“司法院”释字第 621 号提出：国家以公权力对于人民违反行政法规范义务者科处罚锾，其处罚事由必然与公共事务有关。而处罚事由之公共事务性，使罚锾本质上不再仅限于报应或矫正违规人民个人之行为，而同时兼具制裁违规行为对国家机能、行政效益及社会大众所造成不利益之结果，以建立法治秩序与促进公共利益。行为人受行政罚锾之处分后，于执行前死亡者，究应优先考量罚锾报应或矫正违规人民个人行为之本质，而认罚锾之警惕作用已丧失，故不应执行；或应优先考量罚锾制裁违规行为外部结果之本质，而认罚锾用以建立法治秩序与促进公共利益之作用，不因义务人死亡而丧失，故应继续执行，立法者就以上二种考量，有其形成之空间。

④ 刘长兴：《论行政罚款的补偿性——基于环境违法事件的视角》，《行政法学研究》2020 年第 2 期。

其实暗含在行政处罚的矫正、制裁功能中，否则当事人就会从违法的行为中获利，不仅不能发挥预防功能，而且还持续诱发违法行为。[①]

（三）行政处罚的局限性

行政处罚也具有局限性。行政处罚对违法者只具有外力的影响，而不具有内心的感化作用；且不能自行执行，必须借助于一定的机构、花费一定的成本才能执行。[②] 行政处罚潜存着对人们合法权益造成损害的危险性，适用范围也是有限的。[③]

行政处罚类型的设置也会影响行政处罚的实际效果，当前我国行政处罚中的财产罚比例较高，有的情况下，行政处罚异化成对违法行为的许可费用。不少行政机关执法的实际成本，大于财产罚的数额。为了贯彻处罚与教育相结合原则，冲抵行政处罚的局限性，本次修改增加了“首次轻微违法行为可以不予处罚”“依法从重、快速处罚”等规定。

五、《行政处罚法》的规范类型

《行政处罚法》是行政处罚领域的通用规范，为单行法律、法规设定行政处罚和行政机关实施行政处罚提供了实体和程序等方面的基本遵循。[④]《行政处罚法》是我国行政法治历程中具有里程碑意义的法律，它的颁布实施意义重大。[⑤] 在“放管服”改革等背景下，《行政处罚法》修订是探索事中事后监管的重要举措。本法是程序法，也是实体法；具有行政处罚总则性质[⑥]，行政执法机关有的可以直接适用，有的不能直接适用。

---

① 现行法罚款数额低，有的不能有效遏制和预防违法行为，是个现实问题，这方面需要通过持续修法、释法予以改变。立法中，也有必要重新审视行政处罚类型与违法行为的配比性、人身自由罚、行为罚、资格罚与财产罚的不同适用情形和治理效果。

② 杨解君：《秩序·权利与法律控制——行政处罚法研究》，四川大学出版社 1995 年版，第 18－19 页。

③ 应松年、马怀德主编：《中华人民共和国行政处罚法学习辅导》，人民出版社 1996 年版，第 26 页。

④ 许安标：《关于〈中华人民共和国行政处罚法（修订草案）〉的说明》（2020 年 7 月 3 日）。据统计，自 1979 年至 2006 年 11 月底颁布的 941 部法律、行政法规中，有 644 部法律、行政法规设定了行政处罚，占法律、行政法规总数的 96.6%。曹康泰主编：《中华人民共和国行政处罚法教程》，中国法制出版社 2010 年版，第 1 页。

⑤ 应松年、张晓莹：《〈行政处罚法〉二十四年：回望与前瞻》，《国家检察官学院学报》2020 年第 5 期。

⑥ 章志远：《作为行政处罚总则的〈行政处罚法〉》，《国家检察官学院学报》2020 年第 5 期。

（一）立法基准

单行法设定和实施行政处罚，要遵守《行政处罚法》。除非《行政处罚法》有授权规定，否则单行法不能作出与其原则、规定相抵触、不一致的规定。如，只能由法律、行政法规设定新的行政处罚种类；法律、行政法规、地方性法规、规章具有不同的行政处罚设定权限，包括国务院文件在内的其他规范性文件都不能设定行政处罚①；告知陈述申辩是不能省略的法定程序②；在行政机关负责人作出决定之前，应当由法制审核人员进行审核；等等。

同时，本法规定了若干原则和例外。有原则就有例外，例外总在原则后，例外需要严格规范。本法关于例外的表达有"另有规定的除外""另有规定的，从其规定"等。前者如第七十三条第一款规定："当事人对行政处罚决定不服，申请行政复议或者提起行政诉讼的，行政处罚不停止执行，法律另有规定的除外。"后者如第二十二条中规定："法律、行政法规、部门规章另有规定的，从其规定。"

（二）改革依据

原《行政处罚法》第十六条③是典型的改革条款。根据该规定，国务院或者经国务院授权的省、自治区、直辖市人民政府开启了相对集中行政处罚权改革，在不改变单行法规定的情况下，因地制宜地推进行政执法体制改革，省、自治区、直辖市政府可以依法变更单行法规定的执法主体，体现了原则性和灵

---

① 但国务院决定可以设定行政许可，《行政许可法》第十四条第二款规定："必要时，国务院可以采用发布决定的方式设定行政许可。实施后，除临时性行政许可事项外，国务院应当及时提请全国人民代表大会及其常务委员会制定法律，或者自行制定行政法规。"

② 如，2005年5月23日，杜某偶然查询得知，自己于2004年7月20日至2005年5月23日在驾驶小货车运菜时，在每天必经的地方被"电子眼"拍下闯禁行105次，被罚款10500元。此前，从未有交管部门告知他有违法行为。2005年6月1日，杜某前往交通支队执法站接受了巨额罚款。6月13日，杜某向人民法院提起行政诉讼，申请撤销对他的行政处罚决定。6月18日，法院正式受理"杜某案"。6月30日，因交通支队申请补充证据，法院依法裁定，延长举证期限。7月13日，交管部门向社会公布了交管局规范执法行为的八项具体措施，包括进一步完善规范执法告知制度，规范交通标志设施，规范固定违法监测设备的设置以及规范移动违法监测设备的使用等。7月27日，在交管部门根据《人民警察法》及《公安机关内部执法监督规定》，以内部执法监督的方式，对执法行为予以纠正后，杜某撤诉。https：//baike. baidu. com/item/% E6% 9D% 9C% E5% AE% 9D% E8% 89% AF% E4% BA% 8B% E4% BB% B6/1032339？fr = aladdin。

③ 该条规定："国务院或者经国务院授权的省、自治区、直辖市人民政府可以决定一个行政机关行使有关行政机关的行政处罚权，但限制人身自由的行政处罚权只能由公安机关行使。"

活性相结合，城管、文化市场等综合执法改革的依据都是这一条。修订后的第十八条继承发展了该规定。类似地，本法第二十四条第二款关于乡镇政府、街道办事处实施行政处罚的规定，也是相关改革的依据，省、自治区、直辖市人大及其常委会、人民政府都可以依据本条推动行政处罚权下沉。

（三）普遍规定

本法有若干条款，行政执法机关可以直接适用，责令改正等条款甚至不需要考虑单行法是否有规定。

一是有的条款是普遍授权规范，行政机关可以将其作为执法依据，如，责令改正、没收违法所得、先行登记保存、责令退赔等。

二是有的条款是基本规定，如，追责时效、未成年人责任年龄、精神病人和智力残疾人的责任能力、办案时限、工作日的计算等。

法条关联

《宪法》第三十条等。

案例评议①

区某不服九龙海关行政处罚决定案②

◆ **评议**

本案为《最高人民法院公报》刊登的第一个“民告官”行政诉讼案，具有里程碑意义。在本案中，当事人在未申报的情况下携带违禁品出境，属于走私行为，应给予行政处罚，若构成犯罪，还应该追究其刑事责任。

第二条　【定义】

行政处罚是指行政机关依法对违反行政管理秩序的公民、法人或者其他组织，以减损权益或者增加义务的方式予以惩戒的行为。

---

① 本书“案例评议”中完整案例详情，请于封底“法规编辑部”公众号中“资料下载”处免费取阅。案例中的法律法规为案件审理时有效文件，全书同。

② 《最高人民法院公报》1989年第1期。

微言要义

行政处罚是手段，不是目的，既不能“钓鱼执法”，也不能“养鱼执法”。

本条来源

立法过程中，有意见提出，原法只通过列举的方式罗列了部分行政处罚事项，并没有对行政处罚进行界定，给立法与执法带来了难度。因此，增加了本条，明确了行政处罚的定义。

立法演变

一审稿第二条规定：“行政处罚是指行政机关在行政管理过程中，对违反行政管理秩序的公民、法人或者其他组织，以依法减损权利或者增加义务的方式予以惩戒的行为。”二审稿第二条规定：“行政处罚是指行政机关依法对违反行政管理秩序的公民、法人或者其他组织，以减损权益或者增加义务的方式予以惩戒的行为。”对比来看，主要是调整了个别表达，将“权利”改为“权益”，将“依法”提到更加靠前的位置，以统摄整个法条，强调行政处罚法定，同时，该“依法”并不是指依据具体的法律法规规章。此后无变化。

条文释义

一、规范意旨

行政处罚是行政机关针对行政违法行为所采取的制裁性、外部性、法定性、处分性的非刑事事中事后监管措施，是我国使用频率最高的行政手段。行政处罚是新的、额外的不利处分，是债的发生原因，是对既有利益的调整。

原法没有规定何为行政处罚，这给法律适用带来了一定的困难。[①] 就宛如孩子生了，没取名字，基层执法人员往往基于考核、责任追究等因素，不愿意执行或者较少执行性质模糊的行政管理措施，立法难以达到目的。

---

① 我国台湾地区“行政罚法”同样没有明确何为行政处罚，其第一条规定：“违反‘行政法’上义务而受罚锾、没入或其他种类行政罚之处罚时，适用‘本法’。但其他‘法律’有特别规定者，从其规定。”第二条作了处罚类型的列举。

本条是行政处罚的一般条款，立法目的是从抽象意义上界定何为行政处罚。在适用上需要与第九条行政处罚种类的规定结合起来理解。第九条没有规定的行政处罚类型，可以根据本条加以判断。

二、行政性

（一）实施的主体是具有法定职权的行政机关

1. 不是所有的行政机关都有行政处罚权。

如，参事室、发展研究中心之类的研究机构，原则上就不享有行政处罚权。行政处罚原则上是具有行政处罚权的行政机关在法定职权范围内实施的。

2. 行政机关之外的其他国家机关不享有行政处罚权。

如，监察委员会、法院、检察院行使的制裁权（拘留、罚款等），不是行政处罚。

3. 行政机关以外的其他组织（包括城市人民政府直属事业单位），未经法律、法规授权，或者未经具有行政处罚权的行政机关依照法律、法规、规章的规定在其法定权限范围内委托，不得实施行政处罚。①

4. 行政机关内设机构在法律特别授权时享有行政处罚权。

原则上，行政机关的内设机构或者派出机构，不具有法定的行政处罚职权，不能行使有关行政处罚权；如果有法律法规授权，可以以自己的名义行使行政处罚权。如，根据《治安管理处罚法》，公安派出所可以依法独立行使行政处罚权。

（二）对象是违法的公民、法人或者其他组织

行政处罚的对象必须是违反行政管理秩序的具有责任能力的公民、法人和其他组织。对于没有责任能力的，可以采取收缴等行政管理措施。

（三）行为违反了行政而不是民事、刑事法律规范

违反行政管理秩序也被称为违反了行政法上的义务，违反该义务可能要被处以行政处罚。

1. 违反民事法律规范，产生民事责任。

公法人有时承担的是民事责任，而非行政责任。如，《民法典》第一千二

---

① 《国务院法制办公室对政府赋予行政管理职能的直属事业单位能否作为法定行政执法主体问题的复函》（国法秘函〔1999〕3 号）。

百五十七条规定："因林木折断、倾倒或者果实坠落等造成他人损害，林木的所有人或者管理人不能证明自己没有过错的，应当承担侵权责任。"所有人或者管理人如为公法人，则产生的是民事责任，而不是行政责任。在日本、韩国，该条所调整的内容适用国家赔偿法的有关规定。

2. 刑事责任有限优先于行政责任。

根据本法的规定，一旦行政违法行为同时涉嫌刑事违法，则行政机关应及时移送刑事司法机关。在责任类型方面，吊销或者暂扣许可证、责令停产停业的行政处罚在《刑法》中无对应责任形式，其他重叠的责任形式，在刑事裁判认定构成犯罪后，依法进行折抵。本法第二十七条、第三十五条对折抵及补充处罚进行了细化规定。

3. 行政处罚与行政强制经常形影不离。

行政强制措施具有手段性，可以发生在行政处罚决定之前、之中、之后。行政强制执行具有终局性，发生在行政处罚决定之后。

4. 不具有行政性的管理措施，不是行政处罚。

有些行政、刑事措施的性质是相似的。如，在构成食品安全犯罪的情形下，终身禁入是刑事犯罪的效果之一，行政机关通常并不作出专门的禁止决定或告知书。在行政机关没有作出禁入决定时，就失去了行政处罚的"行政性"，终身禁入自然就不属于行政处罚。[①] 再如，刑事诉讼、民事诉讼中都有拘留，该拘留是为了保障诉讼正常进行，其不是行政处罚。

三、惩戒性

行政处罚的目的之一是对违法行为进行矫正，其核心特征为制裁性或惩戒性，本法对此表述为"减损权益或者增加义务"与"惩戒"。制裁的核心是剥夺当事人已有的利益或给予其新的不利益[②]，责令改正等救济型的行政措施不属于行政处罚。

（一）内容上须为不利处分

与行政许可、给付等授益型行政行为不同，行政处罚为典型的负担处分，具有侵益性，表现为：一是减损（变更、消灭）其合法权益，如罚款、没收非

① 王贵松：《论行政处罚的制裁性》，《法商研究》2020年第6期。

② 马怀德：《〈行政处罚法〉修改中的几个争议问题》，《华东政法大学学报》2020年第5期。

法财物等财产罚，行政拘留等人身罚；二是增加其义务，如责令停产停业、责令关闭等；三是拒绝其授益请求，如不得申请行政许可。

从债的发生角度来看，行政处罚具有一次性特点，其结果是导致违法行为人的合法权益发生变动，这种权利变动与民法、刑法上权利变动可能会发生竞合或者聚合。但是从债的履行角度来看，行政处罚责任也可以分期履行。

（二）对违法行为人而言是“新的”、额外的处分

该特征是行政处罚与行政命令的核心区别。责令改正，是要求违法行为人改正过去违法行为，实为恢复原状，不构成对其自身原有合法利益的损害，而行政处罚是对当事人自身原有合法利益的损害。

公告证书执照无效、撤销许可证、撤回许可证、撤销备案、征收征用、加征税款、收缴等其他类型的不利处分，并不必然体现对违法行为的制裁。如，医生变为限制民事行为能力人，则其不再符合行政许可条件，主管机关会注销其行政许可，该不利处分发生的原因是法律事实，而非不法行为。

（三）与行政强制执行的区别

一是依附性与物理性可以将行政强制执行与行政处罚区分开来。依据《行政强制法》，行政强制执行是指行政机关或者行政机关申请人民法院，对不履行行政决定的公民、法人或者其他组织，依法强制履行义务的行为。执行罚等行政强制执行，具有物理性的特点，即行政强制执行时发生可见动作的有形行为，而不是无形行为；不仅是意思行为，还是实力行为。[①]

二是行政处罚以制裁过去之义务违法为主要目的。而行政强制执行，系以强制相对人履行未来之行政义务，以实现与履行相同之状态，二者有所不同。[②]除了执行罚，其他行政强制执行的制裁性特点并不明显。

三是行政强制执行不以故意或者过失为必要，而行政处罚需要考量过错因素。[③]

---

① 乔晓阳主编：《中华人民共和国行政强制法解读》，中国法制出版社 2011 年版，第 8－9 页。

② 李建良：《“行政罚法”中“裁罚性之不利处分”的概念意涵及法适用上之若干基本问题》，《月旦法学杂志》2010 年第 6 期；洪家殷：《行政制裁》，载翁岳生主编：《行政法（下册）》，中国法制出版社 2002 年版，第 825 页。

③ 陈清秀：《“行政罚法”》，法律出版社 2016 年版，第 20 页。

行政处罚与行政强制执行的区别①

	行政处罚	行政强制执行
1. 目的	以制裁过去违反作为义务行为为目的，具有独立性	本质上是一种迫使将来实现义务的手段，具有依附性
2. 依据	行政处罚法及单行法	行政强制法、行政处罚法及单行法
3. 种类	警告、通报批评，罚款、没收违法所得、没收非法财物，暂扣许可证件、降低资质等级、吊销许可证件，限制开展生产经营活动、责令停产停业、责令关闭、限制从业，行政拘留等	加处罚款或者滞纳金，划拨存款、汇款，拍卖或者依法处理查封、扣押的场所、设施或者财物，排除妨碍、恢复原状，代履行等
4. 限制	不得连续处罚，否则违反“一事不二罚”原则	可以连续处罚，不适用“一事不二罚”原则，但执行罚新增了总额限制
5. 程序	作出行政处罚决定之前，应当告知当事人拟作出的行政处罚内容及事实、理由、依据，并告知当事人依法享有的陈述、申辩、要求听证等权利	作出行政强制执行决定前，应当事先催告当事人履行义务

与行政强制执行类似，行政强制措施也不具有制裁性，其目的是保全主行为得以顺利进行。

四、法定性

本条规定的“依法”是要求实施行政处罚必须符合法定要求，即行政主体、职权，行政处罚的设定、种类、对象、程序、幅度等都要依法规定。与之相对应的是当事人的拒绝权，如本法规定“执法人员不出示执法证件的，当事人或者有关人员有权拒绝接受调查或者检查”“不出具财政部门统一制发的专用票据的，当事人有权拒绝缴纳罚款”等。

（一）主体法定

本法规定了职权管辖，每个行政机关能行使哪些处罚权限，是法定的。“越权无效”是一个基本法律规则。《行政诉讼法》第七十条中规定，行政行为有超越职权情形的，人民法院判决撤销或者部分撤销，并可以判决被告重新作出

① 本表格参考了李惠宗：《“行政罚法”之理论与案例》，2005年自版，第17页。

行政行为。

（二）依据法定

法律、行政法规、地方性法规和规章都必须按照各自权限设定行政处罚。违反上位法设定行政处罚的法律规范，不能作为实施行政处罚的依据。由于行政处罚是对当事人合法权益的损害，因此，必须行之有据，行政处罚法定原则与罪刑法定原则的原理类似。从备案审查情况来看，还有一些法律规范违反上位法，可以根据本法审查下位法的处罚设定权。①

此外，《行政许可法》第七十八条、第七十九条概括性地设定了“不得申请该行政许可”的行政处罚，规章可以直接据此细化规定。在当事人违反自身承诺或者行政协议时，行政机关是否可以直接实施行政处罚，也值得研究。②

（三）种类法定

本法第九条规定行政处罚的种类包括警告、通报批评，罚款、没收违法所得、没收非法财物，暂扣许可证件、降低资质等级、吊销许可证件，限制开展生产经营活动、责令停产停业、责令关闭、限制从业，行政拘留等。需要关注的是，法律、行政法规规定的其他行政处罚，本书对于这些非典型行政处罚的识别进行了整理。

（四）对象法定

行政处罚的对象必须是违反行政管理秩序的公民、法人或者其他组织。单行法规定了不同的行政处罚对象，有的规定的是公民，有的规定的是法人和其他组织。例如，我国对于商事主体实行不同的登记规则，与其相适应的是，不同的行政处罚规则。例如，《个体工商户条例》基本没有罚则规定，而《公司登记管理条例》第十章专门规定了“法律责任”，具体规定了“吊销营业执照”“虚报注册资本金额5%以上15%以下的罚款”“警告，没收违法所得”“责令关闭”等，可以说非常详尽。

---

① 沈春耀：《全国人大常委会法工委关于2020年备案审查工作情况的报告》，https：//www.pkulaw.com/chl/89a9931be904bb73bdfb.html？keyword=%E5%A4%87%E6%A1%88%E5%AE%A1%E6%9F%A5。

② 根据《证券法》第一百七十一条的规定，在行政和解时，被调查的当事人未履行承诺或者有国务院规定的其他情形的，恢复行政处罚程序。

1. 行政机关是否能作为被处罚对象?

我国台湾地区通说认为，行政机关事实上有违反行政义务的可能，且实务上行政机关已被普遍认为具行政主体地位者，故应对其行为负责，且为避免行政主体透过组织形式的滥用，而规避行政制裁，原则上宜承认其得为适法之处罚对象。① 本书同意上述见解，同时对于行政机关违法的，通过内部管理能够处理的，原则上通过责令改正、内部通报等形式处理，对于行政机关实施罚款，无非是从财政的“左兜”拿出来放在“右兜”里，形式的作用大了点，能够通过一纸内部通报解决的，没有必要徒增行政成本。

2. 分支机构是否构成独立的责任主体?

子公司可以成为独立的责任主体，分公司实施行政违法行为，母公司为责任主体，但在具体责任承担方面，分公司无力承担的，才由母公司承担。《民法典》等相关法律的规定，是行政处罚行为实施的基础。《民法典》第七十四条规定：“法人可以依法设立分支机构。法律、行政法规规定分支机构应当登记的，依照其规定。分支机构以自己的名义从事民事活动，产生的民事责任由法人承担；也可以先以该分支机构管理的财产承担，不足以承担的，由法人承担。”《商业银行法》第二十二条规定：“商业银行对其分支机构实行全行统一核算，统一调度资金，分级管理的财务制度。商业银行分支机构不具有法人资格，在总行授权范围内依法开展业务，其民事责任由总行承担。”据此，分支机构实施的违法行为的责任主体是法人，但分支机构可以以其财产承担履行赔偿义务。

此外，还要区分诉讼法和实体法上的行政主体。诉讼主体并不意味着就是具有法定处罚权的行政主体。当事人对人民银行分支机构依法律授权作出的金融监管的具体行政行为不服提起行政诉讼的，应当以人民银行分支机构为被告。②

当然，也有实务部门认为分公司可以作为其他组织。根据《中国人民银行关于支付结算执法检查行政处罚有关问题的通知》的规定，符合法定要件的支

① 林明锵：《论行政罚之处罚对象》，载廖义男主编：《“行政罚法”》，元照出版有限公司2017年版，第171页。

② 《最高人民法院办公厅关于中国人民银行分支机构是否具有行政诉讼主体资格问题的复函》（法办〔2002〕119号）。

付机构分公司可作为行政处罚相对人。支付机构分公司满足“合法成立”“有一定的组织机构和财产”“由法人依法设立并领取营业执照”等法定要件，符合《最高人民法院关于适用〈中华人民共和国民事诉讼法〉若干问题的意见》（法发〔92〕22号）第四十条对“其他组织”的有关界定，属于《行政处罚法》第三条规定中的“其他组织”。符合法定要件的支付机构分公司违反相关法律制度的，可依法予以处罚。

3. 行政违法行为人和所有权人分离时如何处理？

处罚所有权人的前提是所有权人的不作为，或者放任，或者积极支持的行为合乎应受行政处罚行为的构成要件。① 如，所有权人海外访学一年，行为人撬开门锁进入居住，居住期间高空抛物致人轻伤，则依据《治安管理处罚法》行为人应受行政处罚；但所有权人不具备主观过错，不承担行政处罚责任。相反，如果所有权人明知他人生产劣药，而将房屋借给行为人，则应承担行政处罚责任。概言之，在共同行政违法行为状态下，应根据构成要件判断每个行为人是否应受行政处罚。

4. 建筑物的原所有权人违法搭建，后该建筑物发生所有权转移的，行政机关可否对现所有权人进行行政处罚？

有判决指出，原所有权人违法搭建后，该建筑物所有权转移的，行政机关可依法对现所有权人进行行政处罚。② 本书认为，在此情况下，应当先行要求现所有权人改正，拒不改正的，再依法予以处罚。

（五）程序法定

根据本法第四条的规定，行政处罚的实体部分，由法律、法规、规章规定，程序部分不能与本法规定的程序相抵触。如，规章不能排除陈述、申辩、救济权的适用。

（六）幅度法定

行政裁量权被誉为行政法学研究的哥德巴赫猜想。《行政诉讼法》第七十

---

① 与物相关的行政违法行为，从根本上在于行为人对于物的事实管领，物的管领人能够以不作为的方式实施行政违法，这种责任在民法的占有状态下也存在。与之相关的讨论是民法、行政法上的状态责任。我国台湾地区学者认为，状态责任是指物的所有人或对物有事实管领力的人，基于对物的支配力，就物的状态所生的危害，负有防止或排除危害的自己责任。状态责任的理论依据在于财产权的社会义务。林锡尧：《“行政罚法”》，元照出版有限公司2012年版，第38页。

② （2009）甬海行初字第43号，蔡某杰不服宁波市海曙区城市管理行政执法局行政处罚案。

条规定，行政行为明显不当的，人民法院判决撤销或者部分撤销，并可以判决被告重新作出行政行为。本法第三十四条规定了行政处罚裁量基准。2007 年以来，全国推行行政处罚裁量基准制度，各地方基本都制定了行政处罚裁量基准。湖南省等地还规定了行政处罚案例指导制度。

有的单行法规定了从重处罚的具体情形。如，《药品管理法》第一百三十七条规定："有下列行为之一的，在本法规定的处罚幅度内从重处罚：（一）以麻醉药品、精神药品、医疗用毒性药品、放射性药品、药品类易制毒化学品冒充其他药品，或者以其他药品冒充上述药品；（二）生产、销售以孕产妇、儿童为主要使用对象的假药、劣药；（三）生产、销售的生物制品属于假药、劣药；（四）生产、销售假药、劣药，造成人身伤害后果；（五）生产、销售假药、劣药，经处理后再犯；（六）拒绝、逃避监督检查，伪造、销毁、隐匿有关证据材料，或者擅自动用查封、扣押物品。"

（七）执行法定

违法行为人拒不履行处罚决定的，行政执法主体也不能任意为之，其处理的方式、措施都必须按照《行政强制法》等规定实施，否则可能面临国家赔偿。

五、处分性

行政处罚是当事人合法民事权益和公法权益发生变动的法定原因，其结果是发生公法之债。在此意义上，行政处罚对当事人的权利义务加以处分，结果具有给付性。与其不同，行政确认是对既有客观事实的认定。[①]

处分性是行政处罚与行政强制措施的区别之一。行政强制措施，是指行政机关在行政管理过程中，为制止违法行为、防止证据损毁、避免危害发生、控制危险扩大等情形，依法对公民的人身自由实施暂时性限制，或者对公民、法人或者其他组织的财物实施暂时性控制的行为。行政强制措施为保全行为，具有暂时性而不具有制裁性的特点。

六、外部性

行政处罚行为具有外部性，不同于纪律罚。对公务员的内部管理不构成行

---

① 有判决指出，工商行政机关作出行政处罚决定撤销公司变更登记，使被冻结的股权不复存在的，人民法院应依法认定该行政处罚违反法定程序。(2015）滨中行终字第 11 号，山东鲁华能医药有限公司与滨州市工商行政管理局工商行政处罚行政纠纷上诉案。

政处罚，其依据《监察法》《公职人员政务处分法》《行政机关公务员处分条例》及单行法。监察机关对违法公职人员，可以依照法定程序作出警告、记过、记大过、降级、撤职、开除等政务处分决定。根据《行政机关公务员处分条例》等，任免机关有权对涉嫌违法违纪的行政机关公务员进行调查、处理。

行政机关有的行政违法行为只产生内部效果。如，《预算法》第九十五条规定："各级政府有关部门、单位及其工作人员有下列行为之一的，责令改正，追回骗取、使用的资金，有违法所得的没收违法所得，对单位给予警告或者通报批评；对负有直接责任的主管人员和其他直接责任人员依法给予处分：（一）违反法律、法规的规定，改变预算收入上缴方式的；（二）以虚报、冒领等手段骗取预算资金的；（三）违反规定扩大开支范围、提高开支标准的；（四）其他违反财政管理规定的行为。"

（一）公法人能否成为行政处罚的对象

根据本法与行政处罚单行法的规定，行政处罚的对象是"公民、法人或者其他组织"，并未排除行政机关作为行政处罚的对象。《民法典》第九十七条规定："有独立经费的机关和承担行政职能的法定机构从成立之日起，具有机关法人资格，可以从事为履行职能所需要的民事活动。"公法人成为行政处罚的对象，没有制度障碍。[①] 当然，行政管理有自己的规律可循。行政一体性原则要求，对于公法人违反《行政处罚法》的行为，可以通过责令改正等形式解决，对于公法人及其负责人来讲，如不整改，将会面临处分等内部责任，以及行政处罚。

司法实践中也的确有将行政机关作为处罚对象的判例。如，行政机关违反《城乡规划法》搭建违法建筑，则有关行政机关可以将其作为行政处罚的对象。再如，财政部门对违反财政票据管理的行为予以行政处罚，《财政票据管理办法》第四十二条规定："单位和个人违反本办法规定，有下列行为之一的，由

---

① 我国台湾地区"行政罚法"第三条规定："'本法'所称行为人，系指实施违反'行政法'上义务行为之自然人、法人、设有代表人或管理人之非法人团体、中央或地方机关或其他组织。"该规定明确承认了公法人也可以成为行政处罚的对象。洪家殷指出，机关公务车排放黑烟或闯红灯等，实务界倾向于采肯定说。洪家殷：《行政制裁》，载翁岳生主编：《行政法（下册）》，中国法制出版社2002年版，第881页。

县级以上财政部门责令改正并给予警告；对非经营活动中的违法行为，处以1000 元以下罚款；对经营活动中的违法行为，有违法所得的，处以违法所得金额 3 倍以下不超过 30000 元的罚款，没有违法所得的，处以 10000 元以下罚款；构成犯罪的，依法追究刑事责任：（一）违反规定印制财政票据；（二）转让、出借、串用、代开财政票据；（三）伪造、变造、买卖、擅自销毁财政票据；（四）提供虚假信息骗取和冒领财政票据；（五）伪造、使用伪造的财政票据监制章；（六）未按规定使用财政票据监制章；（七）在境外印制财政票据；（八）其他违反财政票据管理规定的行为。”

行政机关作出此类的行政处罚决定，如何执行？本法没有明确规定。《行政诉讼法》第九十六条规定：“行政机关拒绝履行判决、裁定、调解书的，第一审人民法院可以采取下列措施：（一）对应当归还的罚款或者应当给付的款额，通知银行从该行政机关的账户内划拨；（二）在规定期限内不履行的，从期满之日起，对该行政机关负责人按日处五十元至一百元的罚款；（三）将行政机关拒绝履行的情况予以公告；（四）向监察机关或者该行政机关的上一级行政机关提出司法建议。接受司法建议的机关，根据有关规定进行处理，并将处理情况告知人民法院；（五）拒不履行判决、裁定、调解书，社会影响恶劣的，可以对该行政机关直接负责的主管人员和其他直接责任人员予以拘留；情节严重，构成犯罪的，依法追究刑事责任。”上述规定可资借鉴。

（二）行政机关工作人员执行职务过程中有违法行为的，能否给予行政处罚

根据有关法律规定，行政机关工作人员在执行职务时故意或者重大过失侵犯公民合法权益造成损害的，一是承担民事责任，即承担部分或者全部的赔偿费用；二是承担行政责任，即由有关行政机关依法给予行政处分。同时，构成犯罪的，还应当承担刑事责任。行政机关工作人员执行职务时的侵权行为，不属于违反治安管理的行为，不应当给予治安管理处罚。[①] 此外，根据《国家赔偿法》第二条等的规定，只要行政机关工作人员的行为是执行职务行为，受害人就有权要求国家赔偿。根据《监察法》的规定，涉及职务违法和职务犯罪案件的，由监察机关办理。

---

① 《国务院法制办公室对〈关于对国家行政机关工作人员执行职务过程中的违法行为能否给予治安处罚的请示〉的复函》（国法秘函〔2005〕256 号）。

法条关联

本法第九条。

案例评议

万宁大茂鑫泉速冻制冰厂与万宁市人民政府行政处罚案①

◆ 裁判要旨

本案原告经营的制冰厂，存在氨制冷机房、液氨罐距高铁不足20m的问题，不符合《建筑设计防火规范》第4.3.7条“液氨储罐与铁路中心线防火间距应为30m”的规定，但造成该问题的原因并非原告存在违法行为，而是因2007年海南东环铁路建设运行引起的。原告在投产经营制冰厂之前已经履行相应的审批程序，原告并未存在违法行为。因此，被告对原告作出处罚决定，显属不当，应予撤销。基于2007年海南东环铁路建设运行，原告经营的制冰厂如继续经营将对东环铁路造成重大安全隐患，原告经营的制冰厂必须予以关闭，如撤销被告作出的1号处罚决定，将会给国家利益、社会公共利益造成重大损害，故本院确认被告作出的1号处罚决定违法，保留效力。

第三条　【适用范围】

行政处罚的设定和实施，适用本法。

本条来源

原法第二条。

立法演变

无变化。

① 海南省第一中级人民法院行政赔偿判决书〔2019〕琼96行赔初11号。

条文释义

一、规范意旨

本条是关于本法的适用范围的规定，明确本法是关于行政处罚的一般法，行政处罚的立法和实施都必须依据本法。从立法部分来看，本法是《立法法》的特别法，本法修订在后，如有冲突，按照《立法法》应适用本法。从实施部分来看，本法关于程序的规定是一般规定，除非本法有特殊授权（如立案），单行法不得违反本法的一般规定。

二、行政处罚的设定

本法规定行政处罚的立法规则时，《立法法》尚未出台，从条文来看，《立法法》吸收采纳了本法的有关规定。

（一）国务院文件能否设定行政处罚

对于不同的法律规范如何设定行政处罚，本法第二章作了详细规定。本法禁止包括国务院决定在内的国务院文件设定行政处罚。但是，《行政许可法》第十四条第二款规定，国务院决定可以设定行政许可。

（二）没有上位法依据，规章能否设定行政处罚

《立法法》第八十条第二款规定："部门规章规定的事项应当属于执行法律或者国务院的行政法规、决定、命令的事项。没有法律或者国务院的行政法规、决定、命令的依据，部门规章不得设定减损公民、法人和其他组织权利或者增加其义务的规范，不得增加本部门的权力或者减少本部门的法定职责。"对此，地方政府规章也有类似规定。据此，有人提出疑问，没有上位法规定时，规章能否直接设定减损公民、法人和其他组织权利或者增加其义务的行政处罚？

本书认为，从解释上，《行政处罚法》是《立法法》第八十条意义上的"法律"，而《行政处罚法》第十三条、第十四条规定了"尚未制定法律、法规"时，其可以设定警告、通报批评或者一定数额罚款的行政处罚。退一步而言，《行政处罚法》是《立法法》的特别法，二者发生冲突时，可以适用《行政处罚法》。

（三）国务院办事机构原则上不能制定规章

根据《立法法》第八十条第一款的规定，国务院各部、委员会、中国人民银行、审计署和具有行政管理职能的直属机构，可以根据法律和国务院的行政

法规、决定、命令，在本部门的权限范围内，制定规章。

三、行政处罚的实施

根据本法第四条的规定，行政处罚的实体规定从单行法，程序规定从本法。本法在规定行政处罚实施程序时，还规定了责令退赔、责令改正等行政命令，这些命令是普遍授权规定，不需要单行法另行授权。在实务中，行政处罚决定书可以同时包含这些行政命令的内容，不必单独作出行政命令决定书。

法条关联

《立法法》;《行政法规制定程序条例》;《规章制定程序条例》;《法规规章备案条例》等。

◆**《全国人民代表大会常务委员会法制工作委员会关于规章如何确定罚款幅度问题的答复》**(1997年1月2日)

法律、法规只规定了罚款的行政处罚，没有规定罚款的具体幅度或者数额，规章可以按照国务院或者省、自治区、直辖市人大常委会关于罚款数额的规定作出规定。国务院或者省、自治区、直辖市人大常委会还没有规定的，应当报请国务院或者省、自治区、直辖市人大常委会批准。

◆**《全国人民代表大会常务委员会法制工作委员会关于制定法律、法规条件不成熟能否先制定部门规章，涉及外交、外贸政策的部门规章能否不向社会公开的答复》**(2000年11月20日)

一、《立法法》第七十一条规定，部门规章规定的事项应当属于执行法律或者国务院的行政法规、决定、命令的事项。国家对外贸易经济合作部可以根据有关法律或者国务院的行政法规、决定、命令，就对外援助、对外工程承包和对外劳务输出等事项，制定规章。

二、《立法法》第七十七条规定，部门规章签署公布后，及时在国务院公报或者部门公报和在全国范围内发行的报纸上刊登。部门规章未按上述规定公布的，不具有规章的效力，不能作为行政处罚的依据。

案例评议

贝汇丰诉海宁市公安局交通警察大队道路交通管理行政处罚案①

◆ **裁判要旨**

礼让行人是文明安全驾驶的基本要求。机动车驾驶人驾驶车辆行经人行横道，遇行人正在人行横道通行或者停留时，应当主动停车让行，除非行人明确示意机动车先通过。公安机关交通管理部门对不礼让行人的机动车驾驶人依法作出行政处罚的，人民法院应予支持。

第四条 【处罚法定原则】

公民、法人或者其他组织违反行政管理秩序的行为，应当给予行政处罚的，依照本法由法律、法规、规章规定，并由行政机关依照本法规定的程序实施。

微言要义

处罚法定是罪刑法定的“行政版”。

本条来源

原法第三条第一款。

立法演变

本次修订将原法第三条第二款转移到第三十八条，目的是统一规定行政处罚的效力。

条文释义

一、规范意旨

本法是行政处罚程序领域的基本法，除非本法另有授权，否则其他法律规

① 最高人民法院指导案例第90号，最高人民法院审判委员会讨论通过，2017年11月15日发布。

范不得与本法相抵触。关于本条的规范目的，1996 年《关于〈中华人民共和国行政处罚法（草案）〉的说明》中明确指出：

由于对行政处罚的一些基本原则没有统一的法律规定，实践中存在一些问题，主要表现在处罚的随意性，特别是有些地方和部门随意罚款，或一事几次罚、几个部门罚等，人民群众很有意见。造成乱处罚、乱罚款的主要原因是：（1）行政处罚的设定权不明确，有些行政机关随意设定行政处罚；（2）执罚主体混乱，很多没有行政处罚权的组织和人员实施行政处罚；（3）行政处罚程序缺乏统一明确的规定，缺少必要的监督、制约机制，随意性较大，致使一些行政处罚不当。

行政处罚法定原则是行政合法性原则（或依法行政）在行政处罚中的具体体现，具体有如下几层意思：一是行政权力干预当事人合法权益的前提是有合法依据；二是行政处罚的实施主体、对象、种类、程序等都必须法定，对此，本书已经在第二条释义中作了阐述；三是行政处罚的实体内容由单行法规定，但程序由本法规定；四是行政处罚没有依据或者实施主体不具有行政主体资格的，以及违反法定程序构成重大且明显违法的，行政处罚无效。①

那么，行政协议可否设定行政处罚？

行政协议的性质是行政法上一个有争议的问题。根据《行政诉讼法》第十二条第一款的规定，公民、法人或者其他组织认为行政机关不依法履行、未按照约定履行或者违法变更、解除政府特许经营协议、土地房屋征收补偿协议等协议的，人民法院予以受理。《最高人民法院关于审理行政协议案件若干问题的规定》第一条规定："行政机关为了实现行政管理或者公共服务目标，与公民、法人或者其他组织协商订立的具有行政法上权利义务内容的协议，属于行政诉讼法第十二条第一款第十一项规定的行政协议。"②

如果行政机关将违反行政管理秩序的行政处罚规定纳入行政协议，则原则上不适用行政协议，在此情况下，没有行政协议，行政机关仍然有相应的处罚权。

---

① 我国台湾地区"司法院"释字 402 号提出：对人民违反行政法上义务之行为予以裁罚性之行政处分，涉及人民权利之限制，其处分之构成要件与法律效果，应由法律定之，法律虽得授权以命令为补充规定，惟授权之目的、范围及内容必须具体明确。

② 不少法律和经济学者对该司法解释提出了批评。如王利明：《论行政协议的范围》，《环球法律评论》2020 年第 1 期。

当然，如果现行法没有规定某一行政处罚，行政机关可否在行政协议中设定行政处罚？本书认为，在此情况下，行政处罚法定是基本原则，行政协议本质是双方意思表示的一致性，不应承认此类行政处罚措施的合法性。如果允许在行政协议中设定行政处罚，则行政机关可能滥用优势地位，突破处罚法定原则，在行政协议中滥设行政处罚。

二、应受行政处罚行为的归责原则

原《行政处罚法》确定的归责原则是无过错原则，个别单行法规定了过错原则。修订后，《行政处罚法》第三十三条确定的归责原则是过错推定原则，即当事人有证据足以证明没有主观过错的，不予行政处罚，法律、行政法规另有规定的，从其规定。

这就将过错升格为应受行政处罚行为的一般构成要件，同时基于行政效率的考虑，分配了举证责任，行政机关初次证明义务不包括当事人是否有过错。在学理上，可以解释为存在违法行为即推定有过错。如果当事人想要推翻该推定，必须自己举证证明没有过错。如果当事人的举证证明存在主体错误、无责任能力、正当防卫、紧急避险等法定事由时，构成要件被击破，证明义务重新转移到行政机关。

三、应受行政处罚行为的构成要件

我国刑法、民法的理论界和实务界关于犯罪和侵权行为的构成要件一般采用“四要件说”。近些年来，刑法学界有主张采取“该当性、违法性、有责性三阶层要件”，但实践基本没有采纳该学说。

应受行政处罚行为的构成要件，需要依法规定。我国行政法学界关于应受行政处罚行为的讨论较少。[①] 我国台湾地区采纳了大陆法系应受行政处罚行为“三阶层要件”构成要件理论。本书不采纳该理论。此外，符合应受行政处罚行为的构成要件，不意味着行政处罚行为必然合法。构成要件是行政机关判断是否应给予行政处罚的法律规范基础。但行政处罚责任成立还需要行政处罚行为本身合法，不能在主体资格、处罚程序、追责时效等方面有问题。

---

① 近期讨论，参见熊樟林：《行政处罚上的空白要件及其补充规则》，《法学研究》2012 年第 6 期；熊樟林、孟星宇：《概念行政法学的传统、挑战及重估——以应受行政处罚行为的成立要件为例》，《北京行政学院学报》2013 年第 6 期。

（一）必备要件之一：违反行政管理秩序的行为

根据本条的规定，就大多数应受行政处罚行为而言，“违反行政管理秩序的公民、法人或者其他组织”是基本构成要件，其他要件为例外规定。

行为违法与结果违法构成要件有所不同，行为违法只要有违反行政法上义务的行为，就完成法定构成要件。结果违法除有违反行政法上义务的行为外，还要发生与行为分离的外在结果，才算完成法定构成要件。[①] 本条规定“违反行政管理秩序”，并未提到过错、社会危害后果等。从单行法来看，也是如此。如，《农业转基因生物安全管理条例》第四十七条规定，违反本条例规定，转基因植物种子、种畜禽、水产苗种的生产、经营单位和个人，未按照规定制作、保存生产、经营档案的，由县级以上人民政府农业行政主管部门依据职权，责令改正，处1000元以上1万元以下的罚款。当然，存在违反行政管理秩序的行为，也并不必然要予以制裁。本法第六条规定了处罚与教育相结合原则、第三十三条规定了免予处罚。

违反行政管理秩序的未遂行为是否应受行政处罚？

未遂违法行为是否应受处罚，本法没有明确规定，可以结合行政处罚构成要件进行判断。既遂、未遂的区分是基于当事人的主观犯意，在行政处罚责任构成上，并不直接考量其主观犯意的内容，所考察的是其是否有主观过错。中止违法行为可能没有达成最初的违法行为意图，但可能会产生其他社会危害后果。如，饭店服务员的违法意图是投毒杀人，中止违法行为也可能导致多位食客罹患胃肠疾病。从这个角度来讲，德国违反秩序法“只在法律对未遂行为有明示规定时方可对该行为予以处罚”“如果行为人自愿放弃继续实施该行为或阻止该行为完成，未遂行为即不予处罚”的规定，值得商榷。[②] 因此，本书认为，未遂、既遂的区分，在行政处罚构成上，并无实际意义。[③]

但是，未遂违法行为往往因为提前终止而使违法后果未能完全形成，社会

---

① 林锡尧：《“行政罚法”》，元照出版有限公司2012年版，第37页。

② 张正钊、韩大元主编：《比较行政法》，中国人民大学出版社1998年版，第477页。

③ 黄守高认为，秩序罚之实施与道义评价无关，纯粹以维护行政所欲建立合目的的秩序为其目的，故只需有违法行政秩序法所定义务之行为存在，不问既遂未遂，即属秩序罚科处之对象，具有纯粹之形式犯特色，与刑罚有刑法总则关于几岁未遂规定之适用者，不可同日而语。洪家殷：《行政制裁》，载翁岳生主编：《行政法（下册）》，中国法制出版社2002年版，第867页。

危害后果较小，甚至没有显现，可能构成轻微违法或者不构成违法。《奥地利行政罚法》第八条规定："故意着手违反行政义务行为之实行，而未完成者为行政未遂犯，行政未遂犯之处罚，以行政法规有明文规定者为限。以己意中止或阻止其实行，或避免其结果之发生者不罚。"①

当然，既遂、未遂的区分在行政处罚结果裁量方面具有实际意义。自愿放弃或者阻止行为完成，意味着主观恶意在降低，是从轻、减轻处罚应当考虑的因素。

（二）必备要件之二：主体适格

一是当事人必须达到责任年龄。根据本法第三十条的规定，当事人必须达到十四周岁，否则不予行政处罚，改由责令监护人加以管教；对于违法行为涉及的财产，有的单行法规定了可以收缴。值得探讨的问题是，在此情形下，其监护人是否应当承担法律责任。

二是当事人必须具有责任能力。本法第三十一条规定了对精神病人、间歇性精神病人、智力残疾人的处罚。

三是当事人是真的违法行为主体，不是冒名顶替的。

此外，外国人、无国籍人、外国组织也适用于本法。

（三）隐藏要件、例外要件：主观过错

1. 隐藏要件。

本次修法第三十三条引入了主观过错要件，但是实行了举证责任倒置。在这种意义上，主观过错是隐藏要件，原则上只要当事人不提出证据证明没有主观过错的，行政机关都不需要证明其有过错。

自由意志是主观过错的基础。引入主观过错要件，与《民法典》关于侵权责任、《刑法》关于犯罪的规定，保持了一致，明确了有错要罚、无错不罚、小错小罚、大错大罚。行为人具有责任能力和责任条件，是行政机关实施行政处罚的前提。②

在比较法上，我国台湾地区也采取过错推定原则。1991 年，我国台湾地区"司法院"大法官会议释字第 275 号指出："人民违反法律上之义务而应受行政

---

① 张正钊、韩大元主编：《比较行政法》，中国人民大学出版社 1998 年版，第 477 页。

② 王贵松：《论行政处罚的责任主义》，《政治与法律》2020 年第 6 期。

罚之行为，法律无特别规定时，虽不以出于故意为必要，仍须以过失为其责任条件。但应受行政罚之行为，仅须违反禁止规定或作为义务，而不以发生损害或危险为其要件者，推定为有过失，于行为人不能举证证明自己无过失时，即应受处罚。”该解释采取了责任主义，并适用过错推定原则。德国采取过错原则。

2. 例外要件。

有的法律明确规定主观过错要件，这就属于本法第三十三条规定的“法律、行政法规另有规定的，从其规定”。在此情形下，行政违法行为区分故意和过失，法律后果并不相同。如，根据《消防法》第六十四条的规定，违反消防法规定，过失引起火灾的，尚不构成犯罪的，处十日以上十五日以下拘留，可以并处五百元以下罚款；情节较轻的，处警告或者五百元以下罚款。

（四）选择要件：危害后果

《刑法》有行为犯和结果犯的区分，行政法也是如此。

关于行为犯，《药品管理法》第一百一十六条规定：“生产、销售假药的，没收违法生产、销售的药品和违法所得，责令停产停业整顿，吊销药品批准证明文件，并处违法生产、销售的药品货值金额十五倍以上三十倍以下的罚款；货值金额不足十万元的，按十万元计算；情节严重的，吊销药品生产许可证、药品经营许可证或者医疗机构制剂许可证，十年内不受理其相应申请；药品上市许可持有人为境外企业的，十年内禁止其药品进口。”

关于结果犯，《消防法》第六十九条第一款规定：“消防产品质量认证、消防设施检测等消防技术服务机构出具虚假文件的，责令改正，处五万元以上十万元以下罚款，并对直接负责的主管人员和其他直接责任人员处一万元以上五万元以下罚款；有违法所得的，并处没收违法所得；给他人造成损失的，依法承担赔偿责任；情节严重的，由原许可机关依法责令停止执业或者吊销相应资质、资格。”

当然也有学者主张，危害后果是一般构成要件，不是选择构成要件。在行政处罚中，大部分行政违法行为要么可归入“危险”的危害结果类型，要么便是处在“可能的危害结果”阶段，但无论如何，危害结果都是此类行为的必备要件。[①] 这种观点有一定道理，本法第三十三条第一款规定："违法行为轻微并及时改正，没有造成危害后果的，不予行政处罚。初次违法且危害后果轻微并及时改正的，可以不予行政处罚。"从这一条表述来看，不予行政处罚，必须同时满足违法行为和危害后果的法定条件；但这并不意味着，给予行政处罚，必须满足上述条件。本书认为，从实务操作层面来看，行政处罚每年数以亿计，如果承认危害后果是一般构成要件，则需要行政机关承担证明责任，从效率行政的角度来看，不宜承认其为一般构成要件，且从现行单行法来看，区分行为犯和结果犯是通行做法。此外，危害后果还可以作为处罚结果的裁量因素。本法第三十二条规定"主动消除或者减轻违法行为危害后果"，应当从轻、减轻处罚。

（五）学理要件：因果关系

因果关系是民法学关于侵权责任构成、刑法学关于犯罪构成的一个要件，基本要求是违法行为与行为后果之间存在因果关系。本法没有明确要求该要件，实际是因果关系推定，当事人如果认为不存在因果关系的，需要承担举证责任。同时，因果关系在责任范围方面也具有法律意义。

（六）阻却违法事由

有的行为看起来是违法的，但因为有违法阻却事由，则难以被认定为违法行为。如，不可抗力、正当防卫、紧急避险、依法或者依据职务行为、受害人的同意、自助行为等。较为遗憾的是，本法没有规定阻却违法事由，以下阐述为学理解释。

1. 不可抗力。

不可抗力是不能预见、不能避免且不能克服的客观情况，包括地震、台风、洪水、海啸、战争等。本法规定了主观过错的构成要件，因此，不可抗力状态下，当事人没有故意或者过失，不可抗力可以作为阻却违法事由。

不可抗力的认定可以参照民法和刑法的相关规定。《民法典》第一百八十条规定："因不可抗力不能履行民事义务的，不承担民事责任。法律另有规定的，依照其规定。不可抗力是不能预见、不能避免且不能克服的客观情况。"《刑法》第十六条规定："行为在客观上虽然造成了损害结果，但是不是出于故

---

① 熊樟林：《行政违法真的不需要危害结果吗?》，《行政法学研究》2017 年第 3 期。

意或者过失，而是由于不能抗拒或者不能预见的原因所引起的，不是犯罪。”

2. 正当防卫。

正当防卫是指当公共利益、他人或本人的人身或者其他利益遭受不法侵害时，行为人所采取的防卫措施。正当防卫是民事侵权法和刑法上阻却责任成立的法定事由，本法虽然没有明确规定，但在解释上也可以认定构成正当防卫的，不构成违反行政管理规定。《德国违反秩序法》第十五条规定：“因正当防卫实施的行为不违法。为使自己或他人免受正在进行的不法侵害而必需的防卫措施，是正当防卫。行为人因惶惑、恐惧或惊吓而导致防卫过当者，不予处罚。”① 我国台湾地区“行政罚法”第十二条规定：“对于现在不法之侵害，而出于防卫自己或他人权利之行为，不予处罚。但防卫行为过当者，得减轻或免除其处罚。”

关于正当防卫的适用，有以下几点需要注意②：

一是准确把握正当防卫的起因条件。正当防卫的前提是存在不法侵害。不法侵害既包括侵犯生命、健康权利的行为，也包括侵犯人身自由、公私财产等权利的行为；既包括犯罪行为，也包括违法行为。不应将不法侵害不当限缩为暴力侵害或者犯罪行为。对于非法限制他人人身自由、非法侵入他人住宅等不法侵害，可以实行防卫。不法侵害既包括针对本人的不法侵害，也包括危害国家、公共利益或者针对他人的不法侵害。对于正在进行的拉拽方向盘、殴打司机等妨害安全驾驶、危害公共安全的违法犯罪行为，可以实行防卫。成年人对于未成年人正在实施的针对其他未成年人的不法侵害，应当劝阻、制止；劝阻、制止无效的，可以实行防卫。

二是准确把握正当防卫的时间条件。正当防卫必须是针对正在进行的不法

---

① 张正钊、韩大元主编：《比较行政法》，中国人民大学出版社 1998 年版，第 478 页。《民法典》第一百八十一条规定：“因正当防卫造成损害的，不承担民事责任。正当防卫超过必要的限度，造成不应有的损害的，正当防卫人应当承担适当的民事责任。”《刑法》第二十条规定：“为了使国家、公共利益、本人或者他人的人身、财产和其他权利免受正在进行的不法侵害，而采取的制止不法侵害的行为，对不法侵害人造成损害的，属于正当防卫，不负刑事责任。正当防卫明显超过必要限度造成重大损害的，应当负刑事责任，但是应当减轻或者免除处罚。对正在进行行凶、杀人、抢劫、强奸、绑架以及其他严重危及人身安全的暴力犯罪，采取防卫行为，造成不法侵害人伤亡的，不属于防卫过当，不负刑事责任。”

② 《最高人民法院、最高人民检察院、公安部印发〈关于依法适用正当防卫制度的指导意见〉的通知》（法发〔2020〕31 号）。

侵害。对于不法侵害已经形成现实、紧迫危险的，应当认定为不法侵害已经开始；对于不法侵害虽然暂时中断或者被暂时制止，但不法侵害人仍有继续实施侵害的现实可能性的，应当认定为不法侵害仍在进行；在财产犯罪中，不法侵害人虽已取得财物，但通过追赶、阻击等措施能够追回财物的，可以视为不法侵害仍在进行；对于不法侵害人确已失去侵害能力或者确已放弃侵害的，应当认定为不法侵害已经结束。对于不法侵害是否已经开始或者结束，应当立足防卫人在防卫时所处情境，按照社会公众的一般认知，依法作出合乎情理的判断，不能苛求防卫人。对于防卫人因为恐慌、紧张等心理，对不法侵害是否已经开始或者结束产生错误认识的，应当根据主客观相统一原则，依法作出妥当处理。

三是准确把握正当防卫的对象条件。正当防卫必须针对不法侵害人进行。对于多人共同实施不法侵害的，既可以针对直接实施不法侵害的人进行防卫，也可以针对在现场共同实施不法侵害的人进行防卫。明知侵害人是无刑事责任能力人或者限制刑事责任能力人的，应当尽量使用其他方式避免或者制止侵害；没有其他方式可以避免、制止不法侵害，或者不法侵害严重危及人身安全的，可以进行反击。

四是准确把握正当防卫的意图条件。正当防卫必须是为了使国家、公共利益、本人或者他人的人身、财产和其他权利免受不法侵害。对于故意以语言、行为等挑动对方侵害自己再予以反击的防卫挑拨，不应认定为防卫行为。

五是准确认定“明显超过必要限度”。防卫是否“明显超过必要限度”，应当综合不法侵害的性质、手段、强度、危害程度和防卫的时机、手段、强度、损害后果等情节，考虑双方力量对比，立足防卫人防卫时所处情境，结合社会公众的一般认知作出判断。在判断不法侵害的危害程度时，不仅要考虑已经造成的损害，还要考虑造成进一步损害的紧迫危险性和现实可能性。不应当苛求防卫人必须采取与不法侵害基本相当的反击方式和强度。通过综合考量，对于防卫行为与不法侵害相差悬殊、明显过激的，应当认定防卫“明显超过必要限度”。

3. 紧急避险。

紧急避险是为了使国家、公共利益、本人或者他人的合法的人身、财产权益免受正在发生的危险，不得已采取的损害较小利益行为。

紧急避险可以参照民法和刑法的相关规定。民法和刑法都承认紧急避险是合法行为。《民法典》第一百八十二条规定："因紧急避险造成损害的，由引起险情发生的人承担民事责任。危险由自然原因引起的，紧急避险人不承担民事责任，可以给予适当补偿。紧急避险采取措施不当或者超过必要的限度，造成不应有的损害的，紧急避险人应当承担适当的民事责任。"《刑法》第二十一条规定："为了使国家、公共利益、本人或者他人的人身、财产和其他权利免受正在发生的危险，不得已采取的紧急避险行为，造成损害的，不负刑事责任。紧急避险超过必要限度造成不应有的损害的，应当负刑事责任，但是应当减轻或者免除处罚。第一款中关于避免本人危险的规定，不适用于职务上、业务上负有特定责任的人。"在行政法上，我国台湾地区"行政罚法"第十三条规定："因避免自己或他人生命、身体、自由、名誉或财产之紧急危难而出于不得已之行为，不予处罚。但避难行为过当者，得减轻或免除其处罚。"《奥地利行政罚法》第六条规定："紧急避难行为不罚。"《德国违反秩序法》第十六条也有类似规定。

适用紧急避险应注意以下几点：一是两种合法利益不可能同时都得到保护，非法利益不适用紧急避险。二是不得已采取的牺牲较轻利益的措施，不得超过必要的限度。三是目的是保护较重大利益。四是紧急避险的原因可以是第三人引起的，如他人驾驶汽车违规逆行，此时为了避免发生交通事故而撞坏交通标志；也可以是自然原因引起的。五是紧急避险排除了行政违法，但是当事人需要依据《民法典》承担一定的补偿责任。

4. 依法实施的行为或者依据职务行为。

一是依法实施的行为。经行政许可从事特定的行为，如发行彩票；见义勇为，如公民扭送现行犯①；合理使用②，如国家机关依法使用他人肖像，是法律允许的行为，不具有行政违法性。我国台湾地区"行政罚法"第十一条第一款规定："依法令之行为，不予处罚。"

二是依据职务行为。有权机关或者组织依法采取的行政检查、调查、强制

---

① 晏山嵘：《行政处罚事务与判例释解》，法律出版社2019年版，第244页。

② 根据《民法典》第一千零二十条第三项的规定，国家机关在必要范围内制作、使用、公开肖像权人的肖像，可以不经肖像权人同意为依法履行职责。

等，这些行为可能损害当事人的财产权和人身权，但为法律所容许。我国台湾地区“行政罚法”第十一条第二款规定：“依所属上级公务员职务命令之行为，不予处罚。但明知职务命令违法，而未依法定程序向该上级公务员陈述意见者，不在此限。”

5. 自助行为。

自助行为是指权利人为保护自己的合法权益，情况紧迫且不能及时获得国家机关保护，对他人的财产或自由施加扣押、拘束或其他相应措施的行为。自助行为是典型的私力救济措施，在多国民法典中都有规定，但有严格的适用条件限制。

《民法典》第一千一百七十七条规定：“合法权益受到侵害，情况紧迫且不能及时获得国家机关保护，不立即采取措施将使其合法权益受到难以弥补的损害的，受害人可以在保护自己合法权益的必要范围内采取扣留侵权人的财物等合理措施；但是，应当立即请求有关国家机关处理。受害人采取的措施不当造成他人损害的，应当承担侵权责任。”与其他国家不同，我国《民法典》对于自助行为人能否限制他人自由没有明确规定。

鉴于《民法典》的基础地位和法的一致性原理，上述规定可以作为判定行政违法的根据，民法上不认为是违法的，行政法也可能不认为其违法。

6. 受害人的同意。

在法律明确允许当事人放弃的权利范围内，他人损害其财产、使用其姓名肖像声音等行为，不宜认定具有行政违法性。当事人可以放弃自己的合法权益，但放弃权限是有限的。如，《民法典》第五百零六条规定：“合同中的下列免责条款无效：（一）造成对方人身损害的；（二）因故意或者重大过失造成对方财产损失的。”第九百九十二条：“人格权不得放弃、转让或者继承。”处分权、承诺能力、无表意瑕疵、不违背善良风俗等为判断当事人放弃合法权益是否合法的要素。[①] 以不作为方式放弃合法权益的，应有法律特别规定。

此外，受害人过错、第三人过错通常伴生行为人自身的过错，不影响行政违法性的判定，但会影响法律责任的大小。超过法定追责时效的行政违法行为，只是不予追究，但并不影响判定其是否为行政违法行为。本法没有明

① 林锡尧：《“行政罚法”》，元照出版有限公司2012年版，第132页。

确的是，在此情况下，如果当事人自愿接受处罚，行政机关是否能够作出处罚决定。

我国台湾地区学者还结合大陆法系实践，提出“义务冲突”“社会相当性”“无期待可能性”“市民不服从行为”等也可以作为阻却违法事由。①

四、行政处罚行为的法律效果

行政处罚行为产生当事人权利义务变动的法律效果，该权利义务既有公法上的权利义务，如吊销行政许可证书消灭了行为人的特定资格；也有私法上的权利义务，如没收非法财物是物的所有权人发生变动的原因。相关行政处罚决定非经法定事由，不得随意变更、撤销、废止。在法律效果上，可以进一步类型化分析。

（一）金钱之债

一是罚款和违法所得为货币形式的没收违法所得，为金钱之债。货币之债不履行的，应自动产生利息。本法第七十二条规定的每日按罚款数额3%加处的罚款，在理论上可以理解为利息之债。

二是非法财物是特定化的物，不宜以其他种类物替代，不能履行的，特定物之债可以转为货币之债。非法财物已经转让，第三人依据《民法典》善意取得的，没收非法财物可转化为没收等值货币。

（二）行为之债

一是矫正违法行为。名誉罚和财产罚并不直接涉及当事人的行为，处罚决定包含违法行为停止、违法后果清除的要求。

二是配合执行行政处罚决定。在被科处限制开展生产经营活动、责令停产停业、责令关闭、限制从业时，当事人有义务不作为；在被科处行政拘留时，当事人有义务配合人身自由受到限制。

（三）多数人之债

本法关于法律效果方面的阐述是以单一之债为原型的，并未提及多数人之债。在当事人为二人以上时，对于行政处罚产生的债务，是连带之债，还是按份之债，本法并没有明确。有的单行法对此作出明确规定。《海关行政处罚实施条例》第五十二条规定：“对2个以上当事人共同实施的违法行为，应当区别情

---

① 陈清秀：《“行政罚法”》，法律出版社2016年版，第118－127页。

节及责任，分别给予处罚。”我国台湾地区“行政罚法”第十四条规定：“故意共同实施违反行政法上义务之行为者，依其行为情节之轻重，分别处罚之。前项情形，因身分或其它特定关系成立之违反行政法上义务行为，其无此身分或特定关系者，仍处罚之。因身分或其他特定关系致处罚有重轻或免除时，其无此身分或特定关系者，仍处以通常之处罚。”当然，究竟是个别处罚说好一些，还是共同处罚说好一些，尚需结合具体情况研究分析。[①]

法条关联

◆《全国人民代表大会常务委员会法制工作委员会关于如何理解“有行政处罚权的行政机关”问题的答复》（1997年1月3日）[②]

行政处罚法第十五条规定的“有行政处罚权”的行政机关，应当依照法律、行政法规的规定执行。

◆《最高人民法院关于交通警察支队的下属大队能否作为行政处罚主体等问题的答复》（2009年12月2日）

一、根据《中华人民共和国道路交通安全法实施条例》第一百零九条第一款“对道路交通安全违法行为人处以罚款或者暂扣驾驶证处罚的，由违法行为发生地的县级以上人民政府公安机关交通管理部门或者相当于同级的公安机关交通管理部门作出决定”的规定，如果烟台市公安局交通警察支队下设的大队相当于县级公安机关交通管理部门，其可以以自己名义作出处罚决定。

二、《中华人民共和国道路交通安全法》第一百零七条的规定与《中华人民共和国行政处罚法》第三十三条的规定不一致。前者属于特别规定，后者属于一般规定。根据《立法法》第八十三条的规定，可以适用《中华人民共和国道路交通安全法》第一百零七条规定的简易程序作出行政处罚决定。

三、本案的行政处罚行为作出时间是在违法行为发生后将近一年，地点并不在违法行为发生地，故不属于当场处罚。

---

① 我国台湾地区学者曾经就此作出分析。该问题还涉及共同的认定，无意思联络、共同过失，是否应被认定为共同行政违法行为，如何处罚，都需要深入分析。有关讨论参见陈清秀：《“行政罚法”》，法律出版社2016年版，第173－179页。

② 北京市人大常委会法制室1996年12月10日请示：行政处罚法第十五条规定有“行政处罚权”的行政机关可以在法定职权范围内实施行政处罚。如何确定哪些行政机关有行政处罚权？

案例评议

陈某龙诉成都市成华区环境保护局环境行政处罚案①

◆ **裁判要旨**

企业事业单位和其他生产经营者通过私设暗管等逃避监管的方式排放水污染物的，依法应当予以行政处罚；污染者以其排放的水污染物达标、没有对环境造成损害为由，主张不应受到行政处罚的，人民法院不予支持。

◆ **评议**

私设暗管等逃避监管的方式排放水污染物，属于行为犯，违反了《水污染防治法》第二十二条第二款的规定，当事人以“水污染物达标、没有对环境造成损害”的结果进行申辩，无法破坏应受行政处罚行为的构成要件，行政机关依法予以处罚。

第五条　【公正、公开原则】

行政处罚遵循公正、公开的原则。

设定和实施行政处罚必须以事实为依据，与违法行为的事实、性质、情节以及社会危害程度相当。

对违法行为给予行政处罚的规定必须公布；未经公布的，不得作为行政处罚的依据。

微言要义

法律顾及衡平。② 未公布之法律，无遵守之义务。③ 罪责越重，刑罚越重。④

---

① 最高人民法院指导案例138号，最高人民法院审判委员会讨论通过，2019年12月26日发布。

② 郑玉波：《法谚（一）》，法律出版社2007年版，第2页。

③ 郑玉波：《法谚（一）》，法律出版社2007年版，第9页。

④ 张明楷：《刑法格言的展开（第三版）》，北京大学出版社2013年版，第100页。

本条来源

原法第四条。

立法演变

八届全国人大审议时增加了“对违法行为给予行政处罚的规定必须公布；未经公布的，不得作为行政处罚的依据”。本次修订沿用原规定。

条文释义

一、规范意旨

行政法基本原则乃整合行政法规范之特殊需要，对行政法规范的整合价值，具体体现为它对行政法规范具有重要的稳定、协调和优化价值。在适用方面，可以作为法律解释的基准和补充法律漏洞的工具。① 本条规定的公正、公开原则，需要结合《政府信息公开条例》《国务院关于印发全面推进依法行政实施纲要的通知》《国务院办公厅关于全面推行行政执法公示制度执法全过程记录制度重大执法决定法制审核制度的指导意见》进行理解。

二、公正原则

公正原则是法律的基本原则。本法规定的公正原则既约束行政处罚的实施行为，也约束行政处罚的设定行为。

一是从实际出发。作出行政处罚决定，必须有事实和法律依据。本法第四十条规定，违法事实不清、证据不足的，不得给予行政处罚。

二是平等对待。《国务院关于印发全面推进依法行政实施纲要的通知》规定：“行政机关实施行政管理，应当遵循公平、公正的原则。要平等对待行政管理相对人，不偏私、不歧视。”从法律适用来看，上述规定是对公正原则的具体化，在实践中对行政机关实施行政处罚具有约束力。公正原则要求行政机关同等情况，同等处理，不同情况，不同处理。

三是过罚相当。设定与实施行政处罚必须坚持过罚相当，当事人所承受的制裁必须与其违法行为的事实、性质、情节以及社会危害程度相当，不能“高

---

① 周佑勇：《行政法基本原则研究》，武汉大学出版社 2005 年版，第 5、295－300 页。

射炮打蚊子”。《国务院关于印发全面推进依法行政实施纲要的通知》规定：“行使自由裁量权应当符合法律目的，排除不相关因素的干扰；所采取的措施和手段应当必要、适当；行政机关实施行政管理可以采用多种方式实现行政目的的，应当避免采用损害当事人权益的方式。”根据《行政诉讼法》第七十七条第一款的规定，行政处罚明显不当的，人民法院可以判决变更。

四是程序公正。本法规定的回避、二人以上执法、全过程记录、告知、陈述、申辩、听证、法制审核等都是为了从程序上保持公正。

三、公开原则

公开原则是法律的基本原则。阳光是最好的防腐剂，路灯是最好的警察。公开原则要求行政处罚实行事前、事中、事后“三公开”，行政执法“三项制度”中的“三公开”规定已在本次修订中有所体现。

一是事前公开。本条明确行政处罚案依据必须公开，公开是法律的基本要求，《汉谟拉比法典》、中国的刑鼎是最早一批公开的法律。在现代社会，不存在保密的行政处罚依据。近些年来，随着实践的发展，各地方都梳理并公布了行政处罚清单，但是清单并不是直接的行政处罚依据，只是政府自我规制的成果，是行政管理科学化、便民化的表现，清单动态调整通常跟不上法律立改废释的节奏，“清单之外，不得行使行政处罚职权”之类的说法，只能说是行政机关的自我要求，真正遇到清单之外的行政处罚事项时，仍然要依据相关法律规范。当事人也不能因为行政机关没有依据清单执法而主张行政处罚无效或者撤销等。除了法律依据，行政机关还要全面准确及时主动公开行政执法主体、人员、职责、权限、依据、程序、救济渠道和随机抽查事项清单等信息。

“三定”规定是否可以作为行政处罚的依据？“三定”规定是指国家机关的“主要职责、内设机构和人员编制”方面的规定。“三定”规定文件的印发主体各不相同。如，《中共中央办公厅、国务院办公厅关于调整国家民族事务委员会“三定”规定的通知》《中央机构编制委员会办公室关于印发〈中央编办对文化部、广电总局、新闻出版总署《“三定”规定》中有关动漫、网络游戏和文化市场综合执法的部分条文的解释〉的通知》《中共中国地震局党组关于印发〈省级地震局“三定”规定编制实施方案〉的通知》。此外，省市县相关部门也印发“三定”规定。因此，原则上“三定”规定是不同国家机关之间职责划分的依据。从行政处罚的角度来看，只要不是法律法规规章，就不能作为设定行政处罚的依据。

二是事中公开。行政执法人员在进行监督检查、调查取证、采取强制措施和强制执行、送达执法文书等执法活动时，必须主动出示执法证件，向当事人和相关人员表明身份，鼓励采取佩戴执法证件的方式，执法全程公示执法身份；要出具行政执法文书，主动告知当事人执法事由、执法依据、权利义务等内容。行政机关要注意听取公民、法人和其他组织的意见，严格遵循法定程序，依法保障行政管理相对人、利害关系人的知情权、参与权和救济权。

三是事后公开。行政执法机关要在执法决定后一定期限内向社会公布执法机关、执法对象、执法类别、执法结论等信息，接受社会监督。建立健全执法决定信息公开发布、撤销和更新机制。

法条关联

《行政诉讼法》第七十七条；《政府信息公开条例》；《国务院关于印发全面推进依法行政实施纲要的通知》；《国务院办公厅关于全面推行行政执法公示制度执法全过程记录制度重大执法决定法制审核制度的指导意见》等。

案例评议

黑龙江省哈尔滨市规划局诉黑龙江汇丰实业发展有限公司行政处罚纠纷案①

◆ **裁判要旨**

汇丰实业发展有限公司部分建筑违反了城市总体规划，哈尔滨市规划局所作的处罚决定应针对影响的程度，责令汇丰公司采取相应的整改措施，既要保证行政管理目标的实现，又要兼顾保护相对人的权益，应以达到行政执法目的和目标为限，尽可能使相对人的权益遭受最小的侵害。而上诉人所作的处罚决定中，拆除的面积明显大于遮挡的面积，不必要地增加了被上诉人的损失，给被上诉人造成了过度的不利影响。原审判决认定该处罚决定显失公正是正确的。原审判决变更处罚决定，虽然减少了拆除的面积和变更了罚款数额，但达到了执法的目的。

① 中华人民共和国最高人民法院行政判决书（1999）行终字第20号。

◆ **评议**

比例原则为域外公法上的法原则之一。在本案中，最高人民法院首次引入了比例原则。[①] 2004 年，《国务院关于印发全面推进依法行政实施纲要的通知》规定了“合理行政”，引入了比例原则，明确了其基本内涵。

第六条　【处罚与教育相结合原则】

实施行政处罚，纠正违法行为，应当坚持处罚与教育相结合，教育公民、法人或者其他组织自觉守法。

微言要义

法治不是为了“治”人，是为了“惩前毖后，治病救人”。

本条来源

原法第五条。

立法演变

无变化。

条文释义

一、规范意旨

本条确立了处罚与教育相结合原则。行政处罚的目的，重在纠正违法行为，教育公民、法人和其他组织自觉遵守法律，实现“自发秩序”正常运行，全民自觉守法。自觉守法的治理成本远远低于行政处罚的治理成本，行政处罚应首先发挥预防功能。其次才是矫正功能。一罚了事、以罚代教、以罚代管，不是行政处罚的目的，是懒政的表现。行政监管，必须做到赏罚分明。

---

① 章剑生：《最高人民法院公布的全国法院征收拆迁十大典型案例》，《人民司法·案例》2014 年第 22 期。

二、教育：执法要有温度

中国传统就讲究不能“不教而诛”。本条具有规范统率效力，要与本法第三十三条、第五十七条等关于不予处罚、可以不予处罚（免予处罚）、减轻处罚、从轻处罚的条款结合起来适用。上海市、浙江省、山东省等地方、税务总局等部门编制了上述清单，具有较强的指引作用。《法治政府建设实施纲要（2015—2020年）》规定：“推广运用说服教育、劝导示范、行政指导、行政奖励等非强制性执法手段。健全公民和组织守法信用记录，完善守法诚信褒奖机制和违法失信行为惩戒机制。”

本次修订引入的“首违不罚”最初来源于十多年前天津市等地推行的“三步式”执法，即教育规范、责令整改、实施处罚，该机制创新的目的是让当事人更加积极主动地学法、知法、守法。虽然“不知法”不能作为抗辩事由，但实践中“不知法”的情况还较为常见。这种柔性执法方式的目的就是普法、教育，避免下次再犯。2020年，《国务院关于做好自由贸易试验区第六批改革试点经验复制推广工作的通知》要求在“多领域实施包容免罚清单模式”。

三、处罚：执法要有力度

对于不属于轻微违法行为的，该给予行政处罚的，还要予以行政处罚。对于情节恶劣、后果严重的，行政机关可以在裁量权范围内，根据过罚相当原则确定处罚的轻重。本法第二十九条规定了“同一个违法行为违反多个法律规范应当给予罚款处罚的，按照罚款数额高的规定处罚”，第四十九条规定了如遇突发事件时应依法快速、从重处罚。

由于不少法律法规制定时间较早，随着经济社会发展，原有罚款数额的惩戒效果不再明显，甚至已经低于违法成本，当事人从经济成本角度出发，有效率地违法，可以从违法行为中获益。针对此种情况，《国务院关于加强和规范事中事后监管的指导意见》规定：“建立完善违法严惩制度、惩罚性赔偿和巨额罚款制度、终身禁入机制，让严重违法者付出高昂成本。”

法条关联

《无证无照经营查处办法》第十条；《公安机关办理行政案件程序规定》第五条；《农业行政处罚程序规定》第四条等。

第七条　【保障当事人权利原则】

公民、法人或者其他组织对行政机关所给予的行政处罚，享有陈述权、申辩权；对行政处罚不服的，有权依法申请行政复议或者提起行政诉讼。

公民、法人或者其他组织因行政机关违法给予行政处罚受到损害的，有权依法提出赔偿要求。

微言要义

无损害则无救济，无责任也无救济。

本条来源

原法第六条、第三十五条。

立法演变

本条沿用了第六条，删除了第三十五条。

条文释义

一、规范意旨

本条规定了保护当事人权利原则，是对“无救济无处罚原则”的拓展。[①]本原则是依法行政原则的必然要求。

一是从情理来看，剥夺、限制他人权利或者增加其义务，必须给个理由，也应当允许其陈述、申辩，只有这样才能保障行政处罚决定得以顺利执行。

二是从事理来看，行政机关充分告知，当事人充分陈述申辩，能够确保行政调查所发现的事实为客观事实，经验表明，行政机关发现事实的能力尚不能满足实践需要，因此，公众参与有助于确保信息对称，事实清楚。

三是从法理来看，本法的立法目的是“规范行政处罚的设定和实施，保障

① 应松年、马怀德主编：《中华人民共和国行政处罚法学习辅导》，人民出版社 1996 年版，第 37－38 页。

和监督行政机关有效实施行政管理，维护公共利益和社会秩序，保护公民、法人或者其他组织的合法权益”，当事人的参与也是为了实现权利与权力的平衡。

二、陈述权、申辩权

陈述权、申辩权是当事人的法定权利，行政机关必须履行相应告知义务。陈述权、申辩权是指行政机关在作出行政处罚决定之前，告知当事人拟作出的行政处罚内容（包括裁量）、事实、理由、依据，以及当事人依法享有的陈述、申辩、要求听证等权利，当事人有权针对行政机关的告知陈述、辩驳自己在事实、理由、证据和法律适用等方面意见的权利。行政执法人员进行复核后，当事人提出的事实、理由或者证据成立的，行政机关应当采纳，并在此基础上作出行政处罚决定。

基于效率的考量，申辩程序分为普通申辩和听证。听证是一种正式的申辩程序，因此法律对听证的范围作了限制，但从实践来看，听证的使用频率不高，有的直辖市城管综合执法局每年听证案件在 10 件左右，中小城市使用的频率更低，当事人放弃听证申请权的情况也比较多。但是，对于反垄断等领域的行政处罚而言，标的额大，听证程序使用得更多些。

本次修订作了以下几个方面的完善：一是进一步完善了陈述权保障，明确规定行政机关不得因当事人陈述、申辩而给予更重的处罚。二是增加了非现场执法的陈述权、申辩权。与普通程序不同，非现场执法的当事人拥有查询权。未履行相关程序的，根据本法第三十八条的规定，相关行政处罚行为可以被认定为无效。

三、申请行政复议或者提起行政诉讼

（一）申请行政复议

1. 基本规定。

行政复议是解决“民告官”行政争议和行政机关自我纠错的重要法定机制。根据《行政复议法》第二条、第四条的规定，公民、法人或者其他组织认为具体行政行为侵犯其合法权益，向行政机关提出行政复议申请，行政机关受理行政复议申请、作出行政复议决定。公民、法人或者其他组织对行政复议决定不服的，可以依照行政诉讼法的规定向人民法院提起行政诉讼，但是法律规定行政复议决定为最终裁决的除外。

2. 行政复议申请书。

行政复议申请书应当载明下列事项，并附具申请人身份证明的复印件：申请人的基本情况，包括姓名或者名称、有效身份证件号码或者统一社会信用代码、住所、联系方式等；被申请人的名称；行政复议请求、申请行政复议的主要事实和理由；公民的签名及捺印；法人的盖章及法定代表人签名；其他组织的盖章及主要负责人签名；申请行政复议的日期。申请人对两个以上行政行为不服的，应当分别申请行政复议。

3. 行政复议决定不增加处罚种类或加重对申请人的处罚。①

行政复议机关在对被申请人作出的行政处罚或者其他具体行政行为进行复议时，作出的行政复议决定不得对该行政处罚或者该具体行政行为增加处罚种类或加重对申请人的处罚。

4. 行政复议法修订征求意见稿的主要内容。

2020 年，司法部就《中华人民共和国行政复议法（修订）（征求意见稿）》公开征求意见。从征求意见稿来看，行政复议的范围、行政复议申请的提出、行政复议受理与审理、行政复议决定、法律责任等方面都作了大量修改。其中，现行“条块结合”的管辖体制也作了修改，实行相对集中行政复议权，取消地方政府部门的复议职责，由县级以上地方人民政府统一行使复议职责。同时，相应明确了国务院部门的管辖权限以及保留“条条管辖”体制的特殊情形，对海关、金融、外汇管理等实行垂直领导的行政机关、税务等实行以中央为主与地方政府双重领导的行政机关、国家安全机关的行政行为不服的，向上一级主管部门申请行政复议。此外，《行政诉讼法》修订引入行政机关和行政复议机关双被告制度后，理论界和实务界提出行政复议机关作为被告存在不少弊端，这也是《行政复议法》修订中的一个重要问题。

（二）提起行政诉讼

我国于 1982 年开始建立行政诉讼制度。1989 年，我国出台了《行政诉讼法》，这部被称为“民告官”的法律规定了行政诉讼程序的基本规则，并于 2014 年、2017 年进行了两次修正。根据该法第十二条第一款第一项的规定，对

① 《全国人民代表大会常务委员会法制工作委员会关于行政复议机关能否加重对申请人处罚问题的答复意见》（法工委复字〔2001〕21 号）。

行政拘留、暂扣或者吊销许可证和执照、责令停产停业、没收违法所得、没收非法财物、罚款、警告等行政处罚不服的，可以提起行政诉讼。人民法院可以判决撤销或者部分撤销，确认违法但不撤销行政行为、确认无效，重新作出行政行为，变更原行政处罚决定。在诉讼期间，不停止行政行为的执行。但被告认为需要停止执行的，原告或者利害关系人申请停止执行，人民法院认为该行政行为的执行会给国家利益、社会公共利益造成重大损害的，以及人民法院认为该行政行为的执行会造成难以弥补的损失，并且停止执行不损害国家利益、社会公共利益的，可以裁定停止执行。

四、提出赔偿要求权

《国家赔偿法》专门规定了行政赔偿，因行政机关违法给予行政处罚受到损害的，当事人可以依据《国家赔偿法》先向赔偿义务机关提出，也可以在申请行政复议或者提起行政诉讼时一并提出。需要注意的是，《国家赔偿法》第二章规定只赔偿人身权中的“身体伤害或者死亡”以及财产权。

法条关联

《行政复议法》；《行政诉讼法》；《国家赔偿法》第二章；《保健食品化妆品监督行政执法文书规范（试行）》第三十三条等。

案例评议

上海鑫晶山建材开发有限公司诉上海市金山区环境保护局环境行政处罚案①

◆ **裁判要旨**

企业事业单位和其他生产经营者堆放、处理固体废物产生的臭气浓度超过大气污染物排放标准，环境保护主管部门适用处罚较重的《大气污染防治法》对其进行处罚，企业事业单位和其他生产经营者主张应当适用《固体废物污染环境防治法》对其进行处罚的，人民法院不予支持。

本案争议焦点在于被告适用《大气污染防治法》对原告涉案行为进行处罚是否正确。其中涉及《固体废物污染环境防治法》第六十八条第一款第七项、

① 最高人民法院指导案例139号，最高人民法院审判委员会讨论通过，2019年12月26日发布。

第二款及《大气污染防治法》第九十九条第二项之间的选择适用问题。前者规定，未采取相应防范措施，造成工业固体废物扬散、流失、渗漏或者造成其他环境污染的，处一万元以上十万元以下的罚款；后者规定，超过大气污染物排放标准或者超过重点大气污染物排放总量控制指标排放大气污染物的，由县级以上人民政府环境保护主管部门责令改正或者限制生产、停产整治，并处十万元以上一百万元以下的罚款；情节严重的，报经有批准权的人民政府批准，责令停业、关闭。前者规制的是未采取防范措施造成工业固体废物污染环境的行为，后者规制的是超标排放大气污染物的行为；前者有未采取防范措施的行为并具备一定环境污染后果即可构成，后者排污单位排放大气污染物必须超过排放标准或者重点大气污染物排放总量控制指标才可构成。本案并无证据可证实臭气是否来源于任何工业固体废物，且被告接到群众有关原告排放臭气的投诉后进行执法检查，检查、监测对象是原告排放大气污染物的情况，适用对象方面与大气污染防治法更为匹配；《监测报告》显示臭气浓度超过大气污染物排放标准，行为后果方面适用《大气污染防治法》第九十九条第二项规定更为准确，故被诉行政处罚决定适用法律并无不当。

第八条　【处罚责任与民事责任、刑事责任衔接】

公民、法人或者其他组织因违法行为受到行政处罚，其违法行为对他人造成损害的，应当依法承担民事责任。

违法行为构成犯罪，应当依法追究刑事责任的，不得以行政处罚代替刑事处罚。

微言要义

民法是行政法的前置法，民法和行政法是刑法的前置法。

本条来源

原法第七条。

立法演变

三审稿在第一款第一个“违法”后增加了“行为”，在第二款“刑事责任”后增加了“的”。

条文释义

一、规范意旨

本条规定的是行政处罚责任与民事责任、刑事责任竞合的一般规则。民法、行政法、刑法是一种逻辑分类，但生活事实不因这种分类而自行区分为不同的法律事实，当三种法律关系交叉时，本法给出的态度是一体处理，具体可以概括为行民衔接、行刑衔接。这背后的原理是法律遵循生活、不同法律部门应保持一致。在竞合的情况下，行政执法人员需要从“专科大夫”转为“全科大夫”。

二、行政处罚责任与民事责任衔接

本条第一款的意思非常明确，即行政违法行为同时造成他人损害的，不排除承担民事责任。至于如何同时承担行政处罚责任和民事责任，本条没有明确。本法第二十八条、第七十四条、第七十八条对责令退赔作了规定。从单行法来看，公安部门对此作了较为详尽的规定，其他部门相关规定亟须细化。

一是当事人有违法所得，除依法应当退赔的外，应当予以没收。如，《公安机关办理行政案件程序规定》第一百九十二条规定：“有关违法行为查证属实后，对有证据证明权属明确且无争议的被侵害人合法财物及其孳息，凡返还不损害其他被侵害人或者利害关系人的利益，不影响案件正常办理的，应当在登记、拍照或者录像和估价后，及时发还被侵害人。办案人民警察应当在案卷材料中注明返还的理由，并将原物照片、清单和被侵害人的领取手续附卷。”当事人有违法所得的，可以主动退赔，行政机关也可用责令改正形式责令退赔。

二是利害关系人应当向作出行政处罚决定的行政机关申请退还、退赔。如果相关财物已经交给财政部门，根据本法第七十四条的规定，财政部门应当向作出行政处罚决定的行政机关返还罚款、没收的违法所得或者没收非法财物拍卖的款项。如，《公安机关办理行政案件程序规定》第一百九十七条规定：“对应当退还原主或者当事人的财物，通知原主或者当事人在六个月内来领取；原主不明确的，应当采取公告方式告知原主认领。在通知原主、当事人或者公告后六个月内，无人认领的，按无主财物处理，登记后上缴国库，或者依法变卖或者拍卖后，将所得款项上缴国库。遇有特殊情况的，可酌情延期处理，延长期限最长不超过三个月。”

三是财产不足以同时支付时，民事责任优先赔偿。《民法典》第一百八十七条规定：“民事主体因同一行为应当承担民事责任、行政责任和刑事责任的，承担行政责任或者刑事责任不影响承担民事责任；民事主体的财产不足以支付的，优先用于承担民事责任。”除此之外，《公司法》等多部法律也有类似规定。

四是行政机关对自己临时占有的涉案财物承担保管义务。对于需要退还、退赔的涉案财物保管不善的，应当承担损害赔偿责任。根据《公安机关办理行政案件程序规定》第一百八十七条第二款的规定，涉案财物的保管费用由作出决定的公安机关承担。实践中，有的涉案财物保管费用很高，行政机关是否要承担保管费用，值得研究。《民法典》第三百一十七条第一款规定：“权利人领取遗失物时，应当向拾得人或者有关部门支付保管遗失物等支出的必要费用。”

三、行政处罚责任与刑事责任衔接

“行刑衔接”是指行政执法机关在依法查处违法行为过程中，发现违法事实涉及的金额、违法事实的情节、违法事实造成的后果等，根据刑法关于立案追诉标准等规定，涉嫌构成犯罪，依法需要追究刑事责任的，必须向公安、检察等机关移送。“行刑衔接”是实践中的难点问题之一。本条以及第二十七条、第三十五条都作了相应规定。《行政执法机关移送涉嫌犯罪案件的规定》等是本条的配套规定。

一是本条第二款给行政机关设定了作为义务。只要违法行为构成犯罪应当依法追究刑事责任的，都要移送司法机关，不得以罚代刑。本法 1996 年实施后，有案不移仍是“行刑衔接”面临的一个主要问题。有案不移行为的性质是滥用职权或者玩忽职守。为了切实解决该问题，食品药品领域以刑事手段介入，有案不移的，构成犯罪。《刑法》规定了有案不移的刑事责任。其中，食品药品的责任更重一些，第四百零八条之一第一款规定，负有食品药品安全监督管理职责的国家机关工作人员，滥用职权或者玩忽职守，依法应当移交司法机关追究刑事责任不移交，造成严重后果或者有其他严重情节的，处五年以下有期徒刑或者拘役；造成特别严重后果或者有其他特别严重情节的，处五年以上十年以下有期徒刑。

二是解决移送难的关键是移送标准。行政机关不移送的问题解决后，还要解决公安机关不接和不愿接的问题。实践中有一些争议，一方面，有的公安机关要求行政机关移送的案件达到刑事案件立案追诉标准，由于行政机关没有拘留等手段，没有能力达到公安机关的要求；另一方面，有的行政机关“打草惊蛇”，移送给公安之后就变成了“死案子”，在绩效考核的背景下，公安机关不愿意接。

2020 年 8 月，国务院修改《行政执法机关移送涉嫌犯罪案件的规定》，在第三条增加一款，规定：“知识产权领域的违法案件，行政执法机关根据调查收集的证据和查明的案件事实，认为存在犯罪的合理嫌疑，需要公安机关采取措施进一步获取证据以判断是否达到刑事案件立案追诉标准的，应当向公安机关移送。”这实际上采用了主客观相结合标准，客观方面要求行政机关有初步的调查，即“调查收集的证据和查明的案件事实”，同时，主观方面要求“认为存在犯罪的合理嫌疑”，且“需要公安机关采取措施进一步获取证据以判断是否达到刑事案件立案追诉标准”。当然，这个标准限于知识产权领域的“行刑衔接”案件，其他领域的案件能否适用这个标准，还需要进一步明确。客观来讲，主客观相结合标准，充分考虑了行政机关和公安机关的不同需求，如果再从鉴定费用、绩效考核、人均办案量等角度进一步与之相配套，则有助于妥善解决有案不移、有案难移、以罚代刑等问题。

法条关联

《行政执法机关移送涉嫌犯罪案件的规定》；《公安机关办理行政案件程序规定》；《人民检察院办理行政执法机关移送涉嫌犯罪案件的规定》；《最高人民检察院、全国整顿和规范市场经济秩序领导小组办公室、公安部、监察部关于在行政执法中及时移送涉嫌犯罪案件的意见》；《治安管理处罚法》第二条；《道路交通安全法》第九十四条、第九十六条、第一百零一条、第一百零三条；《税收征收管理法》第六十三条、第六十五条、第六十六条、第六十七条、第七十一条、第七十七条至第八十四条；《中国银保监会行政处罚办法》第二十八条、第九十五条、第九十六条；《海关行政处罚实施条例》第二条等。

◆《全国人大常委会法工委关于道路交通安全法第九十九条、第一百零一条有关条款适用问题的意见》（2005年8月17日）

道路交通安全法第九十九条和第一百零一条对于造成交通事故后逃逸的行为规定了不同的处罚，分别适用于以下不同的情形：

1. 对造成交通事故后逃逸，尚不构成犯罪的，由公安机关交通管理部门依照道路交通安全法第九十九条的规定，处二百元以上二千元以下罚款，可以并处十五日以下拘留。

2. 对发生重大交通事故，构成犯罪，没有逃逸的，除依法追究刑事责任外，由公安机关交通管理部门依照道路交通安全法第一百零一条第一款的规定，吊销机动车驾驶证。

3. 对发生重大交通事故，构成犯罪，并且逃逸的，除依法追究刑事责任外，由公安机关交通管理部门依照道路交通安全法第一百零一条第二款的规定，吊销机动车驾驶证，且终生不得重新取得机动车驾驶证。

案例评议

吉林省白山市人民检察院诉白山市江源区卫生和计划生育局、白山市江源区中医院环境公益诉讼案①

◆ **裁判要旨**

人民法院在审理人民检察院提起的环境行政公益诉讼案件时，对人民检察院就同一污染环境行为提起的环境民事公益诉讼，可以参照行政诉讼法及其司法解释规定，采取分别立案、一并审理、分别判决的方式处理。

◆ **检察要旨**

检察机关在履行职责中发现负有监督管理职责的行政机关存在违法行政行为，导致发生污染环境，侵害社会公共利益的行为，且违法行政行为是民事侵权行为的先决或者前提行为，在履行行政公益诉讼和民事公益诉讼诉前程序后，违法行政行为和民事侵权行为未得到纠正，在没有适格主体或者适格主体不提

① 最高人民法院指导案例136号，最高人民法院审判委员会讨论通过，2019年12月26日发布。同时，该案也是最高人民检察院的指导案例，检例第29号，白山市江源区卫生和计划生育局及江源区中医院行政附带民事公益诉讼案。

起诉讼的情况下，检察机关可以参照《行政诉讼法》第六十一条第一款的规定，向人民法院提起行政附带民事公益诉讼，由法院一并审理。

◆ **指导意义**

本案是公益诉讼试点后全国首例行政附带民事公益诉讼案。

1. 检察机关作为公益诉讼人，可以提起行政附带民事公益诉讼。根据《人民检察院提起公益诉讼试点工作实施办法》（以下简称《检察院实施办法》，已失效）第五十六条和《人民法院审理人民检察院提起公益诉讼案件试点工作实施办法》（以下简称《法院实施办法》）第四条、第十四条、第二十三条的规定，人民检察院以公益诉讼人身份提起民事或行政公益诉讼，诉讼权利义务参照民事诉讼法、行政诉讼法关于原告诉讼权利义务的规定。人民法院审理人民检察院提起的公益诉讼案件，《检察院实施办法》《法院实施办法》没有规定的，适用民事诉讼法、行政诉讼法及相关司法解释的规定。

根据《检察院实施办法》第一条和第二十八条的规定，试点阶段人民检察院可以同时提起民事公益诉讼和行政公益诉讼的仅为污染环境领域。对于人民检察院能否直接提起行政附带民事公益诉讼，《检察院实施办法》和《法院实施办法》均没有明确规定。根据《检察院实施办法》第五十六条和《法院实施办法》第二十三条的规定，没有规定的即适用民事诉讼法、行政诉讼法及相关司法解释的规定。其中《行政诉讼法》第六十一条第一款规定了行政附带民事诉讼制度，该制度的设立主要是源于程序效益原则，有利于节约诉讼成本，优化审判资源，统一司法判决和增强判决权威性。在试点的检察机关提起的公益诉讼中，存在生态环境领域侵害社会公共利益的民事侵权行为，而负有监督管理职责的行政机关又存在违法行政行为，且违法行政行为是民事侵权行为的先决或前提行为，为督促行政机关依法正确履行职责，一并解决民事主体对国家利益和社会公共利益造成侵害的问题，检察机关可以参照《行政诉讼法》第六十一条第一款的规定，向人民法院提起行政附带民事公益诉讼，由法院一并审理。

2. 检察机关提起行政附带民事公益诉讼，应当同时履行行政公益诉讼和民事公益诉讼诉前程序。《检察院实施办法》规定，人民检察院提起民事公益诉讼或行政公益诉讼，都必须严格履行诉前程序。行政附带民事公益诉讼涵盖民事公益诉讼和行政公益诉讼，提起公益诉讼前，人民检察院应当发出检察建议依法督促行政机关纠正违法行为、履行法定职责，并督促、支持法律规定的机关和有关组织提请民事公益诉讼。

3. 检察机关提起行政附带民事公益诉讼案件，原则上由市（分、州）以上人民检察院办理。《检察院实施办法》第二条第一款、第二十九条第一款、第四款规定，“人民检察院提起民事公益诉讼的案件，一般由侵权行为地、损害结果地或者被告住所地的市（分、州）人民检察院管辖”“人民检察院提起行政公益诉讼的案件，一般由违法行使职权或者不作为的行政机关所在地的基层人民检察院管辖”“上级人民检察院认为确有必要，可以办理下级人民检察院管辖的案件”。由于检察机关提起的行政公益诉讼和民事公益诉讼管辖级别不同，民事公益诉讼一般不由基层人民检察院管辖，而上级人民检察院可以办理下级人民检察院的行政公益诉讼案件，故行政附带民事公益诉讼原则上应由市（分、州）以上人民检察院向中级人民法院提起。

有管辖权的市（分、州）人民检察院根据《检察院实施办法》第二条第四款规定将案件交办的，基层人民检察院也可以提起行政附带民事公益诉讼。

第二章　行政处罚的种类和设定

本章概要

原《行政处罚法》第八条列举了七项行政处罚种类，但没有规定何为行政处罚，实践中遇到不少困难，本次修订作了完善。

一是增加行政处罚种类。处罚种类从8类增加到13类，第九条增加规定通报批评、降低资质等级、限制开展生产经营活动、责令关闭、限制从业。当然，列入本条的行政处罚种类可能是行政处罚，但不必然是行政处罚。审议过程中删除了一些行政处罚种类，但并不意味着这些措施不可以是行政处罚，其中，“不得申请行政许可”是行政处罚；“责令停止行为”“责令作出行为”是否是行政处罚，需要具体情况具体分析。

二是扩大地方性法规设定行政处罚的权限。为充分发挥地方性法规在地方治理中的作用，第十二条第三款增加规定：“法律、行政法规对违法行为未作出行政处罚规定，地方性法规为实施法律、行政法规，可以补充设定行政处罚。拟补充设定行政处罚的，应当通过听证会、论证会等形式广泛听取意见，并向制定机关作出书面说明。地方性法规报送备案时，应当说明补充设定行政处罚的情况。”同时，第十一条第三款进一步明确了行政法规设定行政处罚的创制性立法权。这两条涉及的情形比较复杂，本书列举了多种情形，读者可对比理解。

三是增加了定期组织行政处罚评估。立法过程中，有意见提出，为了简政放权、优化营商环境，应当定期对已经设定的行政处罚进行评估，减少不必要的行政处罚事项。立法机关最终采纳了该意见。

行政处罚涉及公民、法人和其他组织的权利，实行法定原则。一是公民、法人或者其他组织的行为，只有依法明文规定应予行政处罚的，才受处罚，没有依法规定处罚的，不受处罚。二是行政处罚的设定依据包括法律、行政法规、地方性法规、部门规章和地方政府规章，必须由本法规定的国家机关在职权范围内依法设定，总体的制定权配置与统一的分层次立法体制相适应。不同的国家机关有权设定不同类型的行政处罚。三是行政机关设定行政处罚，必须严格依据《立法法》《行政处罚法》《行政法规制定程序条例》《规章制定程序条例》等进行。

第九条　【处罚种类】

行政处罚的种类：

（一）警告、通报批评；

（二）罚款、没收违法所得、没收非法财物；

（三）暂扣许可证件、降低资质等级、吊销许可证件；

（四）限制开展生产经营活动、责令停产停业、责令关闭、限制从业；

（五）行政拘留；

（六）法律、行政法规规定的其他行政处罚。

微言要义

由不法行为，不生利益。[①] 最微小的徒刑方式，还是比任何罚款严重。[②]

列入本条的不一定是行政处罚，没列入本条的也不一定不是行政处罚。

本条来源

原法第八条及单行法有关规定。

立法演变

一审稿将现行单行法律、法规中已经明确规定，行政执法实践中常用的行政处罚种类纳入本法，增加规定通报批评、降低资质等级、不得申请行政许可、

① 郑玉波：《法谚（二）》，法律出版社2007年版，第163页。

② 雷立柏：《拉英德汉法律格言词典》，宗教文化出版社2008年版，第132页。

限制开展生产经营活动、限制从业、责令停止行为、责令作出行为等行政处罚种类，合并了财产罚，作为一项。

责令停止行为指责令停止建设、责令停止活动、责令停止招生、责令停考、责令停止联网、责令停止传输、责令停止使用、责令不得举办涉外电影节（展）、责令停止试验、停航、停飞、责令停止设计、责令不得申购等。责令作出行为指责令赔礼道歉、责令拆除、责令拆毁、责令搬迁、责令撤换、责令补种、责令消除影响、责令退出、责令变更登记、责令限期改进、责令改组管理组织、责令限期出境、责令承担所邀外国人的出境费用、责令协助劝导交通等。[①] 从文义来看，“责令停止行为、责令作出行为”与责令改正不好区分，这里表达的其实是责令作出新的“行为”（包括作为和不作为），如果是作出新的“行为”，则体现了制裁性。当然，我国台湾地区张剑寒等曾认为，“禁止为一定行为之处罚”“停止为一定行为之处罚”为单独的行政处罚类型。[②]

二审时，有意见提出，有些常用的行政处罚种类尚未纳入，有些行政处罚种类与其他行政管理措施的边界不够清晰，建议进一步完善行政处罚种类的规定。全国人民代表大会宪法和法律委员会经研究，建议适当调整行政处罚种类：一是增加“责令关闭”的行政处罚种类；二是删去“不得申请行政许可”“责令停止行为”“责令作出行为”的行政处罚种类。

三审稿无变化，但最终表决通过稿依据处罚程度的轻重调整了第四项限制开展生产经营活动和责令关闭的顺序。

条文释义

一、规范意旨

本条是为了规范法律、行政法规、地方性法规、规章设定行政处罚。从整体上来看，本条规定的行政处罚是由轻到重逐级递增排列的。这次修订增加了行政处罚的类型，但这些类型是单行法早已经规定过的，本次只是把使用较多

---

① 黄海华：《行政处罚的重新定义与分类配置》，《华东政法大学学报》2020 年第 4 期。

② 洪家殷：《行政制裁》，载翁岳生主编：《行政法（下册）》，中国法制出版社 2002 年版，第 830 页。

的类型加以汇总，以控制和规范行政处罚的设定与实施。[①] 同时，本条规定的行政处罚类型与当事人的权利具有一定程度对应关系，体现了民事权利对公权力的拘束效力。[②]

没有列入本条的，未必不是行政处罚。如，“不得申请行政许可”“列入黑名单”等虽没有列入本条，但根据本法第二条，仍可以判断其构成行政处罚。

列入本条的，也并不必然是行政处罚。如，警告、通报批评也可能是一种纪律处分[③]；没收非法财物与刑法上的没收财产不容易区分，没收财产是附加刑的一种；《刑法》第三十七条之一规定的禁业与限制从业也是近似的制裁措施；在大气受到严重污染，发生或者可能发生危害人体健康和安全的紧急情况下，有关地方政府可以启动应急预案，实施相应的应急措施，如责令有关企业停产或者限产、限制部分机动车行驶、禁止燃放烟花爆竹、停止工地土石方作业和建筑拆除施工、停止露天烧烤、停止幼儿园和学校户外体育课等。

2020 年底，最高人民法院发布了最新行政案由，明确行政处罚案由包括警告、通报批评、罚款、没收违法所得、没收非法财物、暂扣许可证件、吊销许可证件、降低资质等级、责令关闭、责令停产停业、限制开展生产经营活动、限制从业、行政拘留、不得申请行政许可、责令限期拆除。[④] 其中，责令限期拆除与《土地管理法》第八十三条“对责令限期拆除的行政处罚决定”的规定保持了一致，但与本法关于责令改正以及该司法解释“行政处理”部分的规定不尽一致，应作限缩解释。[⑤]

长久以来，行政领域面临监管措施不足的问题，在行政处罚等领域探索提

---

① 行政处罚类型取决于违法行为的表现形式，行政处罚类型的多少，在逻辑上具有意义，但在操作层面还是要更多地关注如何发挥行政处罚的治理效用，以行政措施的功能确定何为行政处罚，也不能说行政处罚的数量越多，行政处罚法治就越不好，不能唯数量至上。

② 详细论述参见本书第二编第三章“民法典对行政执法的新要求”。

③ 《退役军人保障法》第七十七条规定：“违反本法规定，拒绝或者无故拖延执行退役军人安置任务的，由安置地人民政府退役军人工作主管部门责令限期改正；逾期不改正的，予以通报批评。对该单位主要负责人和直接责任人员，由有关部门依法给予处分。”

④ 《最高人民法院印发〈关于行政案件案由的暂行规定〉的通知》（法发〔2020〕44 号）。

⑤ 《最高人民法院印发〈关于行政案件案由的暂行规定〉的通知》（法发〔2020〕44 号）规定的行政处理包括责令退还非法占用土地、责令交还土地、责令改正、责令采取补救措施、责令停止建设、责令恢复原状、责令公开、责令召回、责令暂停生产、责令暂停销售、责令暂停使用、有偿收回国有土地使用权、退学决定。

高违法成本。如，《国务院关于加强和规范事中事后监管的指导意见》（国发〔2019〕18号）规定："建立完善违法严惩制度、惩罚性赔偿和巨额罚款制度、终身禁入机制，让严重违法者付出高昂成本。"可以预见的是，随着新型行政违法行为的出现，行政处罚的类型会有所增多。

关于行政处罚的类型在实施中的转换，本次修订没有作出规定。有的国家规定了易科罚。易科罚是指受罚款处罚的受罚人无力缴纳罚款时，以拘留代之即易科拘留。易科拘留时间一般不超过两个星期，且受罚人仍可通过缴纳罚锾来代替易科拘留的执行。① 实践中，对于无力承担罚款的当事人，是否可以以从事公益劳动、协助劝导交通、宣传法律法规等方式替代，值得探索。②

二、警告

警告即警示和告诫，属申诫罚的一种，指行政机关对公民、法人或者其他组织违反行政管理法律规范的行为的谴责和警示，其目的是通过对违法行为人一种精神上的惩戒，以申明其有违法行为，并使其以后不再违法。③ 在不考虑行政处罚结果公示的前提下，警告是行政处罚措施中最轻的一种。警告可以单独适用，也可以与罚款等处罚类型合并适用，警告往往与责令改正同时适用。经警告后仍拒不改正的行为，则可能构成累犯，在裁量方面，需要依法从重处罚。

（一）口头警告是不是行政处罚

警告属于要式的行政行为，根据本法第五十二条、第五十七条等规定，警告必须有书面处罚决定书，并将其送交当事人本人。如果是口头警告，则属于一般的批评教育，不具有强制力，不属于行政处罚行为。④

公安部交通管理局曾就警告处罚如何适用，作出专门答复：警告是行政主体对某些有轻微违法行为人的一种训诫，以促使被警告人提起应有的注意和警惕，以后不再重犯。在所有行政处罚种类中，警告是最轻的一种。在实际工作

---

① 张正钊、韩大元主编：《比较行政法》，中国人民大学出版社1998年版，第467页。

② 本法第六十六条规定了暂缓缴纳罚款，但实践中存在无力缴纳罚款的情况，罚款决定可能会变成一纸空文。

③ 曹康泰主编：《中华人民共和国行政处罚法教程》，中国法制出版社2010年版，第26页。

④ 张树义：《行政法与行政诉讼法学（第二版）》，高等教育出版社2007年版，第133页。现行法律、行政法规中，只有《道路交通安全法》明确规定了"口头警告"（不是行政处罚），如第九十三条第一款："对违反道路交通安全法律、法规关于机动车停放、临时停车规定的，可以指出违法行为，并予以口头警告，令其立即驶离。"

中，警告多为口头进行，也可以用书面形式，例如制作处罚裁决书或填发违章通知书。所谓“记证式”警告处罚，是一些公安交通管理机关自己的做法，不属于普遍意义上的警告。① 该规定目前已失效。

（二）记分是不是行政处罚

1. 实务见解。

《道路交通安全法》第二十四条，《道路交通安全法实施条例》第十一条、第二十三条至第二十六条、第二十八条，《道路交通安全违法行为处理程序规定》第二十九条、第六十二条等有详细规定。② 其中，《机动车驾驶证申领和使用规定》第六十五条规定：“道路交通安全违法行为累积记分周期（即记分周期）为 12 个月，满分为 12 分，从机动车驾驶证初次领取之日起计算。依据道路交通安全违法行为的严重程度，一次记分的分值为：12 分、6 分、3 分、2 分、1 分五种（附件 4）。”第六十八条第一款规定：“机动车驾驶人在一个记分周期内累积记分达到 12 分的，公安机关交通管理部门应当扣留其机动车驾驶证。”

据此，累积记分是衡量是否扣留驾驶证行政处罚的具体标尺，从这个意义上，累积记分达到 12 分，行政机关必须作出扣留驾驶证的行政处罚。有观点认为，这种行为管制是一种动态的、持续式的接触监管，因为其是在一个监管周期内伴随行政处罚持续进行的，是一种实时更新的“结算式”监管。记分制度包含了警告罚和风险罚（累积性资格罚）的性质，应将其视为行政处罚。③

2. 学术见解。

1992 年，马怀德教授就提出建立警告登记累积制度，申诫类处罚应建立警告登记和累积转罚制度，对多次受过申诫罚的违法人应转换适用更重一类的处罚。④ 我国台湾地区“行政罚法”提出，记点、记次为警告性处分，“道路交通管理处罚条例”第六十三条等规定，汽车驾驶人在六个月内，违规记点共达六点以上者，吊扣驾驶执照一个月；一年内经吊扣驾驶执照二次，再违反第一项

---

① 《公安部交通管理局关于警告处罚如何适用问题的答复》（1990 年 10 月 25 日），被《公安部关于保留修改废止部门规章及规范性文件的通知》（公通字〔2004〕71 号 2004 年 8 月 19 日）废止。

② 王学辉、王亚栋：《论作为行政处罚种类的交通违法记分》，《西部法学评论》2019 年第 3 期。

③ 王学辉、王亚栋：《论作为行政处罚种类的交通违法记分》，《西部法学评论》2019 年第 3 期。

④ 马怀德：《行政处罚现状与立法建议》，《中国法学》1992 年第 5 期。

各款所列条款之一者，吊销其驾驶执照。汽车依本条例规定记违规纪录于三个月内共达三次以上者，吊扣其汽车牌照一个月。同时，已受吊扣或吊销驾驶执照处分者，不予记点。[①]

本书认为，累积记分具有明确的警告意味，可以作为警告的特殊形式，在满 12 分等情形下扣证或者降级换证，则是不含裁量权的资格罚。这种处罚方式将定量和定性有机结合起来，有助于充分将教育和处罚相结合，发挥预防和惩戒的作用，值得广泛推广。

三、通报批评

（一）立法背景

在立法过程中，曾经讨论过是否将通报批评作为申诫罚的类型，最初没有规定的主要原因是，对通报批评性质的看法不一，有观点认为，通报批评不是行政处罚，是机关内部指出错误的方法。[②] 如，《义务教育法》第五十三条规定，县级以上人民政府或者其教育行政部门有一定情形的，由上级人民政府或者其教育行政部门责令限期改正、通报批评；情节严重的，对直接负责的主管人员和其他直接责任人员依法给予行政处分。

（二）警告和通报批评的关系

警告和通报批评的区别主要是后者告知的范围较为广泛，不限于告知行为人自己，还包括告知与行为有关的公民、法人和其他组织，[③] 即通报批评的侵益性更强。当然，在行政处罚决定公示的背景下，这种区别的意义越来越小。

（三）单行法规定

不少单行法规定了作为行政处罚的通报批评。如，《化妆品监督管理条例》第七十二条规定："化妆品技术审评机构、化妆品不良反应监测机构和负责化妆品安全风险监测的机构未依照本条例规定履行职责，致使技术审评、不良反应监测、安全风险监测工作出现重大失误的，由负责药品监督管理的部门责令改正，给予警告，通报批评；造成严重后果的，对其法定代表人或者主要负责人、

---

① 陈清秀：《"行政罚法"》，法律出版社 2016 年版，第 15 页。当然也有观点认为，扣分本身不是行政处罚，而是行政确认，因为每次扣分没有直接处分相对人的权利，只是确认相对人违章分值，不具有直接的制裁性。胡建淼：《行政法学（第四版）》，法律出版社 2015 年版，第 247 页。

② 汪永清：《行政处罚法适用手册》，中国方正出版社 1996 年版，第 48 页。

③ 汪永清：《行政处罚法适用手册》，中国方正出版社 1996 年版，第 48 页。

直接负责的主管人员和其他直接责任人员，依法给予或者责令给予降低岗位等级、撤职或者开除的处分。”

四、罚款

罚款是行政机关依法强制违反行政管理法规的行为人（包括法人及其他组织）在一定期限内缴纳一定数量货币的处罚行为。① 罚款是行政机关最常用的行政处罚类型，可以是警示性的，也可以是经济性的，截至2020年7月，共有153部现行有效的法律设定了行政罚款，涉及907个条款；共有329部行政法规设定了行政罚款，涉及1277个条款。与其他行政处罚种类相比，行政罚款使用范围最广、适用频率最高。② 罚款的法律效果是产生金钱之债，当事人要依据行政处罚决定缴纳罚款。如果当事人不及时缴纳，执行方式则会转变为强制执行。

（一）罚款如何设定

设定罚款应当根据违法行为人的主观恶性，违法行为造成的损失、社会危害程度确定。以罚款数值是否需要计算为标准，可分为概括式、数值式和倍率式；以罚款数值是否具有裁量空间为标准，则可分为概括式、定额罚和区间罚；两种标准相结合，共有概括式、定额数值式、定额倍率式、区间数值式和区间倍率式五种规定方式。③ 除了较大数额的罚款，一般罚款对当事人的影响力并不大，因此，按照比例原则，设定各类行政处罚，一般先设定警告、罚款等较轻的行政处罚，根据违法行为和危害后果等因素逐级增加行为罚、资格罚。具体来讲，罚款立法需要注意以下几点。

一是罚款规定一般应明确罚款的数额或者幅度。当然，有的法律没有规定罚款的具体数额、倍率等，仅仅规定了罚款。如，2019年修订的《土地管理法》第七十五条规定：“违反本法规定，占用耕地建窑、建坟或者擅自在耕地上建房、挖砂、采石、采矿、取土等，破坏种植条件的，或者因开发土地造成土地荒漠化、盐渍化的，由县级以上人民政府自然资源主管部门、农业农村主管部门等按照职责责令限期改正或者治理，可以并处罚款；构成犯罪的，依法

---

① 张春生主编：《中华人民共和国行政处罚法释解》，中国社会出版社1996年版，第15页。
② 张红：《行政罚款设定方式研究》，《中国法学》2020年第5期。
③ 张红：《行政罚款设定方式研究》，《中国法学》2020年第5期。

追究刑事责任。”从解释上，下位法可以在此范围内作出具体规定。在没有配套规定时，行政机关是否可以依据法律结合案情直接作出罚款，值得研究。

二是对违法行为能够以违法数额、违法所得数额、造成的实际损失等作为参考系数确定罚款数额的，可以使用处以该系数的倍数或者比例罚款的表述。对违法行为难以用违法数额、违法所得数额、造成的实际损失等作为参考系数确定罚款数额的，可以使用确定数额以内或者一定幅度以内罚款的表述。

三是在规定处以一定幅度的数额罚款时，最低数额与最高数额之间一般不超过十倍。

四是规定罚款数额上限不规定下限的，表述为：可以处 ××元以下罚款。规定确定罚款数额或者数额幅度的，“处”之前不加“可以”。①

五是罚款对经济行政违法行为的治理效果更好。我国台湾地区规定罚款的立法理由称：裁处罚锾，除督促行为人注意行政法上义务外，尚有惩戒贪婪之作用，此对于经济及财税行为，尤其重要。② 从实践来看，在以非营利为目的的社会领域，经济制裁的确可能面临治理失灵的危险，当事人追求的是经济以外的目的，因而对罚款不敏感。因此，行为罚、资格罚可能更适合社会领域的规制。

（二）按日计罚是不是行政处罚

按日计罚是近年来环保领域新引入的一类监管措施。《环境保护法》第五十九条规定：“企业事业单位和其他生产经营者违法排放污染物，受到罚款处罚，被责令改正，拒不改正的，依法作出处罚决定的行政机关可以自责令改正之日的次日起，按照原处罚数额按日连续处罚。前款规定的罚款处罚，依照有关法律法规按照防治污染设施的运行成本、违法行为造成的直接损失或者违法所得等因素确定的规定执行。地方性法规可以根据环境保护的实际需要，增加第一款规定的按日连续处罚的违法行为的种类。”《大气污染防治法》第一百二十三条等也规定了按日计罚。根据该条，违反本法规定，企业事业单位和其他生产经营者有未依法取得排污许可证排放大气污染物等行为的，受到罚款处罚，

① 《全国人民代表大会常务委员会法制工作委员会关于印送〈立法技术规范（试行）（二）〉的函》（法工委发〔2011〕5号）。

② 李震山：《“行政罚法”之适用范围》，载廖义男主编：《“行政罚法”》，元照出版有限公司2017年版，第33页。

被责令改正，拒不改正的，依法作出处罚决定的行政机关可以自责令改正之日的次日起，按照原处罚数额按日连续处罚。

据此，“自责令改正之日的次日”可以认定为“罚款决定之日的次日”，按日连续处罚也就具有了当事人“怠于履行”罚款处罚决定的适用前提，即后续的处罚发生的基础是行政相对人不履行执行行政处罚决定书的作为义务，而罚款处罚决定发生的基础是行政相对人违反了行政管理义务。

原《行政处罚法》第七十条规定了执行罚，即当事人到期不缴纳罚款的，作出行政处罚决定的行政机关可以每日按罚款数额的百分之三加处罚款。从法条表述来看，本条规定的加处罚款与环保领域按日计罚，都是针对拒不改正的持续性违法行为，只不过按日计罚的加处罚款数额较高，提高了违法成本，体现了国家对污染环境行为的“零容忍”，性质上宜认定为行政强制。①

（三）规章设定罚款时只能设定“一定数额的罚款”

1996年，国务院规定：“国务院各部门制定的规章对非经营活动中的违法行为设定罚款不得超过1000元；对经营活动中的违法行为，有违法所得的，设定罚款不得超过违法所得的3倍，但是最高不得超过30000元，没有违法所得的，设定罚款不得超过10000元；超过上述限额的，应当报国务院批准。地方政府规章设定罚款的限额，由省、自治区、直辖市人大常委会规定，可以不受上述规定的限制。”② 实践中，绝大多数部门规章设定的罚款数额低于三万元，但也有部门规章设定罚款的数额高于三万元，这类规章需要经过国务院批准。时过境迁，上述规定需要予以调整。

（四）罚款不一定是最好的行政处罚方式

随着经济发展，在早期设定的罚款数额没有修改的背景下，罚款的监管效果越来越差。对于被监管者而言，罚款可能变成违法行为的许可费用；对于监管者而言，罚款可能成为部分地方政府的重要非税收入来源。

在新时代的背景下，罚款的制度设计必须重新调整，以发挥其纠正和预防

① 类似观点参见杜殿虎：《按日计罚性质再审视——以法解释学为解释视角》，《南京工业大学学报（社会科学版）》2018年第5期。当然也有观点认为按日计罚为行政处罚，参见胡红玲：《环境保护按日计罚制度适用反思与完善——以美国环境保护按日连续处罚制度为借鉴》，《政治与法律》2018年第8期。

② 《国务院关于贯彻实施〈中华人民共和国行政处罚法〉的通知》（国发〔1996〕13号）。

等作用。一是确定罚款与其他处罚方式的并用。在美国联邦立法中设置行政罚款条款时往往注重与其他执法工具的组合，突出其弹性灵活的优点，使其成为刑罚、吊销许可证等制裁方式的重要补充。① 二是可否明确罚款计算公式，不设定罚款数额或者上限。我国现行有效的法律和行政法规中关于行政罚款的设定方式主要有概括式 、区间数值式、区间倍率式三种。其中，区间数值式使用频率最高，其次为区间倍率式。② 在罚款金额的确定上，美国联邦法律和行政规则往往明确规定执法机关确定罚款金额的公式和调整系数。行政机关在评估确定罚款金额时，往往同时考虑违法收益和违法程度，以求实现最佳的威慑效果。③

（五）如何计算罚款数额才合理

当前，我国行政罚款的基本立足点仍然是惩戒违法行为以恢复公共秩序，并不针对特定的利益损失。与其如此，不如将罚款与个案造成的公共利益损失作为计算标准，打破以往罚款计算依据的模糊性，将罚款的数额大致对应于公共秩序的破坏程度已经不合时宜，应当以精确的公共利益损失计量为基础重建罚款的标准④，这样就能实现个案精准惩戒，而不是模糊的区间式、倍率式等方式确定罚款数额，也就是说，罚款数额的确定更多地要直接以违法成本、造成公共利益的损失为计算基础。

此外，鉴定、保管等费用通常价格不菲，有的情况下还大于行政机关罚款的数额，等于所有社会成员分担了其违法成本。因此，从充分发挥矫正、预防功能的角度来看，可以在罚款之外，探索当事人承担鉴定、保管等费用的做法。⑤

五、没收违法所得、没收非法财物

没收违法所得、没收非法财物是指国家行政机关根据行政管理法律、法规，

---

① 苏苗罕：《美国联邦政府监管中的行政罚款制度研究》，《环球法律评论》2012 年第 3 期。

② 张红：《行政罚款设定方式研究》，《中国法学》2020 年第 5 期。

③ 苏苗罕：《美国联邦政府监管中的行政罚款制度研究》，《环球法律评论》2012 年第 3 期。

④ 刘长兴：《论行政罚款的补偿性》，《行政法学研究》2020 年第 2 期。

⑤ 在我国台湾地区“行政罚法”立法过程中，也有类似观点，即送达邮费、登载公报新闻纸费及其他公告所生之费用、证人及关系人交通费及在途食宿费用、物之运送费及保管费等由行政机关垫款，可以由行为人偿还。张剑寒：《行政制裁制度》，我国台湾地区“行政院”研究发展考核委员会 1979 年印制，第 258 页。

将行为人违法所获得的财物或非法财物强制无偿收归国有的一项行政处罚措施。[①] 这里没有区分行为人是否是涉案财物的合法权益人。从立法过程来看，将没收违法所得作为行政处罚，是在总结国内实践的基础上，参考了德国"没收违法所得"、日本"课征金"的立法例。[②] 本法第六十三条将没收较大数额违法所得、没收较大价值非法财物纳入听证范围。

（一）何为违法所得

根据本法第二十八条，违法所得是指实施违法行为所取得的款项。法律、行政法规、部门规章对违法所得的计算另有规定的，从其规定。实践中，不同的部门对于违法所得的界定有所不同，有的为营收说，有的为利润说。

1. 营收说。

营收说的好处是行政机关便于操作。某部曾建议明确种子生产、经营中的"违法所得"，是指从事种子生产、经营活动所取得的销售收入，即指种子经营者销售产品时取得的收入，包括成本和利润。对此，全国人大常委会法制工作委员会认为，依照 1981 年全国人大常委会关于加强法律解释工作的决议第三项的规定办理（即不属于审判和检察工作中的其他法律、法令如何具体应用的问题，由国务院及主管部门进行解释）。[③] 《卫生部法监司关于对〈关于对非法经营预防用生物制品实施行政处罚中有关问题的紧急请示〉的复函》规定："《预防用生物制品生产供应管理办法》第二十七条中非法所得是指违法活动中获取的包括成本和利润在内的全部收入。"原国家食品药品监督管理局答复：一般情况下，《药品管理法》《药品管理法实施条例》中的"违法所得"，是指"实施违法行为的全部经营收入"。《药品管理法》第八十二条、第八十七条规定的"违法所得"是指"实施违法行为中收取的费用"。《药品管理法实施条例》第八十一条规定的"违法所得"是指"售出价格与购入价格的差价"。在具体执法过程中应结合案件认定的事实与证据，按照行政处罚的基本原则依法处理。[④]

---

① 张春生主编：《中华人民共和国行政处罚法释解》，中国社会出版社 1996 年版，第 15 页。

② 张春生主编：《中华人民共和国行政处罚法释解》，中国社会出版社 1996 年版，第 14 页。

③ 《〈中华人民共和国种子法〉有关条款的解释》，http：//www. npc. gov. cn/zgrdw/npc/xinwen/lfgz/xwdf/2007 -02/25/content_ 358433. htm。

④ 《国家食品药品监督管理局关于〈药品管理法〉、〈药品管理法实施条例〉"违法所得"问题的批复》（国食药监法〔2007〕74 号）。

此外，《导弹及相关物项和技术出口管制条例》中的“违法所得”也是指从事违法行为的全部实际收入。

但是，营收说可能会对当事人产生较大影响，需要用合理原则加以限制。如，原《土地管理法》第七十四条规定，买卖或者以其他形式非法转让土地的，没收非法所得。对此，全国人大常委会法制工作委员会认为，“没收非法所得”不能解释为包含没收土地。对这一案件的非法出卖自留地的农民，在给予没收非法所得和罚款的处罚后，可以不收回该自留地的使用权；同时，农村集体经济组织也可以对该自留地的使用权作出处理。[①]《德国刑法典》第七十三条C第一项规定“如果追缴对承受者来说是过分严厉的，就不予命令。在命令时获得物的价值不再现存于承受者的财产中时或者如果获得物只具有轻微的价值时，可以不作出这种命令”[②]。

2. 利润说。

利润说的核心是要扣除合理成本，难点在于是合理成本的范围，通常计算繁复，影响行政效率。利润说有毛利润和纯利润之分，根据本法第二条，纯利润说不具有惩戒性，似不符合行政处罚的定义。全国人大常委会法制工作委员会认为，《固体废物污染环境防治法》第七十七条对无经营许可证或者不按照经营许可证规定从事收集、贮存、利用、处置危险废物经营活动规定的“没收违法所得”，是指没收违法行为人违法收集、贮存、利用、处置危险废物所获得的收益。[③]《工商行政管理机关行政处罚案件违法所得认定办法》规定：“工商行政管理机关认定违法所得的基本原则是：以当事人违法生产、销售商品或者提供服务所获得的全部收入扣除当事人直接用于经营活动的适当的合理支出，为违法所得。”《环境行政处罚办法》第七十七条第一款规定：“当事人违法所获得的全部收入扣除当事人直接用于经营活动的合理支出，为违法所得。”

此外，刑事领域也有采用利润说的，如全国人民代表大会常务委员会《关于惩治生产、销售伪劣商品犯罪的决定》规定的“违法所得数额”，是指生产、

① 《全国人大常委会法制工作委员会关于“没收非法所得”是否包含没收土地问题的答复》（1990年8月2日）。

② 《德国刑法典》，冯军译，中国政法大学出版社2000年版，第45－47页。

③ 《全国人民代表大会常务委员会法制工作委员会关于申请解释固体废物污染环境防治法第七十七条有关规定的答复意见》（法工委复字〔2005〕34号）。

销售伪劣产品获利的数额。①

（二）没收违法所得在何种意义上是行政处罚

违法所得不应是纯利润。从最初立法开始，没收违法所得是否是行政处罚就有争议。反对说认为，对违法所得的没收，本质上是一种追缴，而不是违法行为人因实施违法行为所付出的代价。② 客观来讲，如将违法所得界定为纯利润的话，则没收违法所得不具有惩戒性，因为这些利润本身就不是违法行为人的。经过二十多年的实践后，本次修订也不可能贸然改变其性质界定。因此，从解释上有必要明确违法所得至少为毛利润，只有这样才能与第二条行政处罚的定义保持逻辑上的周延。对于采纳净利润的规章是否要修改，是否符合本法第二条及第二十八条的规定，需要研究。

（三）违法所得在作出行政处罚决定时必须归属于违法行为人③

1. 违法所得可以是已经消费的收益。

如，凡是非法占有公共财物，能够确定侵占时该财物新旧程度的，“非法所得”应当按侵占时该财物的新旧程度和检查时重新购置该财物的价格计算。无法确定侵占时该财物新旧程度的，则按《违反财政法规处罚的暂行规定施行细则》第二十六条第二款的规定“按检查时物品的新旧程度和重新购置该物品的价格折算。”由于非法占有而造成该财物有所损失的，应当在追还被占用财物的同时，由责任人赔偿相应的损失。④ 违法建设工程不能拆除的，应当没收实物或者违法收入。没收的违法收入应当与应依法没收的实物价值相当。⑤

2. 违法所得原则上要归属于当事人。

违法所得其实就是不当得利，而任何人都不能从违法行为获利。受损失人

---

① 《最高人民法院关于审理生产、销售伪劣产品刑事案件如何认定“违法所得数额”的批复》（法复〔1995〕3号）。

② 曹康泰主编：《中华人民共和国行政处罚法教程》，中国法制出版社2010年版，第28页。

③ 《德国违反秩序法》第二十二条规定：“没收只在下列情形方与准许：一是物品在裁判时属于行为人或为其所有，或者二是物品按其类型或依当时情形有害于公众或者存在被用于实施应受刑罚或罚款处罚的危险。”关保英：《行政法学（第二版）》，法律出版社2018年版，第410页。没入在德国法是罚锾的附带效果。陈新民：《行政法学总论》，新学林出版有限公司2015年版，第709页。

④ 《财政部、审计署对执行〈国务院关于违反财政法规处罚的暂行规定〉两个具体问题的答复》（1988年12月7日）。

⑤ 《全国人大常委会法制工作委员会关于对违法建设进行行政处罚计算违法收入有关问题的函》（法工委发〔2011〕1号）。

可依据《民法典》第九百八十五条等要求当事人返还不当得利。[①] 这些财产利益直接被行政机关没收，对受损失的人是不合理的，因此，本法第二十八条增加了责令退赔。在操作层面，可以依据《民法典》第一百八十七条、本法第七十四条等，受损失人的财产不足以承担责任时，优先承担民事责任。违法所得应基于违法行为，当事人基于合法行为取得的收入应当予以扣除。[②]

3. 对于恶意受损失人的债权不予保护。

我国台湾地区不保护以恶意规避行政处罚责任为目的的民事行为。“行政罚法”第二十三条规定：“得没入之物，受处罚者或前条物之所有人于受裁处没入前，予以处分、使用或以他法致不能裁处没入者，得裁处没入其物之价额；其致物之价值减损者，得裁处没入其物及减损之差额。得没入之物，受处罚者或前条物之所有人于受裁处没入后，予以处分、使用或以他法致不能执行没入者，得追征其物之价额；其致物之价值减损者，得另追征其减损之差额。前项追征，由为裁处之主管机关以行政处分为之。”在遇到该种情形时，应注意与《民法典》善意取得制度相衔接。

4. 共有物如何没收？

没收其共有财物的份额，然后将份额依法转让，转让价金收入国库。当事人愿意自行处置的，也可以由其依法处置。

由于交易形式的多样性，在让与担保、所有权保留、融资租赁、保理等情况下，谁是物的真正所有权人，需要结合具体情况判断。如，在动产让与担保的情形下，标的物因为担保而实现了所有权的转移，但买受人购买标的物的目的只是担保，当担保目的达到后，买受人将标的物卖给出卖人。在担保期间，出卖人、买受人的行政违法行为就与民事担保形成了法律关系的竞合。再如，融资租赁合同是出租人根据承租人对出卖人、租赁物的选择，向出卖人购买租赁物，提供给承租人使用，承租人支付租金的合同。

---

① 《民法典》第九百八十五条规定：“得利人没有法律根据取得不当利益的，受损失的人可以请求得利人返还取得的利益，但是有下列情形之一的除外：（一）为履行道德义务进行的给付；（二）债务到期之前的清偿；（三）明知无给付义务而进行的债务清偿。”在民法上，受损失的人可能有多种请求权基础，货币的占有人即为所有权人，因此货币的返还可以适用不当得利的有关规定；对于其他物，可以适用返还原物的有关规定，也可以适用不当得利的有关规定。关于民事、行政的竞合研究，参见袁雪石：《行政处罚附带民事纠纷解决机制研究》，《中国法律评论》2020 年第 5 期。

② 叶平、陈昌雄：《行政处罚中的违法所得研究》，《中国法学》2006 年第 1 期。

（四）没收非法财物

非法财物可以分为违反行政义务行为所用之物、所得之物和违禁物。[①] 其中，违禁物可以是所用之物，也可以是所得之物。

1. 如何判定财产。

判断财产的权利归属要依据《民法典》。何为财产，《民法典》没有给出十分明确的答案，但从解释上来看，财产不限于所有权。[②] 物权、债权是典型的财产权，知识产权具有人身性和财产性的二元特点。不动产、特殊的动产和知识产权通常通过登记的方式明确权利人。对于债权如何没收，实务中需要细化，比如对于未履行或者正在履行的债权，是否可以终止债权债务关系；对于已经履行的债权，应根据具体情况决定返还或者没收；对于高速公路收费权等物权化的债权，如何没收，需要研究与既有债务之间的顺位等问题。《民法典》承认了人格权的财产利益，如，第九百九十三条规定："民事主体可以将自己的姓名、名称、肖像等许可他人使用，但是依照法律规定或者根据其性质不得许可的除外。"

当然，还有一个难点在于新型财产。有的财产具有公法属性。政府通过行政规制权力创设的新的财产形态，不同于人权法上的财产权利（主要是指宪法及宪法性法律设定的财产权利），也不同于民商法上的财产权利。如，政府补贴、政府特许。[③] 有的财产具有人格属性。如，受精卵、精液、卵子、人奶、家宅、结婚戒指、相册、日记、宠物、骨灰和墓地等。[④] 在人工生殖领域案件中，如受精卵已经在代孕母腹中孕育，则没收这类非法财产，需要考虑与人身权益保护的问题。

---

① 张剑寒：《行政制裁制度》，我国台湾地区"行政院"研究发展考核委员会1979年印制，第245页。

② 关于是否采纳物权、债权的立法技术，我国民法学界曾有过争论。争论的背后是采用英美法系路径，还是采用大陆法系路径。2001年6月、7月、9月，中国社会科学院《要报》接连刊载中国社会科学院法学研究所郑成思教授的三篇文章，建议不制定物权法而制定财产法。梁慧星教授提出了反对意见。梁慧星：《是制定"物权法"还是制定"财产法"?》，《人大法律评论》第4辑；郑成思：《知识产权、财产权与物权》，《河南财经政法大学学报》1998年第2期。

③ 于立深：《民生行政法的主题变迁及实现途径》，《浙江学刊》2019年第4期。

④ 徐国栋：《现代的新财产分类及其启示》，《广西大学学报（哲学社会科学版）》2005年第6期。《民法典》第一千一百八十三条第二款规定："因故意或者重大过失侵害自然人具有人身意义的特定物造成严重精神损害的，被侵权人有权请求精神损害赔偿。"

2. 非法财物的类型。

非法财物可以分为涉案原材料、制品、收益、孳息、涉案工具等。前者如侵权制品、非法开采的煤炭产品，假学历证书、学位证书及其他学业证书；后者如主要用于制作侵权制品的材料、运输车辆等工具设备。

何为作案工具，界限需要结合单行法掌握，应根据比例原则作目的限缩。如，对于非法捕鱼行为，渔船是否算是作案工具？我国法律对此做了不同情形的区分。根据《渔业法》第四十六条，外国人、外国渔船违反本法规定，擅自进入中华人民共和国管辖水域从事渔业生产和渔业资源调查活动的，可以责令其离开或者将其驱逐，可以没收渔获物、渔具，并处五十万元以下的罚款。对于情节严重的，可以没收渔船。也就是说，渔船可以作为作案工具，但根据违法行为与法律后果相适应原则，只有在情节严重的情况下，才没收渔船。类似的情况，如禁放爆竹的地区运载爆竹的汽车，不应视为从事非法活动使用的工具予以没收。① 再如，《海关行政处罚实施条例》第九条规定没收的对象是“专门用于走私的运输工具或者用于掩护走私的货物、物品，二年内三次以上用于走私的运输工具或者用于掩护走私的货物、物品”，作了一定限制。同时，违禁物品，不论是否属于违法行为人，都可以直接没收或者收缴。对于其他作案工具，如果违法行为事实清楚，但作案工具的当事人无法查清的，行政机关有两种选择：一是根据动产占有即所有的规则，直接依法予以没收；二是发布公告查找当事人，公告期满无人申领的，根据有关规定予以收缴。②

可以分割的物品，如何认定哪些是非法财物。如一种原料同时用于生产真药和假药，《药品管理法》第一百一十八条第二款规定：“对生产者专门用于生产假药、劣药的原料、辅料、包装材料、生产设备予以没收。”据此，应该按照生产规模和数量适度区分，按比例没收“专门”生产假药、劣药的原料。

六、暂扣许可证件、降低资质等级、吊销许可证件

行政许可是国家管理经济社会的重要方式。行政许可，是指行政机关根据公民、法人或者其他组织的申请，经依法审查，准予其从事特定活动的行为。

---

① 最高人民法院行政审判庭：《中华人民共和国行政处罚法释义与讲座》，警官教育出版社1996年版，第20页。

② 根据《海关行政处罚实施条例》第六十二条，走私违法事实基本清楚，但当事人无法查清，自海关公告之日起满三个月的，由海关予以收缴。

通过行政许可，行政相对人获得了更强的民事行为能力，在竞争中会处于优势地位，但“上了车”的人往往不希望别人“再上车”，行政许可运用不当，也可能变为一种反竞争措施。从经济社会发展来看，行政许可的数量会逐渐变少，《行政许可法》本身也是行政审批制度改革的产物，国外也长期推进“放松规制”的改革。《行政许可法》第十二条规定了五类可以设定行政许可的领域，第十三条也规定了可以不设行政许可的情况。

本条规定的三项措施为剥夺或者降低资质的资格罚，从 1996 年立法说明来看，资格罚是从原有的行为罚中发展出来的新类型。本法第六十三条将降低资质等级、吊销许可证件纳入听证范围，但并没有将暂扣许可证件纳入听证范围。

（一）暂扣许可证件

按照最初立法者的解释，“暂扣或者吊销许可证、暂扣或者吊销执照”是指国家行政机关对违反行政管理法规的公民、法人或其他组织依法实行暂时扣留其许可证或执照，剥夺其从事某项生产或经营活动权利的行政处罚，是一种比责令停产停业更为严厉的行为能力罚。① 暂扣和吊销许可证件是两个行政处罚，前者是暂时性中止行政许可，在效果上接近于责令停产停业②，后者是永久性终止行政许可；两者的共同之处在于，当事人的经营范围被限缩，相当于从完全民事行为能力人变为限制民事行为能力人。

本条删除原来的“暂扣或者吊销许可证、暂扣或者吊销执照”中“执照”的表述，可以理解为将“执照”并入“许可证件”。主要考虑是《行政许可法》第三十九条“许可证、执照或者其他许可证书”的规定，明确了“执照”为许可的一种类型，除了许可证、执照，还有注册、签注等其他类型的许可。同时，《行政许可法》第十二条规定，企业或者其他组织的设立等，需要确定主体资格的事项可以设定行政许可。这也表明“企业或者其他组织的设立”也可以不是行政许可。营业执照还有一个特点，就是它是市场主体的“身份证”，如果营业执照被吊销了，则主体资格消灭。

但是，删除“营业执照”的表述，也可能面临实践发展的挑战。随着“放管

---

① 张春生主编：《中华人民共和国行政处罚法释解》，中国社会出版社 1996 年版，第 15 页。姜明安认为，暂扣许可证件为行政强制行为。

② 我国台湾地区将吊扣证照作为行为罚，而将吊销证照作为剥夺或消灭资格、权利的处罚。

服”改革的深入，“企业或者其他组织的设立”越来越向行政确认转变，一般企业登记都可以在3个工作日内完成。某些地区也在尝试将营业执照登记转为行政确认，如行政机关需要吊销“营业执照”，则本条没有提供直接对应的处罚类型。

当然，本法第十二条第一款规定“地方性法规可以设定除限制人身自由、吊销营业执照以外的行政处罚”，如果将来营业执照登记由行政许可改为行政确认，吊销营业执照也可以作为单独的行政处罚种类，但在解释上需要归入本条第六项“法律、行政法规规定的其他行政处罚”。

（二）降低资质等级

公安交通、住建、卫生等领域的行政许可分为甲级、乙级等，不同级别的资质，具有不同的经营范围。如，《机动车驾驶证申领和使用规定》第九条规定：“机动车驾驶人准予驾驶的车型顺序依次分为：大型客车、牵引车、城市公交车、中型客车、大型货车、小型汽车、小型自动挡汽车、低速载货汽车、三轮汽车、残疾人专用小型自动挡载客汽车、普通三轮摩托车、普通二轮摩托车、轻便摩托车、轮式自行机械车、无轨电车和有轨电车（附件1）。”

降低资质等级就是限制了当事人的经营范围，对其有重大不利影响，本法第六十三条将其纳入听证范围。《机动车驾驶证申领和使用规定》第七十八条规定：“持有大型客车、牵引车、城市公交车、中型客车、大型货车驾驶证的驾驶人有下列情形之一的，车辆管理所应当注销其最高准驾车型驾驶资格，并通知机动车驾驶人在三十日内办理降级换证业务：（一）发生交通事故造成人员死亡，承担同等以上责任，未构成犯罪的；（二）在一个记分周期内有记满12分记录的；（三）连续三个记分周期不参加审验的。机动车驾驶人在规定时间内未办理降级换证业务的，车辆管理所应当公告注销的准驾车型驾驶资格作废。机动车驾驶人办理降级换证业务后，申请增加被注销的准驾车型的，应当在本记分周期和申请前最近一个记分周期没有记满12分记录，且没有发生造成人员死亡承担同等以上责任的交通事故。”

（三）吊销许可证件

吊销行政许可适用于被许可人取得行政许可后有严重违法行为的情形。适用前提是被许可人取得行政许可后有严重违法行为。吊销行政许可证件，只能由法律、法规设定。鉴于吊销许可证件对当事人的权益影响较大，本法第六十三条将其纳入听证范围。行政机关作出吊销行政许可证件决定前，应当告知被处罚人有要求听证的权利，被处罚人要求听证的，行政机关应当组织听证。

1. 能否吊销部分许可内容。

在医疗领域，存在此类情况。由于部分涉案医疗机构或者其规模较大，为二、三级医疗机构，承担的日常医疗任务十分繁重；或者其承担了社区基本医疗和预防保健服务的功能。如果依据现行法规规定，实施吊销这些医疗机构“医疗机构执业许可证”的行政处罚，不仅会影响人民群众的正常就医，造成新的“看病难”；同时还可能引发其他一系列社会稳定问题。对此，卫生健康主管部门曾作出批复，根据《医疗机构管理条例》第四十七条、第四十八条的规定，对医疗机构诊疗活动超出登记范围或者使用非卫生技术人员从事医疗卫生技术工作情节严重的，卫生行政部门可以根据实际情况吊销医疗机构相关诊疗科目的执业许可。①

2. 当事人无醉驾时所驾驶车型的机动车驾驶证，可否吊销其所持有的其他准驾车型的机动车驾驶证。

吊销机动车驾驶证的法律后果是剥夺持证人驾驶机动车上道路行驶的资格，而非仅剥夺持证人驾驶某一准驾车型的资格。驾驶人醉酒驾车，即使无醉酒所驾车型的机动车驾驶证，也应吊销其所持有的其他准驾车型的机动车驾驶证。②

3. 谁是作出吊销许可证书决定的主体。

基本规则是“谁盖章，谁对外负责”。实践中存在要求作出处罚的意思表示和实际作出处罚的意思表示的主体相分离的情况。如，《国家食品药品监督管理局关于吊销齐齐哈尔第二制药有限公司〈药品生产许可证〉的通知》要求：“责成你局立即依法对齐齐哈尔第二制药有限公司的违法行为予以查处，吊销其《药品生产许可证》，收回其《药品GMP证书》，并请你局积极配合有关部门做好相关善后工作。”

此外，有的行政主体会建议市场监管局吊销营业执照。如，证监会对无锡国泰期货经纪有限公司不予颁发《期货经纪业务许可证》，取消其从事期货经纪业务的资格，并建议国家工商行政管理局根据有关规定吊销其营业执照。③

---

① 《卫生部关于实施吊销〈医疗机构执业许可证〉有关问题的批复》（卫政法发〔2006〕237号）。

② （2012）沪一中行终字第212号，张某诉上海市公安局松江分局交通警察支队要求撤销行政处罚决定案。

③ 《中国证券监督管理委员会关于吊销广东新时代期货经纪有限公司〈期货经纪业务许可证〉和取消无锡国泰期货经纪有限公司从事期货经纪业务资格的决定》（证监发字〔1995〕69号）。

（四）撤销、注销、撤回行政许可是否是行政处罚

1. 撤销原则上不是行政处罚。

撤销行政许可适用于行政机关纠正违法事实行政许可的情形。适用前提是行政机关违法作出行政许可决定或者行政相对人违法取得行政许可。撤销行政许可属于行政命令，原则上不是行政处罚，撤销的行政行为，自始不发生法律效力。

《行政许可法》对撤销行政许可作了明确规定，第六十九条规定："有下列情形之一的，作出行政许可决定的行政机关或者其上级行政机关，根据利害关系人的请求或者依据职权，可以撤销行政许可：（一）行政机关工作人员滥用职权、玩忽职守作出准予行政许可决定的；（二）超越法定职权作出准予行政许可决定的；（三）违反法定程序作出准予行政许可决定的；（四）对不具备申请资格或者不符合法定条件的申请人准予行政许可的；（五）依法可以撤销行政许可的其他情形。被许可人以欺骗、贿赂等不正当手段取得行政许可的，应当予以撤销。依照前两款的规定撤销行政许可，可能对公共利益造成重大损害的，不予撤销。依照本条第一款的规定撤销行政许可，被许可人的合法权益受到损害的，行政机关应当依法给予赔偿。依照本条第二款的规定撤销行政许可的，被许可人基于行政许可取得的利益不受保护。"单行法也规定了撤销行政许可。《娱乐场所管理条例》第四十二条规定："违反本条例规定，以欺骗等不正当手段取得娱乐经营许可证的，由原发证机关撤销娱乐经营许可证。"

《全国人民代表大会常务委员会法制工作委员会关于公司法第一百九十八条"撤销公司登记"法律性质问题的答复意见》（法工委复〔2017〕2 号）明确：行政许可法第六章监督检查第六十九条第一款对行政机关违法履行职责而准予行政许可的撤销作了规定，第二款对被许可人以欺骗、贿赂等不正当手段取得行政许可的撤销作了规定。第七章法律责任第七十九条规定，被许可人以欺骗、贿赂等不正当手段取得行政许可的，行政机关应当依法给予行政处罚。依照行政许可法的上述规定，撤销被许可人以欺骗等不正当手段取得的行政许可，是对违法行为的纠正，不属于行政处罚。

撤销行政许可，行政机关应当作出书面决定，告知撤销行政许可的法律依据或者事实基础。因非基于当事人的原因而撤销，且损害了被许可人的合法权益的，行政机关应当依法给予赔偿。

但是，有的撤销实际是"吊销"，是一种处罚。如，《证券法》第二百零九条

规定，证券公司违反禁止接受客户的全权委托买卖证券的，情节严重的，并处撤销相关业务许可。《民办非企业单位登记管理暂行条例》第二十五条规定，民办非企业单位有违法情形之一的，由登记管理机关予以警告，责令改正，可以限期停止活动；情节严重的，予以撤销登记。① 本书认为，这里的撤销并不是针对行政许可过程中的不真实意思表示，而是针对违反强制性行政管理规定的制裁措施，是一种新的不利处分，实为“吊销”的行政处罚，只是在表述上表达为“撤销”。因此，包括撤销在内的行政监管措施性质的判定，应该具体情况具体分析。

2. 撤回行政许可原则上不是行政处罚。

撤回行政许可适用于基于公共利益的需要收回已经颁发的行政许可的情形。根据《行政许可法》第八条，行政机关不得擅自改变已经生效的行政许可。撤回的理由必须是基于公共利益需要，具体有两种情形：一是行政许可所依据的法律、法规、规章修改或者废止，二是准予行政许可所依据的客观情况发生重大变化。在这两种情形下，按照比例原则，能够变更的，原则上应首先变更，变更反而会损害当事人权益的，可以撤回行政许可。

变更或者撤回行政许可，行政机关应当作出书面决定，说明撤回行政许可的法律依据或者事实基础。变更或者撤回行政许可给当事人造成财产损失的，行政机关应当依法给予补偿。从国际投资法上来看，国际投资争端解决中心倾向于将此种撤回认定为广义的征收。②

实践中，有的撤回行为，实际是吊销行政许可。如，有决定书提出，经核查，你单位注册人员数量及缴纳社会基本养老保险情况不满足工程造价咨询企业甲级资质标准要求。在责令你单位限期整改，整改期满后你单位仍未满足资质标准要求。依据《工程造价咨询企业管理办法》（建设部令第 149 号）第三十一条规定，决定撤回你单位的工程造价咨询企业甲级资质。③

---

① 具体情形包括涂改、出租、出借民办非企业单位登记证书，或者出租、出借民办非企业单位印章的；超出其章程规定的宗旨和业务范围进行活动的；拒不接受或者不按照规定接受监督检查的；不按照规定办理变更登记的；设立分支机构的；从事营利性的经营活动的；侵占、私分、挪用民办非企业单位的资产或者所接受的捐赠、资助的；违反国家有关规定收取费用、筹集资金或者接受使用捐赠、资助的。

② 如，ELECTRABEL S. A. V. THE REPUBLIC OF HUNGARY（ICSID CASE NO. ARB/07/19）。

③ 《撤回许可决定书》，http://www.mohurd.gov.cn/wjfb/202004/t20200416_245027.html，最后访问时间：2020 年 12 月 11 日。

3. 注销不是行政处罚。

注销行政许可适用于特定客观事实的出现、行政许可失效的情形。适用前提是特定客观事实的出现，与被许可人取得行政许可是否合法无关。吊销、撤销许可证或者营业执照是一个行政行为，其引发的后果是履行注销手续，且注销的原因不限于此，根据《行政许可法》第七十条，注销的原因还包括行政许可有效期届满未延续的；赋予公民特定资格的行政许可，该公民死亡或者丧失行为能力的；法人或者其他组织依法终止的；行政许可依法被撤回，因不可抗力导致行政许可事项无法实施的；等等。注销行政许可，行政机关应当说明理由，收回行政许可证件或者予以公告。

七、限制开展生产经营活动、责令停产停业、责令关闭、限制从业

以上四种处罚都是限制或禁止行为的处罚，除了责令停产停业之外，都是新增的处罚类型①，原则上是责令当事人不作为。本法第六十三条将责令停产停业、责令关闭、限制从业纳入听证范围，但并没有直接将限制开展生产经营活动纳入听证范围。

（一）限制开展生产经营活动

对于不具有许可资格的，或者应当备案而没有备案的，或者不需要采取资格罚的，或者尚未从事生产经营活动的，行政机关可以限制其从事或扩大生产经营活动。限制开展生产经营活动可以表现为不得申请行政许可②，也可以表现为直接限制开展生产经营的业务范围、经营区域、经营期限等，但这种限制不能达到使当事人停止停业的程度，否则就是责令停产停业了。这种行为罚是对营业权的限制，属于重大行政处罚。

单行法已经规定了该行政处罚。如，《保险法》第一百三十八条规定，对偿付能力不足的保险公司，国务院保险监督管理机构应当将其列为重点监管对象，并可以根据具体情况采取限制业务范围措施、限制增设分支机构、限制商业性广告等措施。除此之外，国务院文件列举了多种限制开展生产经营活动的措施，如限制新增项目审批、核准，限制股票发行上市融资或发行债券，限制在全国股份转让系统挂牌、融资，限制发起设立或参股金融机构以及小额贷款

① 类似的行为罚还有禁止行驶，禁止出入港口、机场或特定场所，禁止制造、买卖、运输等。

② 对于不得申请某项行政许可的分析，请见本条其他行政处罚的阐述。

公司、融资担保公司、创业投资公司、互联网融资平台等机构，限制从事互联网信息服务、限制参与有关公共资源交易活动，限制参与基础设施和公用事业特许经营。①

（二）责令停产停业

责令停产停业指国家行政机关对违反行政管理法规的工商企业或个体经营户，依法在一定期限内剥夺其从事某项生产或经营活动的行政处罚②，具有防止和扩大违法行为危害后果的效果。③ 在名称表达上，《种子法》《安全生产法》《疫苗管理法》《药品管理法》《教育法》等规定了“责令停产停业整顿”“责令停止建设”“责令停止施工”“责令停止招生”“责令停止办学”等。

1. 责令停产停业是否有期限。

责令停产停业需要明确期限，停产停业不能是永久性的，也不能是一万年，否则就是责令关闭。《娱乐场所管理条例》第四十六条规定：“娱乐场所指使、纵容从业人员侵害消费者人身权利的，应当依法承担民事责任，并由县级公安部门责令停业整顿 1 个月至 3 个月；造成严重后果的，由原发证机关吊销娱乐经营许可证。”法律规范中没有规定责令停产停业期限的，行政主体在实施责令停产停业时，应明确一定期限。

2. 责令停产停业与其他处罚方式的并用。

责令停产停业，一般要在决定之前或者决定的同时责令改正，并可以与警告、通报批评、罚款等方式并处，但一般情节更严重的才适用吊销许可证书。

3. 责令停产停业的法律后果。

行政机关作出责令停产停业的决定后，当事人拒不履行的，行政机关可以申请法院强制执行，自己具有强制执行权的，可以直接强制执行。同时，该行政处罚决定也设定《刑法》上的义务。《刑法》第一百三十四条之一规定，在生产、作业中违反有关安全管理的规定，因存在重大事故隐患被依法责令停产停业、停止施工、停止使用有关设备、设施、场所或者立即采取排除危险的整

---

① 《国务院关于建立完善守信联合激励和失信联合惩戒制度加快推进社会诚信建设的指导意见》（国发〔2016〕33 号）。

② 张春生主编：《中华人民共和国行政处罚法释解》，中国社会出版社 1996 年版，第 15 页。

③ 最高人民法院行政审判庭：《中华人民共和国行政处罚法释义与讲座》，警官教育出版社 1996 年版，第 171 页。

改措施，而拒不执行的，具有发生重大伤亡事故或者其他严重后果的现实危险的，处一年以下有期徒刑、拘役或者管制。

4. 责令停产停业期间经常性费用开支。

《国家赔偿法》第三十六条第六项规定，吊销许可证和执照、责令停产停业的，赔偿停产停业期间必要的经营性费用开支。所谓“停产停业期间必要的经营性费用开支”，是指维系企业被停产停业期间生存所需的基本开支，包括职工基本工资、税金、水电费等费用。①

5. 责令停产停业不同于责令改正。

责令停止违法行为属于责令改正。如，《图书、期刊、音像制品、电子出版物重大选题备案办法》第十四条规定：“出版单位违反本办法，未经备案出版涉及重大选题范围出版物的，由国家新闻出版署或省级出版管理部门责成其主管单位对出版单位的主要负责人员给予行政处分；停止出版、发行该出版物；违反《出版管理条例》和有关规定的，依照有关规定处罚。”这里的“停止出版、发行该出版物”即为责令停止违法行为，不属于行政处罚。但是，如果规定的是“责令停止其出版业务”则为责令停产停业的表现形式，是行政处罚。

（三）责令关闭

《水污染防治法》《未成年人保护法》《网络安全法》等25件法律，《人力资源市场暂行条例》《实验动物管理条例》等16件行政法规规定了责令关闭企业、场所、职业中介机构、公共图书馆、建设项目、网站等行政处罚。②

对于责令关闭的性质，原环保总局曾答复：《环境保护法》第二十九条、第三十九条规定，对造成环境污染的企业事业单位，限期治理由直接管辖的人民政府决定。对经限期治理逾期未完成治理任务的企业事业单位责令停业、关闭，由作出限期治理决定的人民政府决定。地方人民政府对逾期未完成限期治理任务的企业事业单位作出停业、关闭的行政处罚，应按照《行政处罚法》规定的有关程序执行，当事人要求听证的，人民政府应当组织听证，听证后由人民政府作出决定。另据《环境噪声污染防治法》第十七条第三款，对逾期未完

① 四平市山佳石材有限公司诉吉林省四平市铁东区人民政府行政赔偿案，最高人民法院（2016）最高法行赔申14号。

② 黄海华：《行政处罚的重新定义与分类配置》，《华东政法大学学报》2020年第4期。

成限期治理任务的小型企业事业单位实施停业、关闭处罚的，可以依法由政府授权的环保部门组织听证并作出决定。[①]

（四）限制从业

限制从业是行政机关依法对违反行政管理秩序的当事人在时间和领域等方面实施经济和社会方面的职业限制。[②] 宋华琳教授认为，禁入是行政主体为实现特定行政任务，维护行政管理秩序，依据行政法律规范，令违反行政法上特定义务的特定行政相对人，在一定期限内直至终身不得从事特定业务或活动，或剥夺其某种任职资格，既是资格罚，也是声誉罚。[③] 限制从业是较重的处罚，等于宣布当事人在经济或者社会领域上休克或者死亡，因此，本法第六十三条将其纳入听证范围。

从时间方面限制的，当事人在此期限可能变为“无专业行为能力”。《食品安全法》《药品管理法》《环境影响评价法》《网络安全法》等规定了终身禁入。《证券法》[④]《电子签名法》[⑤]《金融违法行为处罚办法》[⑥] 等规定了一定期限内禁入。

从领域方面限制的，当事人的专业能力由宽到窄。如，《保险法》第一百六十一条规定：“保险公司有本法第一百一十六条规定行为之一的，由保险监督管理机构责令改正，处五万元以上三十万元以下的罚款；情节严重的，限制其业务范围、责令停止接受新业务或者吊销业务许可证。”

---

① 《国家环境保护总局关于对逾期未完成限期治理任务的企业责令停业关闭问题的复函》（环函〔2002〕333号）。

② 《国务院关于促进市场公平竞争维护市场正常秩序的若干意见》（国发〔2014〕20号）规定了限制从业任职资格。

③ 宋华琳：《禁入的法律性质及设定之道》，《华东政法大学学报》2020年第4期。

④ 第二百二十一条第二款规定：“前款所称证券市场禁入，是指在一定期限内直至终身不得从事证券业务、证券服务业务，不得担任证券发行人的董事、监事、高级管理人员，或者一定期限内不得在证券交易所、国务院批准的其他全国性证券交易场所交易证券的制度。”

⑤ 第三十一条设定了10年的禁入期限。

⑥ 第三条第三款规定：“金融机构的工作人员依照本办法受到开除的纪律处分的，终身不得在金融机构工作，由中国人民银行通知各金融机构不得任用，并在全国性报纸上公告。金融机构的高级管理人员依照本办法受到撤职的纪律处分的，由中国人民银行决定在一定期限内直至终身不得在任何金融机构担任高级管理职务或者与原职务相当的职务，通知各金融机构不得任用，并在全国性报纸上公告。”

八、行政拘留

行政拘留是公安机关对违反治安管理法律法规的公民，在短期内限制其人身自由的一种处罚措施，也是治安管理处罚措施中最严厉的一种。[①] 该行为属于人身自由罚，对应的民事权利是人身自由权。本法第六十三条将“其他较重的行政处罚”纳入听证范围，行政拘留似属于“其他较重的行政处罚”。本法没有对行政拘留等限制人身自由的行政处罚规定最长限制时间。

1. 人身自由权。

人身自由权是重要的人格权类型。《民法典》多个条款对其作出了规定。第一百零九条规定：“自然人的人身自由、人格尊严受法律保护。”第九百九十条规定：“人格权是民事主体享有的生命权、身体权、健康权、姓名权、名称权、肖像权、名誉权、荣誉权、隐私权等权利。除前款规定的人格权外，自然人享有基于人身自由、人格尊严产生的其他人格权益。”第一千零一十一条规定：“以非法拘禁等方式剥夺、限制他人的行动自由，或者非法搜查他人身体的，受害人有权依法请求行为人承担民事责任。”第一千一百七十七条第一款规定：“合法权益受到侵害，情况紧迫且不能及时获得国家机关保护，不立即采取措施将使其合法权益受到难以弥补的损害的，受害人可以在保护自己合法权益的必要范围内采取扣留侵权人的财物等合理措施；但是，应当立即请求有关国家机关处理。”从比较法来看，不少国家同时规定了“扣留侵权人的财物”和“限制他人人身自由”的合理措施，这里的“等”在解释上可以包括后者，当然也可以包括限制生产经营活动等，但立法对此采取了审慎的态度，没有直接讲“限制他人人身自由”，背后的意图恐怕是避免自助行为滥用，造成较多侵害他人合理权益的情况。

2. 行政拘留的实施机关有哪些？

一是公安机关拥有行政拘留的行政处罚权。根据《治安管理处罚法》第十条等，公安机关拥有行政拘留的行政处罚权。本法第十八条也确认了公安机关行使限制人身自由的处罚权。

二是安全机关、海警机关拥有行政拘留的行政处罚权。《反间谍法》第三十一条规定：“泄露有关反间谍工作的国家秘密的，由国家安全机关处十五日以

---

① 张春生主编：《中华人民共和国行政处罚法释解》，中国社会出版社 1996 年版，第 16 页。

下行政拘留；构成犯罪的，依法追究刑事责任。”《海警法》第二十三条第一款规定：“海警机构对违反海上治安、海关、海洋资源开发利用、海洋生态环境保护、海洋渔业管理等法律、法规、规章的组织和个人，依法实施包括限制人身自由在内的行政处罚、行政强制或者法律、法规规定的其他措施。”

三是其他行政机关的行政拘留移送权。《环境保护法》《食品安全法》《药品管理法》等法律规定了非治安类案件的行政拘留移送权。如，《食品安全法实施条例》第七十七条规定：“县级以上地方人民政府食品安全监督管理等部门对有食品安全法第一百二十三条规定的违法情形且情节严重，可能需要行政拘留的，应当及时将案件及有关材料移送同级公安机关。公安机关认为需要补充材料的，食品安全监督管理等部门应当及时提供。公安机关经审查认为不符合行政拘留条件的，应当及时将案件及有关材料退回移送的食品安全监督管理等部门。”这实际上增加了其他行政机关给予行政拘留的建议权，与此前立法模式大有不同，此前的立法一般由公安机关统一行使行政拘留的处罚权，如，根据《种子法》第八十八条，构成违反治安管理行为的，由公安机关依法给予治安管理处罚。

3. 限制人身自由的其他行政处罚。

行政拘留只是限制人身自由的一种行政处罚形式，除此之外还有其他处罚类型。如，住宅禁足，《奥地利行政罚法》第十三条规定：“被判处住宅禁足者，应宣誓保证勿离开其住宅，违反誓言时应就其禁足期间执行拘留。”[①] 下面重点讨论驱逐出境、禁止出入境、限期离境。本书认为，驱逐出境、禁止出入境、限期离境是对人身自由权的限制，与拒绝签证等有所不同，原则上可以构成行政处罚。[②]

《治安管理处罚法》第十条规定了治安管理处罚的种类，其第二款明确，对违反治安管理的外国人，可以附加适用限期出境或者驱逐出境。《出境入境管理法》第八十一条规定：“外国人从事与停留居留事由不相符的活动，或者有

---

① 关保英：《行政法学（第二版）》，法律出版社 2018 年版，第 410 页。

② 有的禁止出境不以行政相对人违法为前提，属于行政命令。《出境入境管理法》第十二条规定：“中国公民有下列情形之一的，不准出境：（一）未持有效出境入境证件或者拒绝、逃避接受边防检查的；（二）被判处刑罚尚未执行完毕或者属于刑事案件被告人、犯罪嫌疑人的；（三）有未了结的民事案件，人民法院决定不准出境的；（四）因妨害国（边）境管理受到刑事处罚或者因非法出境、非法居留、非法就业被其他国家或者地区遣返，未满不准出境规定年限的；（五）可能危害国家安全和利益，国务院有关主管部门决定不准出境的；（六）法律、行政法规规定不准出境的其他情形。”

其他违反中国法律、法规规定，不适宜在中国境内继续停留居留情形的，可以处限期出境。外国人违反本法规定，情节严重，尚不构成犯罪的，公安部可以处驱逐出境。公安部的处罚决定为最终决定。被驱逐出境的外国人，自被驱逐出境之日起十年内不准入境。”

当然，限制出境可以构成行政强制措施。根据《行政强制法》第九条，限制人身自由可以是行政强制措施。《证券法》第一百四十四条规定，在证券公司被责令停业整顿、被依法指定托管、接管或者清算期间，或者出现重大风险时，经国务院证券监督管理机构批准，可以对该证券公司直接负责的董事、监事、高级管理人员和其他直接责任人员通知出境入境管理机关依法阻止其出境。据此，该条款规定的阻止出境服务于“责令停业整顿、被依法指定托管、接管或者清算”，具有依附性、暂时性等行政强制措施的特点，不应被认为是行政处罚。

责令立即离开擅自进入限制外国人进入的区域，是否是行政处罚？外国人进入原本禁止进入的区域，对其而言，是获取了非法利益，因此，要求其“立即离开”，并没有对其合法权益构成损害，反而是责令恢复原状的一种表现形式。

九、法律、行政法规规定的其他行政处罚

本法在行政处罚类型设定上仍然采取严格的统一多层次立法思路，地方立法机关无权创设新型行政处罚种类①，即使是地方事权也不行，体现了中央保留的特点。

（一）什么是法律、行政法规

1. 名称中包含“条例”的，是否都是法规。

从我国立法实践来看，尚无法从法律规范名称直接推断出法律规范的类型。我国台湾地区“中央法规标准法”第三条规定：“各机关发布之命令，得依其性质，称规程、规则、细则、办法、纲要、标准或准则。”如果能从名称上区分法律、行政法规、地方性法规、规章，则无疑益处多多。这方面可借鉴符号学理论。

一是“条例”可以是法律。据统计，现行法中，以“条例”命名的法律还有近10件，这些法律的制定时间都比较早，如，《中华人民共和国学位条例》，1980年2月12日通过，2004年修正。再如，《中华人民共和国户口登记条例》是1958年全国人民代表大会常务委员会通过的。

① 熊樟林：《行政处罚的种类多元化及其防控》，《政治与法律》2020年第3期。

二是行政法规可以不是“条例”。《行政法规制定程序条例》第五条规定：“行政法规的名称一般称‘条例’，也可以称‘规定’、‘办法’等。国务院根据全国人民代表大会及其常务委员会的授权决定制定的行政法规，称‘暂行条例’或者‘暂行规定’。国务院各部门和地方人民政府制定的规章不得称‘条例’。”

三是“条例”还可以是自治条例、单行条例。

2. 经国务院批准、部门发布的法律规范是否是行政法规。①

这取决于该法律规范的发布时间，以《立法法》生效为截止点。《立法法》生效之前，国务院批准、部门发布的法律规范，为行政法规。《国务院办公厅关于开展现行行政法规清理工作的通知》（国办发〔2000〕5 号）明确这类行政法规有《外商投资产业指导目录》（1997 年 12 月 29 日国务院批准，1997 年 12 月 31 日国家计划委员会、国家经济贸易委员会、对外贸易经济合作部修订发布），《国务院关于企业财务检查中处理财务问题的若干规定》（财政部制定，1982 年 5 月 3 日国务院批转）等。

此外，国务院与中央军委联合发布的法律规范，也被认定为行政法规，如《武器装备质量管理条例》（2010 年 9 月 30 日中华人民共和国国务院、中华人民共和国中央军事委员会令第 582 号公布）。

（二）“不得申请行政许可”是否是行政处罚

不得申请行政许可，是指在行政许可撤销或者吊销后一定期限内不得申请行政许可的行政处罚。②《行政许可法》等 12 件法律、《工业产品生产许可证管理条例》等 17 件行政法规、《黑龙江省公共安全技术防范条例》等 53 件地方性法规规定了“不得申请行政许可”。③《最高人民法院印发〈关于行政案件案由的暂行规定〉的通知》明确“不得申请行政许可”为行政处罚。本书认为，这种措施客观上构成对行为人从事一定行为的限制，是一种新的不利处分，原则上属于“限制从业”的行政处罚。

---

① 2020 年，中国政府网开通了“行政法规库”，判断法律规范是否是行政法规，可以直接通过该数据库检索，http：//www. gov. cn/zhengce/xzfgk/index. htm。此外，司法部也开通了法律规范检索库，http：//search. chinalaw. gov. cn/search2. html。

② 该类型行政处罚也可以列入限制开展生产经营活动，但是从修订过程来看，不得申请行政许可曾经作为资格罚写入过程稿。

③ 黄海华：《行政处罚的重新定义与分类配置》，《华东政法大学学报》2020 年第 4 期。

1. 针对申请行政许可过程违法行为的处罚。

本书认为,《行政许可法》概括性地设定了“不得申请该行政许可”的行政处罚,其他规章、规范性文件可以细化规定。《行政许可法》针对欺骗、贿赂、隐瞒等情形取得行政许可的,设定了不得申请该行政许可的行政处罚。《行政许可法》第七十八条规定:“行政许可申请人隐瞒有关情况或者提供虚假材料申请行政许可的,行政机关不予受理或者不予行政许可,并给予警告;行政许可申请属于直接关系公共安全、人身健康、生命财产安全事项的,申请人在一年内不得再次申请该行政许可。”第七十九条规定:“被许可人以欺骗、贿赂等不正当手段取得行政许可的,行政机关应当依法给予行政处罚;取得的行政许可属于直接关系公共安全、人身健康、生命财产安全事项的,申请人在三年内不得再次申请该行政许可;构成犯罪的,依法追究刑事责任。”①

行政给付领域也有类似情况。如,根据《城市居民最低生活保障条例》第十四条,享受城市居民最低生活保障待遇的城市居民采取虚报、隐瞒、伪造等手段,骗取享受城市居民最低生活保障待遇的,由县级人民政府民政部门给予批评教育或者警告,追回其冒领的城市居民最低生活保障款物;情节恶劣的,处冒领金额一倍以上三倍以下的罚款。本条没有规定不得在一定期限内申请行政给付,根据《行政处罚法》的规定,下位法不得设定该行政处罚。

2. 针对基于行政违法行为被吊销行政许可的处罚。

对于因行政违法行为而被吊销行政许可证件的,有的法律规范规定了不得申请行政许可的处罚。如,《工业产品生产许可证管理条例》第五十五条规定:“企业被吊销生产许可证的,在3年内不得再次申请同一列入目录产品的生产许可证。”

3. 不得申请行政许可不同于申请行政许可的负面条件。

行政许可条件可以分为正面条件和负面条件。有的负面条件是事实认定,是针对不特定相对人的,是“标准款”,不是行政处罚,如《律师法》第七条

① 卫生部公告2006年第4号(关于上海伦特电子仪表有限公司暂时不得再次申请涉及饮用水卫生安全产品行政许可)明确:“我部在涉及饮用水卫生安全产品行政许可审查中发现,上海伦特电子仪表有限公司在申请换发卫生许可批件过程中提供虚假材料,违反了《行政许可法》第三十一条的规定。根据《行政许可法》第七十八条的规定,我部对该公司申请的相关行政许可未予批准,并给予警告。上海伦特电子仪表有限公司从本公告发布之日起一年内不得再次申请涉及饮用水卫生安全产品行政许可。”

规定，无民事行为能力或者限制民事行为能力，不予颁发律师执业证书；《公司法》第一百四十六条规定，个人所负数额较大的债务到期未清偿，不得担任公司的董事、监事、高级管理人员。而不得申请行政许可是针对特定当事人的，是对其特别的权利义务限制，是“定制款”，可以构成资格罚。

（三）取缔是否是行政处罚

1. 取缔的性质。

《现代汉语词典》对“取缔”的解释是：“明令取消或禁止。”据统计，自1949年以来，我国规定“取缔”的法律、法规、规章、规范性文件有2万余件，内容涉及各个领域。① 不少单行法规定了取缔，如《娱乐场所管理条例》第四十一条规定：“违反本条例规定，擅自从事娱乐场所经营活动的，由文化主管部门依法予以取缔；公安部门在查处治安、刑事案件时，发现擅自从事娱乐场所经营活动的，应当依法予以取缔。”

取缔是否是行政处罚，有不同观点，本书认为，取缔可能构成行政处罚，也可能构成行政强制，但不同的法律规定不同，因此，要具体情况具体分析。取缔可以是行政处罚，当当事人不履行取缔决定时，行政机关有权依法强制取缔，这时的取缔又具有行政强制执行的性质。根据《行政强制法》第二条，行政强制措施是实施暂时性控制的行为。由于取缔不具有暂时性的特点，取缔并不是行政强制措施。同时，行政强制执行具有终局性，适用的前提是行政相对人不履行行政决定，不能在没有行政决定的情况下直接适用，而强制取缔是有先行行政决定，因此，其符合行政强制的基本特征。②

2. 取缔包括哪些行政处罚类型。

取缔的目的是明令取消或禁止，从法条表述来看，其对象是活动和主体。从处罚类型来看，资格罚、行为罚、财产罚、名誉罚都可以是取缔。

一是取缔可以是吊销证照等资格罚。如，《传销管理办法》第三十条第一项

① 潘波：《“取缔”的法律属性及适用》，《学习时报》2018年4月2日。

② 有法院认为，取缔是国家对违法活动采取的一系列制止性、制裁性措施的统称，这些措施既可能包括行政强制措施，也可能包括行政处罚。根据《行政处罚法》第八条规定的行政处罚的种类，以及国务院颁布的《无照经营查处取缔办法》均未将取缔规定列为行政处罚的范畴，所以上诉人主张应适用行政处罚的规定没有依据，对该理由本院不予支持。横县鑫艺咖啡厅、横县文化广电体育和旅游局文化行政管理（文化）二审行政判决书，（2020）桂01行终78号。

中规定的“取缔”，包括吊销营业执照。在执法中，应区别具体情况实施行政处罚，对情节轻微的，可制止其违法行为；对情节严重的，可吊销其营业执照。[①]

二是取缔可以是责令停产停业、责令关闭等行为罚。如，《非法金融机构和非法金融业务活动取缔办法》（已失效）第十二条规定：“对非法金融机构和非法金融业务活动，经中国人民银行调查认定后，作出取缔决定，宣布该金融机构和金融业务活动为非法，责令停止一切业务活动，并予公告。”

三是取缔可以是没收非法财物、没收违法所得等财产罚。如果行政机关仅作出依法取缔的决定，而不没收非法财物，当事人仍然可以进行非法活动。没收非法财物实际是取缔了非法组织。[②] 如，《海关法》第八十八条规定：“未经海关注册登记从事报关业务的，由海关予以取缔，没收违法所得，可以并处罚款。”

四是取缔可以是通报批评等名誉罚。如，《公安机关办理行政案件程序规定》第二百三十五条规定：“作出取缔决定的，可以采取在经营场所张贴公告等方式予以公告，责令被取缔者立即停止经营活动；有违法所得的，依法予以没收或者追缴。拒不停止经营活动的，公安机关可以依法没收或者收缴其专门用于从事非法经营活动的工具、设备。已经取得营业执照的，公安机关应当通知工商行政管理部门依法撤销其营业执照。”

3. 完善取缔立法的建议。

考虑到取缔立法含义的模糊性，将来的立法有必要结合《行政处罚法》《行政强制法》等规定进一步明确其性质，能以责令关闭、吊销许可证件等方式明确的，原则上不再单独使用取缔，确需使用的，可以考虑在法律条文、立法说明或者备案报告中明确其性质；已经采取该表述的，通过答复、案例指导等方式明确其含义和法律适用，以减少基层行政执法人员的困惑，增强法律适用的确定性。

（四）收缴是否是行政处罚

收缴原则上不属于行政处罚，是行政机关对违法行为依法不予行政处罚的情形下采取的处置措施。收缴不以责任能力、责任条件为条件。

---

① 《国家工商行政管理局关于对非法传销企业予以“取缔”是否包括“吊销营业执照”问题的答复》（工商公字〔1997〕第322号）。

② 晏山嵘：《行政处罚实务与判例释解》，法律出版社2019年版，第153页。

1. 收缴的具体适用条件。

收缴是一种行政命令，具体适用条件包括：一是适用对象是行为人的行为违法，如违法携带违禁书刊入境；二是适用前提是行政机关依法不予行政处罚，如行为人不具有责任能力；三是性质具有处分性，不是行政强制措施；四是具有独立性，不存在现行行政决定，不是行政强制执行；五是不产生补偿的法律后果，不是行政征收。

2. 规定收缴的法律法规较多。

《出境入境管理法》第七十七条第一款规定："外国人未经批准，擅自进入限制外国人进入的区域，责令立即离开；情节严重的，处五日以上十日以下拘留。对外国人非法获取的文字记录、音像资料、电子数据和其他物品，予以收缴或者销毁，所用工具予以收缴。"《反恐怖主义法》第二十八条第二款规定："公安机关发现极端主义活动的，应当责令立即停止，将有关人员强行带离现场并登记身份信息，对有关物品、资料予以收缴，对非法活动场所予以查封。"《动物防疫法》第七十六条第一款第三项规定，县级以上地方人民政府农业农村主管部门执行监督检查任务，可以对依法应当检疫而未经检疫的动物和动物产品，具备补检条件的实施补检，不具备补检条件的予以收缴销毁。《治安管理处罚法》第十一条第一款、《道路交通安全法》第九十六条和第九十七条、《公安机关办理行政案件程序规定》第一百八十六条等，也规定了收缴。当然，有的收缴是行政处罚。如，《税收征收管理法》第七十二条规定："从事生产、经营的纳税人、扣缴义务人有本法规定的税收违法行为，拒不接受税务机关处理的，税务机关可以收缴其发票或者停止向其发售发票。"

（五）本次修订没有规定也没有排除劳务罚

劳务罚是指对违法者科处公益性劳动，以教育和惩罚违法者。在 1996 年《行政处罚法》制定时，马怀德教授曾建议增加劳役罚内容，通过恢复原状等劳役措施教育违法人。① 考虑到虽然劳务罚具有教育违法者的积极意义，但限定了公民一定的人身自由，强迫公民履行一定的义务，对其性质有不同看法，因此未规定劳务罚。② 从效果来看，劳务罚具有明显的人身属性，不可替代，

① 马怀德：《行政处罚现状与立法建议》，《中国法学》1992 年第 5 期。
② 陈斯喜：《行政处罚法理论适用》，法律出版社 1996 年版，第 25 页。

能补充财产罚等的不足，本次修订虽然没有增加劳务罚，但是也没有禁止劳务罚，未来可以在单行法中探索规定。

（六）训诫是否是行政处罚

训诫在我国多部法律法规中都有规定，在行政领域的实施主体主要是公安机关。从《治安管理处罚法》《公安机关办理行政案件程序规定》等来看，训诫并不是行政处罚①，可以将其认定为行政机关履行教育义务的具体形式。但也有学者认为，训诫本质上是一种书面形式的警告，应当认定为一种行政处罚的种类，属于声誉罚或者精神罚。②

与此同时，训诫在刑事领域应用颇多，行使主体是公安机关、法院、检察院、司法局。

法律规范名称	条文内容
《未成年人保护法》	第一百一十八条第二款　公安机关接到报告或者公安机关、人民检察院、人民法院在办理案件过程中发现未成年人的父母或者其他监护人存在上述情形的，应当予以训诫，并可以责令其接受家庭教育指导。
《社区矫正法》	第二十八条第一款　社区矫正机构根据社区矫正对象的表现，依照有关规定对其实施考核奖惩。社区矫正对象认罪悔罪、遵守法律法规、服从监督管理、接受教育表现突出的，应当给予表扬。社区矫正对象违反法律法规或者监督管理规定的，应当视情节依法给予训诫、警告、提请公安机关予以治安管理处罚，或者依法提请撤销缓刑、撤销假释、对暂予监外执行的收监执行。
《刑法》	第三十七条　对于犯罪情节轻微不需要判处刑罚的，可以免予刑事处罚，但是可以根据案件的不同情况，予以训诫或者责令具结悔过、赔礼道歉、赔偿损失，或者由主管部门予以行政处罚或者行政处分。

① 训诫并不属于《治安管理处罚法》规定的行政处罚种类。《保安服务管理条例》第四十五条规定，保安员有某类违法行为的，由公安机关予以训诫。俄罗斯认为训诫是一种行政处罚措施，其表现是正式谴责自然人或法人。训诫应当以书面形式作出。《俄罗斯联邦行政违法法典》，刘向文译，中国人民大学出版社2004年版，第9页。

② 王学辉：《公安机关对李文亮的“训诫”行为的行政法分析》，https://zhuanlan.zhihu.com/p/107274139?utm_source=wechat_session。我国台湾地区有学者认为，告诫、申诫为典型的名誉罚。

续表

法律规范名称	条文内容
《反家庭暴力法》	第三十四条　被申请人违反人身安全保护令，构成犯罪的，依法追究刑事责任；尚不构成犯罪的，人民法院应当给予训诫，可以根据情节轻重处以一千元以下罚款、十五日以下拘留。
《刑事诉讼法》	第一百九十三条　经人民法院通知，证人没有正当理由不出庭作证的，人民法院可以强制其到庭，但是被告人的配偶、父母、子女除外。 证人没有正当理由拒绝出庭或者出庭后拒绝作证的，予以训诫，情节严重的，经院长批准，处以十日以下的拘留。被处罚人对拘留决定不服的，可以向上一级人民法院申请复议。复议期间不停止执行。

在诉讼程序中的训诫，实施主体是法院，性质是诉讼保障手段。如，《民事诉讼法》第一百一十条第二款规定："人民法院对违反法庭规则的人，可以予以训诫，责令退出法庭或者予以罚款、拘留。"

（七）收回土地使用权是否是行政处罚

收回土地使用权是人民政府及其土地管理部门一项重要的行政行为，主要采取行政处理决定和行政处罚决定两种方式进行，二者核心的区别在于是否是对行政违法行为的惩戒。①

"一是依照原《土地管理法》第十九条的规定，对用地单位已经撤销或者迁移的；未经原批准机关同意，连续二年未使用的；不按批准的用途使用的；公路、铁路、机场、矿场等经核准报废的，土地管理部门报县级以上人民政府批准，依法收回用地单位的国有划拨土地使用权，属于行政处理决定。人民政府依照该法第十九条的规定收回国有划拨土地使用权，其批准权限应与征用土地的批准权限相同。

"二是依照原《土地管理法》第三十三条的规定临时使用土地，期满不归还的，或者依照该法第十九条的规定土地使用权被收回，拒不交出土地的，土

① 原国家土地管理局《关于认定收回土地使用权行政决定法律性质的意见》（［1997］国土［法］字第153号）。本部分引用的法律规范在本答复出台前。

地管理部门责令交还土地，并处罚款的行为，属于行政处罚决定。

“三是依照原《城市房地产管理法》第十九条和原《城镇国有土地使用权出让和转让暂行条例》第四十二条的规定，在特殊情况下，根据社会公共利益的需要，人民政府或者土地管理部门依照法律程序提前收回出让的国有土地使用权，属于行政处理决定。

“四是依照原《城市房地产管理法》第二十一条第二款和原《城镇国有土地使用权出让和转让暂行条例》第四十条的规定，土地使用权出让合同约定的使用年限届满，土地使用者未申请续期或者虽申请续期依照法律有关规定未获批准的，由人民政府或者土地管理部门依法无偿收回出让的国有土地使用权，属于行政处理决定。

“五是依照原《城市房地产管理法》第二十五条的规定，超过出让合同约定的动工开发日期满二年未动工开发的，人民政府或者土地管理部门依法无偿收回出让的国有土地使用权，属于行政处罚决定。

“六是依照原《城镇国有土地使用权出让和转让暂行条例》第十七条的规定，土地使用者未按出让合同规定的期限和条件开发、利用土地的，市、县人民政府土地管理部门无偿收回出让的国有土地使用权，属于行政处罚决定。

“七是依照原《城镇国有土地使用权出让和转让暂行条例》第四十七条第一款的规定，因迁移、解散、撤销、破产或者其他原因而停止使用土地，需要依法收回国有划拨土地使用权的，属于行政处理决定。依照该条例第四十七条第二款的规定，根据城市建设发展需要和城市规划的要求，市、县人民政府无偿收回国有划拨土地使用权的，也应属于行政处理决定。

“八是依照原《基本农田保护条例》第二十一条的规定，已办理审批手续的开发区和其他非农业建设占用的基本农田保护区内的耕地，未经原批准机关同意，连续二年未使用的，由县级人民政府土地管理部门报本级人民政府批准，收回用地单位土地使用权的，属于行政处理决定。

“九是依照原《土地复垦规定》第十七条的规定，根据规划设计企业不需要使用的土地或者未经当地土地管理部门同意，复垦后连续二年以上不使用的土地，因当地县级以上人民政府统筹安排则需要收回土地使用权，人民政府或者土地管理部门收回土地使用权的，属于行政处理决定。”

（八）责令赔偿、责令恢复原状是否是行政处罚

责令赔偿、责令恢复原状不是行政处罚，主要是因为排除妨碍、损害赔偿并没有增加违法行为人“新”的不利义务，而只是要求其恢复原状到违法行为没有发生的状态，不具有制裁性，不是行政处罚。

（九）责令停止违法行为是否是行政处罚

责令停止违法行为在很多法律法规中都有规定。如，《烟花爆竹安全管理条例》第三十八条第一款规定：“从事烟花爆竹批发的企业向从事烟花爆竹零售的经营者供应非法生产、经营的烟花爆竹，或者供应按照国家标准规定应由专业燃放人员燃放的烟花爆竹的，由安全生产监督管理部门责令停止违法行为，处 2 万元以上 10 万元以下的罚款，并没收非法经营的物品及违法所得；情节严重的，吊销烟花爆竹经营许可证。”

本书认为，责令停止违法行为属于预防性不利处分，不具有制裁性，是责令改正的一种表现形式。① 一是责令停止违法行为并不是对行为人新的不利处分，只是要求其停止侵害，不具有制裁性。二是从相对人的角度来看，前者科加的义务更低些，只要行为人不作为即可，后者还需要行为人实施积极的消除损害后果的行为。三是后者实施的前提是能够认定行为人有违法行为，其实施后果也当然涵盖了前者；但是前者的实施后果，并不必然包括后者。四是前者并不一定与行政处罚并用，如《自然灾害救助条例》第三十一条规定：“抢夺或者聚众哄抢自然灾害救助款物或者捐赠款物的，由县级以上人民政府应急管理部门责令停止违法行为；构成违反治安管理行为的，由公安机关依法给予治安管理处罚；构成犯罪的，依法追究刑事责任。”

责令停止违法行为与责令停产停业的关系。一是后者的适用范围主要是经济领域，前者的适用范围既可以是经济领域，也可以是社会领域。二是后者对行为人的影响更大，前者只是要求行为人停止某一行为，这一行为一般涉及其经营范围的一部分。三是前者是行政命令，后者是行政处罚。需要注意的是，责令停止违法行为不同于责令停止行为，责令停止行为可能增加当事人的额外

---

① 仅对违法行政法上义务之行为命其停止或改正者，对相对人而言也是一种不利处分，但不具裁罚作用，故不属一种行政处罚。廖义男：《“行政罚法”之制定与影响》，载廖义男主编：《“行政罚法”》，元照出版有限公司 2017 年版，第 6 页。

负担，有可能构成责令停产停业等行政处罚。

（十）行政接管是否是行政处罚

行政接管是指行政机关的接收和管理，一般指行政主体为了维护社会公共利益，在具备法定情形时对某一特定的对象采取的强制性接收和管理行为。[①]但立法对行政接管性质的界定较为模糊。《证券法》第一百四十三条规定："证券公司违法经营或者出现重大风险，严重危害证券市场秩序、损害投资者利益的，国务院证券监督管理机构可以对该证券公司采取责令停业整顿、指定其他机构托管、接管或者撤销等监管措施。"

应松年教授认为，行政接管不是行政处罚。行政接管具有行政性、有限强制性、非处分性和临时性。行政性是行政接管的首要性质，"高权强制"的特征使其与民事接管相区别。有限强制性决定了其与行政强制措施强制针对对象和客体的差异。非处分性决定了其不产生所有权转移的法律效果，异于行政征收、行政没收。临时性是有限强制性的必要延伸，使得行政接管异于行政强制执行。[②]

（十一）列入黑名单是否是行政处罚

黑名单最初来源于地中海商业贸易活动，是商人之间的一种信用评价。行政机关实施的列入黑名单，会造成行政相对人的社会信用评价降低，具有行政性、制裁性、处分性等特点，应该被作为行政处罚。[③] 具体需要注意以下几点：

一是实施主体必须是有权行政机关。法院根据有关司法解释开展的信用惩戒不是行政处罚。企业自行实施的列入黑名单，也不是行政处罚。

---

① 吴卫军、石俊峰：《论行政接管的法律规制》，《行政法学研究》2006 年第 1 期。

② 应松年、冯健：《论行政接管的法律性质》，《学习与实践》2020 年第 10 期。

③ 《疫苗管理法》等 17 件法律、《上海市社会信用条例》等 14 件地方性法规和政府规章规定了列入黑名单的行政处罚。黄海华：《行政处罚的重新定义与分类配置》，《华东政法大学学报》2020 年第 4 期。

二是列入黑名单不等于信用惩戒。信用监管是新型监管方式①，但并不是所有的信用监管措施都是行政处罚。如，《药品管理法》第一百零五条规定，对有不良信用记录的，增加监督检查频次，并可以按照国家规定实施联合惩戒。这里的增加检查频次、联合惩戒，也属于信用惩戒的范畴，并不是行政处罚。按照对失信人的约束程度，失信惩戒措施可以分为惩罚类措施、禁止类措施、限制类措施、加强监管类措施、公示类措施、参考类措施等②，其中，加强监管类措施、公示类措施、参考类措施原则上不属于行政处罚。失信惩戒措施的实施主体为市场主体、行业协会、社会团体等时，不宜认定为行政处罚。

三是失信联合惩戒必须有法定依据。联合惩戒是一个违法行为产生多个法律后果，因此，联合惩戒必须在扩张法律后果时遵循《行政处罚法》关于处罚类型的设定权限，规范性文件不能作为联合惩戒的设定依据，否则，既违反《立法法》《行政处罚法》等法律规定，也违背处罚法定原则、不当联结禁止原则。③

2020 年 12 月，国务院强调进一步完善失信约束制度，要把握好以下重要原则：一是严格依法依规，失信行为记录、严重失信主体名单认定和失信惩戒等事关个人、企业等各类主体切身利益，必须严格在法治轨道内运行。二是准确界定范围，准确界定信用信息和严重失信主体名单认定范围，合理把握失信惩戒措施，坚决防止不当使用甚至滥用。三是确保过惩相当，按照失信行为发

---

① 党的十八大提出“加强政务诚信、商务诚信、社会诚信和司法公信建设”，党的十八届三中全会提出“建立健全社会征信体系，褒扬诚信，惩戒失信”，《中共中央 国务院关于加强和创新社会管理的意见》提出“建立健全社会诚信制度”，《中华人民共和国国民经济和社会发展第十二个五年规划纲要》提出“加快社会信用体系建设”，《国务院关于印发社会信用体系建设规划纲要（2014—2020 年）的通知》提出，到 2020 年，社会信用基础性法律法规和标准体系基本建立，以信用信息资源共享为基础的覆盖全社会的征信系统基本建成，信用监管体制基本健全，信用服务市场体系比较完善，守信激励和失信惩戒机制全面发挥作用。《关于加快推进失信被执行人信用监督、警示和惩戒机制建设的意见》（中办发〔2016〕64 号）、《国务院关于建立完善守信联合激励和失信联合惩戒制度加快推进社会诚信建设的指导意见》（国发〔2016〕33 号）、《国务院办公厅关于进一步完善失信约束制度构建诚信建设长效机制的指导意见》（国办发〔2020〕49 号）、《最高人民法院关于公布失信被执行人名单信息的若干规定》。

② 张晓莹：《行政处罚视域下的失信惩戒规制》，《行政法学研究》2019 年第 5 期。

③ 不当联结禁止原则参见郭庆珠：《论不当联结禁止原则对行政管理创新的规制——以创新的法律界限为归宿》，《学术探索》2010 年第 6 期。国务院也确定了信用监管要遵循合法、关联、比例原则。

生的领域、情节轻重、影响程度等，严格依法分别实施不同类型、不同力度的惩戒措施，切实保护信用主体合法权益。四是借鉴国际经验，既立足我国国情，又充分参考国际惯例，在社会关注度高、认识尚不统一的领域慎重推进信用体系建设，推动相关措施与国际接轨。此外，还要严格履行严重失信主体名单认定程序。行政机关在作出认定严重失信主体名单决定前，应当告知当事人作出决定的事由、依据和当事人依法享有的权利；当事人提出异议的，应当予以核实并在规定时限内反馈结果。将市场主体列入严重失信主体名单，应当由认定部门依托相应的行政决定文书，载明事由、依据、失信惩戒措施提示、移出条件和程序以及救济措施等，必要时也可由认定部门单独制作认定严重失信主体名单的决定文书。①

（十二）公布姓名或者名称、公布肖像是否是行政处罚

行政机关因当事人的行政违法行为而公布姓名或者名称、公布肖像会对当事人的名誉产生不利影响，造成其社会评价降低，应为名誉罚的一种表现形式。我国台湾地区“行政罚法”第二条规定，公布姓名或名称、公布照片或其他相类似之处分，影响名誉之处分。因此，行政机关因当事人的行政违法行为而公布姓名或者名称、公布肖像，必须按照本法规定的程序作出，保障当事人的陈述申辩等权利。

（十三）开除学籍是否是行政处罚

《教育法》第二十二条规定：“国家实行学业证书制度。经国家批准设立或者认可的学校及其他教育机构按照国家有关规定，颁发学历证书或者其他学业证书。”但是，学校在学籍、学位、学历等“三学”方面是否是法律法规授权的主体，开除学籍是否是行政处罚，还存在一定争议。

教育法律一般将其认定为纪律处分。《教育法》第二十八条规定，学校及其他教育机构对受教育者进行学籍管理，实施奖励或者处分。《高等教育法》第四十一条规定，高等学校的校长全面负责本学校的教学、科学研究和其他行政管理工作，行使对学生进行学籍管理并实施奖励或者处分等职权。教育部的

① 《国务院办公厅关于进一步完善失信约束制度构建诚信建设长效机制的指导意见》（国办发〔2020〕49号）。

规章没有将其作为行政处罚。[①]《普通高等学校学生管理规定》第五十一条将开除学籍作为纪律处分，并明确了适用纪律处分的情形，第五十二条还列举了适用纪律处分的具体情形。

司法实践将开除学籍比照行政处罚的规定予以保护，最高人民法院指导案例明确了若干规则。一是具有学位授予权的高等学校，有权对学位申请人提出的学位授予申请进行审查并决定是否授予其学位。二是申请人对高等学校不授予其学位的决定不服提起行政诉讼的，人民法院应当依法受理。[②] 三是高等学校对受教育者因违反校规、校纪而拒绝颁发学历证书、学位证书，受教育者不服的，可以依法提起行政诉讼。高等学校依据违背国家法律、行政法规或规章的校规、校纪，对受教育者作出退学处理等决定的，人民法院不予支持。四是高等学校对因违反校规、校纪的受教育者作出影响其基本权利的决定时，应当允许其申辩并在决定作出后及时送达，否则视为违反法定程序。[③]

甘某不服暨南大学开除学籍决定案判决书指出，在对违纪学生作出开除学籍等直接影响其受教育权的处分时，应当坚持处分与教育相结合原则，做到育人为本、罚当其责，并使违纪学生得到公平对待。违纪学生针对高等学校作出的开除学籍等严重影响其受教育权的处分决定提起诉讼的，人民法院应当予以受理。人民法院在审理此类案件时，应依据法律法规、参照规章，并可参考高等学校不违反上位法且已经正式公布的校纪校规。[④]

法条关联

《治安管理处罚法》第十条；《安全生产违法行为行政处罚办法》第五条；

---

① 《教育行政处罚暂行实施办法》第九条第一款规定："教育行政处罚的种类包括：（一）警告；（二）罚款；（三）没收违法所得，没收违法颁发、印制的学历证书、学位证书及其他学业证书；（四）撤销违法举办的学校和其他教育机构；（五）取消颁发学历、学位和其他学业证书的资格；（六）撤销教师资格；（七）停考，停止申请认定资格；（八）责令停止招生；（九）吊销办学许可证；（十）法律、法规规定的其他教育行政处罚。"

② 最高人民法院指导案例 39 号，何某强诉华中科技大学拒绝授予学位案，最高人民法院审判委员会讨论通过 2014 年 12 月 25 日发布。

③ 最高人民法院指导案例 38 号，田某诉北京科技大学拒绝颁发毕业证、学位证案，最高人民法院审判委员会讨论通过，2014 年 12 月 25 日发布。

④ 最高人民法院（2011）行提字第 12 号，《最高人民法院公报》2012 年第 7 期。

《环境行政处罚办法》第十条；《国土资源行政处罚办法》第四条①；《著作权行政处罚实施办法》第四条；《行政主管部门移送适用行政拘留环境违法案件暂行办法》等。

案例评议

安某诉安阳市公安交通警察支队公安交通行政管理行政处罚案②

◆ **评议**

本案的核心焦点是安某持有C、D型机动车驾驶证，醉酒驾驶摩托车，公安交通管理部门吊销机动车驾驶证时，是将其准驾的C型机动车驾驶证一并吊销，还是仅仅吊销D型机动车驾驶证。《道路交通安全法》规定的吊销机动车驾驶证是一种剥夺持证人驾驶任何机动车上道路行驶的资格的处罚，不是只剥夺某一准驾车型资格的处罚。持有驾驶证驾驶与准驾车型不符的机动车发生重大交通事故构成犯罪的，应当吊销其持有的机动车驾驶证。

第十条 【法律设定处罚权限】

法律可以设定各种行政处罚。

限制人身自由的行政处罚，只能由法律设定。

微言要义

国家治理不是砍柴切菜，立法不能“一刀切”，执法也不能“一刀切”。

本条来源

原法第九条。

立法演变

无变化。

---

① 该条规定国土资源行政处罚包括限期拆除。

② 河南省安阳市中级人民法院行政判决书（2011）安行终字第57号。

条文释义

一、规范意旨

全国人大及其常委会行使国家立法权。全国人大修改宪法，制定和修改刑事、民事、国家机构和其他基本法律。全国人大常委会制定和修改除应当由全国人大制定的法律以外的其他法律；在全国人大闭会期间，对全国人大制定的法律进行部分补充和修改，但是不得同该法律的基本原则相抵触。

行政处罚的设定权分配是本法的一个核心问题。根据《宪法》，我国是单一制国家，实行人民代表大会制度，国务院是最高行政机关，在部分地方实行民族区域自治制度。总体来看，本法关于行政处罚设定的规定，与统一多层次立法体制保持了一致，考虑了中央和地方的事权、不同地方的区域差异、立法机关和行政机关的分工等因素。

“统一”意味着，所有立法都必须以《宪法》为依据，不得同《宪法》相抵触，下位法不得同上位法相抵触，国家立法权由全国人大及其常委会统一行使，法律只能由全国人大及其常委会制定，不能一个地方一个样子，大的规则要保持一致，行政处罚权主要由法律和行政法规设定。

“多层次”意味着，在保证国家法制统一的前提下，国务院、省级人大及其常委会和设区的市的人大及其常委会、国务院各部委、省级人民政府和设区的市人民政府等，分别可以制定行政法规、地方性法规、自治条例和单行条例，实事求是，坚持具体情况具体分析，不能让发达地区和贫困地区完全用一个标准，不能让有上位法的领域和没有上位法的领域完全用一个标准，地方性法规、国务院部门规章、地方政府规章补充设定行政处罚。法律、行政法规、地方性法规、国务院部门规章、地方政府规章以及其他规范性文件，法律地位和效力是分层次的，《立法法》明确规定了相关规则。

本条为法律保留原则在行政处罚设定领域的具体规定。法律可以设定各种行政处罚，目的是更好地保护当事人的合法权益，解决乱处罚、乱罚款等问题。总体来看，各国在行政处罚权的设定上遵循几条准则：一是设定权集中在立法机关；二是行政机关设定行政处罚必须有法律明确具体的授权；三是行政机关设定的处罚一般都是程度较轻、对当事人权益影响相对较小的。[①] 在我国，全

① 张春生主编：《中华人民共和国行政处罚法释解》，中国社会出版社 1996 年版，第 17 页。

国人民代表大会是最高国家权力机关，行政处罚权立法权的分配也大致遵循了上述原则，控权论的痕迹比较明显。《宪法》第五十八条规定："全国人民代表大会和全国人民代表大会常务委员会行使国家立法权。"该条是法律保留原则的组织基础。

二、法律可以设定各种行政处罚

根据《立法法》第七条，全国人民代表大会制定和修改刑事、民事、国家机构和其他基本法律。全国人民代表大会常务委员会制定和修改除应当由全国人民代表大会制定的法律以外的其他法律；在全国人民代表大会闭会期间，对全国人民代表大会制定的法律进行部分补充和修改，但是不得同该法律的基本原则相抵触。

除了本法第九条规定的行政处罚种类，法律可以根据违法行为的情况，创设新的行政处罚，如，公开违法行为人姓名、名称、肖像，从事公益劳动等。

三、限制人身自由的行政处罚

根据《立法法》第八条，限制人身自由的行政处罚只能制定法律。本法第九条规定了行政拘留的行政处罚，但行政拘留只是限制人身自由的行政处罚的一种类型，驱逐出境、限制入境等也都是限制人身自由的行政处罚。

本法第十八条规定，限制人身自由的行政处罚权只能由公安机关、安全机关等法律规定的机关行使。限制人身自由的行政处罚只能由法律设定，从侧面证明了限制人身自由的行政处罚属于较重的处罚，似应列入听证范围。

法条关联

《立法法》第七条至第十一条等。

案例评议

邵某国诉黄浦区安监局安全生产行政处罚决定案①

◆ **裁判要旨**

《安全生产法》第八十一条第二款所称"前款违法行为"，是指该条第一款

① 《最高人民法院公报》2006年第8期。

“生产经营单位的主要负责人未履行本法规定的安全生产管理职责”的行为。这种违法行为无论是否被安全生产监管部门发现并责令限期改正，只要导致发生了生产安全事故，安全生产监管部门都有权依照《安全生产法》第八十一条第二款规定，直接对生产经营单位的主要负责人给予行政处罚，不必先责令限期改正后再实施行政处罚。

第十一条 【行政法规设定处罚权限】

行政法规可以设定除限制人身自由以外的行政处罚。

法律对违法行为已经作出行政处罚规定，行政法规需要作出具体规定的，必须在法律规定的给予行政处罚的行为、种类和幅度的范围内规定。

法律对违法行为未作出行政处罚规定，行政法规为实施法律，可以补充设定行政处罚。拟补充设定行政处罚的，应当通过听证会、论证会等形式广泛听取意见，并向制定机关作出书面说明。行政法规报送备案时，应当说明补充设定行政处罚的情况。

微言要义

凡以法律规定的事项不得以条例章程规则等规定。①

本条来源

原法第十条，第三款为新增。

立法演变

一审稿增加了地方性法规的立法权限，从体系平衡的角度，二审稿增加规定：“法律对违法行为未作出行政处罚规定，行政法规为实施法律，可以补充设定行政处罚。拟补充设定行政处罚的，应当通过听证会、论证会等形式广泛听

① 龚祥瑞：《比较宪法与行政法》，法律出版社2012年版，第429页。

取意见，并向制定机关作出书面说明。行政法规报送备案时，应当说明补充设定行政处罚的情况。”该规定是对此前做法的确认。

条文释义

一、规范意旨

国务院根据宪法和法律制定行政法规，行政法规要以国务院令的形式发布，但并不是所有以国务院令形式发布的公文都是行政法规。《行政处罚法》立法之时，有理论认为，凡赋予公民权利，或设定公民义务，均要由立法机关制定法律或由立法机关授权行政机关制定法规。① 从法律规范来看，立法采纳了该理论。行政法规由国务院制定，以国务院令的形式发布。行政法规的立法权限体现了最高行政机关与最高权力机关之间的关系。

二、实施性立法

本条第二款规定的是行政法规的实施性立法权，即行政处罚的规定权。《宪法》第八十五条规定：“中华人民共和国国务院，即中央人民政府，是最高国家权力机关的执行机关，是最高国家行政机关。”根据《宪法》第八十九条第一项，“根据宪法和法律，规定行政措施，制定行政法规，发布决定和命令”是国务院的职权之一。《立法法》第六十五条规定，国务院根据宪法和法律，制定行政法规；行政法规可以就“为执行法律的规定需要制定行政法规的事项”作出规定。该规定权实施性质明显，必须在法律给予行政处罚的行为、种类和幅度的范围内具体规定。

三、创制性立法

本条第三款规定的是行政法规的创制性立法权，即行政处罚的设定权。第三款规定的“法律对违法行为未作出行政处罚规定”可能涉及三种情况：一是法律设定一定义务，包括禁止行为人实施某一行为或者要求行为人实施某一行为，但没有规定行政违法行为；二是法律没有设定一定义务，也没有规定行政违法行为；三是法律规定了行政违法行为，但没有规定处罚责任。在上述情况下，行政法规是否都可以补充设定行政处罚，需要具体情况具体分析。

---

① 刘烈：《国外行政处罚立法状况》，《行政法学研究》1994 年第 1 期。

（一）授权立法时的设定权

法律授权可以进行行政法规立法的，行政法规有行政处罚的设定权，但犯罪和刑罚、对公民政治权利的剥夺和限制人身自由的强制措施和处罚、司法制度等事项除外。1985 年，《中华人民共和国第六届全国人民代表大会第三次会议关于授权国务院在经济体制改革和对外开放方面可以制定暂行的规定或者条例的决定》规定：授权国务院对于有关经济体制改革和对外开放方面的问题，必要时可以根据宪法，在同有关法律和全国人民代表大会及其常务委员会的有关决定的基本原则不相抵触的前提下，制定暂行的规定或者条例，颁布实施，并报全国人民代表大会常务委员会备案。2015 年，《立法法》对授权立法进一步规范，第六十五条第三款规定："应当由全国人民代表大会及其常务委员会制定法律的事项，国务院根据全国人民代表大会及其常务委员会的授权决定先制定的行政法规，经过实践检验，制定法律的条件成熟时，国务院应当及时提请全国人民代表大会及其常务委员会制定法律。"此外，还明确要求授权立法期限原则上不得超过五年，被授权机关应当在授权期限届满的六个月以前，向授权机关报告授权决定实施的情况，并提出是否需要制定有关法律的意见；需要继续授权的，可以提出相关意见，由全国人民代表大会及其常务委员会决定。

（二）职权立法时的设定权

根据《立法法》第六十五条，行政法规可以就"宪法第八十九条规定的国务院行政管理职权的事项"作出规定。由于立法需要时间成本，在相当长的时间内，许多领域没有法律，为了满足实践需要，必须制定行政法规，如有《电信条例》而无电信法；有《广播电视管理条例》而无广播电视法。法律没有规定分几种情况：

一是法律制定时没有研究过有关问题。如，《国务院对确需保留的行政审批项目设定行政许可的决定》对法律、行政法规以外的规范性文件设定，但确需保留且符合《中华人民共和国行政许可法》第十二条规定事项的行政审批项目，根据《中华人民共和国行政许可法》第十四条第二款的规定，予以保留并设定行政许可，最初共 500 项，但该决定没有同时设定吊销许可证等行政处罚，由于吊销许可证的处罚规章无权设定，但行政管理不能只管许可的"入口"，不管处罚的"出口"，因此，可以认为此为立法漏洞。再如，网约车、无人驾驶汽车等新事物出现后，在原有法律立法时，没有预见到此类事物的出现，因此不会予以规定。

二是法律制定时研究过有关问题，但因看不准而没有规定。此时有一些模糊处理方法，一种是直接不予规定；另一种是法律规定义务性或者禁止性条款，但不规定行政处罚；还有一种是直接作出授权规定或原则规定。

三是法律制定时研究过有关问题，认为不应该设定行政处罚而没有规定。对于这类事项，包括行政法规在内的其他法律规范都不能再设定相关行政处罚。法谚有云，省略规定之事项，应认为有意省略。①

四、行政法规补充设定行政处罚权的程序控制

本条第三款与第十二条第三款类似，都是在承认补充立法的前提下，加强了立法的程序控制。

一是立法过程中注重公众参与。《立法法》第六十七条规定，行政法规在起草过程中，应当广泛听取有关机关、组织、人民代表大会代表和社会公众的意见。听取意见可以采取座谈会、论证会、听证会等多种形式。本款吸收了上述规定。

二是强化了“制定前的说明 + 制定后的备案”。说明和备案是立法的标准程序，但是本款意味着这两个环节必须就行政处罚的设定权、行政处罚设定的必要性、公开征求意见情况、设定意见采纳情况等作出详细解释。

法条关联

《宪法》第八十九条；《立法法》第六十五条、第六十七条等。

案例评议

博坦公司诉厦门海关行政处罚决定案②

◆ 裁判要旨

一、对海关监管货物的来源负有审查义务的仓储企业法人，明知他人走私货物，虽然一再向走私人表示拒绝为走私货物提供仓储服务，但事实上一直为走私货物提供仓储服务并不向海关报告，其行为违反《海关法行政处罚实施细

① 郑玉波：《法谚（一）》，法律出版社2007年版，第30页。
② 《最高人民法院公报》2006年第6期。

则》第六条第二款规定，构成共同走私。

二、行政机关为实施法律而根据法律制定的实施细则、条例等行政法规，在相关法律修改后，只要没有被法律、行政法规或者制定机关明令废止，并且不与修改后的法律相抵触，就仍然可以适用。

三、对知情不报并为走私人提供方便的人给予没收违法所得并处罚款的行政处罚，符合《海关法行政处罚实施细则》第六条第二款的规定。被处罚人以其他文件的规定为例，要求从违法所得中扣除其投入的费用，理由不能成立。

第十二条　【地方性法规设定处罚权限】

地方性法规可以设定除限制人身自由、吊销营业执照以外的行政处罚。

法律、行政法规对违法行为已经作出行政处罚规定，地方性法规需要作出具体规定的，必须在法律、行政法规规定的给予行政处罚的行为、种类和幅度的范围内规定。

法律、行政法规对违法行为未作出行政处罚规定，地方性法规为实施法律、行政法规，可以补充设定行政处罚。拟补充设定行政处罚的，应当通过听证会、论证会等形式广泛听取意见，并向制定机关作出书面说明。地方性法规报送备案时，应当说明补充设定行政处罚的情况。

微言要义

法律的地方化不仅出现在联邦制国家中，也出现在单一制国家中。①

本条来源

原法第十一条，第三款为新增。

① ［法］狄骥：《公法的变迁》，郑戈译，商务印书馆2013年版，第90页。

立法演变

多年来，一些地方人大同志反映，有关地方性法规设定行政处罚的规定限制过严，地方保障法律法规实施的手段受限，建议扩大地方性法规的行政处罚设定权限。为充分发挥地方性法规在地方治理中的作用，一审稿增加了第三款，并删除了第一款“企业营业执照”中的“企业”，将所有市场主体都纳入了范围。《民法典》第七十八条规定：“依法设立的营利法人，由登记机关发给营利法人营业执照。营业执照签发日期为营利法人的成立日期。”① 二审时，有些常委委员、地方和社会公众提出，适当扩大地方性法规设定行政处罚的权限是必要的，建议进一步明确范围、完善程序，增加约束性要求。二审稿对地方性法规补充设定行政处罚的规定作了相应完善。三审稿与第十一条第三款表达保持一致。

条文释义

一、规范意旨

省、自治区、直辖市的人民代表大会及其常务委员会根据本行政区域的具体情况和实际需要，在不同宪法、法律、行政法规相抵触的前提下，可以制定地方性法规。设区的市的人民代表大会及其常务委员会根据本市的具体情况和实际需要，在不同宪法、法律、行政法规和本省、自治区的地方性法规相抵触的前提下，可以对城乡建设与管理、环境保护、历史文化保护等方面的事项制定地方性法规，设区的市的地方性法规须报省、自治区的人民代表大会常务委员会批准后施行。海南省、深圳市、厦门市、汕头市、珠海市人大及其常委会按照全国人大的授权，根据经济特区的具体情况和实际需要，遵循宪法的规定以及法律和行政法规的基本原则，制定法规，在各自的经济特区范围内实施。

本条规定是我国统一多层次立法体制的具体表现。从《立法法》来看，行

① 《民法典》第七十六条规定：“以取得利润并分配给股东等出资人为目的成立的法人，为营利法人。营利法人包括有限责任公司、股份有限公司和其他企业法人等。”第八十七条规定：“为公益目的或者其他非营利目的成立，不向出资人、设立人或者会员分配所取得利润的法人，为非营利法人。非营利法人包括事业单位、社会团体、基金会、社会服务机构等。”非营利法人不领取营业执照，领取主体资格登记证书。比如，根据《社会团体登记管理条例》，社会团体登记后领取社会团体法人登记证书。类似的还有基金会、社会服务机构等。

政法规的效力要高于地方性法规。省、自治区、直辖市的人民代表大会及其常务委员会，在不同宪法、法律、行政法规相抵触的前提下，可以制定地方性法规。设区的市，在不同宪法、法律、行政法规和本省、自治区的地方性法规相抵触的前提下，可以对城乡建设与管理、环境保护、历史文化保护等方面的事项制定地方性法规。

二、地方性法规设定行政处罚的权限

（一）不能设定限制人身自由的行政处罚

从法律到规章，能够设定的行政处罚种类范围是逐级递减的。限制人身自由的行政处罚，行政法规不能设定，地方性法规当然也不能设定。

（二）不能设定吊销营业执照的行政处罚

地方性法规不能设定吊销营业执照。从本法第九条来看，并没有直接出现吊销营业执照的行政处罚。营业执照是法人和其他组织的主体凭证，如果营业执照被吊销，则主体将被注销，该主体的其他合法权益也将难以得到保护，正所谓“皮之不存，毛将焉附”。因此，吊销营业执照是比吊销其他许可证更严格的行政处罚。从保护主体地位的角度出发，本条没有将该权限交给地方性法规。本条没有规定地方性法规是否能设定吊销社会组织、事业单位登记证书，本书认为，对主体的保护，应遵循同样标准，即地方性法规无权设定吊销社会组织、事业单位的登记证书。

此外，地方性法规可以设定吊销营业执照以外的其他行政许可证的行政处罚，以及“法律、行政法规规定的其他行政处罚”。

三、实施性立法

一是已经有法律、行政法规的，地方性法规只能结合本地具体情况，在法律、行政法规规定的给予行政处罚的行为、种类和幅度的范围内予以具体化。如，全国人大常委会法工委曾答复：《文物保护法》已经对违反《文物保护法》的行为规定了相应的行政处罚，地方性法规应当依照《行政处罚法》第十一条的规定，在法律规定的违法行为的范围内作出具体规定。法律没有规定的，地方性法规不应对此设定行政处罚。[1] 再如，对于违反《食品卫生法》[2]，生产经营不符合卫生标准的食品，造成食物中毒事故或者其他食源性疾患的行为，《食品卫生法》已经明确作出了行政处罚的规定。制定有关的实施办法，在规定行政处罚时，必须在《食品卫生法》规定的给予行政处罚的行为、种类和幅度的范围内规定。[3]

二是已经制定法律、行政法规的，地方性法规规定行政处罚的幅度时，可以在法律、行政法规规定的行政处罚的幅度内提高下限或者降低上限，但不得突破行政处罚的幅度，降低下限或者提高上限。[4]《全国人大常委会法工委关于2020年备案审查工作情况的报告》提出，有的地方性法规规定，对未取得公安部门的运输许可运输烟花爆竹的，由公安部门责令改正，处二百元以上二千元以下的罚款。该规定在处罚种类上减少了国务院《烟花爆竹安全管理条例》中对相同行为规定的没收非法运输的物品及违法所得，在处罚幅度上低于《烟花爆竹安全管理条例》规定的下限，已要求制定机关作出修改。

三是已经制定的法律、行政法规规定的行政处罚的种类中没有某一处罚类型的，地方性法规和规章不能增加规定该类型的行政处罚。如，《气象法》第

---

① 《文物保护条例设置行政处罚的有关问题》，http：//www. npc. gov. cn/zgrdw/npc/xinwen/lfgz/xwdf/2005 – 10/11/content_ 363228. htm。此外，关于行政许可，也有类似答复，即《中华人民共和国行政许可法》第十五条第一款规定，本法第十二条所列事项，尚未制定法律、行政法规的，地方性法规可以设定行政许可。这一规定应当理解为，在尚未制定法律、行政法规的情况下，也就是无上位法依据时，地方性法规可以设定行政许可。如果某一领域或者某一事项制定了法律、行政法规，但法律、行政法规没有设定行政许可的，或者对该领域内某一事项未设定行政许可的，地方性法规不得设定行政许可。《如何理解和掌握〈中华人民共和国行政许可法〉有关规定》，http：//www. npc. gov. cn/zgrdw/npc/xinwen/lfgz/xwdf/2004 – 12/24/content_ 363196. htm。

② 《食品卫生法》已被《食品安全法》替代。

③ 《全国人民代表大会常务委员会法制工作委员会关于地方性法规对法律中没有规定的行政处罚行为可否作出补充规定问题的答复》（1996 年 4 月 26 日）。

④ 按照《行政处罚法》第十一条第二款规定。法律、行政法规对违法行为已经作出行政处罚规定，地方性法规需要作出具体规定的，必须在法律、行政法规规定的给予行政处罚的行为、种类和幅度的范围内规定。地方性法规设置行政处罚的幅度，其上限不得突破法律、行政法规的规定，这是明确的，但是，我们在审议地方性法规草案的过程中，经常遇到法律、行政法规规定的罚款数额较大，从我省属于边疆地区，经济发展水平和人民生活水平不高的实际来看，处罚额度过高，实践中也难以执行。因此，在制定地方性法规时，经常出现要求降低法律、行政法规处罚下限的情况。另外，我们在审议地方性法规草案时，还经常遇到对法律、行政法规给予行政处罚的行为，提高处罚的下限和降低处罚的上限的情况。《地方性法规应如何设置行政处罚的幅度》，http://www. npc. gov. cn/zgrdw/npc/xinwen/lfgz/xwdf/2005 – 08/23/content_ 342675. htm。

三十七条只对安装不符合使用要求的雷电灾害防护装置的行为设定了警告处罚，没有设定罚款，对上述行为没有作出规定。对此，地方性法规立法时只能规定警告的行政处罚，不能增加新的行为和种类；如果有的行为需要行政处罚的，可以依据有关法律、法规的规定给予处罚。①

四、创制性立法

有的事权属于中央事权，地方性法规要提出实施性措施；有的事权属于地方事权，地方性法规有权作出规定。2015 年，《立法法》修订时明确设区的市可以对“城乡建设与管理、环境保护、历史文化保护等方面的事项”制定地方性法规。单行法律、行政法规对违法行为未作出行政处罚规定，地方性法规补充设定的，2021 年修订时增加了听取意见、书面说明、备案三个方面的程序控制。理解本条第三款要注意以下几点，本部分没有写的，可以参见第十一条相关内容。

一是在该领域没有法律、行政法规，地方性规范可以补充设定行政处罚。如，《北京市关于禁止燃放烟花爆竹的规定》是在没有法律、行政法规的情况下制定的地方性法规，可以设定除限制人身自由、吊销企业营业执照以外的行政处罚。② 再如，国务院 2013 年立法工作计划曾规定，为了尊重少数民族的风俗习惯，加强对清真食品的监督管理，促进清真食品行业健康发展，制定清真食品标志使用管理办法（国家民委起草），但截至目前该法规并未出台。也有一些法律、行政法规授权地方立法，地方性法规可以作出规定。

二是在该领域法律、行政法规仅有笼统规定或者没有规定，地方性规范可以补充设定行政处罚。由于我国早期立法采取“宜粗不宜细”的指导思想，有不少法律、行政法规规定得较为模糊。如，审计法规定，被审计单位拒绝或者拖延提供与审计事项有关的资料的，或者拒绝、阻碍检查的，审计机关责令改正，拒不改正的，依法追究责任。这里的“依法”包括依地方性法规，“责任”

---

① 《地方性法规在对一法律规定的行政处罚予以具体化时能否增加新的行为和种类》，http://www. npc. gov. cn/zgrdw/npc/xinwen/lfgz/xwdf/2003 - 10/22/content_ 363176. htm。

② 《全国人民代表大会常务委员会法制工作委员会关于地方性法规对法律中没有规定的行政处罚行为可否作出补充规定问题的答复》（1996 年 4 月 26 日）。

包括行政责任，即行政处罚。①

三是有法律、行政法规，但只对违法行为作出了规定，没有规定行政处罚，对此应区分情况处理，有的是立法时研究后没有规定处罚的，应适用本条第二款；有的是立法规定了禁止性或者义务性规范，但将法律责任部分交给下位法的，可以适用本条第三款。如，《大气污染防治法》（2000 年修订）第三十三条第一款规定“在用机动车不符合制造当时的在用机动车污染物排放标准的，不得上路行驶”。对违反这一规定的，未设定相应的行政处罚。该法第三十五条第三款规定：“县级以上地方人民政府环境保护行政主管部门可以在机动车停放地对在用机动车的污染物排放状况进行监督抽测。”对经监督抽测不符合排放标准的机动车，也没有设定行政处罚。在 2000 年修订《大气污染防治法》时，立法机关曾对在用机动车污染物排放不符合标准是否要给予罚款等行政处罚问题作过专门研究。考虑到引起机动车排放超标的情况比较复杂，并非都是因车主的违法、过错行为所致，不宜规定对车主给予罚款等行政处罚；罚款等处罚也不能有效解决机动车排放超标问题。关键是为防治机动车超标排放对环境的污染，应当禁止超标排放的机动车上路行驶。为此，《大气污染防治法》（2000 年修订）第三十三条第一款规定：“在用机动车不符合制造当时的在用机动车污染物排放标准的，不得上路行驶。”对于禁止超标排放的机动车上路行驶的措施，地方性法规可以作出具体规定（如可以规定由公安交通管理部门暂扣车辆行驶证）。但依照《行政处罚法》第十一条第二款的规定，地方性法规不得增设对机动车超标排放的罚款等行政处罚。②

需要说明的是，2015 年《大气污染防治法》修订，对上述规定作了完善，第一百一十三条规定：“违反本法规定，机动车驾驶人驾驶排放检验不合格的

---

① 乔晓阳：《如何把握行政处罚法有关规定与地方立法权限的关系》，《法制日报》2017 年 9 月 12 日。

② 《上路行驶的机动车排气污染超标能否设定行政处罚》，http：//www. npc. gov. cn/zgrdw/npc/xinwen/lfgz/xwdf/2005 －03/25/content_ 363209. htm。行政强制措施领域，也掌握这一口径。在公路法制定过程中，起草部门曾提出，建议在该法律中规定，对不按规定缴纳公路建设、养护费用的，交通主管部门可以暂扣车辆。立法机关经研究后，没有采纳这一意见，而是规定由交通主管部门依法申请法院强制执行。因此，地方性法规不能因为不按规定缴纳公路建设、养护费用，而规定由交通主管部门“暂扣运输车辆”。《地方性法规能否规定对不按规定缴纳交通规费的由交通主管部门“暂扣运输车辆”》，http：//www. npc. gov. cn/zgrdw/npc/xinwen/lfgz/xwdf/2002 －01/07/content_ 370419. htm。

机动车上道路行驶的，由公安机关交通管理部门依法予以处罚。”2017年公安部交通管理局向全国下发了《关于增加交通违法行为代码的通知》，指出为贯彻落实《大气污染防治法》第一百一十三条规定，增加了“驾驶排放不合格的机动车上道路行驶的”交通违法行为代码。该通知明确“驾驶排放不合格的机动车上道路行驶的”处罚代码为6063；违反《大气污染防治法》第一百一十三条，处罚依据为《道路交通安全法》第九十条。而《道路交通安全法》第九十条规定：“机动车驾驶人违反道路交通安全法律、法规关于道路通行规定的，处警告或者二十元以上二百元以下罚款。本法另有规定的，依照规定处罚。”

四是法律、行政法规只对某一违法行为作出了行政处罚规定，没有对其他相关违法行为规定行政处罚，对此，地方性法规是否有权设定行政处罚，应结合该条文的立法目的、客观事实进行研究，区分情况处理，地方性法规确有必要立法的，应予以支持；超出立法权限的，也应予以处理。《全国人民代表大会常务委员会法制工作委员会关于2019年备案审查工作情况的报告》提出，《上海市食品安全条例》对从事家畜产品规模化销售设定了行政许可，对未按规定处理变质或者超过保质期的食品及食品添加剂的行为设定了行政处罚，对从事食品和食用农产品贮存、运输服务的经营者未按规定备案的行为设定了行政处罚。经审查认为，针对从事家畜产品规模化销售设定行政许可，不违背食品安全法的立法精神和原则；针对上述两种行为设定行政处罚，属于地方适应新情况新需要作出的带有创制性的规定，应当允许探索。

五是甲领域设定的“劳务罚”等新的处罚类型，在乙领域没有设定，地方性法规不宜在乙领域设定。根据本条第一款规定，地方性法规可以设定除限制人身自由、吊销营业执照以外的行政处罚。地方性法规这两种处罚种类以外的行政处罚，与第一款不抵触。但是，从第三款“为实施法律、行政法规”、第二款“给予的行政处罚的行为、种类和幅度”的表述来看，立法机关在对这一问题的理解和把握上倾向于更加严格的“领域说”。[①] 本书认为，只有本领域规定了处罚类型，地方性法规才可以设定该类型。同时，领域的范围大于部门的

① 应松年、张晓莹：《〈行政处罚法〉二十四年：回望与前瞻》，《国家检察官学院学报》2020年第5期。

范围，如，证监会有时可以适用银保监会实施的上位法。

六是自治条例、单行条例可否设定行政处罚，要区分层级。民族自治地方（即自治区、自治州、自治县）的人民代表大会有权依照当地民族的政治、经济和文化的特点，制定自治条例和单行条例。自治区制定的地方性法规可以设定行政处罚，自治区制定的自治条例、单行条例也可以设定行政处罚。但自治州、自治县制定的自治条例、单行条例不能设定行政处罚。[①] 自治州、自治县对行政管理事项确需设定行政处罚的，可由地方性法规予以规定。[②]

法条关联

《立法法》第四章、第五章。

案例评议

秦某树不服重庆市涪陵区林业局行政处罚争议再审案[③]

◆ 裁判要旨

根据原《行政处罚法》第十一条第二款关于"法律、行政法规对违法行为已经作出行政处罚规定，地方性法规需要作出具体规定的，必须在法律、行政法规规定的给予行政处罚的行为、种类和幅度的范围内规定"的规定，《重庆市林业行政处罚条例》第二十二条第一款第一项关于没收无规定林产品运输证的林产品的规定，超出了《森林法》规定的没收的范围。人民法院在审理有关

① 《中国人大》2005 年第 7 期刊登了关于自治条例和单行条例不能设定行政许可的答复，有的同志因此提出民族立法中的单行条例能否设定行政处罚？一些同志认为可以设定行政处罚，理由是：第一，《宪法》《民族区域自治法》《立法法》均规定民族自治地方可以根据本民族特点制定自治条例和单行条例，并可以根据本民族特点对法律、行政法规作出变通，没有限制其设定法律责任；第二，从理论上讲，立法权本身应当包含设定法律责任，因为以法律责任为主要形式的法律后果是法律规范的构成要件之一，而地方可以设定的法律责任主要是行政处罚；第三，民族自治地方实行自治，需要在单行条例中根据本民族特点设定行政处罚；第四，《行政处罚法》公布实施前，民族立法中单行条例已设定了一些行政处罚，《行政处罚法》公布实施后，全国人大并没有要求就单行条例设定的行政处罚进行清理。

② 《自治州、自治县的单行条例能否设定行政许可》，http：//www. npc. gov. cn/zgrdw/npc/xinwen/lfgz/xwdf/2004 - 08/19/content_ 337549. htm。

③ 《最高人民法院对〈关于秦大树不服重庆市涪陵区林业局行政处罚争议再审一案如何适用法律的请示〉的答复》（〔2001〕行他字第 7 号）。

行政案件时，应当适用上位法的规定。

第十三条　【国务院部门规章设定处罚权限】

国务院部门规章可以在法律、行政法规规定的给予行政处罚的行为、种类和幅度的范围内作出具体规定。

尚未制定法律、行政法规的，国务院部门规章对违反行政管理秩序的行为，可以设定警告、通报批评或者一定数额罚款的行政处罚。罚款的限额由国务院规定。

微言要义

造法易，执法难。①

立法者不能做违法者。

本条来源

原法第十二条。

立法演变

一审稿在不改变原意的情况下根据《立法法》等引入“部门规章”的概念，并删除了原条文第三款。二审稿增加了“通报批评”。三审稿将“一定数量”改为“一定数额”。

条文释义

一、规范意旨

国务院各部、委员会、中国人民银行、审计署和具有行政管理职能的直属机构，可以根据法律和国务院的行政法规、决定、命令，在本部门的权限范围内，制定规章。

立法资源具有稀缺性。本条赋予部门规章一定范围的行政处罚设定权，符合

① 张明楷：《刑法格言的展开（第三版）》，北京大学出版社 2013 年版，第 3 页。

客观实践的需要。是否赋予部门规章的行政处罚设定权，立法之初存在较大争议。[①] 原全国人大常委会副委员长王汉斌指出，行政处罚权的设定，应当是国家权力机关和国家最高行政机关的权利，规定规章可以设定一定的处罚，是由于有的法律、行政法规还没有制定，还有缺口，这是现阶段采取的一个措施，因此，规章的行政处罚设定权应当受到一定的限制。[②] 规章只能设定警告、通报批评和一定数额的罚款。与行政处罚不同，《行政许可法》不允许部门规章设定行政许可。

二、实施性立法

国务院部门规章[③]规定行政处罚必须在上位法的"行为、种类和幅度范围内"，有关适用参见第十一条、第十二条的规定。

国务院部门规章违反本条第一款规定了行政处罚，依据该部门规章实施的行政处罚无效。本法第三十八条第一款规定："行政处罚没有依据或者实施主体不具有行政主体资格的，行政处罚无效。"据此，该情况属于"没有依据"实施行政处罚。"《渔业法》第二十一条第一款和《渔业法实施细则》第二十四条对'捕捞有重要经济价值的苗种或者禁捕的怀卵亲体的'行为作了明确规定，但并未对'收购行为'作出规定。《渔业行政处罚规定》第十三条设立的对'收购有重要经济价值的水生动物苗种、怀卵亲体'的行政处罚超越了《渔业法》和《渔业法实施细则》所规定的可以给予行政处罚的行为和种类。根据原《行政处罚法》第十二条关于'国务院部、委员会制定的规章可以在法律、行政法规规定的给予行政处罚和行业、种类和幅度的范围内作出具体规定'的规定，依据《渔业行政处罚规定》第十三条关于'收购'的规定作出的行政处罚，应当无效。"[④]

按照《国务院关于贯彻实施〈中华人民共和国行政处罚法〉的通知》[⑤]，国

---

① 张春生主编：《中华人民共和国行政处罚法释解》，中国社会出版社1996年版，第23-25页。

② 王汉斌：《社会主义民主法制文集》，中国民主法制出版社2012年版，第507页。

③ 部委管理的国家局不具有规章制定权。如中国民航局划归交通运输部管理后，不再具有规章制定权，但其原来制定的规章继续有效。

④ 《国务院法制办公室关于〈渔业行政处罚规定〉对"收购行为"创设的行政处罚应当无效的答复》（国法秘函〔2000〕91号）。

⑤ 据中国人民银行统计，1999年，我国货币和准货币是117638.10亿元；货币是45837.30亿元；2021年1月，625563.81亿元；货币和准货币是2213047.33亿元。《1999年统计数据》《2021年统计数据》参见中国人民银行官网，http：//www.pbc.gov.cn/diaochatongjisi/116219/116319/116393/index.html。据此，3万元等罚款限额似应予以调整，读者可以对此予以关注。

务院部门规章设定罚款限额要把握以下几点：一是国务院部门规章对非经营活动中的违法行为设定罚款不得超过1000元。二是对经营活动中的违法行为，有违法所得的，设定罚款不得超过违法所得的3倍，但是最高不得超过30000元。三是没有违法所得的，设定罚款不得超过10000元。四是超过上述限额的，应当报国务院批准。

规章的地位决定了其设定罚款数额要有一个上限。《立法法》第八十条第二款规定："部门规章规定的事项应当属于执行法律或者国务院的行政法规、决定、命令的事项。没有法律或者国务院的行政法规、决定、命令的依据，部门规章不得设定减损公民、法人和其他组织权利或者增加其义务的规范，不得增加本部门的权力或者减少本部门的法定职责。"罚款是对当事人合法财产权的剥夺，在创制性立法中，规章设定罚款没有上位法依据，因此，为了控制行政权滥用，保护当事人合法权益，必须对其设定权加以限制。这也是本法第一条对本条、第十四条、第十五条的要求。规章设定罚款的数额，总体不宜太高，如果超出一定上限，则由国务院决定，这也符合本法第一条和《立法法》的要求。美中不足的是，本规定设定3万元的罚款限额已经不能满足新时代的经济社会发展要求，同时，虽然实践需求很大，但是超出3万元罚款限额报国务院的规章数量较少。

三、创制性立法

国务院部门规章能够设定行政处罚的前提是"尚未制定法律、行政法规"，如何认定"尚未制定法律、行政法规"，可以参考本书关于第十二条的阐述。本次修订增加了国务院部门规章可以设定通报批评的行政处罚。

本条第二款是《立法法》的特别规定，明确了国务院部门规章可以有条件地设定行政处罚。《立法法》第八十条第二款规定："部门规章规定的事项应当属于执行法律或者国务院的行政法规、决定、命令的事项。没有法律或者国务院的行政法规、决定、命令的依据，部门规章不得设定减损公民、法人和其他组织权利或者增加其义务的规范，不得增加本部门的权力或者减少本部门的法定职责。"单从表述来看，该规定较为严格，规章必须具有法律或者国务院的行政法规、决定、命令依据，从解释上，可以将《立法法》第八十条第二款中的"法律"解释为"《行政处罚法》"，据此，部门规章可以附条件设定行政处罚。

四、规章的清理与配套

本法新增了行政处罚的种类，调整了听证程序、简易程序、行政执法“三项制度”，增加了“电子送达”，完善了“两法衔接”，等等。这些都要求规章作相应调整。

一是规章设定了限制从业、限制生产经营等新增行政处罚类型的，应当予以修订；对于确有必要保留的，应当尽快通过法定程序上升为法律、行政法规或者地方性法规。

二是部门规章和地方政府规章设定的罚款数额上限，需要尽快调整。从1996年到现在，已经有二十多年了，这个标准必须尽快结合行业、区域等实际情况进行调整。从法条来看，这是国务院和各省、自治区、直辖市人大常委会的任务。

三是制定配套规定。规章、行政规范性文件都有很大的空间。如，行政执法“三项制度”，本次修改作了一些调整，限缩了行政处罚决定公示的范围，将行政处罚法制审核的范围由全部行政处罚决定限缩为重大行政处罚决定，规章、行政规范性文件可以在此范围内进行调整。再如，电子送达是对信息社会时代要求的回应，规章、行政规范性文件可以借鉴法院的做法细化送达地址确认书。

四是探索规定新机制。如，本法没有规定行政和解，《证券法》第一百七十一条规定了行政和解，《法治中国建设规划（2020—2025年）》提出，加强行政和解等非强制行政手段的运用。但具体能够复制推广到哪些领域，需要研究。

法条关联

《立法法》第四章、第五章；《规章制定程序条例》；《法规规章备案条例》等。

案例评议

深圳市快播科技有限公司诉深圳市市场监督管理局著作权行政处罚纠纷上诉案①

◆ **裁判要旨**

视频聚合平台帮助侵权网站传播作品，不仅侵害著作权人的民事权利，还

① 广东省高级人民法院（2016）粤行终492号行政判决书。

损害整个网络视频版权市场秩序的，构成《著作权法》所规定的“同时损害社会公共利益”。

在无法直接查明非法获利情况和实际经营数额的情况下，以涉案影视作品的市场中间价为依据计算非法经营额，综合考虑视频聚合平台的主观过错程度、侵权情节、行为后果等，对视频聚合平台处以非法经营额一倍以上五倍以下的罚款的，人民法院应予支持。

第十四条　【地方政府规章设定处罚权限】

地方政府规章可以在法律、法规规定的给予行政处罚的行为、种类和幅度的范围内作出具体规定。

尚未制定法律、法规的，地方政府规章对违反行政管理秩序的行为，可以设定警告、通报批评或者一定数额罚款的行政处罚。罚款的限额由省、自治区、直辖市人民代表大会常务委员会规定。

本条来源

原法第十三条。

立法演变

一审稿在不改变原意的情况下根据《立法法》等引入“地方政府规章”的概念，删除“省、自治区、直辖市人民政府和省、自治区人民政府所在地的市人民政府以及经国务院批准的较大的市人民政府制定”。二审稿增加了“通报批评”。三审稿将“一定数量”改为“一定数额”。

条文释义

本条的规定与第十三条的规定基本一致，唯一的不同是关于规章设定罚款限额的规定。本条规定地方政府规章设定罚款的限额由省、自治区、直辖市人民代表大会常务委员会规定。由于经济社会发展水平不一样，各地方规定的限额并不一致。

广东省规定，尚未制定法律、行政法规或者地方性法规的，规章对违反行政管理秩序的行为，设定的罚款数额不得超过20万元；但对涉及公共安全、生态环境保护、历史文化保护、有限自然资源开发利用以及食品药品安全等直接关系人身健康、生命财产安全方面的违反行政管理秩序的行为，可以设定不超过30万元的罚款。

江西省规定，政府规章设定罚款限额按下列规定执行：（一）对公民违反行政管理秩序的行为，设定罚款不超过500元，但对直接关系人身健康、生命财产安全以及直接涉及国家安全、生态环境保护、历史文化保护、有限自然资源开发利用方面的违反行政管理秩序的行为，从事经营活动的，设定罚款不超过5万元；非经营活动的，设定罚款不超过3万元。（二）对法人或者其他组织违反行政管理秩序的行为，设定罚款不超过3万元，但对直接关系人身健康、生命财产安全以及直接涉及国家安全、生态环境保护、历史文化保护、有限自然资源开发利用方面的违反行政管理秩序的行为，从事经营活动的，设定罚款不超过20万元；非经营活动的，设定罚款不超过10万元。

需要指出的是，各地方罚款数额不同，在一定程度上会影响企业的经营行为。企业会将不同地方的罚款数额作为企业经营成本进行核算。因此，加强区域一体化立法非常必要。

法条关联

《立法法》第四章、第五章；《规章制定程序条例》；《法规规章备案条例》等。

案例评议

鲁潍（福建）盐业进出口有限公司苏州分公司诉江苏省苏州市盐务管理局盐业行政处罚案①

◆ **裁判要旨**

盐业管理的法律、行政法规没有设定工业盐准运证的行政许可，地方性法规或者地方政府规章不能设定工业盐准运证这一新的行政许可。

---

① 最高人民法院指导案例5号，最高人民法院审判委员会讨论通过，2012年4月9日发布。

盐业管理的法律、行政法规对盐业公司之外的其他企业经营盐的批发业务没有设定行政处罚，地方政府规章不能对该行为设定行政处罚。

地方政府规章违反法律规定设定许可、处罚的，人民法院在行政审判中不予适用。

第十五条　【处罚事项实施评估】

国务院部门和省、自治区、直辖市人民政府及其有关部门应当定期组织评估行政处罚的实施情况和必要性，对不适当的行政处罚事项及种类、罚款数额等，应当提出修改或者废止的建议。

微言要义

法律有时睡眠，但不是死亡。[①]

本条来源

新增。

立法演变

在立法过程中，中央编办提出，为了简政放权、优化营商环境，应当定期对已经设定的行政处罚进行评估，减少不必要的行政处罚事项。二审稿增加规定："国务院部门和省、自治区、直辖市人民政府及其有关部门应当定期组织评估行政处罚的实施情况和必要性，对不适当的行政处罚事项，应当提出修改或者废止的建议。"三审稿在事项后增加"及种类、罚款数额等"。

条文释义

一、规范意旨

本条为新增规定，是行政机关加强对行政处罚事项动态管理的举措，是一种行政自制的表现。《中共中央关于坚持和完善中国特色社会主义制度 推进国

① 郑玉波：《法谚（一）》，法律出版社2007年版，第38页。

家治理体系和治理能力现代化若干重大问题的决定》提出："深化行政执法体制改革，最大限度减少不必要的行政执法事项。"2019 年政府工作报告提出："深化综合行政执法改革，清理规范行政处罚事项，坚决治理多头检查、重复检查。"在实践过程中，执法过程中发现的问题，经常没有办法反馈到立法过程中，甚至有的搞立法回避，最终问题还是交给了基层行政机关。立法后评估是解决此类问题的路径之一。与行政许可不同，行政处罚并不直接增加行为人的成本，反而对违法行为有威慑作用，实施较少的条款不意味着没有用，还可以发挥"稻草人"的作用。因此，评估的结果可以是减少不必要的行政处罚事项，但是也不能"一刀切"。

二、立法后评估的有关规定

立法后评估是对实施一段时间的法律制度进行评估，对法律制度的科学性、法律规定的可操作性、法律执行的有效性等作出客观评价，为修改完善法律、改进立法工作提供参考依据，促进法律制度的有效实施。立法后评估与立法前评估都是立法影响评估，二者共同构成一个动态立法体系，是加强和改进立法工作，不断提高立法质量，确保科学立法、民主立法、依法立法的重要手段。

我国立法制度对此作了比较明确的规定。《立法法》第六十三条规定："全国人民代表大会有关的专门委员会、常务委员会工作机构可以组织对有关法律或者法律中有关规定进行立法后评估……"《行政法规制定程序条例》第三十七条规定："国务院法制机构或者国务院有关部门可以组织对有关行政法规或者行政法规中的有关规定进行立法后评估，并把评估结果作为修改、废止有关行政法规的重要参考。"《规章制定程序条例》第三十八条规定："国务院部门，省、自治区、直辖市和设区的市、自治州的人民政府，可以组织对有关规章或者规章中的有关规定进行立法后评估，并把评估结果作为修改、废止有关规章的重要参考。"《国务院工作规则》规定："行政法规和部门规章实施后要进行后评估，发现问题，及时完善。"《国务院办公厅关于印发国务院 2020 年立法工作计划的通知》提出："要把好立法入口关，加强对立法项目的评估论证，起草部门报国务院的制定类立法项目送审稿需附立法前评估报告，修改类立法项目送审稿需附立法后评估报告，充分考虑立法的必要性、可行性和潜在风险。"地方也有不少类似规定，如《广东省政府规章立法后评估规定》《烟台市政府规章后评估办法》。

执法检查是实践较多的一种立法后评估方式。《各级人民代表大会常务委员会监督法》第二十五条、第二十六条，全国人大常委会和省、自治区、直辖市的人民代表大会常务委员会可以组织实施执法检查。执法检查结束后，执法检查报告由委员长会议或者主任会议决定提请常务委员会审议。执法检查报告的内容包括：对所检查的法律、法规实施情况进行评价，提出执法中存在的问题和改进执法工作的建议，以及对有关法律、法规提出修改完善的建议。

三、定期组织评估行政处罚

一是明确了主体。本条给国务院部门和省、自治区、直辖市人民政府及其有关部门设定了行政处罚后评估义务。除了规章制定主体，省、自治区、直辖市人民政府部门是规章的起草机关，也是绝大部分地方性法规的起草机关。因此，主体的确定遵循了“谁起草，谁评估”的原则，但人大机关不是本条意义上的后评估主体。这与《行政许可法》《行政强制法》的规定有所不同，《行政许可法》《行政强制法》规定的是设定机关和实施机关。① 需要注意的是，设区的市的地方性法规后评估主体不是设区的市，而是省、自治区、直辖市人民政府及其有关部门。

二是明确了评估内容。本条制定的原因是，在梳理、分析行政处罚清单后，发现存在大量的不被实施的行政处罚事项，各部门实际实施的行政处罚事项比例并不高，因此，要通过立法后评估了解行政处罚的实施情况，就执法资源是否充足、执法成本是否过高、执法效果是否显著、处罚是否符合社会现实情况、处罚手段配备是否科学等进行文献研究、问卷分析、调查研究等，在此基础上再评估设定行政处罚的必要性，并进而减少不必要的行政处罚事项，或者修改

---

① 《行政许可法》第二十条规定：“行政许可的设定机关应当定期对其设定的行政许可进行评价；对已设定的行政许可，认为通过本法第十三条所列方式能够解决的，应当对设定该行政许可的规定及时予以修改或者废止。行政许可的实施机关可以对已设定的行政许可的实施情况及存在的必要性适时进行评价，并将意见报告该行政许可的设定机关。公民、法人或者其他组织可以向行政许可的设定机关和实施机关就行政许可的设定和实施提出意见和建议。”《行政强制法》第十五条规定：“行政强制的设定机关应当定期对其设定的行政强制进行评价，并对不适当的行政强制及时予以修改或者废止。行政强制的实施机关可以对已设定的行政强制的实施情况及存在的必要性适时进行评价，并将意见报告该行政强制的设定机关。公民、法人或者其他组织可以向行政强制的设定机关和实施机关就行政强制的设定和实施提出意见和建议。有关机关应当认真研究论证，并以适当方式予以反馈。”

不适当的行政处罚事项及种类、罚款数额等。

三是没有明确评估结果是否向社会公开。从全国人大常委会立法后评估的实践来看，有执法检查和立法后评估报告向社会公开，但本条没有强制有关行政机关公开立法后评估结果。因此，是否公开、如何公开，需要依据《政府信息公开条例》加以判断。

四是明确了时间要求。本条规定了要进行常规评估，但保持了立法的弹性，没有限定具体的时间间隔。《法治政府建设实施纲要（2015—2020 年）》规定："定期开展法规规章立法后评估，提高政府立法科学性。对不适应改革和经济社会发展要求的法律法规规章，要及时修改和废止。加强行政法规、规章解释工作。"《国务院关于印发全面推进依法行政实施纲要的通知》规定："规章、规范性文件施行后，制定机关、实施机关应当定期对其实施情况进行评估。实施机关应当将评估意见报告制定机关；制定机关要定期对规章、规范性文件进行清理。"

此外，对不适当的行政处罚事项及种类、罚款数额等，除了提出修改或者废止的建议外，国务院部门和省、自治区、直辖市人民政府有权限调整的，应自行对有关规章进行立改废释。

法条关联

《行政法规制定程序条例》第三十七条；《规章制定程序条例》第三十八条；《重大行政决策程序暂行条例》第三十六条；《国务院办公厅关于在制定行政法规规章行政规范性文件过程中充分听取企业和行业协会商会意见的通知》等。

案例评议

无锡美通食品科技有限公司诉无锡质量技术监督局高新技术产业开发区分局质监行政处罚案[①]

◆ **裁判要旨**

《食品安全法》是由全国人大常委会制定的法律，相较于之前由国务院制定的行政法规及国家质量监督检验检疫总局制定的部门规章，具有更高阶位的

① 《最高人民法院公报》2013 年第 7 期。

法律效力。按照上位法优于下位法的规定，对同一事项食品安全法有规定的，应当以食品安全法的规定为准。

第十六条 【其他规范性文件禁止设定处罚】

除法律、法规、规章外，其他规范性文件不得设定行政处罚。

本条来源

原法第十四条。

立法演变

无实质变化。

条文释义

一、规范意旨

我国统一多层次立法的界限在其他规范性文件，除了国务院文件，《立法法》并不承认其他规范性文件的“法律”地位。行政处罚法定既是本法规定的基本原则，也是理论上公认的原则。因此，本法没有赋予其他规范性文件设定行政处罚的权力。从实践来看，这类规范性文件数量大、制定主体多、涉及面广，如何将这类规范性文件有效控制在必要范围内，一直是行政改革的重点任务。

二、其他规范性文件

规范性文件是一个较为宽泛的概念。根据《各级人民代表大会常务委员会监督法》第五章，规范性文件包括行政法规、地方性法规、自治条例和单行条例、规章，所以本条的措辞是“其他”规范性文件。

目前，行政法规、规章的制定程序等都已经有单行的行政法规。但是，其他规范性文件在国家立法方面一直缺少进展，各地方这方面的法规规章已经执行多年。2018 年，《国务院办公厅关于加强行政规范性文件制定和监督管理工作的通知》明确：行政规范性文件是除国务院的行政法规、决定、命令以及部门规章和地方政府规章外，由行政机关或者经法律、法规授权的具有管理公共事务职能的组织依照法定权限、程序制定并公开发布，涉及公民、法人和其他组织权利义务，具有普遍约束力，在一定期限内反复适用的公文。这是首次明确何为行政规范性文件，意义重大。理解本条还需要注意以下几点：

一是按照《宪法》的规定，法院、检察院、监委、军事机关等国家机关的规范性文件不能设定行政处罚。

二是行政法规之外的其他国务院文件不能设定行政处罚。

三是其他规范性文件可作出具体规定。其他规范性文件是一种执行法律、法规、规章的行为，有利于保障法律法规规章的实施，《行政处罚法》并未禁止。因此，这类规范性文件在法律、法规、规章规定给予行政处罚的行为、种类、幅度范围内作出具体规定，是可以的。①

四是其他规范性文件可以由人民法院附带审查，但不包括国务院制定的其他规范性文件。《行政诉讼法》第五十三条第一款规定："公民、法人或者其他组织认为行政行为所依据的国务院部门和地方人民政府及其部门制定的规范性文件不合法，在对行政行为提起诉讼时，可以一并请求对该规范性文件进行审查。"有司法解释答复，包头市人民政府办公厅转发的包头市城乡建设局《包头市城市公共客运交通线路经营权有权出让和转让的实施办法》中设定的行政处罚种类，缺乏法律、法规依据，不宜作为审查被诉具体行政行为是否合法的根据。②

五是政府会议纪要是否可诉是一个重要问题。在实施中，有的地方政府通过会议纪要的形式作出限制生产经营等决策，其所属的行政机关会据此作出行政处罚决定。一方面，行政机关就特定事项，针对不特定对象制定、发布可以反复适用的规范性文件的行为，属于行政机关制定、发布具有普遍约束力的决定、命令的行为，不属于行政诉讼的受案范围；政府会议纪要未对外发生法律效力，未对当事人的权利义务产生实际影响的，属于行政机关的内部程序性行为，不属于可诉的行政行为范畴；当事人请求行政机关履行法定职责的，应当先向该行政机关提出申请，未经申请直接向人民法院提起诉讼的，不符合法定起诉条件。③ 另一

① 杨景宇：《法治实践的理性探求》，中国法制出版社2002年版，第177页。

② 《最高人民法院行政审判庭关于对包头市人民政府办公厅转发〈包头市城市公共客运交通线路经营权有偿出让和转让的实施办法〉中设定罚则是否符合法律、法规规定问题的答复》（〔1997〕行他字第11号）。

③ 王某云诉辽宁省阜新市太平区人民政府给付取暖费案，最高人民法院（2015）行监字第960号。

方面，政府会议纪要通常属于行政机关集体研究讨论相关议题形成的内部意向性处理意见，对当事人的权利义务不会产生实际影响，属于不可诉的行政行为。但是，政府以会议纪要的形式，形成对外发生法律效力的行政决定，则属于可诉的行政行为。政府会议纪要“外化”，不是会议纪要可诉的法定要件。将会议纪要内容告知当事人，或者向相关当事人送达，但是外化后会议纪要内容仍然仅仅是一种拟处理的意向，而非生效行政决定的，仍然属于对当事人权利义务未产生实际影响的不可诉的行政行为。①

六是有的语境下的“规范性文件”其实是“行政规范性文件”。

法条关联

《党政机关公文处理工作条例》；《国务院办公厅关于加强行政规范性文件制定和监督管理工作的通知》；《国务院办公厅关于全面推行行政规范性文件合法性审核机制的指导意见》等。

案例评议

上海中燃船舶燃料有限公司诉上海市质量技术监督局行政处罚决定案②

◆ 裁判要旨

行政规范性文件经制定、发布、公布、施行，具备作为实施行政处罚依据的行政法律效力。是否报送备案并非行政规范性文件的生效要件；行政规范性文件应当报备而未报备的，该问题应通过行政机关内部督促检查的法定途径予以解决。

根据有关法律、法规、规章规定，涉诉行政规范性文件如果与国家标准、行业标准、地方标准和企业标准存在一定区别，且构成检验、判定在一定地域生产、销售的普通柴油产品质量依据的，对该行政规范性文件的实施问题应当在行政处罚适当性审查中予以衡平考量。故从行政裁量上依法调整处罚结果，进一步提升行政处罚决定的适当性，以更好地体现坚持处罚与教育相结合的行政处罚原则。

---

① 四平市海丰园房屋开发有限公司诉吉林省四平市人民政府、原审第三人四平九洲房地产开发有限责任公司变更项目开发主体会议纪要案，最高人民法院（2015）行监字第1680号。

② 《最高人民法院公报》2020年第10期。

第三章 行政处罚的实施机关

本章概要

本章主要规定了行政处罚的实施主体，即法定主体、授权组织、相对集中行政处罚权机关、受委托组织，这些不同主体的条件、范围、权限等都体现了职权法定原则。

行政处罚由具有行政处罚权的行政机关在法定职权范围内实施，这是行政处罚与刑事处罚（由法院判决）不同的一个重要特点。一是不是所有的行政机关都有行政处罚权。二是行政机关只能对自己主管业务范围内的违反行政管理秩序的行为给予行政处罚。三是每个行政机关有权给予什么种类的行政处罚，依法律、法规、规章规定。英美法系国家处罚的实施主体原则上是法院，行政机关并不直接作出行政处罚。

本次修订完善了行政处罚实施主体规定。一是根据党和国家机构改革和行政执法体制改革要求，首次规定“综合行政执法”，在原第十六条基础上增加一款，作为第十八条第一款，规定在城市管理、市场监管、生态环境、文化市场、交通运输、应急管理、农业等领域推行建立综合行政执法制度。但列举城市管理等具体领域，并不意味着综合行政执法只限于上述领域，也并不意味着这些领域在地方不能被进一步相对集中。二是进一步规范委托行政处罚。增加了委托书的内容，提出了应当将委托书向社会公布的要求。这对委托处罚提出了更加严格的要求。同时，扩大受委托组织的范围，不再限于“事业组织”。

第十七条　【处罚权实施主体】

行政处罚由具有行政处罚权的行政机关在法定职权范围内实施。

本条来源

原法第十五条。

立法演变

无变化。

条文释义

一、规范意旨

行政处罚体现的是国家意志，原则上应由行政机关实施，这是职权法定原则的基本要求。1996 年《关于〈中华人民共和国行政处罚法（草案）〉的说明》提出："行政处罚权是一项重要的国家行政权，应当由行政机关来行使。这是行政处罚与刑事处罚（由法院判决）不同的一个重要特点。因此，草案规定，行政处罚由具有行政处罚权的行政机关在法定职权范围内实施。第一，不是所有的行政机关都有行政处罚权，哪些行政机关有行政处罚权，由法律和行政法规规定。第二，行政机关只能对自己主管业务范围内的违反行政管理秩序的行为给予行政处罚。第三，每个行政机关有权给予什么种类的行政处罚，依法律、法规规定。"

除此之外，1996 年立法之初，实施行政处罚的，有的是行政机关，有的是事业单位，有的是企业，比较混乱，所以规定主要由行政机关实施行政处罚，为了照顾实际情况，规定了授权处罚和委托处罚。

后来，立法机关进一步明确，地方性法规不宜对法律中的执法主体作出某些调整的规定。比如，地方性法规不应规定工商行政管理部门将这部分法定职责委托烟草专卖行政管理部门行使。①

二、职权法定原则

职权法定原则是行政法的基本原则。立法机关曾作出答复：《行政处罚法》

---

① 《全国人民代表大会常务委员会法制工作委员会关于地方性法规对法律规定的执法主体可否作出调整问题的答复》（1996 年 9 月 20 日）。

第十五条[①]规定的“有行政处罚权”的行政机关，应当依照法律、行政法规的规定执行。[②] 本条既规定了法定实施主体，也规定了职权管辖。

（一）如何判断具有行政处罚权的行政机关

简单的方法是，从各级政府已经公布的权责清单中查找某行政机关是否有行政处罚权限。2015 年，中共中央办公厅、国务院办公厅印发《关于推行地方各级政府工作部门权力清单制度的指导意见》，据此，全国各地逐步梳理公布包括行政处罚权在内的权责事项清单。《国务院办公厅关于印发国务院部门权力和责任清单编制试点方案的通知》也于当年印发，国家发展改革委、民政部、司法部、文化部、海关总署、税务总局、证监会是首批试点单位。

但是清单并不是法律，清单只是对法律规范的梳理、再加工，由于更新不及时等原因，清单之外还可能有行政处罚职权。

（二）行政处罚权是不是都由专业领域的法律规范设定的

除了单行法，《行政处罚法》《行政许可法》等也设定了个别行政处罚。

本法第二十八条第二款规定：“当事人有违法所得，除依法应当退赔的外，应当予以没收。违法所得是指实施违法行为所取得的款项。法律、行政法规、部门规章对违法所得的计算另有规定的，从其规定。”本条是对行政机关的普遍授权，行政机关在实施行政处罚时，只要有违法所得，就可以直接援引该条实施行政处罚。

再如，《行政许可法》第七十八条规定：“行政许可申请人隐瞒有关情况或者提供虚假材料申请行政许可的，行政机关不予受理或者不予行政许可，并给予警告；行政许可申请属于直接关系公共安全、人身健康、生命财产安全事项的，申请人在一年内不得再次申请该行政许可。”这也是一条普遍授权规定，行政机关可以据此作出相应处罚决定。

（三）上级人大或政府是否有权将下级行政机关的职权上收

立法机关认为，《宪法》第一百零七条第一款规定：“县级以上地方各级人民政府依照法律规定的权限，管理本行政区域内的经济、教育、科学、文化、卫生、体育事业、城乡建设事业和财政、民政、公安、民族事务、司法行政、

---

① 对应 2021 年修改后的《行政处罚法》第十七条。

② 《全国人民代表大会常务委员会法制工作委员会关于如何理解“有行政处罚权的行政机关”问题的答复》（1997 年 1 月 3 日）。

计划生育等行政工作……”《地方各级人民代表大会和地方各级人民政府组织法》第五十五条第三款规定：“地方各级人民政府必须依法行使行政职权。”根据上述规定，法律、行政法规明确赋予地方人民政府的职权，县级以上地方各级人大及其常委会、县级以上地方各级人民政府不得擅自改变。法律、行政法规笼统规定由地方各级人民政府或者县级以上地方各级人民政府行使的职权，中央已决定就有关领域的行政管理体制进行改革的，设区的市政府可以据此对市辖区政府的职权进行调整或者上收。①

（四）市场监管部门与其他行政主管部门行政处罚权如何分工

长期以来，市场监管部门的执法权具有兜底性质，因此，容易与其他行政机关发生管辖争议。立法机关认为，《道路交通安全法》第一百零三条第三款、第四款规定，对擅自生产、销售未经国家机动车产品主管部门许可生产的机动车型的，或者生产、销售拼装的机动车、擅自改装的机动车的，没收非法生产、销售的机动车成品及配件，可以并处非法产品价值三倍以上五倍以下罚款，有营业执照的，由工商行政管理部门吊销营业执照，没有营业执照的，予以查封。根据上述规定，《道路交通安全法》除对吊销营业执照的处罚明确规定由工商行政管理部门实施外，对没收、罚款、查封等措施没有明确规定主管部门，因此，仍应按照相关法律、行政法规和国务院有关主管部门职能分工的规定，由相关主管部门实施。②

---

① 问：某省法院在审理有关行政案件中，遇到地级市人大或政府出台有关规定，将区县级行政机关的行政权上收，有的区县级行政机关不执行地级人大或政府的决定，由此而引发行政争议。法院在审理过程中，对上级人大或政府是否有权将下级行政机关的职权上收，存在两种意见：第一种意见认为，区县级人民政府在本辖区内享有的行政管理职权，是由法律、法规明确授权的，在没有法律依据的情况下，地市人大或政府将所辖下级行政机关的职权上收，违背职权法定原则和属地管辖原则。第二种意见认为，根据《中华人民共和国地方各级人民代表大会和地方各级人民政府组织法》的规定，上级人大或政府有权制定行政措施，发布决定和命令，管理本行政区域内的各项行政管理工作，因此地级市人大或政府在必要时可以行使辖区内区县行政机关的行政管理权，不违背职权法定原则。http：//www. npc. gov. cn/zgrdw/npc/xinwen/lfgz/xwdf/2007－02/25/content_ 363241. htm。

② 2006 年，某局提出请示：近年来全国工商行政管理部门开展了车辆非法改装的专项整治工作。该项整治工作取得了一定成效，同时也存在如何理解和执行《中华人民共和国道路交通安全法》第一百零三条第三款和第四款的问题。我局的意见，工商行政管理部门和国家机动车产品主管部门均可依据上述两款对有关违法行为人进行没收、罚款等处罚，其中吊销营业执照及查封的处罚由工商行政管理部门实施。请答复。http：//www. npc. gov. cn/zgrdw/npc/xinwen/lfgz/xwdf/2007－05/16/content_ 365412. htm。

（五）地方性法规可否规定由烟草专卖管理部门行使烟草市场管理职责

立法机关认为，《烟草专卖法》的法律责任一章中规定了烟草专卖行政管理部门、工商行政管理部门对烟草生产和市场管理的分工，明确了工商行政管理部门对市场上违法行为的行政处罚权。因此，地方性法规不应规定工商行政管理部门将这部分法定职责委托烟草专卖行政管理部门行使。①

（六）地方立法可否将上路拖拉机农用三轮车管理机关变更为其他部门

关于上道路从事运输的拖拉机和农用三轮车的管理机关问题，国务院颁布的《道路交通管理条例》（现《道路交通安全法实施条例》）和《关于改革道路交通管理体制的通知》中已规定由公安机关按机动车辆进行管理。② 为了保证法制的统一，地方性法规不能同国务院行政法规相抵触，不能改变这一规定。

（七）开发区管委会是否具有独立的行政主体资格

1986 年，邓小平为天津经济技术开发区题词："开发区大有希望。"多年来，开发区已经成为我国改革开放排头兵、区域经济增长极，对国民经济和社会发展发挥着重要作用。

开发区管委会的行政主体资格是个复杂的问题。我国开发区类型众多，层级众多。最高人民法院判决确认，经国务院或者省级人民政府批准成立的开发区管委会，具有行政主体资格，能够独立承担法律责任。但是，行政主体确系受其他行政机关委托行使职权的，应当以委托的行政机关为被告。③

（八）立法是否一定要明确规定主管部门

长期以来，立法都规定主管部门，但从行政执法案卷评查来看，不少县政府主管部门一年也没有一件行政处罚案件。近些年也有立法作出尝试，体现了对条块衔接体制的反思。《无证无照经营查处办法》第五条规定："经营者未依法取得许可从事经营活动的，由法律、法规、国务院决定规定的部门予以查处；法律、法规、国务院决定没有规定或者规定不明确的，由省、自治区、直辖市

① 《地方法规可否规定由烟草专卖管理部门行使烟草市场管理职责》，http：//www. npc. gov. cn/zgrdw/npc/xinwen/lfgz/xwdf/2000 – 10/16/content_ 370670. htm。

② 《地方立法可否将上路拖拉机农用三轮车管理机关变更为其他部门》，http：//www. npc. gov. cn/zgrdw/npc/xinwen/lfgz/xwdf/2000 – 10/16/content_ 370668. htm。

③ 唐祯兴诉绥中县人民政府、辽宁省东戴河新区管理委员会行政强制措施并赔偿案，最高人民法院（2015）行监字第 96 号。

人民政府确定的部门予以查处。”

三、行政执法主体的现实情况

为了明确究竟哪些行政机关拥有行政处罚权，《国务院关于印发全面推进依法行政实施纲要的通知》规定：“建立健全行政执法主体资格制度。行政执法由行政机关在其法定职权范围内实施，非行政机关的组织未经法律、法规授权或者行政机关的合法委托，不得行使行政执法权；要清理、确认并向社会公告行政执法主体；实行行政执法人员资格制度，没有取得执法资格的不得从事行政执法工作。”《国务院关于加强市县政府依法行政的决定》规定：“实行行政执法主体资格合法性审查制度。”这项工作以前由各地方的法制办来具体牵头落实。

下面，以浙江省淳安县为例说明，当前我国市县政府执法主体情况，从不完全的统计来看，淳安县的情况具有一定代表性。根据《浙江省行政程序办法》和《浙江省司法厅关于深化开展行政执法主体资格确认公告工作的通知》，淳安县公布行政执法主体名录，共有 29 个局、22 个乡镇政府、11 个授权执法主体、28 个受委托组织。

11 个授权执法主体包括，县散装水泥办公室、能源监察大队、发展新型墙体材料办公室、事业单位登记管理局、公路段、道路运输管理处、交通工程质量与安全监督站、畜牧兽医局（动物卫生监督所）、渔政渔港监督管理局、森林病虫害防治检疫站、卫生监督所、社会保险服务中心、就业管理服务处等。

28 个受委托组织包括，县水政监察大队、国家建设项目审计中心、民政执法大队（淳安县殡葬管理所）、地名委员会办公室、市政园林管理处、房地产管理处、建筑工程质量安全监督站、房屋征收补偿管理办公室、农业行政执法大队、农业机械管理总站、林业局大墅林业中心站、林业局汾口林业中心站、林业局临岐林业中心站、林业局青溪林业中心站、林业局姜家林业中心站、林业局威坪林业中心站、木材检查站、林业种苗管理站、野生动植物保护管理总站、环境监察大队、文化市场行政执法大队、旅游质量监督管理所、千岛湖景区综合管理处、劳动和社会保障监察大队、安全生产监察大队、规划和自然资源执法监察大队、商贸监察中心、市场监督管理局稽查大队等。

从以上情况来看，授权主体和受委托主体数量较多。从职权法定原则的角度来看，有必要进一步压减这两类处罚主体的数量，以避免趋利执法等。

四、法定职权范围

具有行政处罚权的行政机关必须在法定职权范围内实施行政处罚，否则根据《行政诉讼法》第七十条，行政机关超越职权实施处罚的，人民法院可以判决撤销或者部分撤销，并可以判决被告重新作出行政行为。

法条关联

本法第三十八条；《行政许可法》第七十八条；《行政诉讼法》第七十条等。

案例评议

李某诉淄博市公安局周村分局派出所不予处罚决定案①

◆ **评议**

最高人民法院就此案答复："根据《治安管理处罚法》第九十一条规定，公安派出所对于在其法定授权范围内的治安案件，有权作出处罚决定或者不予处罚决定。"也就是说，公安派出所只能对其法定授权范围内的案件实施行政处罚，不属于其职责的案件，按照本法规定，应当移送管辖。

第十八条　【综合执法、相对集中行政处罚权】

国家在城市管理、市场监管、生态环境、文化市场、交通运输、应急管理、农业等领域推行建立综合行政执法制度，相对集中行政处罚权。

国务院或者省、自治区、直辖市人民政府可以决定一个行政机关行使有关行政机关的行政处罚权。

限制人身自由的行政处罚权只能由公安机关和法律规定的其他机关行使。

---

① 《最高人民法院关于公安派出所就其没有处罚权的治安案件在调查后认为违法事实不成立的能否直接以公安派出所的名义作出不予处罚决定问题的答复》（〔2012〕行他字第7号）。

本条来源

原法第十六条、《中共中央国务院关于深入推进城市执法体制改革改进城市管理工作的指导意见》、《中共中央关于深化党和国家机构改革的决定》、《深化党和国家机构改革方案》，以及中共中央办公厅、国务院办公厅《关于进一步深化文化市场综合执法改革的意见》《关于深化农业综合行政执法改革的指导意见》《关于深化市场监管综合行政执法改革的指导意见》《关于深化交通运输综合行政执法改革的指导意见》《关于深化生态环境保护综合行政执法改革的指导意见》等文件的相关规定。

立法演变

根据党和国家机构改革和行政执法体制改革要求，明确综合行政执法的法律地位，增加了第一款；鉴于《国务院关于进一步推进相对集中行政处罚权工作的决定》（国发〔2002〕17 号）已经授权各省、自治区、直辖市政府，一审稿删除了“经国务院授权的”。二审稿删除了第一款中的“由一个行政机关统一实施相关领域的行政处罚”。在本次修订过程中，有些常委委员、部门、地方和社会公众提出，综合行政执法改革正在推进过程中，需要根据实践总结完善，立法应当为改革探索留有空间。宪法和法律委员会经研究，建议将本条第一款修改为：“国家在城市管理、市场监管、生态环境、文化市场、交通运输、农业等领域推行建立综合行政执法制度，相对集中行政处罚权。”三审稿增加了“应急管理”“和法律规定的其他机关”。

条文释义

一、规范意旨

本条规定是推进行政执法体制改革的产物。政府职能转变和行政管理体制改革尚未完全到位，行政机关仍在管着许多不该管、管不了、实际上也管不好的事情，机构臃肿、职责不清、执法不规范的问题相当严重。往往是制定一部法律、法规后，就要设置一支执法队伍。一方面，行政执法机构多，行政执法权分散；另一方面，部门之间职权交叉重复，执法效率低，不仅造成执法扰民，也容易滋生腐败。联合执法、委托执法不能解决多头执法、执法扰民等问题，实行相对集中行政处罚权制度，对于解决行政管理中长期存在的多头执法、职权交叉重复和行政执法机构膨胀等问题，提高行政执法水平和效率，降低行政执法成本，建立“精简、统一、效能”的行政管理体制，都有重要意义。因此，原《行政处罚法》第十六条规定：“国务院或者经国务院授权的省、自治区、直辖市人民政府可以决定一个行政机关行使有关行政机关的行政处罚权，但限制人身自由的行政处罚权只能由公安机关行使。”

党的十八届三中决定提出：整合执法主体，相对集中执法权，推进综合执法。2018 年，《深化党和国家机构改革方案》提出：深化行政执法体制改革，统筹配置行政处罚职能和执法资源，相对集中行政处罚权，是深化机构改革的重要任务。根据不同层级政府的事权和职能，按照减少层次、整合队伍、提高效率的原则，大幅减少执法队伍种类，合理配置执法力量。一个部门设有多支执法队伍的，原则上整合为一支队伍。推动整合同一领域或相近领域执法队伍，实行综合设置。完善执法程序，严格执法责任，做到严格规范公正文明执法。继续探索实行跨领域跨部门综合执法，建立健全综合执法主管部门、相关行业管理部门、综合执法队伍间协调配合、信息共享机制和跨部门、跨区域执法协作联动机制。

二、综合行政执法

（一）综合行政执法的内涵外延

综合行政执法和相对集中行政处罚权是一体两面，前者是后者的通俗易懂概括，后者是前者的法律实施途径。深化综合行政执法改革目标是优化协同高效，主要任务包括：一是整合归并执法队伍，切实解决多头执法、多层执法和重复执法问题；二是加强对行政处罚、行政强制事项的源头治理，切实解决违规执法、执法扰民问题；三是探索建立体现综合行政执法特点的编制管理方式，切实解决综合执法队伍管理不规范的问题。①

但是，综合行政执法是一个泛称。根据中共中央办公厅、国务院办公厅《关于深化市场监管综合行政执法改革的指导意见》《关于深化交通运输综合行政执法改革的指导意见》《关于深化生态环境保护综合行政执法改革的指导意见》等，综合行政执法的事项既有跨部门的，如生态综合执法；也有部门内部

① 中央编办三局：《扎实推进综合行政执法改革》，《中国机构改革与管理》2019 年第 2 期。

的，如农业综合执法。

具体的综合行政执法事项目录经国务院批准后由各部门印发，如《农业综合行政执法事项指导目录（2020 年版）》。

（二）近期综合行政执法改革的主要制度设计

1. 局队合一。

改革前，有的主管部门的内设机构是法律法规授权的执法主体。如，交通运输部门的下设机构是法定授权的行政处罚主体。《道路运输条例》第七条第三款规定："县级以上道路运输管理机构负责具体实施道路运输管理工作。"为了整合执法队伍，理顺职能配置，减少执法层级，《关于深化交通运输综合行政执法改革的指导意见》规定：县（市、区、旗）一般实行"局队合一"体制，交通运输行政主管部门要强化行政执法职能，将人员编制向执法岗位倾斜，同时通过完善内部执法流程，解决一线执法效率问题。强化基层执法职责，与人民群众日常生活、出行安全直接相关的执法活动，主要由市县两级实施。《国务院办公厅关于交通运输综合行政执法有关事项的通知》进一步要求：制定统一的交通运输综合行政执法程序规定，明确执法事项的工作程序、履职要求、办理时限、行为规范等。

2. 市、区机构设置二选一。

《行政处罚法》实施以来，设区的市和所属区的综合行政执法机构如何设置，实践中经常"翻烧饼"，几年一个样，为了解决这个问题，综合执法改革提出，市、区综合行政执法机构设置只能二选一。如，《关于深化交通运输综合行政执法改革的指导意见》规定：设区的市和市辖区原则上只保留一个执法层级，市级设置交通运输综合行政执法队伍的，区级不再承担相关执法责任；区级设置交通运输综合行政执法队伍的，市级主要强化监督指导和组织协调，不再设置执法队伍。

3. 省级原则上不设执法队伍。

这是近些年综合行政执法改革的一个重要决策。如，《关于深化交通运输综合行政执法改革的指导意见》规定：省、自治区交通运输部门应强化统筹协调和监督指导职责，主要负责监督指导、重大案件查处和跨区域执法的组织协调工作，原则上不设执法队伍，已设立的执法队伍要进行有效整合、统筹安排，现有事业性质执法队伍要逐步清理消化。

4. 乡镇街道集中行使行政处罚权问题，详见本法第二十四条。

三、相对集中行政处罚权

相对集中行政处罚权制度，是指依法将若干行政机关的行政处罚权集中起来，交由一个行政机关统一行使，行政处罚权相对集中后，有关行政机关不再行使已经统一由一个行政机关行使的行政处罚权的法律制度。

一是国务院或者省、自治区、直辖市人民政府拥有调整权。二是可以决定一个行政机关行使有关行政机关的行政处罚权，这个行政机关既可以是新设的，也可以是既有的。三是行政处罚权相对集中后，有关部门不得再行使已统一由一个行政机关行使的行政处罚权；仍然行使的，作出的行政处罚决定一律无效；集中行使行政处罚权的行政机关应当作为本级政府的一个行政机关，不得作为政府一个部门内设机构或者下设机构。四是限制人身自由的行政处罚权不在集中范围，除了公安机关，根据《反间谍法》和《国家情报法》，安全机关也可以行使限制人身自由的行政处罚权。五是集中行使行政处罚权的行政机关所需经费列入本机关的预算，由本级政府财政全额拨款，不得以收费、罚没收入作为经费来源；罚款、没收违法所得或者没收非法财物拍卖的款项，必须按照规定分级全额上缴国库。

（一）相对集中行政处罚权后，是否要修改单行法律法规

相对集中行政处罚权后，不需要修改单行法律法规，实施相对集中行政处罚权的机关看起来是“借法执法”，但经过法定程序后，该机关就是相关行政处罚权在本地区的法定实施机关，对应在法条中的表述是“某某主管部门”等。

（二）相应的行政强制权是否同时集中

1. 相关的行政强制措施权可以同时集中。

《行政强制法》第十七条第二款规定：“依据《中华人民共和国行政处罚法》的规定行使相对集中行政处罚权的行政机关，可以实施法律、法规规定的与行政处罚权有关的行政强制措施。”

2. 相关的行政强制执行权可以同时集中。

根据本法第七十二条，当事人逾期不履行行政处罚决定的，“作出行政处罚决定的行政机关”可以采取执行罚等强制执行方式，据此，相关的行政强制执行权客观上也是被集中了。

（三）如何确定相对集中行政处罚权的范围

实行相对集中行政处罚权的领域，是多头执法、职责交叉、重复处罚、执法扰民等问题比较突出，严重影响执法效率和政府形象的领域，2002 年前后主要集中在城市管理、文化市场等领域。以城市管理领域为例，2002 年国务院确定的相对集中范围是“7 + X”，即七个领域，外加其他领域；2015 年改为“6 + X”。

本书认为，行政处罚权集中的范围应该注重关联性，坚持相对集中，不能绝对集中。从实践来看，相对集中行政处罚权会面临集中范围、专业能力、条块衔接、行为整合、信息系统、社会认知等方面的挑战，原因是条块结合体制的体系强制、行政处罚与其他监管行为的一体性、中央为主制度供给体制对地方的制约性等。从长期来看，相对集中行政处罚权具有过渡性特点，对于实践证明切实可行的，可以通过修改“三定”规定等方式，调整理顺职权。对于在县市区层面“一支队伍管处罚”的探索，乐观其成，但宜因地制宜，审慎推进，如能借鉴“查办分离”“综合查一次”等经验，由综合行政执法机构统一检查、作出初步决定，由相关主管部门进行法制审核，并做出最终决定，似有利于发挥各自的比较优势，提高执法效能。

此外，国务院部门的行政处罚权不能被省级政府实施相对集中，这里既包括市场监管总局等部门部本级的行政处罚权，也包括海关、银保监、证监等实施垂直管理的部门的行政处罚权。国务院部门的行政处罚权中的调查取证权，如果实际由省级以下行政机关实施的，也不宜被集中。机构改革后，税务部门是实行以部门为主的双重领导管理体制，对于税务行政处罚权，似也不应被相对集中。

（四）如何确定行政复议机关

对集中行使行政处罚权的行政机关作出的具体行政行为不服提出的行政复议申请，由本级人民政府依法受理；上一级人民政府设立集中行使行政处罚权的行政机关的，申请人也可以选择向上一级人民政府设立的集中行使行政处罚权的行政机关提出行政复议申请，由该行政机关依法受理。

2020 年底，《行政复议法（修订）（征求意见稿）》为落实《行政复议体制改革方案》的要求，对现行“条块结合”的管辖体制作了修改，取消地方政府部门的复议职责，由县级以上地方人民政府统一行使复议职责。同时，相应明确了国务院部门的管辖权限以及保留“条条管辖”体制的特殊情形，即对海关、金融、外汇管理等实行垂直领导的行政机关、税务等实行以中央为主与地方政府双重领导的行政机关、国家安全机关的行政行为不服的，向上一级主管部门申请行政复议。

（五）是否需要制定一部城管综合执法法

一直有一种意见认为，城管执法是“借法执法”，欠缺合法性，应当制定一部城管综合执法法或者城市管理法。本书认为，这种意见站不住脚。一是从城市管理领域来看，在房地房产管理、城乡建设等方面已经有大量的法律、行政法规，基本不存在没有上位法的问题。二是相对集中行政处罚权改变的是法律实施主体，没有改变法律依据，只要调整的内容、程序合法，就不存在合法性问题，这种观点的视角是“条条”，欠缺了整体政府思考。

法条关联

《行政强制法》第十七条；《行政许可法》第二十五条；《地方各级人民代表大会和地方各级人民政府组织法》第六十四条；《国务院关于贯彻实施〈中华人民共和国行政处罚法〉的通知》；《国务院关于全面推进依法行政的决定》；《国务院办公厅关于继续做好相对集中行政处罚权试点工作的通知》；《国务院关于进一步推进相对集中行政处罚权工作的决定》；《国务院办公厅转发中央编办关于清理整顿行政执法队伍实行综合行政执法试点工作意见的通知》（已失效）等。

案例评议

阮某与三亚市规划局、三亚市综合行政执法局、三亚市人民政府不履行法定职责申诉审查通知书①

◆ 裁判要旨

《城乡规划法》及我国其他相关法律、法规均没有有关拆除旧建筑物须到城乡规划主管部门办理批准手续的规定，涉案的亚太酒店二期被拆除依法不属

① 最高人民法院（2013）行监字第134号。

于三亚市规划局监管职责范围，三亚市规划局不构成行政不作为。经原审查明，三亚市综合行政执法局已经履行了对违章建筑的监管职责，主张其行政不作为，缺乏事实依据。另据三亚市人民政府三府〔2005〕184号《关于推进综合执法试点工作的决定》，三亚市综合执法局的设立及其工作的开展，依据的是国办发〔2002〕56号文件和海南省人民政府〔2004〕91号《海南省人民政府同意三亚市人民政府开展综合行政执法试点工作的批复》。由此，三亚市综合行政执法局是独立的行政主体，依法独立承担法律责任。有关三亚市政府应负连带责任的主张缺乏法律依据。

◆ 域外寻踪

国情影响治理方式。中国和美国、澳大利亚等国家在城市结构、面临的主要问题和治理模式等方面存在较大差异。下文，以澳大利亚宝活市（Burwood）为例，介绍一下其城市治理架构、城市管理执法体制机制等。①

一、澳大利亚政府总体架构

澳大利亚实行联邦、州、市三级政府管理体制，财政上各自独立，职能也各不相同。联邦政府负责管理外交、国防、社保、医保、移民和主要税种的税收等事务，州政府负责管理交通、医疗、治安、教育（不包括学前教育，学前教育由市政府负责）等事务，市政府主要负责管理基建、城市规划、社区服务、环境卫生等事务。

澳大利亚的联邦宪法体现的是联邦和州两级政府以及立法、行政、司法三权分立体制。联邦政府和州政府有立法权，联邦法律由联邦议会制定，州法律由州议会制定。联邦法律由联邦法院适用处理，州法律由州法院适用处理。法律冲突，由司法判断。州政府的法律产生确定市政府的职能。市政府不能制定法律（Law），但可以制定法规（Regulation）。

二、宝活市政府的架构和基本情况

新南威尔士州有152个市，这些市之间是平行的，行政上完全独立。每个市的面积为12—20平方公里，人口为11万—16万。新南威尔士州乃至全澳大利亚的城市，政府的架构大体上都是差不多的。

---

① 宝活市是澳大利亚新南威尔士州大悉尼地区的一个市。本部分与青锋、宋继红合作。澳大利亚的城市治理模式与美国类似。

根据2006年市政府的人口普查统计，宝活市共有11.7万人（华人比例为7%—8%），其中选民有3.7万人（华人有2000多）。宝活市每四年由本市的选民选举产生7名议员组成市政府（city council），议员任期四年，市长、副市长在议员中推选产生，议员、市长、副市长都是兼职的，可以有其他全职工作，甚至从事经营活动。宝活市政府议员的选举也分党派，但是市政府没有执政党，这与联邦政府和州政府不同。为了达到多数票，相同党派的议员通常在表决时意见一样。

议员的主要任务是开会讨论决定本市的重要事项，每年要召开10次议会会议，市民可以参加。宝活市政府像公司一样运作，议会相当于公司的董事会，议员相当于公司的董事。

市长、副市长聘请一名总经理（general manager，总经理签约时间为5年，少数情况下会因犯罪等原因而提前解约），由总经理来管理市政府的四个部门——工程部（负责道路测试、管理、保养等）、建筑部（负责城市规划、基建、卫生管理等）、行政部（议会内部的所有行政工作，包括财政部、社区服务部等）、办公室（governance department，负责法律上规定必须遵守的事务、城管执法以及与其他州市政府沟通等）。全澳大利亚的市政府架构基本上都如此，内设部门或者名称可能有一些不同。

2011年初，宝活市对政府部门的管理做了改革，将四个部门分为两大块，一块是与建筑有关的事务，一块是行政事务，除总经理外，还聘请了两名副总经理，分别具体负责这两块事务。

宝活市政府下边没有街道办事处，为了方便办理公务，除了4个内设机构外，宝活市政府还在辖区范围内的不同地方设置了若干公用办事分支机构（depot），负责公用汽车、机器、公园、清洁、工程等事务，不负责下水道（由水务局管理）、路灯（由电力公司管理）事务。

2011年，宝活市政府共有325人。市政府所需的工作人员数量，先由部门经理进行评估，再根据财政预算予以确定。市政府的工作人员是公职人员，通过公开招聘聘用。有五六家法律公司为宝活市政府提供法律服务，市政府的部分工作人员也有法律知识。

宝活市政府对工作人员的激励主要是通过经理和部门经理，议员不能和市政府工作人员直接交谈，只能和总经理或者部门经理沟通，以避免议员滥用职权迫使工作人员从事其他事务。节日时，议员可以通过议会举办的活动与工作人员进行简单交流。

为了加强对市政府工作人员的监督、预防腐败，宝活市议会设置了审计部门（audit），包括财政审计、安全审计、行为审计等。州政府和部门还设有行政监察专员（Ombudsman）。此外，新南威尔士州和昆士兰州还有廉政公署（ICEC），可以监管公务员的所有行为，但ICEC只有调查权和建议权，不能直接起诉公务员。

三、宝活市政府的财政收入情况

宝活市政府自己没有开征税收的权力，也没有其他政府的拨款，每年的财政收入主要来源于市政费（council rate）。市政费是房地产所有者每年向市政府交纳的房地产土地价格的0.01%的费用，这是市政府定期的主要收入。市政府的其他财政收入包括一般的手续费、罚款等。此外，市政府也可以通过买卖、出租土地获得收入。这些方面的财政收入每年为4000多万澳元。

市政府还对商业性住宅的买卖、基建等收取建筑费，建筑费收入也为4000多万澳元。宝活市的财政年度是7月1日至次年6月30日。议员每年3月与部门经理开会讨论需要建设的市政项目。4月，各个部门根据需要建设的项目，制作财政预算并交给议会，议会征求公众意见，28日后根据公众反馈的意见进行修改，最后由议会确定财政预算。市政府每3个月对财政预算进行一次评估，统计预算与实际支出的差额，到年底汇总，评估全年财政预算的科学性。

四、宝活市政府社会管理立法性规制

宝活市与其他澳大利亚的城市一样，虽然不能制定法律（law），但可以制定法规（regulation）以细化联邦、州制定的法律。在制定法规之前，议会要通过报纸、网站、信件等方式通知市民旁听。法规生效后，不会随意改变，市政府部门每年对法规进行评估，如果现实状况发生变化确需改变法规，可以由议会提出建议并制定草案，草案交由独立的机构进行评估后，再征求公众的意见，必要时还要与州政府协调（如城市建筑方案要与整个州的规划协调好），最后确定法规的内容。近些年来，宝活市政府每年新制定的法规一般为10—20件，每年修改的法规不超过100件。

宝活市的法规主要集中在基建、城市规划和环境卫生等社会管理领域。在建筑领域，宝活市政府会以法规的方式制定本地环境计划（Local Environment

Plan）、发展控制计划（Development Control Plan）。市民进行建设必须遵守这些法规。在对餐厅的卫生管理中，州政府制定基本的卫生标准，市政府根据本市的实际情况制定一整套法规。对停车管理，也有若干细化规定。

五、宝活市政府的城市管理和执法情况

宝活市主要通过行政许可和行政处罚等方式来进行社会管理，市政府通常以报告的形式实施行政许可权和行政处罚权。如在建筑领域，当事人完成申请建房、交纳费用等环节后，市政府会向其颁发建筑许可（certificate of construction），待房屋建好之后，市政府会再向其颁发入住许可，然后当事人需要再到州政府土地厅登记。只有完成上述程序后，房屋所有人才能合法居住、买卖。如果市政府不批准当事人的建筑许可申请，当事人可以到土地法庭起诉，如果土地法庭支持当事人的诉讼请求，则市政府必须遵守法庭的裁定。再如，在卫生领域，由市政府的卫生部门进行调查，并制作报告，指明卫生不达标的地方。当事人在 18 天内必须改正。否则，市政府可以处以罚款（不得超过 650 澳元，如果超过 650 澳元，需要到法庭申请执行令状），甚至责令停业整顿。

在宝活市，城市管理实行的是决策权、执行权、执法权分开的做法。市政府和议员主要是决策。总经理和部门主要是执行，具体的执法行动则由执法官（Law enforcement officer，有的城市也称为 City rangers，Environment officer）实施（在新南威尔士州的其他市也基本是这种架构模式）。

目前，宝活市政府有 16 名执法官，有 6 名穿统一的制服，另 10 名不穿制服的执法官主要负责对违法停车抄牌。因人数较少，这些执法官一般隔天分区巡查。执法官隶属于市政府的管理办公室（governance department），与警察不同（警察根据州政府的刑事法律执行任务），执法官没有经过专业训练，不能执行警察职责范围内的任务，只是负责市政府职权范围内的综合执法工作，如可以对违法停车、搭建违章建筑、卫生不达标、乱贴广告、乱涂乱画、噪声污染等行为进行制止，并依法做出行政处罚，但是没有权力拘捕这些人，也就是说这些执法官只有行政处罚权，没有行政强制权。比如，涂鸦在澳大利亚是一个非常大的问题，而涂鸦的人通常是不具有法律能力的年轻人，对于这些涂鸦的人，执法官只能具有阻止（deter）的权力，而不能对其采取行政强制措施。

一般来讲，澳大利亚基本不存在流动摊贩、乱扔垃圾的现象，因此这些执法官不管理此类问题。在澳大利亚，如果当事人要申请拜访流动摊贩，则要到市政府去申请牌照，一般情况下市政府也不会批准。游行、社团宣传等其他占用公路等公共场所的行为会对城市消防产生影响，也必须向市政府申请，但如果当事人要游行示威，则必须向州政府警察申请。此外，乱扔垃圾的现象在澳大利亚非常少，规制的必要性很低。在费用方面，居民扔垃圾每年向市政府交165澳元，而市政府则把垃圾清理外包给垃圾公司。为了避免市政府执法人员营私舞弊，宝活市和新南威尔士州注重完善罚款缴纳机制。违法停车的罚款要统一交到州政府的专用账户，然后由州政府将罚款全部返还市政府（外地车的罚款根据属地抄牌原则确定最终获得罚款的市政府）。2010年宝活市违法停车罚款有125万澳元左右。在城市管理中，除了行政处罚、行政许可的行政管理措施之外，宝活市还综合运用一些民事方法。比如，澳大利亚人不愿意见到建筑物外乱挂衣服，但这个问题市政府并不介入，而是通过物业公司来管理。再如，对于乱贴广告的行为，除了行政处罚，物业的所有者还可以根据地址要求索赔。

在人口的管理上，宝活市与澳大利亚其他城市一样，每四年进行一次人口普查。政府不实行户籍管理，居民没有户口和身份证，社保和医保登记、驾照相当于居民的身份凭证。选民登记也能起到证明居民身份的作用。

此外，宝活市的志愿者活动也比较活跃，有305个团体从事志愿者活动，每个团体有10多个志愿者。每年市政府会举办志愿者早餐日，每次有300多个志愿者团体参加。志愿者团体和志愿者活动在社会管理中发挥了重要作用。

第十九条　【授权组织】

法律、法规授权的具有管理公共事务职能的组织可以在法定授权范围内实施行政处罚。

本条来源

原法第十七条。

立法演变

无变化。

条文释义

一、规范意旨

原则上，只有行政机关才能实施行政处罚，法律、法规授权的具有管理公共事务职能的组织实施行政处罚是例外规定。实践中，这类组织应避免角色混同。

二、法律法规授权组织的范围

本条所说的组织，可以是行政机关的内设机构、派出机构，可以是人民团体①、事业单位，也可以是企业，但都需要具有管理公共事务职能。如，《治安管理处罚法》第九十一条规定："治安管理处罚由县级以上人民政府公安机关决定；其中警告、五百元以下的罚款可以由公安派出所决定。"根据《优化营商环境条例》第二十八条，公用企事业单位主要集中在供水、供电、供气、供热等领域。此外，证监会、银保监会等都是事业单位，虽然也是法律法规授权组织，但实际具有行政机关的性质。

授权企业的应当慎之又慎，企业要盈利，授权处罚必须避免利益冲突。实践中有授权机场、电力企业、火车站等情况。如，根据《湖南省民用运输机场管理条例》，机场管理机构依法对全省机场的安全、运营和服务，机场地区的公共秩序和场容环境等实施监督管理，按照有关市场管理、出租车管理、道路运政管理、道路桥梁管理、绿化管理、市容和环境卫生管理等方面法律、法规和规章的规定实施行政处罚。机场所在地县级以上人民政府有关主管部门按照各自职责，做好机场监督管理的有关工作。根据《吉林省民用机场管理条例》，本条例所称机场管理机构，是指负责机场安全和运营管理的吉林省民航机场集团公司，违反本条例第三十八条、第三十九条、第四十条、第四十一条规定，由机场管理机构分别按照省有关出租汽车管理、道路管理、绿化管理、市容和环境卫生管理等法规的规定实施行政处罚。

三、法律法规授权组织的条件

成为法律法规授权组织必须符合一定条件。一是积极条件包括：依据有效的法律法规被授权实施行政处罚；依法成立并具有管理公共事务职能；有熟悉有关法律、法规、规章和业务并取得行政执法资格的工作人员；需要进行技术

① 人民团体是指各工商联，各级青、工、妇等人民群众团体。

检查或者技术鉴定的，应当有条件组织进行相应的技术检查或者技术鉴定。二是消极条件包括该组织不能与被授权事项存在利益冲突，不能在授权后既是运动员，又是裁判员。

行政处罚的行政性决定了执法主体原则上应当是行政机关，授权处罚和委托处罚都是权宜之计，不能因为法律法规授权就长久固化，如果被授权的主体本来就应该是行政机关，则应当改变机构的性质。如果授权是因为地理条件等方面的限制，则应当逐步借助科技等力量改变执法方式，加强投诉举报工作，尽可能还行政处罚的行政性面目。

四、规章不能授权组织实施行政处罚

根据本法，授权实施行政处罚的法律规范只能是法律、行政法规和地方性法规。但是，在行政诉讼过程中，公民、法人或者其他组织认为规章授权的组织及其工作人员的行政行为侵犯其合法权益，有权依照行政诉讼法向人民法院提起诉讼。法律、法规或者规章授权行使行政职权的行政机关内设机构、派出机构或者其他组织，超出法定授权范围实施行政行为，当事人不服提起诉讼的，应当以实施该行为的机构或者组织为被告。

国务院有关部门以文件的形式授权其办事处负责某省范围内的监管工作，则该授权的性质是什么？原国务院法制办公室曾答复：《保险法》所称的“国务院金融监督管理部门”，在金融保险管理体制改革、银行业保险业实行分业管理后，按照国务院确定的部门职责分工，是指“中国保险监督管理委员会”。中国保险监督管理委员会的派出机构，根据中国保险监督管理委员会的授权在本辖区内依法履行保险监督管理职责，与《保险法》及其他有关法律、行政法规的规定不相抵触。① 在此情况下，名为授权，实为内部管辖分工。

有司法解释曾对名为授权实为委托的情况进行了认定，规定：“《公路管理条例实施细则》第九条规定的授权只能理解为是委托授权，公路养护管理总段（分段）不具备行政主体资格，且省政府也不具备该项行政管理权的授权主体资格。”②

---

① 《国务院法制办公室关于河北省人民政府法制办公室〈关于中国保险监督管理委员会石家庄特派员办事处是否具备行政执法主体资格的请示〉的答复》（国法函〔2002〕245 号）。

② 《最高人民法院关于公路路政管理机构行政主体资格及有关法律适用问题的答复》[（1994）行复字第 4 号，现已失效]。

法条关联

《治安管理处罚法》第九十一条；《行政许可法》第二十三条；《行政强制法》第七十条等。

案例评议

陈某诉徐州市泉山区城市管理局行政处罚案[①]

◆ **裁判要旨**

行政机关的内设机构在没有法律、法规或者规章授权的情况下，以自己的名义作出具体行政行为，当事人不服提起行政诉讼的，应当以该行政机关为被告。

第二十条　【委托处罚】

行政机关依照法律、法规、规章的规定，可以在其法定权限内书面委托符合本法第二十一条规定条件的组织实施行政处罚。行政机关不得委托其他组织或者个人实施行政处罚。

委托书应当载明委托的具体事项、权限、期限等内容。委托行政机关和受委托组织应当将委托书向社会公布。

委托行政机关对受委托组织实施行政处罚的行为应当负责监督，并对该行为的后果承担法律责任。

受委托组织在委托范围内，以委托行政机关名义实施行政处罚；不得再委托其他组织或者个人实施行政处罚。

微言要义

违反事物之委任，无效。[②] 被委托的权力，不能再次委托。

① 《最高人民法院公报》2003 年第 6 期。
② 郑玉波：《法谚（一）》，法律出版社 2007 年版，第 133 页。

本条来源

原法第十八条。

立法演变

一审稿在第一款尾部增加了“委托行政机关和受委托组织应当向社会公开委托实施的行政处罚事项和依据”。最终稿增加了“书面委托”“委托书应当载明委托的具体事项、权限、期限等内容”，整合了各款的表达。

条文释义

一、规范意旨

行政处罚应当由行政机关实施，规定委托处罚，是不得已而为之。委托之后，行政主体的名义没有变，委托的是事务，变化的是委托事务的执行。八届全国人大常委会副委员长王汉斌谈到，关于委托处罚问题，大家普遍认为没有委托不行，从一定意义上讲，委托是减少那么多的执法机构人员都要直接执行罚款以至上街罚款。是否可以考虑把罚款的处罚委托给公安、工商部门实施，这样可以解决多头罚款和重复罚款问题。[①] 实务部门认为是否能委托行政机关处罚的问题，在立法中就考虑过，这一方案虽然没有被当时的立法采纳，但是本次修订实际允许了委托行政机关处罚。从操作来看，委托行政机关比委托企事业组织更符合行政性的要求。为了加强对委托处罚的管理，1996 年在审议时增加规定，没有法律、法规、规章的依据，不能委托实施行政处罚。

本次修订对委托处罚提出了“书面委托”“委托书应当载明委托的具体事项、权限、期限等内容”等更严格的要求。违反本条规定的，本法第七十六条有相应的责任条款。

此外，根据《地方各级人民代表大会和地方各级人民政府组织法》第五十九条，县级以上的地方各级人民政府行使“办理上级国家行政机关交办的其他事项”的职权。

---

① 王汉斌：《社会主义民主法制文集》，中国民主法制出版社 2012 年版，第 509 页。

二、委托处罚与其他执法方式的异同

委托处罚是指有行政处罚权的行政机关，依照法律、法规或者规章的规定，将自己的行政处罚事项委托给符合法定条件的行政机关、其他组织行使，受委托组织以委托机关的名义对外实施行政处罚权，但由委托行政机关承担该行政执法行为所产生法律后果的执法方式。

（一）与授权处罚的异同

1. 相同点。

一是法律法规授权组织和受委托组织都具有管理公共事务职能的组织。二是二者都是职权法定原则的例外，但授权执法比委托执法更能体现职权法定原则。

2. 不同点。

一是法律法规授权组织能够以自己的名义实施处罚，是独立的行政主体，并对自己的行为负责，承担相应的法律责任。二是规章并不能对有关组织授权，但是可以作为委托处罚的法律依据。三是法律法规授权组织自行承担法律责任，受委托组织不承担法律责任，委托主体承担法律责任。

（二）与联合处罚的异同

1. 相同点。

二者都涉及不同行为主体，但委托处罚对外的名义只有一个。

2. 不同点。

一是联合处罚是不同行政执法主体以各自的名义共同实施行政执法活动，同样也各自承担因自己行为而产生的法律责任。联合处罚产生“物理反应”，不产生“化学反应”。二是委托处罚需要有法律、法规或者规章规定这一前提，联合处罚是一种实施机制，不需要法定依据。

三、委托处罚的条件

委托处罚首当其冲的条件是，委托的行政处罚权必须是自己合法拥有的处罚权，行政机关的派出机构、派出机关未经同意不能以行政机关的名义委托行政处罚权。①

---

① 值得探讨的是，通过本法第十八条获得行政处罚权的行政机关能否委托原行政机关，通过本法第二十四条获得行政处罚权的行政机关能否委托县级有关部门。

（一）有法律、法规或者规章规定

根据职权法定原则，委托处罚的前提是必须有法律、法规或者规章的明确规定，规范性文件和单纯的委托协议不能作为委托执法的依据。这与民法上的意定委托存在根本不同。委托处罚是否必须有明确的法律依据，学界有不同的认识，世界各国也有不同的做法。折中说认为，剥夺行政相对人权利的行政职权以及专有职权的行政委托，必须有法律、法规和规章的依据。① 折中说符合法律保留原则的精神，通过法定的国家机关来代表国家意思并向当事人表示，有利于防止行政权力的滥用。同时，以法律、法规和规章的规定为前提，也有利于上级行政机关随意将权力委托给下级机关执行。为避免行政机关动辄委托下级执行本应由其执行的法定权限，使法定权限产生实质的变化，因此行政委托应当有法规的依据，采取委托法定原则，而不是委托意定原则。② 我国立法采折中说。

1996 年，提交审议的《行政处罚法（草案）》第十七条规定，经县级以上人民政府决定，行政机关在其法定权限内可以委托其他行政机关或者符合本法第十八条规定条件的组织实施行政处罚。有些代表提出，对决定委托的权限应当从严掌握，同时为进一步防止乱委托的现象，应当明确规定不得委托不符合本法规定条件的组织或者个人实施行政处罚。因此，建议将第十七条修改为："行政机关依照法律、法规或者规章的规定，可以在其法定权限内委托符合本法第十九条规定条件的组织实施行政处罚。"并增加规定，"行政机关不得委托其他组织或者个人实施行政处罚"。（草案第十八条第一款）同时，在法律责任中作了相应的规定。③ 此后，全国人大常委会法工委还专门作出答复，进行再次强调。④

在行政处罚和行政许可领域之外，是否需要法律、法规和规章的规定，要

① 胡建淼：《行政法学》，法律出版社 2003 年版，第 179 页。

② 陈新民：《中国行政法学原理》，中国政法大学出版社 2002 年版，第 97 页。《行政许可法》第二十四条规定，行政机关在其法定职权范围内，依照法律、法规、规章的规定，可以委托其他行政机关实施行政许可。

③ 《全国人大法律委员会关于〈中华人民共和国行政处罚法（草案）〉和〈中华人民共和国刑事诉讼法修正案（草案）〉审议结果的报告》。

④ 《行政机关是否可以自行决定委托处罚》，http：//www. npc. gov. cn/zgrdw/npc/xinwen/lfgz/xwdf/2000 – 10/16/content_ 370669. htm。

根据具体的法律规定来判断。如，《行政强制法》态度更为严格，第十七条第一款规定，行政强制措施由法律、法规规定的行政机关在法定职权范围内实施。行政强制措施权不得委托。

本书认为，没有法定依据委托处罚的，可以成为行政诉讼中的被告，但并不意味着委托处罚合法。[①]《行政诉讼法》第二十六条规定，行政机关委托的组织所作的行政行为，委托的行政机关是被告。《最高人民法院关于适用〈中华人民共和国行政诉讼法〉的解释》第二十条规定，没有法律、法规或者规章规定，行政机关授权其内设机构、派出机构或者其他组织行使行政职权的，属于《行政诉讼法》第二十六条规定的委托。当事人不服提起诉讼的，应当以该行政机关为被告。第二十六条规定，行政机关委托的组织所作的行政行为，委托的行政机关是被告。从行政处罚法来看，没有法律、法规或者规章规定，实施的委托是无权委托，上述司法解释解决了原被告等问题，但实体上仍需要以后修订的《行政处罚法》为准。

（二）有合法合理的客观需要

行政机关应该遵守职责法定的要求。如果没有委托的客观需要，行政机关不应该将自己的事务委托给其他组织。《立法法》第六条第一款规定："立法应当从实际出发……科学合理地规定公民、法人和其他组织的权利与义务、国家机关的权力与责任。"《行政法规制定程序条例》第十一条规定，起草行政法规，应当符合精简、统一、效能的原则，相同或者相近的职能规定由一个行政机关承担，简化行政管理手续；体现行政机关的职权与责任相统一的原则，在赋予有关行政机关必要的职权的同时，应当规定其行使职权的条件、程序和应承担的责任。

（三）符合一定的消极条件

一是不能再委托。在民法中，再委托又称转委托，是指受托人经委托人同意或在紧急情况下，将委托人委托的部分或全部事务转由第三人处理，在委托人与第三人之间直接发生委托合同关系的行为。与民法中的委托不同，即使是经过委托人与受委托人合意，受委托组织仍然不能将行政执法事项再委托，再

① 有观点认为，司法解释事实上承认了没有法律、法规或规章依据的行政委托关系也能成立。甘雯：《行政诉讼法司法解释之评论》，中国法制出版社2000年版，第80页。

委托也被认为是无效的。这主要是为了防止行政权力被滥用。

本条规定，受委托组织不得再委托其他任何组织或者个人实施行政处罚。《湖南省行政程序规定》第二十二条："受委托的组织应当自行完成受委托的事项，不得将受委托事项再委托给其他组织或者个人。"尽管《行政许可法》没有明确禁止再委托，但对于公法而言，法律没有允许的，就是禁止的，同时，为了防止权力滥用，行政许可也不应允许再委托。

二是不能有利益冲突。受委托组织不能同时是相关领域的市场主体和社会主体，不能因受委托影响竞争秩序，产生利益冲突。

（四）地方性法规对部门法中执法主体可否作出某些调整规定

立法机关曾答复：《烟草专卖法》法律责任一章中规定了烟草专卖行政管理部门、工商行政管理部门对烟草生产和市场管理的分工，明确了工商行政管理部门对市场上违法行为的行政处罚权。因此，地方性法规不应规定工商行政管理部门将这部分法定职责委托烟草专卖行政管理部门行使。①

四、委托处罚事项的范围

委托处罚的主体是具有合法权限的行政主体。委托主体可以是法定的行政机关、法律法规授权的组织。同时，委托必须在委托主体的法定职权范围内，超出其职权范围的委托无效。

一是原则上并不是所有的行政权限都可以委托。但究竟哪些事项不能委托，哪些事项可以委托，我国行政法律没有作出明确的规定。本书认为，可以借鉴民法中委托的理论。在民法中，具有人身属性的行为不能委托他人履行。在行政法中，体现公法人主要职责属性的执法权、对人身财产权益侵害极大的执法权原则上不能委托他人行使。如，涉及人身自由的行政处罚权，行政强制措施权，行政立法权等也不能委托。

二是从行政管理的需要来看，具有附属性的行政权力可以委托。如，《重庆市人民政府关于改革乡镇执法监管强化公共服务试点工作的决定》规定："区县行政执法机关可以按照现行法律、法规、规章和本决定限定的范围依法委托乡镇政府承担相应的行政执法职权，但重点限定在农村公共安全监管、市场秩

① 《全国人民代表大会常务委员会法制工作委员会关于地方性法规对法律规定的执法主体可否作出调整问题的答复》（1996年9月20日）。

序监管、人口资源环境监管领域中的部分具体事务性执法监管上，对于涉及面广、影响大、技术性强的执法事项暂不宜委托给乡镇政府。”“区县行政执法机关委托乡镇政府行使行政执法职权只限定于行政检查权、违法行为制止权、部分行政处罚权（指行政警告权和小额的行政罚款权）。”

对于行政执法中的一些纯粹事务性的行为，行政机关也可以委托其他组织代为执行。如，依照法律规定，对违章建筑、违法建设的设施、违法设立的标牌等需要强制拆除的，当事人无能力拆除的，行政机关可以委托没有利害关系的其他组织代履行。再如，税款的代缴、公路的维护管理等。这类委托，不仅可以提高行政执法的效率，而且也比直接委托其他行政机关或者组织行使部分行政权力更具有可行性。

总的来讲，行政处罚委托事项范围，应该尽力限缩，而不是扩张，从而更好地贯彻职权法定原则。

五、委托处罚书

关于委托处罚书，原《行政处罚法》没有规定。但《行政许可法》第二十四条规定，委托机关应当将受委托行政机关和受委托实施行政许可的内容予以公告。《湖南省行政程序规定》第二十一条规定：“委托行政机关与受委托的组织之间应当签订书面委托协议，并报同级人民政府法制部门备案。委托协议应当载明委托事项、权限、期限、双方权利和义务、法律责任等。委托行政机关应当将受委托的组织和受委托的事项向社会公布。”本书认为，无论是从委托双方的角度来讲，还是从当事人的角度来讲，委托处罚书都是必不可少的。关于委托处罚书，有以下几个方面需要注意。

一是委托书应为书面形式。委托处罚是行政机关之间的协议，考虑到协议是受委托方行使行政处罚权的依据，该行政处罚权的行使又影响到不特定的当事人，口头形式不仅很难查证，而且也不容易为当事人所了解和接受，更不能妥善约束委托双方，因此，委托书应为书面形式，口头委托的，应当认定为无效委托。

二是委托书的主要内容。主要内容包括：委托行政机关的名称、地址、法定代表人姓名，受委托组织的名称、地址、法定代表人姓名，委托的法律依据，委托的具体事项，双方的权利和义务，委托的期限，委托适用的区域范围，委托终止的法律事由等。有的委托书没有规定委托期限，不符合本条第二款的规定，应当在本法实施前补充完善手续。委托书应由委托行政机关和被委托组织的主要负责人签发，并加盖本单位印章。

三是委托处罚书应当以各种形式向社会公开。此举在于贯彻职权法定原则。委托处罚书变更了行政权力的行为主体，如果不实行政府信息公开，不仅受委托组织难以参与实际执法，而且当事人也会对其执法主体资格提出异议，消解执法效果。委托书公示应作为本法第三十九条规定的行政处罚事前公示的内容。

四是委托的终止。在委托行政机关行政处罚权被取消、受委托组织被注销或破产等情况下，委托自然终止。在此情况下，受委托组织的权利义务继受者、清算组织或者撤销该主体的组织等有义务采取必要措施，如，保存现有资料，对委托事务做善后处理等。

五是补充委托手续。本法修订前委托处罚没有公开委托书，或者委托书事项不全的，以及受委托组织人员没有行政执法人员资格的，需要在本法实施前尽快予以处理。对于没有法定依据委托的，应当予以清理，确需委托的，应当按法定程序处理。

六、委托处罚的法律后果

一是受委托组织以委托行政机关的名义开展执法活动，受委托组织实施行政执法行为带来的法律后果也由委托行政机关来承担，在引起行政复议、行政诉讼或者行政赔偿时，只能由委托行政机关充当被申请人、被告或者赔偿义务机关。但是，个别情况下，诉讼主体与责任主体并不相同。如，根据《中国人民银行法》第十二条和《支付结算办法》第二百三十九条的规定，商业银行受中国人民银行的委托行使行政处罚权，当事人不服商业银行行政处罚提起行政诉讼的，应当以委托商业银行行使行政处罚权的中国人民银行分支机构为被告。①

二是委托行政机关对受委托组织实施的行政处罚行为负责指导和监督，及时纠正其执法中存在的问题。受委托组织不能正确实施行政执法，或超越委托权限范围的，委托行政机关应责令改正；情节严重的，委托行政机关可以解除

---

① 《最高人民法院关于诉商业银行行政处罚案件的适格被告问题的答复》（〔2003〕行他字第11号）。

委托协议。受委托组织应当向委托行政机关定期报告自己的执法情况，并自觉接受委托组织的指导和监督。受委托行政机关的执法人员，必须经过相关法律知识培训，考试合格、取得行政执法资格者，才能上岗。

三是委托行政机关承担法律责任之后，可以在一定情形下追偿赔偿费用。《国家赔偿法》第十六条规定："赔偿义务机关赔偿损失后，应当责令有故意或者重大过失的工作人员或者受委托的组织或者个人承担部分或者全部赔偿费用。对有故意或者重大过失的责任人员，有关机关应当依法给予处分；构成犯罪的，应当依法追究刑事责任。"

四是委托行政机关是否还可以实施行政处罚。本条没有排除委托行政机关继续行使行政处罚权。根据本法第八十三条，具有行政处罚权的机关行使行政处罚是其义务。当然，之所以委托，原因是其自身无法实施。实践中，委托行政机关实施行政处罚的，应及时与受委托组织信息共享，避免重复执法。委托行政机关如果将其全部行政处罚权都委托，则本级政府应当在委托期限、实施情况等方面加强监督，行政处罚的本意是由"行政机关"实施处罚，不是由受委托组织实施处罚，不能把例外当常态。

七、委托处罚的监督

一是为了加强监督，委托处罚书可以向本级人民政府备案。

二是司法行政机关可以在本级人民政府领导下，对委托处罚监督，重点监督检查委托处罚书是否合法、规范、公开，是否存在再委托，受委托组织是否具备执法条件，受委托组织的行政执法人员是否具备执法资格，是否持证上岗执法，因委托执法而产生的法律责任是否合理承担，等等。除此之外，还应当统计、分析委托处罚中存在的共性问题，研究可能的解决对策，以进一步完善我国委托处罚的制度建设。

三是委托执法是权宜之计，条件成熟时，应回归行政机关执法。

法条关联

《行政许可法》第二十四条；《行政诉讼法》第二十六条；《国家赔偿法》第十六条等。

案例评议

益阳市生态环境局沅江分局、湖南桃花江游艇制造有限公司环境管理行政处罚案[①]

◆ **裁判要旨**

《益阳市生态环境局关于明确生态环境行政审批及生态环境保护综合行政执法相关事项的规定》载明，在生态环境系统垂改过渡期，由益阳市生态环境局（委托单位）委托各区县（市）分局和支队（受委托单位）以市生态环境局名义实施行政审批相关事项和行使行政执法权，沅江分局意欲证明在2020年6月1日之前其对涉案违法行为具有作出行政处罚的职权。人民法院认为，该规范性文件不能反推沅江分局在2020年6月1日前即作出案涉被诉行政处罚决定时具有管理职权，沅江分局属于举证不能。《环境行政处罚办法》第十四条第一款规定：县级以上环境保护主管部门在法定职权范围内实施环境行政处罚。依据湖南省生态环境厅办公室2019年5月10日发布的《湖南省生态环境厅办公室关于改革期间生态环境保护执法主体资格问题的复函》（湘环办函〔2019〕19号），一是新机构正式挂牌成立之前，县（市、区）环保局作出的行政处罚仍由其继续履行主体责任并执行到位。二是新机构正式挂牌成立之后，县（市、区）生态环境分局职能划转完成之前，辖区内的生态环境违法行为由县（市、区）生态环境分局查处，市州生态环境局指导。三是县（市、区）生态环境分局职能划转完成后，根据新“三定方案”明确的职责履职，即县（市、区）生态环境分局以上一级市州生态环境局名义执法，原县（市、区）环保局作出的具体行政行为涉及的相关责权，由市州生态环境局负责。根据以上规定，县（市、区）生态环境分局是否具有管理职权，从新机构挂牌成立、职能划转开始确定。根据在案证据，现场笔录、责令改正违法行为决定书、行政处罚事先告知书、行政处罚决定书，均以益阳市生态环境局沅江分局的名义出具，并加盖了相应公章，即认定县（市、区）生态环境分局已经挂牌成立。因此，对涉嫌违反“三同时”的行为，应当以益阳市生态环境局名义进行查处，沅江分局

---

① （2021）湘09行终12号。

以自己的名义作出案涉被诉行政处罚决定，不具有行政处罚职权，其作出行政处罚系超越职权。

第二十一条　【受委托组织条件】

受委托组织必须符合以下条件：

（一）依法成立并具有管理公共事务职能；

（二）有熟悉有关法律、法规、规章和业务并取得行政执法资格的工作人员；

（三）需要进行技术检查或者技术鉴定的，应当有条件组织进行相应的技术检查或者技术鉴定。

微言要义

非法或者不道德的委托没有法律效力。①

本条来源

原法第十九条。

立法演变

一审稿删除了“事业”，不再要求受委托组织必须是事业单位。二审稿进一步明确要求工作人员“并取得行政执法资格”。三审稿删除了第三项“对违法行为”。

条文释义

一、规范意旨

本条修改的出发点是职权法定原则，具体体现为“一松一紧”，“一松”是指扩大了受委托组织的范围，行政机关、企事业单位都可以接受委托，不再要

① 孙笑侠：《西方法谚精选》，法律出版社 2005 年版，第 166 页。

求受委托组织必须是事业单位；“一紧”是指明确要求受委托组织工作人员“并取得行政执法资格”。

二、受委托组织的条件

“以我的名义行事者，是在帮助我。”依据本法，行政机关、企业、事业单位等可以成为受委托处罚的主体，个人不能接受委托实施行政处罚。实践中，应避免一种倾向，即觉得事业单位就可靠，把事业单位变相作为行政机关使用。

一是机构条件。组织具有公共事务职能是接受委托的前提条件，本次修订改变了只有事业单位可以作为受委托组织的规定。行政机关、公用企事业单位都可以作为受委托组织。行政机关接受委托，最常见的是上下级行政机关之间的委托。至于其他组织，《优化营商环境条例》第二十八条明确，供水、供电、供气、供热等属于公用企事业单位。①

二是人员条件。本次修订第二项明确要求工作人员具有行政执法资格。实践中，报考行政执法人员一般需要在行政机关，本条修改要求国务院部门和各省、自治区、直辖市政府对于有可能受委托执法的组织，允许其参加行政执法人员资格考试，否则将无法依法委托。

三是技术条件。有些生态环境、农业等领域的违法行为，需要借助技术条件才能实施行政处罚。受委托事项不需要进行鉴定的，则可以不考虑第三项规定。其实，“有条件组织”的规定较为宽松，从文义来看，并不需要自己进行技术检查或者技术鉴定。

商业银行是否可以接受行政机关委托实施行政处罚？司法解释规定：根据《中国人民银行法》第十二条和《支付结算办法》第二百三十九条，商业银行受中国人民银行的委托行使行政处罚权，当事人不服商业银行行政处罚提起行政诉讼的，应当以委托商业银行行使行政处罚权的中国人民银行分支机构为被告。②

三、个人能否受委托处罚

个人能否受委托成为行政执法的主体，理论上还存在不同看法，本法不允

---

① 根据《行政许可法》第二十四条，只有行政机关能接受委托，除此之外的其他组织、个人不能成为受委托的主体。

② 《最高人民法院关于诉商业银行行政处罚案件的适格被告问题的答复》（〔2003〕行他字第11号）。

许委托个人实施行政处罚。有学者认为，行政委托与行政授权不同，行政委托创设的是行为主体而不是行政主体，而行为主体可以是组织，也可以是个人。[①]如，修订前后的《国家赔偿法》第七条第四款都规定："受行政机关委托的组织或者个人在行使受委托的行政权力时侵犯公民、法人和其他组织的合法权益造成损害的，委托的行政机关为赔偿义务机关。"在比较法上，德国、日本在规制行政、助成行政、公物行政、人事行政等多领域，广泛地运用着委托私人行政权限的制度。[②]

法条关联

《行政许可法》第二十四条；《国家赔偿法》第七条等。

案例评议

梁某辉诉凌源市农村经济局案[③]

◆ **裁判要旨**

农合局系受农村局委托行使审计及处罚权，却以自己名义作出审计决定，违反了上述法律规定。原审判决关于审计决定事实和处罚结果的认定，并无不当。鉴于审计决定实体结果并无明显不当，案涉被委托机关未以委托机关名义作出处罚决定，属于对被处罚人权利不产生实际影响的程序违法情形，应确认违法，保留效力。

① 胡建森：《行政法学》，法律出版社2003年版，第180页。

② ［日］米丸恒治：《私人行政——法的统制的比较研究》，洪英、王丹红、凌维慈译，田思源、王贵松校，中国人民大学出版社2010年版。

③ （2020）辽13行终7号。

第四章　行政处罚的管辖和适用

本章概要

本章作了较大修改，从10条增加到17条，规定了过错推定原则，完善了行政处罚的管辖与适用。

一是规定了交由乡镇政府、街道办事处实施行政处罚。这是一项重大改革。立法过程中，反复斟酌，充分考虑了不同方面的意见。在实施过程中，仍然需要持续关注，必要时，应制定改革与执法指引，持续评估，及时调整改革举措。

二是增加责令退赔，明确当事人有违法所得，首先依法应当退赔，然后才是没收。首次在法律中明确了违法所得为收入，即实施违法行为所取得的款项。但是，也照顾了行业领域的特殊性以及此前立法认定标准的多样性，法律、行政法规、部门规章对违法所得的计算另有规定的，从其规定。同时，第七十四条对“依法应当退还、退赔”作了衔接性规定。该规定的重要意义在于，在行政处罚与民事纠纷之间搭建了桥梁，补充了法律规范没有设定没收违法所得时的法律漏洞。[①]

三是统一规定了过错推定原则。第三十三条第二款是对应受行政处罚行为构成要件的重大修改。比较法上，也有不少国家和地区，经历了从无过错原则到过错原则的发展路径，过错推定原则实行举证义务倒置，较好地平衡了行政效率和当事人权利义务之间的关系。

四是首次规定了行政协助。目前，第二十六条规定只是个原则性规定，实践中，协助事由、费用承担、责任分担等还需要进一步细化。比较法上，德国等国家和地区的行政程序法对此作了规定，读者可以参考。行政协助对于解决综合行政执法、减证便民等实践中的信息共享问题，具有重要意义。

---

① 理论上的讨论，参见袁雪石：《行政处罚附带民事纠纷解决机制研究》，《中国法律评论》2020年第5期。

五是健全了一事不二罚。增加规定同一个违法行为违反多个法律规范应当给予罚款处罚的，按照罚款数额高的规定处罚。在操作层面，没有隶属关系的行政机关之间如何实施行政处罚，需要研究建立协议管辖、移送管辖、补充处罚、直接处罚等制度。

六是完善了“两法衔接”。首次要求从司法机关到行政机关的逆向移送，即“对依法不需要追究刑事责任或者免予刑事处罚，但应当给予行政处罚的，司法机关应当及时将案件移送有关行政机关”，并对衔接机制作了进一步规定，要求“行政处罚实施机关与司法机关之间应当加强协调配合，建立健全案件移送制度，加强证据材料移交、接收衔接，完善案件处理信息通报机制”。

七是规范行政处罚裁量权行使。完善了从轻或者减轻行政处罚，增加了首次违法可以不予处罚。增加规定行政机关可以依法制定行政处罚裁量基准。

八是完善追责时效。涉及公民生命健康安全、金融安全等重点领域的违法行为的追责期限由两年延长至五年，体现了对重大违法的重罚思路。

九是增加“从旧兼从轻”适用规则。实施行政处罚，适用违法行为发生时的法律、法规、规章的规定。但是，作出行政处罚决定时，法律、法规、规章已被修改或者废止，且新的规定处罚较轻或者不认为是违法的，适用新的规定。

十是完善行政处罚决定无效制度。行政处罚没有依据或者实施主体不具有行政主体资格的，以及违反法定程序构成重大且明显违法的，行政处罚无效，与《行政诉讼法》的规定作了衔接。

十一是明确行政处罚证据种类和适用规则。规定证据必须经查证属实，方可作为认定案件事实的根据；以非法手段取得的证据，不得作为认定案件事实的根据。但是，没有规定证明标准、行政与刑事证据互认等。

第二十二条　【地域管辖】

行政处罚由违法行为发生地的行政机关管辖。法律、行政法规、部门规章另有规定的，从其规定。

微言要义

每个违法犯罪的人，都应受行为地的法律管辖。① 一切规定，莫不有其例外。②

本条来源

原法第二十条。

立法演变

一审稿将原法第二十条拆分为地域管辖和级别管辖、职能管辖，本条规定的是地域管辖。变化较大的是增加了“部门规章”可以作为地域管辖的例外情形。三审稿将“另有规定的除外”改为“从其规定”。

条文释义

一、规范意旨

管辖是行政处罚过程中非常重要的一环。行政处罚管辖应遵循便利当事人原则、有利于维护公共利益和社会秩序原则、灵活运用原则。③ 违法行为发生地和行为人住所地是确定管辖的两个标准。我国采用的是违法行为发生地，主要是基于效率考虑，在违法行为发生地比较容易调查取证。

二、违法行为发生地的判断

违法行为发生地是确定管辖的基本标准。行为人实施了行政违法行为，在其实施过程中任何一个阶段被发现，有关地方都可以成为违法行为发生地。④

违法行为地包括违法行为发生地和违法结果发生地。违法行为发生地，包括违法行为的实施地以及开始地、途经地、结束地等与违法行为有关的地点；

---

① 孙笑侠：《西方法谚精选》，法律出版社 2005 年版，第 104 页。

② 郑玉波：《法谚（一）》，法律出版社 2007 年版，第 25 页。

③ 关保英：《行政法学（第二版）》，法律出版社 2018 年版，第 418 页。

④ 根据《行政许可法》第六十四条的规定，被许可人在作出行政许可决定的行政机关管辖区域外违法从事行政许可事项活动的，违法行为发生地的行政机关应当依法查处，并将被许可人的违法事实、处理结果抄告作出行政许可决定的行政机关。《国务院法制办公室对〈关于提请解释《中华人民共和国行政许可法》有关适用问题的函〉的复函》（国法函〔2004〕293 号）。

违法行为有连续、持续或者继续状态的，违法行为连续、持续或者继续实施的地方都属于违法行为发生地。违法结果发生地，包括违法对象被侵害地、违法所得的实际取得地、藏匿地、转移地、使用地、销售地。

三、例外规定

本条第二句增加了“部门规章”，行为人所在地、发现地、不动产所在地可以构成例外规定。本条在修改时没给地方政府，主要是避免地方保护。

一是行为人户籍地、经常居住地。《商标法实施条例》第八十九条规定：“商标代理机构有商标法第六十八条规定行为的，由行为人所在地或者违法行为发生地县级以上工商行政管理部门进行查处并将查处情况通报商标局。”经常居住地是指公民离开户籍所在地最后连续居住一年以上的地方，但在医院住院就医的除外。

二是发现地。《海关行政处罚实施条例》第三条第一款规定：“海关行政处罚由发现违法行为的海关管辖，也可以由违法行为发生地海关管辖。”

三是财产登记地。《船舶登记条例》第五十三条规定：“违反本条例规定，使用他人业经登记的船舶烟囱标志、公司旗的，由船籍港船舶登记机关责令其改正；拒不改正的，可以根据船舶吨位处以本条例第五十条规定的罚款数额的10%；情节严重的，并可以吊销其船舶国籍证书或者临时船舶国籍证书。”

此外，长三角、京津冀、粤港澳等地区存在跨区域管辖问题，地方部门采取的方法是协议管辖、相互委托处罚权等。

法条关联

《公安机关办理行政案件程序规定》第十条；《气象行政处罚办法》第十一条等。

案例评议

海丽国际高尔夫球场有限公司诉国家海洋局环保行政处罚案[①]

◆ **裁判要旨**

虽然海丰县政府与海丽公司签订了合同，允许其使用涉案海域，但依照海

① 2014年12月19日最高人民法院公布的人民法院环境保护行政案件十大案例之三。

域法等有关规定，该公司仍需依法向项目所在地县以上海洋行政主管部门提出申请，并按照《广东省海域使用管理规定》第十一条规定的批准权限逐级上报，由批准机关的同级海洋行政主管部门发给海域使用证。

第二十三条 【级别与职权管辖】

行政处罚由县级以上地方人民政府具有行政处罚权的行政机关管辖。法律、行政法规另有规定的，从其规定。

本条来源

原法第二十条。

立法演变

一审稿将原法第二十条拆分为地域管辖和级别管辖，本条规定的是级别管辖。二审稿将“另有规定的除外”改为“从其规定”。

条文释义

一、规范意旨

级别管辖是在上下级行政机关之间对某类违反行政管理法律规范行为处理上的分工和权限的划分。1996 年提请审议的《行政处罚法（草案）》第二十条中规定：“行政处罚由违法行为发生地的县级地方人民政府具有行政处罚权的行政机关管辖。”有些代表提出，有些违法行为可由县级地方政府管辖，但有些违法行为涉及的范围较大，县级政府很难处理；另外，在大城市的管理中，对违法行为的处罚有些由县级以上人民政府管辖，这样做对克服乱处罚、乱罚款有利。因此，建议将这一规定修改为：“行政处罚由违法行为发生地的县级以上地方人民政府具有行政处罚权的行政机关管辖。（草案第二十条）”①

① 薛驹：《第八届人民代表大会法律委员会关于〈中华人民共和国行政处罚法（草案）〉〈中华人民共和国刑事诉讼法修正案（草案）〉》审议结果的报告。

二、级别管辖

根据单行法，我国行政处罚权的实施主体配置面广，从国务院到乡镇政府，从国务院部门到县级政府部门甚至是县级政府部门的派出机构，都有行政处罚权。

“县级以上地方人民政府某某主管部门”是我国法律法规关于行政主体的主要提法。这说明级别管辖是我国立法没有很好解决的一个问题。有学者认为，违法当事人的法律地位或级别、行政违法行为的严重程度和案件的复杂性、行政法律责任的轻重[①]、对公共利益的影响程度、对相对人权利义务的影响程度、标的物的价值、涉外因素等是确定级别管辖的标准。[②]

法律、行政法规明确赋予地方人民政府的职权，县级以上地方各级人大及其常委会、县级以上地方各级人民政府不得擅自改变。法律、行政法规笼统规定由地方各级人民政府或者县级以上地方各级人民政府行使的职权，中央已决定就有关领域的行政管理体制进行改革的，设区的市政府可以据此对市辖区政府的职权进行调整或者上收。

近期的综合行政执法改革试图推进解决“县级以上地方人民政府某某主管部门”导致的重复执法等问题。如，《国务院办公厅关于农业综合行政执法有关事项的通知》规定，按照减少执法层级、推动执法力量下沉的要求，区分不同事项和不同管理体制，结合实际明晰第一责任主体。即对于规定“县级以上地方人民政府某某主管部门”的，一般明确设区的市或县级作为第一责任层级。

法条关联

《农业转基因生物安全管理条例》第四十三条；《环境保护法》第五十九条；《国内水路运输辅助业管理规定》第三十七条等。

---

① 叶必丰：《行政处罚概论》，武汉大学出版社 1990 年版，第 57－58 页。

② 叶必丰：《行政法学》，武汉大学出版社 1990 年版，第 90－92 页。

案例评议

上海环球生物工程公司不服药品管理行政处罚案①

◆ **裁判要旨**

《药品管理法》规定，药品监督管理部门负责与药品有关的监督管理工作。而工商行政管理部门有为药品企业办理工商登记、查处违法药品广告、查处药品假冒注册商标等职权。对药品的监督不属于工商行政管理部门的职责范围，工商局是非药品监督部门，不具备实施处罚的主体资格，不得行使药品处罚权。根据《药品管理法》之规定，生产新药须经国务院药品监督管理部门批准，未经批准生产药品、经营药品的，药品监督管理部门有权依法予以取缔，没收违法所得，构成犯罪的，依法追究其刑事责任。

第二十四条　【交由乡镇街道行政处罚权】

省、自治区、直辖市根据当地实际情况，可以决定将基层管理迫切需要的县级人民政府部门的行政处罚权交由能够有效承接的乡镇人民政府、街道办事处行使，并定期组织评估。决定应当公布。

承接行政处罚权的乡镇人民政府、街道办事处应当加强执法能力建设，按照规定范围、依照法定程序实施行政处罚。

有关地方人民政府及其部门应当加强组织协调、业务指导、执法监督，建立健全行政处罚协调配合机制，完善评议、考核制度。

微言要义

派生之权力，不能比原权力大。②

① 《最高人民法院公报》1989 年第 4 期，裁判要旨由北大法宝编写。此案背景是当时工商行政管理和药品监督管理分别由两个部门负责。

② 孙笑侠：《西方法谚精选》，法律出版社 2005 年版，第 61 页。

本条来源

新增。《中共中央办公厅、国务院办公厅关于深入推进经济发达镇行政管理体制改革的指导意见》《中共中央办公厅、国务院办公厅关于推进基层整合审批服务执法力量的实施意见》《国务院办公厅关于推行行政执法责任制的若干意见》等。

立法演变

根据基层整合审批服务执法力量改革要求，推进行政执法权限和力量向基层延伸和下沉，一审稿第二十二条第二款规定："省、自治区、直辖市根据当地实际情况，可以决定符合条件的乡镇人民政府、街道办事处对其管辖区域内的违法行为行使有关县级人民政府部门的部分行政处罚权。"有些意见提出，为满足基层执法需求，保障行政处罚权"放得下、接得住、管得好"，应当进一步明确下放行政处罚权的条件和情形。二审稿第二十三条第二款增加了基层管理迫切需要、能够有效承接。三审稿将其改为第二十四条，并删除了"符合条件的"，从表达来看，删除了"符合条件"，并不影响要因地制宜而不能"一刀切"下放的立法原意。增加了"决定应当公布"，从职权法定的角度增加了控权思想，要求省、自治区、直辖市赋权要广而告之。增加了第二款、第三款，也是针对乡镇街道执法能力不足等现实问题而提出的对策。本条在修订过程中不少意见提出，乡镇街道不一定接得住下放的权力，要结合具体情况，因地制宜，从整体上看，本条修订既体现了对党中央决策的贯彻落实，又体现了在改变中国数千年来的基层治理体制时的审慎态度。

条文释义

一、规范意旨

本条规定了基层管理迫切需要、能够有效承接、定期组织评估、省（自治区、直辖市）决定应当公布、加强执法能力建设、完善评议考核制度等诸多限制性要求。可以看出，本条规定非常审慎，体现了控权论的思想。

基础治理是治国理政的基础命题。截至2020年底，我国共有21157个镇，

8809 个乡，8773 个街道办事处，合计数量是 38739 个。[①] 长期以来，监管面临着“看得见的管不着，管得着的看不见”“不同部门分散执法，治标不治本”等问题。为了解决好上述问题，这些年来，国家推行了一系列改革，本次修法将其中一些成熟经验上升为法条，在此过程中，本条从规范下放行为和防止出现问题两个角度进行了规定，体现了原则性和灵活性的结合。

（一）经济发达镇行政管理体制改革

2016 年，中共中央办公厅、国务院办公厅《关于深入推进经济发达镇行政管理体制改革的指导意见》提出：省（自治区、直辖市）政府可以将基层管理迫切需要且能够有效承接的一些县级管理权限包括行政审批、行政处罚及相关行政强制和监督检查权等赋予经济发达镇，制定目录向社会公布，明确镇政府为权力实施主体。法律规定的县级政府及其部门上述管理权限需要赋予经济发达镇的，按法定程序和要求办理。暂时不具备条件下放的管理权限，要积极创造条件，成熟一批，赋予一批。建立并公布行政权力清单和行政权力事项责任清单，明确权力下放后的运行程序、规则和权责关系，健全权力监督机制，确保下放权力接得住、用得好。建立健全镇政府与县直部门行政执法协调配合机制，强化监督问责。

从实践来看，该文件提到的“按法定程序和要求办理”，主要指的是按照原《行政处罚法》第十六条（相对集中行政处罚权）办理。对比来看，新法第二十四条第一款采纳了上述规定。

（二）推进基层整合审批服务执法力量改革

随着实践的发展，经济发达镇的经验被进一步推广。2019 年，中共中央办公厅、国务院办公厅《关于推进基层整合审批服务执法力量的实施意见》提出：推进行政执法权限和力量向基层延伸和下沉，强化乡镇和街道的统一指挥和统筹协调职责。整合现有站所、分局执法力量和资源，组建统一的综合行政执法机构，按照有关法律规定相对集中行使行政处罚权，以乡镇和街道名义开展执法工作，并接受有关县级主管部门的业务指导和监督，逐步实现基层一支队伍管执法。加强对乡镇和街道综合行政执法机构、执法人员的业务指导和培训。建立健全乡镇和街道与县直部门行政执法案件移送及协调协作机制。

---

① 《2020 年 4 季度民政统计数据》，http：//www. mca. gov. cn/article/sj/tjjb/qgsj/2020/202004. html。

根据该文件，不少省、自治区、直辖市政府根据原《行政处罚法》第十六条，以相对集中行政处罚权的方式，将县级政府有关部门的行政处罚权相对集中到乡镇政府、街道办事处，据此，乡镇政府、街道办事处都拥有行政处罚权。在赋权过程中，江苏通过因地制宜的方式，确定不同乡镇街道的处罚事项范围；浙江在分水镇等五个地方先行试点，再制定浙江省综合行政执法事项统一目录，并在37个乡镇（街道）渐次推行①；北京、内蒙古等加强了改革的制度保障，北京制定了《北京市街道办事处条例》，内蒙古制定了《内蒙古自治区基层综合行政执法条例》，广东省司法厅印发了《关于推进乡镇街道综合行政执法的工作意见（试行）》。对比来看，本条第二款、第三款吸收了该文件的基本规定。

（三）“街乡吹哨、部门报到”改革

2018年11月，中央全面深化改革委员会第五次会议审议通过了《“街乡吹哨、部门报到”——北京市推进党建引领基层治理体制机制创新的探索》。2017年上半年，平谷区金海湖镇为根治金矿盗采多年屡禁不止难题，探索了乡镇发现盗采线索及时上报，各相关执法部门30分钟内赶到现场综合执法的机制，效果很好。北京市委把这一探索总结提升为党建引领“街乡吹哨、部门报到”改革，从2018年初开始，在全市16个区的331个街乡中，选取169个街乡试点推广，以机构改革为契机，完善基层管理体制，把党建和治理结合起来，在赋权、下沉、增效上下功夫，以“吹哨”反映群众诉求、发出集结令，以“报到”引领各部门响应、解决群众问题，形成了行之有效的做法。②

“街乡吹哨、部门报到”改革是在既有法律框架下的机制改革，改的是工作程序和考核机制，带来的是条块密切衔接。改革后，相关做法已经进入北京市地方性法规。该项改革的优势是不改变既有制度框架，以机制变革推动效能

---

① 党的十八届三中全会提出的“对吸纳人口多、经济实力强的镇，可赋予同人口和经济规模相适应的管理权”。对于经济发达镇体制改革问题，还有一条路径。如，原苍南县龙港镇2018年地区生产总值299.5亿元，人均地区生产总值7.86万元，城镇化率达64.16%，城镇和农村常住居民人均可支配收入分别为54500元和28302元。2019年8月，经国务院批准，撤销苍南县龙港镇，设立县级龙港市，龙港市由浙江省直辖，温州市代管。9月25日，龙港市正式挂牌成立。从这个意义上来讲，对于已经达到一定条件的地方，可以设立县市区的方式予以解决。

② 《北京市党建引领“街乡吹哨、部门报到”改革情况的调研报告》，https：//www.sohu.com/a/288588092_694812。

提升。

对比来看，本条第三款吸收借鉴了“街乡吹哨，部门报到”改革的经验。

二、“交由”乡镇人民政府、街道办事处行使行政处罚权的途径法定

（一）乡镇人民政府、街道办事处的法律地位

从宪法和组织法的角度来看，乡镇人民政府、街道办事处的法律地位有所不同，乡镇政府是独立的主体，街道办事处是本级政府的派出机关，二者都是我国国家治理的最基层，也都具有“不完全政府”的特点。

1. 乡镇人民政府。

根据《宪法》第三十条、第一百零七条等，在中华人民共和国的行政区域中，县、自治县分为乡、民族乡、镇，乡、民族乡、镇设立人民代表大会和人民政府，乡、民族乡、镇的人民政府执行本级人民代表大会的决议和上级国家行政机关的决定和命令，管理本行政区域内的行政工作。

我国法律法规赋予乡镇政府少量的行政处罚权。如，《村庄和集镇规划建设管理条例》第四十条规定：“擅自在村庄、集镇规划区内的街道、广场、市场和车站等场所修建临时建筑物、构筑物和其他设施的，由乡级人民政府责令限期拆除，并可处以罚款。”《血吸虫病防治条例》第五十一条规定：“单位和个人损坏或者擅自移动有钉螺地带警示标志的，由乡（镇）人民政府责令修复或者赔偿损失，给予警告；情节严重的，对单位处1000元以上3000元以下的罚款，对个人处50元以上200元以下的罚款。”

“上面千条线，下面一根针。”立法在赋予乡镇人民政府行政处罚权的同时，也充分考虑其“配角”的执行角色，规定了一些衔接性条款。如，《村庄和集镇规划建设管理条例》第四十一条规定：“损坏村庄、集镇内的文物古迹、古树名木和风景名胜、军事设施、防汛设施，以及国家邮电、通信、输变电、输油管道等设施的，依照有关法律、法规的规定处理。”

2. 街道办事处。

街道办事处是市辖区、不设区的市政府的派出机关，原则上不具有独立的主体地位，类似于母公司的分公司。一是单行法规定了乡镇政府可以是行政处罚主体，但没有规定街道办事处是行政处罚主体。二是在组织法层面，根据《地方各级人民代表大会和地方各级人民政府组织法》，市辖区、不设区的市人民政府，经上一级人民政府批准，可以设立若干街道办事处，作为它的派出机

关。三是个别情况下，通过法律法规授权街道办事处成为独立的执法主体。

我国制定过一件关于街道办事处的专门法律——《城市街道办事处组织条例》，但2009年集中清理法律时被宣布失效。从历史发展来看，我国长时间将乡镇和街道的地位并列处理，如，1955年内务部等批复：街道办事处系属市辖区和不设区的市的人民委员会的派出机关，它的经费可以列入乡镇行政费以内。

为了解决街道办事处的执法主体地位问题，不少地方通过地方性法规授权的方式予以解决。如，《北京市街道办事处条例》第二十五条规定，街道办事处依法开展综合行政执法活动。街道办事处实施综合行政执法的依据、程序、标准和执法文书，以及执法人员资质认定等，按照市人民政府的统一规范执行。

（二）“交由”的途径

本条第一款没有明确被交由处罚权的乡镇街道是否是独立的行政处罚主体。规定“交由”可以有多种形式：

1. 相对集中行政处罚权途径。

按照本法第十八条，由乡镇政府和街道办事处行使有关行政机关的行政处罚权，并接受有关县级主管部门的业务指导和监督。该途径直接明确了乡镇政府和街道办事处为独立的执法主体，但如何避免重复管辖、防止执法人员变相增加、加强监督、配置复议诉讼等，需要在省、自治区、直辖市政府“决定”时加以明确。从操作上看，一方面，可以赋权各乡镇、街道办事处共同设立相对集中的执法中心，统筹负责几个乡镇、街道的处罚事务，避免设立后“能力弱”“吃不饱”“难监督”。另一方面，也可以直接赋予经济发达镇、街道办事处处罚权限。

2. 交办途径。

按照组织法的规定，上级政府可以交办下级政府办理具体事项。最高人民法院认为，接受上级行政机关的指令，根据行政管理职权，履行交办事项的行为，属于依职权行使行政权的行政行为。[1] 公民、法人或者其他组织对行政机关不履行上级机关交办事项的行为提起行政诉讼的，属于行政诉讼的受案范围。[2]

---

① 王长红诉绥中县政府、绥中县渔业局不履行法定职责案，（2017）最高法行再4号。

② 杨某鹏诉辽宁省绥中县人民政府、绥中县海洋与渔业局不履行发放污染补偿款法定职责案，最高人民法院（2015）行提字第38号。

3. 委托途径。

根据本法第二十条等，县级政府部门可以委托乡镇政府和街道办事处实施行政处罚，但委托要符合相应的程序和实体规定。

4. 设立县级政府部门派驻机构途径。

从20世纪90年代开始，不少城市的城管综合执法改革，在乡镇政府和街道办事处就实行这种模式，在派驻机构实行双重管理，乡镇政府和街道办事处负责日常管理、指挥，“条条”机构负责业务指导，遇有跨地区、重大等执法事宜，由“条条”统一指挥执法事宜。这种模式的优点是因地制宜，对于确有执法需求的，设立派驻机构，同时发挥“条块”各自的优势，实现了资源的整合，也能最大限度地调动执法人员的积极性。

5. 授权途径。

省、自治区、直辖市人大及其常委会可以通过地方性法规授权乡镇政府和街道办事处，使其成为独立的执法主体，实施县级政府有关部门的行政处罚权。

（三）“交由”的其他事宜

一是主体是省、自治区、直辖市人大及其常委会，或者省、自治区、直辖市政府。这与本法第十八条和《中共中央办公厅、国务院办公厅印发关于推进基层整合审批服务执法力量的实施意见》规定有所不同，增加了人大及其常委会作为决定主体，增加了控制权力滥用的环节。

二是交由应当以决定作出，并向社会公布，与有关法律规范一起作为乡镇政府和街道办事处的执法依据。

三是县级政府部门行政处罚权交由乡镇政府、街道办事处行使，是对地域管辖权的调整，乡镇政府、街道办事处在各自的辖区内享有优先管辖权，县级政府部门原则上主要处理重大、复杂、跨区域等案件。

四是行政处罚的实施主体必须是县级政府部门，县级政府、设区的市政府部门、省级政府及其部门等实施的行政处罚权不能依据本条下放到乡镇政府和街道办事处。如，生态环境部门在县市区设分局，在设区的市设局，其行政处罚权下放不能适用本条。

三、执法能力建设

能力不足是乡镇人民政府、街道办事处实施行政处罚面临的紧迫问题。即使从发达省份来看，乡镇政府、街道办事处工作人员的执法能力仍然是短板。

将不同部门的处罚事项交由从来没有或者极少实施处罚的工作人员，执法规范化是第一个要解决的问题。因此，本法强调执法能力建设，并特别规定第三款，以期“放得下、接得住、管得好、有监督”。对于下放行政处罚权的乡镇政府、街道办事处，有关上级单位有必要组织执法人员开展全员培训。

四、机制建设

本条规定要想运行好，关键在于事项范围的确定、机制程序的重构、人员能力的提高、编制总数的调控。本条规定了县级政府及其部门的义务。

（一）组织协调、业务指导、执法监督

一是制定修改行政处罚案卷标准。本法修订后行政处罚的流程、文书等都要进一步调整，如听证的范围、效力，非现场执法程序，等等。

二是加强业务学习和交流。县级政府及其有关部门首先要“扶上马”，以典型案例、高频事项等进行业务培训和指导，然后是“送一程”，在初期的磨合过程中，要注意划分清楚各部门和乡镇政府、街道办事处之间的权责界限，避免形成新的重复执法；对于个案，加强会商协调。

三是加强个案监督和类案监督。《政府督查工作条例》第二十二条规定：“政府督查应当加强与行政执法监督、备案审查监督等的协调衔接。”这进一步明确了行政执法监督的法律地位。但是，行政执法监督面临的到底是个案监督，还是类案监督，似乎还没有解决。从实践来看，有的地方采取个案监督，有的地方也采取类案监督。

（二）建立健全行政处罚协调配合机制

一是梳理权责清单。通过清单，明确乡镇（街道）、县级政府有关部门之间的事项边界、区域边界，防止重复执法、多头执法。

二是线索通报。经初步核实的案件线索涉及县级政府其他行政机关的，乡镇政府或者街道办事处要及时通报。

三是案件协查。对跨区域案件需县级政府有关部门协助调查并提供相关证据材料，或者需要对证据进行鉴定的，县级政府有关部门要根据本法第二十六条的规定及时予以协助。

四是联合办案。对案情复杂、社会影响较大的跨区域案件，应由县级政府牵头部门，联合有关行政机关联合办案。

（三）完善评议、考核制度

行政执法评议考核是行政机关自制的重要举措。根据《国务院办公厅关于推行行政执法责任制的若干意见》，行政执法评议考核是评价行政执法工作情况、检验行政执法部门和行政执法人员是否正确行使执法职权和全面履行法定义务的重要机制，是推行行政执法责任制的重要环节。评议考核的主要内容是行政执法部门和行政执法人员行使行政执法职权和履行法定义务的情况，包括行政执法的主体资格是否符合规定，行政执法行为是否符合执法权限，适用执法依据是否规范，行政执法程序是否合法，行政执法决定的内容是否合法、适当，行政执法决定的行政复议和行政诉讼结果，案卷质量情况等。评议考核最常见的方式是案卷评查。

五、其他需要注意的问题

（一）因地制宜构建不同模式

1. 订单模式。

差异化推进是原则，不同的乡镇街道情况不同，出台不同的权责清单，不搞“一刀切”。江苏省采取的是该模式。

2. 区域中心模式。

对于经济规模较大、城镇化水平较高、人口集聚的经济发达镇、中心镇、街道，将其执法区域扩大到其他乡镇（街道）。该模式的目的是，实现组织建设与业务量匹配，防止权力下放后，有的乡镇街道业务量不足，人为找活，改革的目的适得其反。

（二）加大县级政府有关部门的机构改革力度

下放乡镇街道处罚权，还需要注意避免县级政府部门空心化。从执法主体来看，县级政府执法主体过多，不少部门“小而散”，在“稳准狠”的行政违法行为面前，存在监管失灵的问题。优化整合是总体方向，“条条”不一定严格上下一致，也是既定政策。从操作方法来看，将党建、工青妇、法治、信息化等共性职能相对集中设置，有利于实现资源集中、加强专业化，实现“双赢”。

从执法环节来看，除了特殊情况，县级层面可以尝试研究统一设置行政执法统一协调指挥平台，与“基层治理四平台”联动贯通，统筹协调区域内执法活动、统一调配执法力量，推进整体治理、系统治理；可以统一设置证据中心，负责保管县级政府部门的行政执法证据；统一设置问询调查中心，提供规范化、标准化的现场讯问场所；统一设置法制审核中心，统一负责行政执法案件的法制审核；等等。

法条关联

《中共中央办公厅、国务院办公厅关于加强乡镇政府服务能力建设的意见》；《北京市街道办事处条例》；《上海市街道办事处条例》《天津市街道办事处条例》；《武汉市街道办事处条例》；《内蒙古自治区基层综合行政执法条例》；《河北省乡镇和街道综合行政执法条例》等。

第二十五条　【管辖权的确定】

两个以上行政机关都有管辖权的，由最先立案的行政机关管辖。

对管辖发生争议的，应当协商解决，协商不成的，报请共同的上一级行政机关指定管辖；也可以直接由共同的上一级行政机关指定管辖。

本条来源

第一款为新增，第二款在原法第二十一条基础上修改。

立法演变

针对多个机关都有管辖权的情况，原法第二十一条仅规定了由“报请共同的上一级行政机关指定管辖”。一审稿规定“两个以上行政机关都有管辖权，由最先发现的行政机关管辖”，在发生争议时，再进行协商管辖和指定管辖。二审稿将“最先发现的行政机关”修改为“最先立案的行政机关”。最终稿将一条分为两款。

条文释义

一、规范意旨

由于行政处罚违法行为发生地的管辖标准非常宽泛，再加上“县级以上地方人民政府有关主管部门”的立法表述，因此，实际拥有管辖权的行政机关非常多，如何避免“争权诿责”，是立法要考虑的重要问题。为了防止行政机关不立案，本法第三十九条规定立案依据信息应当公示，第五十四条规定“符合立案标准的，行政机关应当及时立案”，第七十六条规定“行政机关对符合立案标准的案件不及时立案的，由上级行政机关或者有关机关责令改正，对直接负责的主管人员和其他直接责任人员依法给予处分”，形成了比较有效的制度体系，加强了立案监督。

二、最先立案管辖

立案是新增的程序规定。由于“立案”比“发现违法行为”更容易识别，行政处罚程序进行得也更快，因此，本次修订确定了“最先立案”的行政机关优先管辖。

最先立案与最早发现违法行为有所不同，如《海关行政处罚实施条例》第三条规定，两个以上海关都有管辖权的案件，由最先发现违法行为的海关管辖。

三、协议管辖

对于因为地域、职责、共同违法行为等原因导致管辖权争议的，相关行政机关可以进行协商，但协商应在法律规范的规定范围内。当然，对于高频行政违法行为，相关行政机关可以签订一揽子的管辖权协议。

四、指定管辖

管辖权有争议且协商不成的，由共同的上一级行政机关（不是上级行政机关）指定管辖。上一级行政机关可以是一级政府，如县政府；也可以是上级部门，如国务院某部门。对于协商不成的，争议行政机关属于同一部门的，上级部门一般直接指定管辖；争议行政机关属于不同部门的，政府指定也需要决策辅助。实践中，发展出了行政执法争议协调制度。

（一）行政执法争议协调的界定和政策背景

行政执法争议协调，是指有权机关对行政执法部门之间发生的行政执法争议进行协调、处理的活动。这里的行政执法争议不是行政执法机关与行政管理相对人之间的争议，而是行政执法主体之间关于行政执法事项“该谁管、怎么管”等方面的争议。

国务院十分重视行政执法争议协调制度。《国务院关于加强市县政府依法行政的决定》规定：“建立健全行政执法争议协调机制，从源头上解决多头执法、重复执法、执法缺位问题。”《国务院关于印发全面推进依法行政实施纲要的通知》规定："加强政府对所属部门职能争议的协调。"

一些地方贯彻国务院的有关规定，结合本地方的实际，制定了不少地方政府规章和规范性文件，如《湖北省行政执法争议协调办法》《广州市行政执法协调规定》《银川市人民政府行政执法协调办法》《北京市关于行政执法协调工作的若干规定》《上海市人民政府关于进一步规范和加强行政执法工作的意见》等。

世界各国解决行政权限争议的途径主要有三条：第一，议会途径，英国议会具有这一功能。第二，司法途径，日本行政诉讼中的机关诉讼，就是指法院裁决行政机关之间权限争议的司法制度。第三，行政途径，即由上级行政机关作为中间人裁决权限争议。这种做法最普遍，为许多国家的行政程序法所确认。①

（二）行政执法争议协调的范围

行政执法争议协调的范围主要包括：对同一事项，两个或者两个以上行政执法部门均认为本部门具有或者不具有法定管理职责而发生的争议；对同一事项，两个或者两个以上行政执法部门均具有法定管理职责，就执法环节、标准等事项而发生的争议；对同一事项，两个或者两个以上行政执法部门因联合执法而发生的争议；行政执法部门因行政执法协助或者行政执法案件移送而发生的争议；等等。

（三）行政执法争议协调的程序

1. 协调主体。

行政执法争议的协调主体按照《地方各级人民代表大会和地方各级人民政府组织法》等有关规定应当是本级人民政府或者共同上级人民政府。在实践中，机构编制管理部门、司法行政部门、行政主管部门以及人民政府指定的承办协调工作的行政机关是行政执法争议协调的主体。

2. 启动。

行政执法部门提请协调申请时应当报送下列材料：行政执法协调申请；提请协调事项的情况说明；法律、法规或者规章的依据；其他有关文件、资料。

协调主体收到行政执法部门提请协调的材料后，应当及时进行审查，做出受理决定；做出不予受理的决定的，应当及时告知提请协调的行政执法部门；

① 胡建淼：《行政法学》，法律出版社2003年版，第162页。

对依法应由其他部门处理的事项，应当转交其他部门处理，同时及时告知提起申请的行政执法部门。

3. 协商。

协调机关受理后，应首先启动争议各方及时自行协商解决程序。行政执法部门协商达成的一致意见，应符合法律法规的规定，不得违反法律、法规、规章的规定，不得损害行政相对人的合法权益。

4. 调查。

协调机关应当调查了解协调事项的有关情况，充分听取有关行政执法部门的意见，也可以召集有关行政执法部门负责人参加协调会议，或者邀请法官、有关专家学者等对争议事项进行论证。

5. 处理。

经协调，有关行政执法部门达成一致意见的，协调主体制作《行政执法争议协调意见书》，载明协调事项、依据和结果，加盖有关行政执法部门和协调主体专用章，发送相关行政执法部门。经协调，有关行政执法部门无法形成一致意见的，协调主体应当提出书面建议报请同级政府决定。

（四）行政执法争议协调的后续工作

第一，行政执法争议协调主体负责监督《行政执法协调决定书》的执行情况，行政执法部门不执行已生效的《行政执法协调决定书》，情节严重的，行政执法争议协调主体应向本级政府报告，由政府给予通报批评，并对直接负责的主管人员和其他直接责任人员追究行政责任。

第二，行政执法争议协调主体认为有关法律、法规或者规章的规定模糊，需要进一步完善的，应当按照法定程序建议该法律、法规或规章制定机关进行解释或修改。

第三，行政执法争议协调主体发现行政执法部门在行政执法中存在问题，应当向其提出有关意见和建议；对于两个或两个以上行政执法部门共同存在的问题，应当及时组织有关部门进行研究，确定解决的办法。

五、常见管辖权争议

实践中，市场监管部门与其他部门管辖权争议较多。《无证无照经营查处办法》第五条：“经营者未依法取得许可从事经营活动的，由法律、法规、国务院决定规定的部门予以查处；法律、法规、国务院决定没有规定或者规定不明确的，由省、自治区、直辖市人民政府确定的部门予以查处。”实践中，无证经营由哪个部门管理，经常发生争议。如由市场监管以外的其他部门实施处罚，可能带来的问题是，其他行政部门没有相应的行政强制措施权，面临查处手段不足等问题。

（一）市场监管机关对建筑领域转包的违法行为是否有处罚权

《最高人民法院关于工商行政管理机关能否对建筑领域转包行为进行处罚及法律适用问题的答复》（〔2009〕行他字第6号）明确：《建筑法》第七十六条第一款中的“有关部门”指的是铁路、交通、水利等专业建设工程主管部门，不包括工商行政管理部门。除根据该条第二款吊销营业执照外，工商行政管理部门查处非法转包建筑工程行为缺乏法律依据。

（二）市场监管机关对以工业氧代替医用氧的违法行为是否有处罚权

《最高人民法院关于工商行政管理部门对医疗机构购买工业氧代替医用氧用于临床的行为是否有处罚权问题的答复》（〔2003〕行他字第8号）明确：《产品质量法》和《消费者权益保护法》规定，有关法律、法规对处罚机关和处罚方式有规定的，依照法律、法规的规定执行。医疗机构购买工业氧代替医用氧用于临床的行为违反了《药品管理法》的有关规定，应当依照《药品管理法》的规定，由药品监督管理部门予以处罚。

（三）市场监管机关对银行业虚假宣传的违法行为是否有处罚权

《最高人民法院关于银行业虚假宣传的不正当竞争行为的处罚权由银监部门还是工商部门行使问题的答复》（〔2009〕行他字第17号）明确：商业银行的虚假宣传行为属于《商业银行法》第七十四条第三项规定的“采用其他不正当手段”。对商业银行采用虚假宣传手段吸收存款的不正当竞争行为的监督管理职权，应由银行业监督管理机构行使。

法条关联

《文化市场综合行政执法管理办法》第十五条；《教育行政处罚暂行实施办法》第七条等。

案例评议

荆州市恒信旅游运输有限公司诉襄樊市安全生产监督局行政处罚案①

◆ **裁判规则**

根据《安全生产法》第二条规定，《道路交通安全法》等法律、行政法规对道路交通安全有关问题有特别规定的，应当适用特别规定。没有特别规定的，安监部门可以适用《安全生产法》和《生产安全事故报告和调查处理条例》的规定处理。

运输企业违反《安全生产法》第二十一条规定的，安监部门可以适用《安全生产法》第八十二条第三款予以处罚。未履行安全生产教育和培训义务不是发生交通事故直接原因的，安监部门适用《生产安全事故报告和调查处理条例》第三十七条对相关运输企业实施行政处罚不妥。

第二十六条　【协助处罚】

行政机关因实施行政处罚的需要，可以向有关机关提出协助请求。协助事项属于被请求机关职权范围内的，应当依法予以协助。

本条来源

新增。

立法演变

一审稿新增了行政处罚协助条款，规定“行政机关因实施行政处罚的需要，可以向有关机关提出协助请求。协助事项属于被请求机关职权范围内的，应当予以协助”。二审稿强调了“依法予以协助”，表达更为严谨。此后无变化。

① 《最高人民法院关于安监部门是否有权适用〈安全生产法〉及〈生产安全事故报告和调查处理条例〉对道路交通安全问题予以行政处罚及适用法律问题的答复》（〔2010〕行他字第12号）。

条文释义

一、规范意旨

本条体现的是整体政府、系统治理的理念。协助执法有利于政令畅通、提高行政效率，维护行政相对人的合法权益。各地区、各部门的行政执法主体职权不同，执法任务也有分工，所有的行政执法主体构成一个统一的行政组织体。建立协助执法制度就是为了规范好不同地域机关、不同职能机关之间的合作关系。

一般来讲，各国都在行政程序法中对协助执法做概括性的规定，我国的几部行政程序法专家建议稿也都包括协助执法。《湖南省行政程序规定》等也规定了协助执法。由于我国还没有统一的行政程序法，因此，我国目前关于协助执法的规定散见于个别法律法规中。《行政许可法》第六十四条规定："被许可人在作出行政许可决定的行政机关管辖区域外违法从事行政许可事项活动的，违法行为发生地的行政机关应当依法将被许可人的违法事实、处理结果抄告作出行政许可决定的行政机关。"较早的《国务院关于全面推进依法行政实施纲要的通知》《国务院关于加强市县政府依法行政的决定》等都没有规定协助执法。

近两年来，国家更注重系统治理。如，《国务院关于加强和规范事中事后监管的指导意见》规定："加强政府协同监管。加快转变传统监管方式，打破条块分割，打通准入、生产、流通、消费等监管环节，建立健全跨部门、跨区域执法联动响应和协作机制，实现违法线索互联、监管标准互通、处理结果互认。"

二、协助执法的定义和特征

协助执法是指行政主体在履行职责过程中，遇到自身无法克服的障碍难以实现行政目的时，向无隶属关系的其他行政主体提出公务上的协助请求，被请求主体依法在自身法定权限范围内提供职务上的帮助，以支持请求主体实现其行政职能的执法方式。① 协助执法的法律特征主要有：

---

① 湖南省人民政府法制办公室：《湖南省行政程序规定释义》，法律出版社 2008 年版，第 28 页。

第一，协助执法只发生在相互没有隶属关系的行政主体之间。行政机关彼此有相互协助的义务，以达成双方的行政任务。这种“职务协助义务”也是行政程序法特别要规定的地方。[①] 行政主体与非行政主体之间不存在协助执法的法律关系。同时，请求协助执法的机关必须向有权限的协助机关请求其提供帮助。

第二，协助执法是两个以上的行政主体实施同一个行政行为或者一个共同的行政行为，而不是两个以上的行政行为。协助执法行为是请求协助的行为主体的行政行为的补充行为或者是其行为的组成部分。[②]

第三，协助执法的内容是公务活动，非公务活动不能成为协助执法的内容。对于非公务活动，协助机关有权拒绝请求，不予配合。

第四，协助执法的启动前提是请求机关遇到履行职权障碍。如，独自行使职权不能实现行政目的的；执行公务所必需的文书、资料、信息为其他行政机关所掌握，自行收集难以获得的。

第五，请求主体与协助主体各自独立行使行政行为，各自对自己的行为负责。

三、委托执法与协助执法的不同

一是行为的名义不同。受委托组织是以委托行政机关的名义行使行政权力，协助执法主体是以协助执法主体自己的名义行使行政权力。

二是行为数量不同。在委托执法的情况下，只存在一个执法行为；在协助执法的情况下，请求主体和协助主体的执法行为虽然具有目的同一性，但是能够分为两个行为。

三是行为效果不同。委托执法的行为效果归于委托行政机关；协助执法的行为效果归于协助执法主体自身。

四是行为主体的性质不同。委托行政执法的主体可以是行政机关，法律法规授权组织，其他组织和个人；协助执法的主体都是行政机关、法律法规授权组织。

五是法律依据。一般来讲，委托执法必须有特别法律、法规或者规章的明确规定。而协助执法只需要行政组织、程序制度的概括性规定。

---

① 陈新民：《中国行政法学原理》，中国政法大学出版社 2002 年版，第 97 页。

② 胡建淼：《行政法学》，法律出版社 2003 年版，第 184 页。

四、请求协助执法的条件

（一）积极条件

1. 因人员、设备等事实上的原因，不能独自完成行政任务的。如，直接送达有困难的，可以委托其他行政机关协助送达；受送达人是军人的，由其所在部队团以上单位的政治机关协助送达；受送达人被依法监禁的，由其所在监所协助送达。协助送达的行政机关或者单位收到文书后，应当立即送交受送达人签收，以受送达人在送达回执上的签收日期为送达日期。

2. 因法律上的原因，不能独自执行职务的。如，《税收征收管理法》第五条第三款规定："各有关部门和单位应当支持、协助税务机关依法执行职务。"

3. 无法自行调查执行公务所需要的事实资料的。如，行政主体所需要的事实材料在军事禁区或者属于国家秘密不对外开放的其他场所的，可以请求有关部门协助提供。

4. 执行公务所必需的文书、资料、信息为被请求行政机关掌握的。如，公安机关在办理抗税案件时，税务机关要提供有关数据。

5. 由协助机关协助执行较为经济的。如，黑龙江的公安局可以请求海南的公安局送达执法文书。

被请求协助的行政主体应当及时履行协助义务，不得推诿或者拒绝协助。不能提供行政协助的，应当及时告知请求主体并说明理由。

（二）消极条件

当然，协助行为不在其职权范围内，或者协助行为属于依法不应当实施的，被请求协助的行政主体应当拒绝协助。此外，如果由其他行政机关提供协助明显更为便利、经济的，或者提供协助将严重妨害其自身职务之执行的，或者有其他无法提供协助的正当理由的，协助机关可以拒绝协助。在协助机关拒绝协助时，应当将理由通知请求协助的行政机关。

请求协助的行政主体对拒绝如果有异议，由请求机关与协助机关的共同上一级行政机关决定，如果没有共同的上级行政机关，由协助机关的上级机关决定。

五、拒绝协助

协助事项不属于被请求机关职权范围内的，违反请求协助程序的，协助请求缺乏合法性依据的，被请求机关应当拒绝协助。由被请求机关以外的其他行政机关提供协助更具效能的，被请求行政机关提供协助将严重妨碍自身履行职权的，被请求机关可以拒绝协助。

六、责任承担

在责任承担方面，《国家赔偿法》等法律没有明确规定。一般认为，协助机关根据协助请求作出的行政决定，由请求机关承担责任；协助机关对实施协助执法中的其他行为，自行承担责任。

法条关联

《出口管制法》第二十九条；《保障农民工工资支付条例》第四十一条等。

案例评议

日照丰裕海鱼粉有限公司、日照市岚山区综合行政执法局案①

◆ **裁判要旨**

行政机关在依法履行职责的过程中，为作出行政处罚的必要，有权自行委托评估鉴定部门作出价值认定。对价格认定结论有异议，当事人在行使陈述申辩权或者申请听证权利时要及时行使，逾期不行使该项权利视为自行放弃。对岚山区执法局自行委托的价格认定结论，法律法规当中没有规定必须送达行政相对人，但行政相对人对行政机关作出的行政处罚的事实、理由和依据可以充分行使陈述权、申辩权。在充分保障当事人对行政行为享有陈述申辩权或者申请听证的权利时，对于价格认定结论是否送达行政相对人，不属于行政程序限制的必要条件。即使行政机关对价格认定结论没有送达行政相对人，也并不必然导致被诉行政机关作出的行政行为违法。在行政机关组织涉案行政处罚听证时，仍在价格认定结论说明的可以提出复核申请的期限内，丰裕海公司未能对价格认定结论在此期限内提出复核申请，逾期后视为其自行放弃了该项权利。日照市岚山区价格认定中心并非违反法律规定进行价值认定，事实上，该价格认定结论与市场价格基本相近，结论符合实际情况，未影响到丰裕海公司的实际权利义务，没有出现较大偏差或者违背实际情况的情形，可以将其作为认定事实和作出行政处罚的依据。

① （2020）鲁11行终69号。

第二十七条 【行刑衔接、刑行衔接】

违法行为涉嫌犯罪的，行政机关应当及时将案件移送司法机关，依法追究刑事责任。对依法不需要追究刑事责任或者免予刑事处罚，但应当给予行政处罚的，司法机关应当及时将案件移送有关行政机关。

行政处罚实施机关与司法机关之间应当加强协调配合，建立健全案件移送制度，加强证据材料移交、接收衔接，完善案件处理信息通报机制。

本条来源

原法第二十二条、《刑事诉讼法》第一百七十七条、《行政执法机关移送涉嫌犯罪案件的规定》。

立法演变

一审稿将原法第二十二条中的“构成犯罪”改为“涉嫌犯罪”，降低了移送的门槛，不需要行政机关证明该行政违法行为构成犯罪，行政机关拥有的手段也不足以证明“构成犯罪”，并在“将案件移送司法机关”前增加“及时”。第二款为新增。三审稿增加了第一款第二句、第二款，并将第一款中的“必须”改为“应当”。[①]

条文释义

一、规范意旨

违法行为涉嫌犯罪的，国家机关实施处罚的主体不同，行政处罚责任和刑事责任的责任方式也有所不同，因此，需要在行政执法机关和刑事司法机关之间进行衔接。本条重点在于完善行政处罚和刑事司法衔接机制，推动行政处罚和刑事处罚有效对接。

---

① “应当”与“必须”的含义没有实质区别。法律在表述义务性规范时，一般用“应当”，不用“必须”。《全国人民代表大会常务委员会法制工作委员会关于印送〈立法技术规范（试行）（一）〉的函》（法工委发〔2009〕62 号）。

在2000年左右我国整顿市场经济秩序的活动中，行政执法机关对查获的涉嫌构成犯罪的行政违法案件如何向司法机关移送，找不到明确的法律规定。有的行政执法机关会同司法机关制定的一些规定比较简单、笼统，缺乏统一的案件移送标准，不能很好地适应移送工作的需要。同时，有些行政执法机关因受部门利益的驱使，往往将应向司法机关移送的涉嫌构成犯罪的案件而不移送或者以行政处罚代替刑事处罚。这些问题不仅影响了行政执法的效果，而且使有些犯罪分子得不到及时的惩处，对整顿市场经济秩序也是十分不利的。因此，2001年，国务院《行政执法机关移送涉嫌犯罪案件的规定》公布实施，以期推动完善和落实行政执法与刑事司法的衔接机制，形成司法合力。

20多年来，公安、市场监管、自然资源、农业农村、卫生、生态环境、审计等部门出台了不少“两法衔接”规定，其中大部分规定是与最高人民法院、最高人民检察院、公安部联合制定的。如，2006年，最高人民检察院、全国整顿和规范市场经济秩序领导小组办公室、公安部等联合出台了《关于在行政执法中及时移送涉嫌犯罪案件的意见》。

但是，“有案不移、有案难移、以罚代刑”等问题仍然存在，行政执法机关与刑事司法机关对涉嫌犯罪的移送标准还不太统一，移送程序还有待细化，证据的转化尚存在困难，鉴定费用承担还有分歧，等等。

为了解决这些问题，《法治政府建设实施纲要（2015—2020年）》提出：“健全行政执法和刑事司法衔接机制，完善案件移送标准和程序，建立健全行政执法机关、公安机关、检察机关、审判机关信息共享、案情通报、案件移送制度。”《中共中央关于全面推进依法治国若干重大问题的决定》提出：“健全行政执法和刑事司法衔接机制，完善案件移送标准和程序，建立行政执法机关、公安机关、检察机关、审判机关信息共享、案情通报、案件移送制度，坚决克服有案不移、有案难移、以罚代刑现象，实现行政处罚和刑事处罚无缝对接。”本次修订，体现了上述文件精神。

二、行政执法机关移送涉嫌犯罪案件程序

刑事责任有限优先原则要求凡是案件涉及犯罪的，必须移送。行政机关移送要注意以下要点：

第一，依法对违法事实进行调查取证的义务。行政执法机关移送必须把握一定的标准，这个标准应当是主客观相结合标准。一方面，必须调查收集证据和查明一定案件事实；另一方面，结合《刑法》《行政执法机关移送涉嫌犯罪案件的规定》《最高人民检察院、公安部关于公安机关管辖的刑事案件立案追诉标准的规定（一）》《最高人民检察院、公安部关于公安机关管辖的刑事案件立案追诉标准的规定（二）》等规定，有一定的主观判断，认为存在犯罪的合理嫌疑，需要公安机关采取措施进一步获取证据以判断是否达到刑事案件立案追诉标准的，行政执法机关应当向公安机关移送。行政执法机关不能随意移送，公安机关也不能要求行政执法机关完全按照刑事立案追诉的标准移送案件。

第二，妥善保存和提供有关证据的义务。行政执法机关不仅要妥善保存所收集的与违法行为有关的证据，而且要对查获的涉案物品，如实填写涉案物品清单，并按照国家有关规定予以处理。实践中，有的行政执法机关移送的案件证据材料不充分，或者其收集的证据达不到刑事司法机关的要求，因此，案件移送后，公安机关需要重新收集证据，但由于错过了取证的时机，导致案件往往不能被侦破。对此，既需要加强行政执法机关与刑事司法机关的沟通，也需要提高行政执法人员的素质，使其明确行政执法证据与刑事司法证据的差异性，从而实现高标准移送。

在行政处罚过程中取得的言词证据需要重新取证，但是物证等可以作为刑事证据适用。《刑事诉讼法》第五十四条第二款规定：“行政机关在行政执法和查办案件过程中收集的物证、书证、视听资料、电子数据等证据材料，在刑事诉讼中可以作为证据使用。”《最高人民法院关于适用〈中华人民共和国刑事诉讼法〉的解释》第七十五条第一款规定：“行政机关在行政执法和查办案件过程中收集的物证、书证、视听资料、电子数据等证据材料，经法庭查证属实，且收集程序符合有关法律、行政法规规定的，可以作为定案的根据。”

此外，对易腐烂、变质、灭失等不宜或者不易保管的涉案物品，应当采取必要措施，留取证据；对需要进行检验、鉴定的涉案物品，应当由法定检验、鉴定机构进行检验、鉴定，并出具检验报告或者鉴定结论；对于涉嫌犯罪案件的调查报告、涉案物品清单、有关检验报告或者鉴定结论及其他有关涉嫌犯罪的材料，也应该一并移送。

第三，行政执法机关的移送程序。行政执法机关应当制作《涉嫌犯罪案件移送书》，及时将案件向同级公安机关移送，并抄送同级人民检察院。行政执法机关的正职负责人或者主持工作的负责人应当自接到移送案件的书面报告之日起3日内作出批准移送或者不批准移送的决定。对于现场查获的涉案货值或者案件其他情节明显达到刑事追诉标准、涉嫌犯罪的，行政执法机关应当立即移送公安机关查处。

第四，对公安机关决定不予立案的案件依法作出处理。行政执法机关接到公安机关不予立案的通知书后，认为依法应当由公安机关决定立案的，可以自接到不予立案通知书之日起3日内，提请作出不予立案决定的公安机关复议，也可以建议人民检察院依法进行立案监督；认为不需要刑事立案、需要依法追究行政处罚责任的，应当依法作出行政处罚决定。

第五，在法定期限内与公安机关办结涉嫌犯罪案件的交接手续。行政执法机关在公安机关决定立案后，应当于接到立案通知书之日起3日内，将涉案物品以及与案件有关的其他材料移交给公安机关，并办结交接手续。《行政强制法》第二十一条规定："违法行为涉嫌犯罪应当移送司法机关的，行政机关应当将查封、扣押、冻结的财物一并移送，并书面告知当事人。"

第六，案情复杂、疑难，性质难以认定的案件的移送。行政执法机关对案情复杂、疑难，性质难以认定的案件，可以向公安机关、人民检察院咨询，公安机关、人民检察院应当认真研究，在7日以内回复意见。对有证据表明可能涉嫌犯罪的行为人可能逃匿或者销毁证据，需要公安机关参与、配合的，行政执法机关可以商请公安机关提前介入，公安机关可以派员介入。对涉嫌犯罪的，公安机关应当及时依法立案侦查。对重大、有影响的涉嫌犯罪案件，人民检察院可以根据公安机关的请求派员介入公安机关的侦查，参加案件讨论，审查相关案件材料，提出取证建议，并对侦查活动实施法律监督。

第七，对于行政执法机关已经作出行政处罚决定的涉嫌犯罪案件，行政执法机关应当于做出行政处罚后10日内将行政处罚决定书副本抄送同级公安机关、人民检察院，并书面告知权利人。

三、公安机关接受涉嫌犯罪案件的程序

第一，接受移送的案件。公安机关对行政执法机关移送的涉嫌犯罪案件，应当在移送书的回执上签字。对于不属于本机关管辖的案件，应当在24小时内转送有管辖权的机关。公安机关应当自接受移送案件之日起3日内依照《行政执法机关移送涉嫌犯罪案件的规定》进行审查。①

第二，审查是否予以立案。经审查，需要立案的，必须依法立案，并进入刑事诉讼程序；不需要立案的，则要说明理由，通知原移送案件的行政执法机关。公安机关在作出不予立案的决定后，对行政执法机关提出的要求重新进行立案审查的复议，必须予以受理，并在受理之日起3日内重新作出决定。根据《刑事诉讼法》的规定和人民检察院的职责权限，公安机关必须接受人民检察院的立案监督。

案情重大、复杂的，可以在受理之日起30日以内作出立案或者不立案的决定。公安机关作出立案或者不立案决定，应当书面告知移送案件的行政执法机关、同级人民检察院及相关权利人。

第三，转送有管辖权的其他公安机关。公安机关对不属于本机关管辖的案件，应当在24小时以内转送有管辖权的机关，并书面告知移送案件的行政执法机关、同级人民检察院及相关权利人。

第四，对不需要追究刑事责任的，但需要追究行政责任的，及时将案件移送给行政机关。公安机关对发现的违法行为，经审查，没有犯罪事实，或者立案侦查后认为犯罪情节显著轻微，不需要追究刑事责任，但依法应当追究行政责任的，应当及时将案件移送行政执法机关，有关行政执法机关应当依法作出处理，并将处理结果书面告知公安机关和人民检察院。

第五，对立案后又撤销的案件，公安机关应当书面告知移送涉嫌犯罪案件的行政执法机关，并说明理由。

第六，行政执法机关向公安机关咨询的案件，公安机关应当及时回复；行政执法机关书面商请提前介入或者联合调查的案件，公安机关应当积极予以配合，发现涉嫌犯罪的，应当及时依法立案侦查。

四、刑事司法机关向行政执法机关逆向移送

（一）法律依据

本次修订完善了刑事司法机关向行政执法机关逆向移送，针对的情形是

---

① 《行政执法机关移送涉嫌犯罪案件的规定》立案审查时间与最高人民检察院等部门《关于在行政执法中及时移送涉嫌犯罪案件的意见》的规定不一致。对行政执法机关移送的涉嫌犯罪案件，公安机关应当及时审查，自受理之日起10日以内作出立案或者不立案的决定。

“依法不需要追究刑事责任或者免予刑事处罚”，实现了双循环。此前，人民检察院、公安机关向行政执法机关移送都有具体规定。《刑事诉讼法》第一百七十七条第三款规定：“人民检察院决定不起诉的案件，应当同时对侦查中查封、扣押、冻结的财物解除查封、扣押、冻结。对被不起诉人需要给予行政处罚、处分或者需要没收其违法所得的，人民检察院应当提出检察意见，移送有关主管机关处理。有关主管机关应当将处理结果及时通知人民检察院。”《行政执法机关移送涉嫌犯罪案件的规定》第八条规定，公安机关认为没有犯罪事实，或者犯罪事实显著轻微，不需要追究刑事责任，依法不予立案的，应当说明理由，并书面通知移送案件的行政执法机关，相应退回案卷材料。《公安机关办理刑事案件程序规定》第三条规定，对不够刑事处罚的犯罪嫌疑人需要行政处理的，依法予以处理或者移送有关部门。但是，人民法院向行政执法机关移送缺少制度依据。

（二）逆向移送还需要配套制度

一是何为“及时”。《行政执法机关移送涉嫌犯罪案件的规定》规定，公安机关应当自接受行政执法机关移送的涉嫌犯罪案件之日起3日内对所移送的案件进行审查。人民法院等是否要参考这个时限，具体需要有关国家机关作出细化规定。

二是司法机关认定的证据在行政处罚中效力。结合《刑事诉讼法》第五十四条等规定，根据《公安机关办理行政案件程序规定》，办理刑事案件中取得的证据，可以作为行政处罚或者其他行政处理的根据。① 反之，在侦查、审查起诉、审判时排除的证据，行政执法机关也应当依法排除。

五、行政执法机关可否先行作出行政处罚决定

一是对已经作出的行政处罚，人民法院可以依据本法第三十五条折抵。《行政执法机关移送涉嫌犯罪案件的规定》第十一条第二款规定：“行政执法机关向公安机关移送涉嫌犯罪案件前已经作出的警告，责令停产停业，暂扣或者吊销许可证、暂扣或者吊销执照的行政处罚决定，不停止执行。”

二是行政处罚与刑事处罚不重叠的责任类型，行政执法机关可以先行作出，也可以在移送后作出；重叠的部分，人民法院给予相应刑事处罚的，行政机关

---

① 有学者提出，“刑事诉讼程序结束后，司法机关移送至行政机关的案件，行政机关应当及时处理。司法机关在查办案件过程中收集的证据材料，在行政处罚中可以作为证据使用”。但这个观点比本书主张的要更宽一些。张红：《行政处罚与刑罚处罚的双向衔接》，《中国法律评论》2020年第5期。

不能作出同种类的行政处罚。对本法第三十五条第二款反面解释，可以推导出移送前可以罚款；移送后，法院作出有罪判决，判处罚金的，行政执法机关不能再进行罚款，但可以作出其他种类的行政处罚。同时，最高人民法院行政审判庭在“枣庄永帮橡胶有限公司诉山东省枣庄市国家税务局税务行政处罚案”中明确：税务机关在发现涉嫌犯罪并移送公安机关进行刑事侦查后，不再针对同一违法行为作出行为罚和申诫罚以外的行政处罚。①

六、“两法衔接”的沟通配合机制

在查办违法犯罪案件工作中，行政执法机关、公安机关、人民检察院、人民法院应当建立联席会议、情况通报、信息共享等机制，进一步明确执法部门之间案件移送的范围、种类、标准、方式和程序，落实承办机构和责任，各司其职，保证准确有效地执行法律。

《法治中国建设规划（2020—2025 年）》提出：“健全行政执法和刑事司法衔接机制，全面推进‘两法衔接’信息平台建设和应用。”网上衔接、信息共享机制，有利于促进业务交流，加强案件信息流程跟踪和监控，降低工作成本，提高工作效率，增强工作透明度。

法条关联

《刑法》第三十七条；《刑事诉讼法》第一百七十七条；《行政强制法》第二十一条；《行政执法机关移送涉嫌犯罪案件的规定》；《公安机关办理行政案件程序规定》；《公安机关受理行政执法机关移送涉嫌犯罪案件规定》；《人民检察院办理行政执法机关移送涉嫌犯罪案件的规定》，以及生态环境、人力资源社会保障、自然资源、农业、卫生等领域的专门衔接规定。

案例评议

黄某某等人重大责任事故、谎报安全事故案（检例第 96 号）②

◆ 检察要旨

检察机关要充分运用行政执法和刑事司法衔接工作机制，通过积极履职，

① 旧法中的行为罚包括资格罚。
② 《最高人民检察院关于印发最高人民检察院第二十五批指导性案例的通知》。

加强对线索移送和立案的法律监督。认定谎报安全事故罪，要重点审查谎报行为与贻误事故抢救结果之间的因果关系。对同时构成重大责任事故罪和谎报安全事故罪的，应当数罪并罚。应注重督促涉事单位或有关部门及时赔偿被害人损失，有效化解社会矛盾。安全生产事故涉及生态环境污染等公益损害的，刑事检察部门要和公益诉讼检察部门加强协作配合，督促协同行政监管部门，统筹运用法律、行政、经济等手段严格落实企业主体责任，修复受损公益，防控安全风险。

◆ **指导意义**

健全完善行政执法与刑事司法衔接工作机制，提升法律监督实效。检察机关要认真贯彻落实国务院《行政执法机关移送涉嫌犯罪案件的规定》和中共中央办公厅、国务院办公厅转发的原国务院法制办等八部门《关于加强行政执法与刑事司法衔接工作的意见》以及应急管理部、公安部、最高人民法院、最高人民检察院联合制定的《安全生产行政执法与刑事司法衔接工作办法》，依照本地有关细化规定，加强相关执法司法信息交流、规范案件移送、加强法律监督。重大安全生产事故发生后，检察机关可通过查阅案件资料、参与案件会商等方式及时了解案情，从案件定性、证据收集、法律适用等方面提出意见建议，发现涉嫌犯罪的要及时建议相关行政执法部门向公安机关或者监察机关移送线索，着力解决安全生产事故有案不移、以罚代刑、有案不立等问题，形成查处和治理重大安全生产事故的合力。

第二十八条 【责令改正、责令退赔】

行政机关实施行政处罚时，应当责令当事人改正或者限期改正违法行为。

当事人有违法所得，除依法应当退赔的外，应当予以没收。违法所得是指实施违法行为所取得的款项。法律、行政法规、部门规章对违法所得的计算另有规定的，从其规定。

微言要义

法律在惩罚前，应予警告。①

本条来源

第一款为原法第二十三条，第二款为新增。

立法演变

一审稿增加了“有违法所得的，应当予以没收”。二审稿将第二款修改为“当事人因违法行为获取的违法所得，除依法应当退赔的外，应当予以没收”。三审稿增加了“违法所得是指实施违法行为所取得的款项。法律、行政法规、部门规章对违法所得的计算另有规定的，从其规定”。在原法行政与民事关系的处理上更进一步，妥善地保护了涉案第三人的财产利益。

条文释义

一、规范意旨

责令改正与行政处罚有先后顺序，如能通过责令改正解决的，不应通过行政处罚方式解决，这也是比例原则的要求。从本条的表述来看，行政处罚和责令改正是同时进行，如能像单行法一样规定“责令限期改正，逾期不改正的，给予行政处罚”，似更能体现比例原则。本条修改明确了“退赔”的优先顺位，界定了“违法所得”（但允许例外），这些都是重大修改，也都更贴近真实生活世界。

二、责令改正

责令改正的性质是行政命令，责令改正是责令行政违法人通过为或者不为一定行为，恢复到违法行为前的状态，无论该行政行为是否合法，如当事人不执行责令行为，就会受到行政处罚或者承担其他形式的不利后果。为保障被责令单位或者个人的合法权益，应当赋予被责令单位或者个人法律救济的

---

① 张明楷：《刑法格言的展开（第三版）》，北京大学出版社2013年版，第120页。

途径。[①] 责令改正在法条中一般表述为“责令停止违法行为、整改、限期修理、改建、删减、修改、补种树种”（补种树木有时是行政处罚）等。本条是责令改正的依据，行政机关可以依据本条要求行政违法行为人改正违法行为。

（一）责令改正与行政处罚的区别

责令改正实际是责令恢复原状，对行政相对人不构成原有权益的损害；行政处罚是要求承担新的义务，对行政相对人构成原有权益的损害。当然，也有观点认为，责令改正是一种救济罚，比较法上也有采纳该学说的立法例[②]。但我国现行法并不承认其为救济罚，而是认定其为行政命令，一种具体行政行为。从立法上来看，《行政处罚法》的草稿曾将这种手段作为行政处罚的一种列入了处罚种类。在修改过程中，有的同志提出，对任何一种违法行为，均应当予以改正，责令改正不应当是一种处罚。[③]

最高人民法院在裁判文书中明确了责令改正与行政处罚概念有以下区别。

一是行政处罚是行政主体对违反行政管理秩序的行为依法定程序所给予的法律制裁；而责令改正或限期改正违法行为是指行政机关在实施行政处罚的过程中对违法行为人发出的一种作为命令。

二是两者性质、内容不同。行政处罚是法律制裁，是对违法行为人的人身自由、财产权利的限制和剥夺，是对违法行为人精神和声誉造成损害的惩戒；而责令改正或者限期改正违法行为，其本身并不是制裁，只是要求违法行为人履行法定义务，停止违法行为，消除不良后果，恢复原状。

---

① 陈某申请兰陵县综合行政执法局、兰陵县人民政府责令限期改正通知及行政复议再审案（2020）鲁行再51号。有部门答复：“责令改正决定属于具体行政行为的一种形式。因此，根据上述规定，环保部门作出责令改正决定时，应当告知行政管理相对人依法享有申请行政复议或者提起行政诉讼的权利。公民、法人或者其他组织认为环保部门作出的责令改正决定侵犯其合法权益的，可以申请行政复议和提起行政诉讼。”《环境保护部关于环保部门可以申请人民法院强制执行责令改正决定的复函》（环函〔2010〕214号）。

② 《联邦行政程序法》（美国《法典》第五百五十一条）规定：“制裁包括行政机关下列行为的全部或一部：禁止、命令、限制或者其他影响个人自由的措施；拒绝给予救济；罚款；财产的销毁、没收、扣押、留置；科处损害赔偿、偿还、恢复原状、补偿、收费、负担、费用；撤销、暂停许可证或者规定条件；采取其他强制性的或者限制性的措施。”黄海华：《行政处罚的重新定义与分类配置》，《华东政法大学学报》2020年第4期。我国台湾地区“行政罚法”第二条规定，行政罚是指限制或禁止行为，剥夺或消灭资格、权利，影响名誉，警告等裁罚性的不利处分。

③ 张水海、郭丽芳：《行政处罚法实务指导（修订版）》，中国法制出版社2008年版，第53页。

三是两者的规制角度不同。行政处罚是从惩戒的角度，对行政相对人科处新的义务，以告诫违法行为人不得再违法，否则将受罚；而责令改正或者限期改正则是命令违法行为人履行既有的法定义务，纠正违法，恢复原状。

四是两者形式不同。《行政处罚法》第八条规定了行政处罚的具体种类，具体有：警告、通报批评；罚款、没收违法所得、没收非法财物；暂扣许可证件、降低资质等级、吊销许可证件；限制开展生产经营活动、责令停产停业、责令关闭、限制从业；行政拘留等；而责令改正或者限期改正违法行为，因各种具体违法行为不同而分别表现为停止违法行为、责令退还、责令赔偿、责令改正、限期拆除等形式。[1]

（二）责令限期拆除是否是行政处罚

本书认为，责令限期拆除属于责令改正的一种类型，责令改正只是恢复原状，不属于行政处罚。从条文表述上来看，本条将“行政处罚”与“责令当事人改正或者限期改正违法行为”并列表述，表明二者并不是种属关系。原国务院法制办曾答复：根据《行政处罚法》第二十三条关于“行政机关实施行政处罚时，应当责令改正或者限期改正违法行为”的规定，《城市规划法》第四十条规定的“责令限期拆除”，不应当理解为行政处罚行为。[2]《城市规划法》第六十四条规定的“限期拆除”，第六十八条规定的“责令限期拆除”不应当理解为行政处罚行为。[3]

有意见认为，该答复只是针对《城乡规划法》的条文做出的答复，其实，只要有关行为不增加额外负担，都可以认定为责令改正，都不构成行政处罚。

但是，《土地管理法》是个例外，该法在条文中明确规定了责令限期拆除是行政处罚。《土地管理法》第八十三条规定：“依照本法规定，责令限期拆除

① 山东省淄博市人民政府、王某和再审审查与审判监督行政裁定书，（2018）最高法行申4718号。此案经过行政复议和十一次法院裁判，类似的情况不在少数。从“案－件比”的角度来看，似乎存在制度空转的情况，可否合并民事、行政审判程序，改为综合裁判，并从制度上改造民事诉讼、行政诉讼、刑事诉讼的体系设计，从组织上改变民庭、行政庭、刑庭的组织构造，加强提高纠纷解决效率的制度导向，值得深入研究。

② 《国务院法制办公室关于“责令限期拆除”是否是行政处罚行为的答复》（国法秘函〔2000〕13号）。

③ 《国务院法制办公室对陕西省人民政府法制办公室〈关于“责令限期拆除”是否属于行政处罚行为的请示〉的复函》（国法秘研函〔2012〕665号）。

在非法占用的土地上新建的建筑物和其他设施的，建设单位或者个人必须立即停止施工，自行拆除；对继续施工的，作出处罚决定的机关有权制止。建设单位或者个人对责令限期拆除的行政处罚决定不服的，可以在接到责令限期拆除决定之日起十五日内，向人民法院起诉；期满不起诉又不自行拆除的，由作出处罚决定的机关依法申请人民法院强制执行，费用由违法者承担。”《国土资源行政处罚办法》第四条规定，国土资源行政处罚包括限期拆除。①

三、责令退赔

责令退赔实为责令改正，不是行政处罚。责令退赔涉及行政与民事法律规范的竞合，在清偿顺位上，民事债权具有优先性。

（一）行政机关是否有义务责令退赔

有观点认为，本条第二款只是确定了行政机关在计算违法所得时，要排除“应当退赔的数额”，并不是给行政机关科加责令的义务。本书认为，从本条的结构来看，本条第一款确定了责令改正或者限期改正违法行为，第二款应为第一款的特别条款。从退赔的标的来看，退赔的是他人的合法财产，从这个意义上，对于违法行为人来讲，也是改正违法行为，即返还没有法律和合同上原因的不当得利。究其实质，责令退赔实为责令返还不当得利。行政机关在适用时，应当考量《民法典》有关条款。

（二）违法所得的性质为不当得利

根据《民法典》第九百八十五条、第九百八十八条，得利人没有法律根据取得不当利益的，受损失的人可以请求得利人返还取得的利益。得利人已经将取得的利益无偿转让给第三人的，受损失的人可以请求第三人在相应范围内承担返还义务。

---

① 有最高人民法院判决书指出，《城市规划法》（1989 年）第四十条规定：“在城市规划区内，未取得建设工程规划许可证件或者违反建设工程规划许可证件的规定进行建设，严重影响城市规划的，由县级以上地方人民政府城市规划行政主管部门责令停止建设，限期拆除或者没收违法建筑物、构筑物或者其他设施；影响城市规划，尚可采取改正措施的，由县级以上地方人民政府城市规划行政主管部门责令限期改正，并处罚款。”上述规定的处罚对象，是未取得建设工程规划许可证件或者违反建设工程规划许可证件的规定进行建设的建设者，且只有当违法建设达到“严重影响城市规划”的程度时，才能作出限期拆除的处罚决定。昆明威恒利商贸有限责任公司与昆明市规划局、第三人昆明市盘龙区人民政府东华街道办事处行政处罚纠纷案，（2008）行终字第 1 号。

（三）债务清偿顺序

本条确定的原则很明确：先行责令退赔，然后没收。

对比民事法律，本条比民事法律规定更为彻底，不论行为人财产是否足以支付，都需要先行退赔，体现出对第三人利益的充分保障。《民法典》第一百八十七条规定："民事主体因同一行为应当承担民事责任、行政责任和刑事责任的，承担行政责任或者刑事责任不影响承担民事责任；民事主体的财产不足以支付的，优先用于承担民事责任。"《证券法》第二百二十条规定："违反本法规定，应当承担民事赔偿责任和缴纳罚款、罚金、违法所得，违法行为人的财产不足以支付的，优先用于承担民事赔偿责任。"

对比刑事法律，《刑法》对违法所得有追缴和责令退赔两种处理方式，规定比较原则。《刑法》第六十四条规定："犯罪分子违法所得的一切财物，应当予以追缴或者责令退赔；对被害人的合法财产，应当及时返还；违禁品和供犯罪所用的本人财物，应当予以没收。没收的财物和罚金，一律上缴国库，不得挪用和自行处理。"根据《最高人民法院关于刑事裁判涉财产部分执行的若干规定》第十三条，被执行人在执行中同时承担刑事责任、民事责任，其财产不足以支付的，按照人身损害赔偿中的医疗费用、退赔被害人的损失、其他民事债务、罚金、没收财产的顺序执行，债权人对执行标的依法享有优先受偿权，其主张优先受偿的，人民法院应当在人身损害赔偿中的医疗费用受偿后，予以支持。

（四）行政机关如何责令退赔

行政机关介入民事纠纷是有限度的。法律关系清楚明确的，行政机关应当责令当事人退赔，这样符合效率原则，也有利于整个社会迅速回归正常秩序；反之，法律关系模糊的，应通过诉讼的方式解决。在没有受害人或者无法确定受害人时，行政机关可以依法予以没收。在没收后查明受害人的，可以退赔受害人。《罚没财物管理办法》第二十一条规定："已纳入罚没仓库保管的物品，依法应当退还的，由执法机关、政府公物仓办理退还手续。"

无论如何，有一条是行政机关能做到的，即在作出行政处罚决定后，抄送被侵害人，使其知道行政机关作出行政处罚的情况。如，《治安管理处罚法》第一百零一条第一款规定："当场作出治安管理处罚决定的，人民警察应当向违反治安管理行为人出示工作证件，并填写处罚决定书。处罚决定书应当当场交付被处罚人；有被侵害人的，并将决定书副本抄送被侵害人。”

四、没收违法所得

本条第二款“没收违法所得”是有限度的普遍授权条款，性质为漏洞补充。实践中，有些单行法只规定了罚款等，但没有规定没收违法所得，形成了制度漏洞。因此，本次修改统一设定了没收违法所得，目的是补充法律漏洞。单行法规定没收违法所得的，应当先适用单行法，单行法没有规定的，再适用本法，但是应遵从目的限制，行政违法行为与违法所得没有因果关系的，不应予以没收违法所得。如，在没有备案时，应慎用没收违法所得。

本次修订生效后，行政机关普遍获得了没收违法所得的职权，虽然规章设定行政处罚的范围不包括没收违法所得，但是规章可以具体规定违法所得。由于本条的普遍授权规定并不具体，如何确定没收违法所得的范围、起止期限等尚需要结合具体情况予以确定，规章细化规定没收违法所得的必要性很大。

本条规定违法所得为“款项”，即货币。在解释上，如果是易物交易，则应当认定其也属于违法所得。关于违法所得的界定等问题，请结合本书第九条理解。

法条关联

《民法典》第一百八十七条；《刑法》第六十四条；《证券法》第二百二十条；《反不正当竞争法》第二十七条；《公司法》第二百一十四条等。

案例评议

资中县银山鸿展工业有限责任公司诉原内江市环境保护局环境保护行政处罚案[①]

◆ 典型意义

本案是排污企业因违反环境监测管理规定受到环保监管部门行政处罚引发的行政诉讼案件。环境监测是环境管理的“哨兵”“耳目”，是环境监管最重要

① 最高人民法院2020年5月8日发布2019年度人民法院环境资源典型案例之三。

的基础性和前沿性工作。排污者自我监测是环境监测体系的重要组成部分，是弥补政府监测机构和社会第三方监测力量不足的重要方式。本案中，鸿展公司作为重点监控企业，对企业污染物排放的自我监测履责不到位，对自我监测中存在的问题听之任之并造成污染超标排放。环保监管部门针对鸿展公司的处罚决定，坚持处罚与教育相结合，既考虑存在从重情节，在法律规定的幅度范围内从重处罚，同时也考虑违法行为人的配合执法表现、未造成严重后果等因素，没有顶格处罚，罚过相当。人民法院依法支持环保监管部门的严格执法和合理裁量行为，体现司法支持依法行政的力度和保护行政相对人合法权益的温度，有利于警示排污企业自我约束，诚实守信，严格执行自我监测规范和标准，不弄虚作假，确保监测过程规范和监测数据真实，同时自觉接受环保部门监管，共同促进长江流域水体质量和生态环境的有效改善。

第二十九条　【一事不二罚】

对当事人的同一个违法行为，不得给予两次以上罚款的行政处罚。同一个违法行为违反多个法律规范应当给予罚款处罚的，按照罚款数额高的规定处罚。

微言要义

任何人不得因同一案件而受两次处理。[①]

本条来源

第一句为原法第二十四条，第二句为新增。

立法演变

二审稿增加了第二句。最终稿将第二句中的“执行”改为“处罚”。

① 孙笑侠：《西方法谚精选》，法律出版社2005年版，第100页。

条文释义

一、规范意旨

本条规定的“一事不二罚”，又称为“一事不再罚”“禁止双重处罚”“禁止双重评价”，是针对同一个违法行为，不能给予两次以上的罚款，其他行政处罚类型不在此限。

“一事不二罚”的目的是保护当事人的信赖权益，维护法律的安定性，用立法者的话讲就是，汽车超载，公安部门处罚了，交通部门还要罚，走一路罚一路，这有必要吗?[①] 有的国家规定“一事不二罚”的适用范围不限于罚款。德国、美国、日本宪法有“一事不二次给予刑事处罚”的规定，后来通过解释扩张到行政处罚领域。

二、如何认定“一行为”

法律规定是计算行政违法行为次数的依据，一行为的数量，要依据法定的构成要件数量。[②] 一行为的判断，首先要看法律上是否有明确规定，没有明确规定的，再从自然行为的角度进行判断。

所谓一行为包括自然一行为和法律一行为。自然一行为是指由客观第三人以自然观察方式可认为是单一行为。“同一个违法行为”是指当事人实施了一个违反行政法规范的行为或者说一个违反行政管理秩序的行为，当事人在客观上仅有一个独立完整的违法事实，违法行为的实施主体是同一违法行为人。[③] 如，有判决指出，如果当事人在养殖生猪过程中未对污染物进行处理即排放，达到污染大气和水的程度，则应视为一个违法事实（养殖生猪过程中未对污染物进行处理即进行排放），导致两种法律责任产生（污染大气和水环境，违反相应法律规定）。对此，行政机关可以按照法律竞合的原理，根据相关法律规定，以合理行政为前提，以符合法律目的的标准行使自由裁量权，综合确定最

① 王汉斌：《社会主义民主法制文集》，中国民主法制出版社 2012 年版，第 508 页。

② 符合两个违反行政法上义务的处罚构成要件，而该两个违反行政法上义务之间，有手段与目的的牵连关系，或其中一违反行政法上义务的行为，是另一违反行政法上义务行为的一部分。廖义男：《“行政罚法”之制定与影响》，载廖义男主编：《“行政罚法”》，元照出版有限公司 2017 年版，第 9 页。

③ 陈文：《同一违法行为不得给予两次以上罚款的行政处罚》，载《山东法官培训学院学报（山东审判）》2014 年第 1 期，第 54 页。

终的罚款数额，或作出不同种类的行政处罚。①

法律上一行为是指多个自然行为基于法律上的原因而结合成为一行为。如，河北省限行期间，对违反限行规定的车辆，依照《道路交通安全法》第三十九条，《河北省实施〈道路交通安全法〉办法》第二十一条、第二十二条等规定，予以 100 元处罚，并进行电子抓拍，当日处罚间隔时限 3 小时（3 小时内司机将车驶出限行区域或开到最近的停车场，否则一天内将会被连续处罚）。我国台湾地区曾对于持续违规停车是否算“一行为”作出过专门解释。立法者对于违规事实一直存在之行为，考量该违规事实之存在对公益或公共秩序确有影响，除使主管机关得以强制执行之方法及时除去该违规事实外，并得藉举发其违规事实之次数，作为认定其违规行为之次数，从而对此多次违规行为得予以多次处罚，并不生一行为二罚之问题，故与法治国家一行为不二罚之原则，并无抵触。② 关于持续行为或连续行为等法律上一行为的判断，参见本书第三十六条追责时效部分。

所谓数行为，是指同一行为人多次违反同一行政法上义务规定，或违反数个不同行政法上义务规定，而其行为不构成自然一行为与法律上一行为。③

行政处罚不适用数罪并罚④，如果是数个行政违法行为的，可以分别予以行政处罚；种类相同的处罚，只能择一而用；种类不同的行政处罚，不并用难以达致行政监管目的，可以聚合使用。⑤

三、罚款数额高的行政机关实施处罚的模式

本条规定的“罚款数额高”是指实际罚款数额高，还是指法律规范中的罚款数额高，本书认为，“实际罚款数额高”，更符合立法目的。本法第五条规定了过罚相当原则，行政机关实施行政处罚必须以事实为依据，与违法行为的事

---

① （2015）潢行初字第 1 号，王某勇诉光山县环境保护局处罚案。

② 我国台湾地区“司法院”释字第 604 号。

③ 林锡尧：《“行政罚法”》，元照出版有限公司 2012 年版，第 81－96 页。

④ 张剑寒：《行政制裁制度》，我国台湾地区“行政院”研究发展考核委员会 1979 年印制，第 24 页。

⑤ 《德国违反秩序法》第十九条规定“一事不二罚”限于罚锾一种类型。《奥地利行政罚法》第二十二条规定：“任何人以各种独立之行为违反数个行政义务，或以一行为触犯数个互相不排斥之处罚规定者，应予各别处罚。”林锡尧：《“行政罚法”》，元照出版有限公司 2012 年版，第 61 页。

实、性质、情节以及社会危害程度相当。法律规范规定罚款数额高的，实际罚款的数额并不一定高，如果按此执行，则可能会降低违法成本，没有达到监管目的。本条可以有以下几种实施模式：

（一）直接处罚＋补充处罚

同一个违法行为违反同一主管部门负责实施的多个法律规范，则由该部门直接按照罚款数额高的规定处罚。如原农业部答复：

“一、饲料企业生产冒充其他企业依法不需要取得产品批准文号的饲料产品的，依照《饲料和饲料添加剂管理条例》第四十六条第一款第三项‘生产、经营的饲料、饲料添加剂与标签标示的内容不一致的’定性处罚。二、饲料企业生产冒充其他企业依法需要取得产品批准文号的饲料添加剂、添加剂预混合饲料的，属于同时违反《饲料和饲料添加剂管理条例》第四十六条第一款第三项‘生产、经营的饲料、饲料添加剂与标签标示的内容不一致的’和第三十八条第三款‘已经取得生产许可证，但未取得产品批准文号而生产饲料添加剂、添加剂预混合饲料的’规定，根据案件具体情况依照两项规定中处罚较重的规定定性处罚。①”

再如，依据《大气污染防治法》第九十九条，排污单位以不正常运行污染防治设施的方式超标排放大气污染物，同时违反了该条第二项和第三项的规定，按照新法的规定，上述情形属于法条竞合，“从一重”处罚即可。②

当最先立案的行政机关没有发现行为人的行为违反了多个法律规范，应当给予罚款处罚时，可以直接实施行政处罚。其他有权行政机关事后可以补充处罚，如果该行政机关的处罚依据是“罚款数额高的规定”，则该行政机关可以补充处罚差额部分，同时，可以实施吊销证照、限制生产经营活动等行政处罚。但是，如果最先立案的行政机关通过罚款已经能够达到行政机关的目的的，则可以不再补充作出行政处罚决定。

当最先立案的行政机关发现行为人的行为违反了多个法律规范，应当给予罚款处罚时，最先立案的行政机关应当将案件移送罚款数额最高的行政机关管辖，从文义来看，最先立案的机关没有选择权，除非最先立案的机关已经直接

---

① 《农业部办公厅关于饲料企业生产冒充其他企业的产品如何处罚的复函》（农办政函〔2016〕92号）。

② 王炜：《新行政处罚法将对生态环境监管执法产生哪些重大影响》，《中国环境报》2021年2月5日，第6版。

作出行政处罚。

（二）管辖权协商＋移送

浙江、广东、山西等地最近在推行“综合查一次”，联合检查时发现同一个违法行为违反多个法律规范应当给予罚款处罚的，可以依据本法第二十五条进行管辖权协商，直接移送由执法依据中“罚款数额高”的行政机关立案管辖，本法没有规定管辖权协商和移送的具体程序，需要在地方或部门规定中予以细化。

对相关行政机关而言，移送义务和接收义务都是法定的。对于就移送管辖达不成一致的，可以由同级司法行政机关介入，对行政执法争议进行协调，提出管辖建议，不能达成一致的，报同级人民政府指定。

（三）信息通报＋联合执法

同一个违法行为违反多个法律规范应当给予罚款处罚时，不同行政机关，包括同一层级行政机关、不同层级行政机关（如县级没有独立的生态环境局），应通过线上和线下执法信息交换平台，互通有无，实现信息对称，以确保最先立案的机关就是“罚款数额高”的行政机关。

如果由罚款数额高的行政机关实施处罚，但是罚款数额低的行政机关有吊销证件等资格罚、行政拘留等自由罚、责令关闭等行为罚、通报批评等声誉罚，如何处理？

在此情况下，可以实施联合执法，以提高执法效能，避免执法扰民，罚款仍然由罚款数额高的行政机关实施，罚款之外的其他处罚，由相关行政机关补充处罚。我国台湾地区“行政罚法”第二十四条第三款规定：“前项违反行政法上义务行为，除应处罚锾外，另有没入或其他种类行政罚之处罚者，得依该规定并为裁处。但其处罚种类相同，如从一重处罚已足以达成行政目的者，不得重复裁处。”

这里有个例外的规定，我国台湾地区允许将人身自由罚转化为罚款，因此，其第二十四条第四款规定：“一行为违反社会秩序维护法及其他行政法上义务规定而应受处罚，如已裁处拘留者，不再受罚锾之处罚。”① 但是，《行政处罚法》

① 廖义男等认为，其他处罚较轻之法律定有管制罚或没入者，仍得裁处之。洪家殷：《行政制裁》，翁岳生主编：《行政法（下册）》，中国法制出版社2002年版，第846页。俄罗斯立法认为，在此这种情况下，可以把关于任何一个违法行为责任的条款所规定的附加处罚并入主要处罚。《俄罗斯联邦行政违法法典》，刘向文译，中国人民大学出版社2004年版，第250页。在此情况下，可否由作出罚款处罚决定的行政机关合并实施其他类型的处罚，值得研究。

不承认“易科罚”，因此，罚款之后，人身自由罚、没收违法所得、吊销许可证件等都可以继续科处。

(四) 委托+查办分离

查办分离是在证券等领域的执法改革经验，核心做法是进行调查、检查的，不作出最终行政决定；作出最终行政决定的，不进行调查、检查。

从实践来看，可以由相关行政机关根据本法委托综合行政执法机关统一实行检查、调查，避免重复检查、执法扰民，然后根据检查、调查结果，确定作出行政处罚决定的机关，统一作出最终决定。

(五) 由本级政府相对集中处罚权

现在的行政处罚权多数由县级以上有关部门实施，这一制度设计的不足在本条被放大。

我国立法通常不将执法权赋予一级政府。《无证无照经营查处办法》第五条规定：“经营者未依法取得许可从事经营活动的，由法律、法规、国务院决定规定的部门予以查处；法律、法规、国务院决定没有规定或者规定不明确的，由省、自治区、直辖市人民政府确定的部门予以查处。”该办法尝试将个别执法权直接赋予一级政府，是对现有体制的微调。

根据本法第十八条第二款，国务院或者省、自治区、直辖市人民政府可以决定一个行政机关行使有关行政机关的行政处罚权。省、自治区、直辖市人民政府可以决定将有关部门的行政处罚权相对集中到一级政府，实际的效果是提级管辖。按此路径，可以直接破解“一事不二罚”中的管辖难题，并在一次处罚中同时作出属于不同行政机关的不同行政处罚种类，实现监管目的；同时，过去立法的思路是“宜粗不宜细”，不同法律部门的行政处罚种类设置并不一定符合体系治理的需求，由本级政府作为统一的行政处罚主体，从主体和手段上都符合整体政府理论的要求以及实践的需要。

四、其他需要进一步研究的问题

(一) 优先适用罚款数额最高标准是否有例外

1. 特别法与普通法如何适用。

同一个违法行为违反多个法律规范应当给予罚款处罚的，则该多个法律规范之间存有特别法与普通法关系。在此情形下，特别规定之构成要件必涵盖普通规定之构成要件，从而，除法律别有规定外，应依特别法优先于普通法适用原则，优先适用特别规定，从而不再适用一行为不二罚原则。[1]

2. 不同效力层级的法律规范如何适用。

对执法主体是同一执法部门的，《安全生产行政处罚自由裁量适用规则（试行）》第八条规定："同一个违法行为违反不同法律、行政法规或者部门规章规定的，在适用具体法律条文时应当遵循下列原则：（一）优先适用法律效力高的规定；（二）法律效力相同，属于特别规定的优先适用；（三）法律效力相同，生效时间在后的优先适用。"

对执法主体是不同执法部门的，同一个违法行为违反了跨部门的多个法律规范，适用哪一层级的法律规范？如，违法在河道采砂同时违反了《航道法》《矿产资源管理法》《河道管理条例》[2]，但《河道管理条例》的处罚数额最高，一是考虑到我国还有一些领域没有法律，只有行政法规，如果优先适用效力层级高的法律规范，则即使行政法规规定的罚款数额高于法律规定的罚款数额，也无法得到适用，从重处罚的立法目的就不能得到实现。二是涉及养狗等地方事权的地方政府规章，其效力层级低于法律法规，将无适用的空间。因此，本条的"多个法律规范"不应区分效力层级适用，只应按照罚款数额高这一个标准去选择适用依据。

（二）是否有罚款最低额度限制

本条新增第二句在我国台湾地区"行政罚法"中也有同样规定，其第二十四条第二款规定："一行为违反数个行政法上义务规定而应处罚锾者，依法定罚锾额最高之规定裁处。但裁处之额度，不得低于各该规定之罚锾最低额。"区别是，后者对行政机关的裁量权作出了限制，不得低于罚款的最低额。考虑到同一个违法行为违反多个法律规范，基本精神是从重处罚，因此，作出处罚最低额的限制符合本条的立法目的，行政机关应当受该规则约束。

（三）本条与"最先立案的行政机关管辖"关系

本法第二十五条第一款规定："两个以上行政机关都有管辖权的，由最先立

---

① 李震山：《"行政罚法"之适用范围》，载廖义男主编：《"行政罚法"》，元照出版有限公司 2017 年版，第 44 页。

② 在河道、航道采砂需要经过水利、交通运输、自然资源部门许可。《全国人民代表大会常务委员会法制工作委员会关于在河道、航道范围内开采砂石、砂金适用法律问题的再次答复》（法工委发 18 号，1991 年 3 月 7 日）。

案的行政机关管辖。”第二十九条规定“按照罚款数额高的规定处罚”，实际确认了“罚款数额高”的行政机关的管辖权优于“最先立案的行政机关”的管辖权。

（四）其他类型处罚竞合的处理

按照本条，罚款之外的其他种类处罚可以补充处罚。我国台湾地区“行政罚法”第二十四条第三款规定：“前项违反行政法上义务行为，除应处罚锾外，另有没入或其他种类行政罚之处罚者，得依该规定并为裁处。但其处罚种类相同，如从一重处罚已足以达成行政目的者，不得重复裁处。”

这里有个例外的规定，在我国台湾地区允许将人身自由罚转化为罚款，因此，其第二十四条第四款规定：“一行为违反社会秩序维护法及其他行政法上义务规定而应受处罚，如已裁处拘留者，不再受罚锾之处罚。”① 但是，《行政处罚法》不承认“易科罚”，因此，罚款之后，人身自由罚、没收违法所得、吊销许可证件等都可以继续科处。

法条关联

《无证无照经营查处办法》第五条；《公安机关办理行政案件程序规定》第一百五十六条等。

案例评议

温某乙诉中国证券监督管理委员会行政处罚及行政复议案②

◆ **裁判要旨**

在单位违法案件中，对于个人责任的处断，首先应当以个人实施的单个行为作为判断基础，再进一步结合其个人行为能否为单位集合意志所涵盖，综合判断其行为的单一性。

对于自然可分的行为，还需要进一步分析各个行为能否为公司集合意志所涵盖，从而纳入公司概括的单一违法行为之中予以处断，若不能为公司集合意

① 廖义男等认为，其他处罚较轻之法律定有管制罚或没入者，仍得裁处之。洪家殷：《行政制裁》，载翁岳生主编：《行政法（下册）》，中国法制出版社2002年版，第846页。

② （2017）京01行初4号。

志所涵盖，则行为人应为其数个行为分别承担责任。

原告作为实际控制人和董事长的行为自然可分，实质上是数个行为。原告对于公司欺诈发行以及违法披露信息的指使行为，明显超出了公司董事长的职权范畴，并非董事长所能实施；而原告主持董事会会议，审议相关报告并在董事会决议上签字等行为，又明显非属实际控制人所能实施的行为。

第三十条 【未成年人违法】

不满十四周岁的未成年人有违法行为的，不予行政处罚，责令监护人加以管教；已满十四周岁不满十八周岁的未成年人有违法行为的，应当从轻或者减轻行政处罚。

微言要义

对于未成年人，应斟酌其情况。① 要帮助未成年人，因为他们容易犯错误。②

本条来源

原法第二十五条。

立法演变

三审稿做了文字修改，在“人”前面增加了“未成年”，在“从轻或者减轻”前面增加了“应当”。

条文释义

一、规范意旨

过错是应受行政处罚行为的构成要件，而责任能力是判断过错的基础之一。行政违法的责任能力需要较高的认识基础。行政管理具有一定专业性，未

① 郑玉波：《法谚（二）》，法律出版社2007年版，第118页。
② 孙笑侠：《西方法谚精选》，法律出版社2005年版，第195页。

成年人辨认和控制与行政监管有关的行为，与简单的“打酱油”行为有所不同，因此，本法规定的起算点是十四周岁，不同于《民法典》“不满八周岁的未成年人为无民事行为能力人”的规定。

从比较法来看，不少国家和地区都规定“十四周岁”是行政违法责任能力的起算点。对于十四周岁的法定责任年龄，我国没有变通规定，但有的国家有变通规定。一方面，有提高法定责任年龄的立法例，如《奥地利行政罚法》第四条规定：“行为时年龄已满十四岁，但尚未届满十八岁者（少年犯），如因特殊原因，尚未发育成熟，对行为之禁止无从辨识，或无从为禁止行为之处理时，不应令其负行政责任。”另一方面，也有降低责任年龄的例子，如，德国规定在符合《青少年法院法》第三条第一句前提下的违法行为，不满十四周岁的未成年人也同样应受处罚。变通的法理在于行为人是否能够识别行为性质并控制自己的行为。①

《刑法》第十七条第三款规定：“已满十二周岁不满十四周岁的人，犯故意杀人、故意伤害罪，致人死亡或者以特别残忍手段致人重伤造成严重残疾，情节恶劣，经最高人民检察院核准追诉的，应当负刑事责任。”此条修改对于行政处罚责任年龄起点的认定具有一定影响。十二周岁已经成为刑事责任年龄起点，但反而不是行政处罚责任年龄的起点，从法的统一性原则角度考虑，将来《行政处罚法》修改也可以考虑责任年龄的例外情况，比如童星在演艺活动中的行政违法行为等。

二、未成年人出生时间的认定

《民法典》第十五条规定：“自然人的出生时间和死亡时间，以出生证明、死亡证明记载的时间为准；没有出生证明、死亡证明的，以户籍登记或者其他有效身份登记记载的时间为准。有其他证据足以推翻以上记载时间的，以该证据证明的时间为准。”需要注意的是，该规定修改了《最高人民法院关于贯彻执行〈中华人民共和国民法通则〉若干问题的意见（试行）》规定的：“出生时间以户籍证明为准；没有户籍证明的，以医院出具的出生时的证明为准。没有医院证明的，参照其他有关证明认定。”这一修改体现了原始证据优于传来证据的基本原理。

---

① 张正钊、韩大元主编：《比较行政法》，中国人民大学出版社1998年版，第474－475页。

三、不满十四周岁的未成年人违法行为的处理

（一）违禁品如何处理

不满十四周岁的人以及精神病人在不能辨认或者控制自己行为时，有违法行为的，不予行政处罚。这些无责任能力的人携带的违禁品如何处理？立法机关答复：不满十四周岁的人以及精神病人在不能辨认或者不能控制自己行为时有违法行为不予行政处罚，但是对其违法行为涉及的违禁品，有关行政机关可以予以收缴。①

（二）行政机关此时能否处罚其监护人

本书认为，从本质上，监护人是否承担行政处罚责任，取决于其行为是否符合构成要件。在此情况下，本条“责令监护人加以管教”② 的规定，具有解释学意义，原则上监护人并不承担行政处罚责任。但是，如果行政机关证明监护人将未成年人作为自己行为的延伸，存在教唆等行为的，按照我国台湾地区“社会秩序维护法”第三十四条规定，监护人应当举证证明自己没有过错。如，在监护人同行、涉案物品不是未成年人使用的物品时，监护人要承担自己没有过错的举证责任。按照“间接正犯”理论，监护人使未成年人在自己控制下完成行政违法行为的，应当承担行政处罚责任。③

在此情况下，如教唆人不是监护人的，监护人的主观过错较低，原则上不应承担行政处罚责任。

在执行方面，鉴于监护人对未成年人员有法定的监护责任，所以对无财产的已满十四岁不满十八岁的人违反治安管理的可以适用罚款处罚，由其监护人

---

① 《无行为责任能力人携带违禁品如何适用行政处罚法处理》，http：//www. npc. gov. cn/zgrdw/npc/xinwen/lfgz/xwdf/2000 – 10/16/content_ 370671. htm。

② 所谓“责令”指的是监护人按照《民法典》的规定履行好监护人的职责。

③ 德国、奥地利对教唆及帮助行为加以处罚。我国台湾地区“社会秩序维护法”第十条规定：“未满十八岁人，心神丧失人或精神耗弱人，因其法定代理人或监护人疏于管教或监护，致有违反“本法”之行为者，除依前两条规定处理外，按其违反本法之行为处罚其法定代理人或监护人。但其处罚以罚锾或申诫为限。”否定说认为，违反秩序行为的社会性及可非难性较刑罚为低，教唆及帮助违反行政义务的行为较正犯为低，故其可罚性相当薄弱，国家行使制裁权应当尽量审慎，除了个别法明定处罚外，否则不应处罚为宜。洪家殷：《行政制裁》，载翁岳生主编：《行政法（下册）》，中国法制出版社 2002 年版，第 870 页。

支付罚款。[1]

四、对老年人行政违法行为的处罚

责任年龄方面，本法没有规定老年人如何承担责任。本书认为，可以直接从责任能力方面加以个案衡量。一是对于患病的老年人，可以被认定为精神病人、智力残疾人的，依据本法第三十一条规定处理。二是对于其他无民事行为能力或者限制民事行为能力的老年人，可以依据第三十三条第二款过错推定的规定，从主观过错的角度判断其行为是否构成应受行政处罚的行为。[2] 三是本法没有关于老年人减轻、从轻处罚的规定。但是，《刑法》第十七条之一规定："已满七十五周岁的人故意犯罪的，可以从轻或者减轻处罚；过失犯罪的，应当从轻或者减轻处罚。""举重以明轻"，行政机关可以参照适用《刑法》该条规定。

法条关联

《民法典》第十五条；《治安管理处罚法》第十二条；《海关办理行政处罚案件程序规定》第五十八条；《国家外汇管理局行政处罚办法》第十六条等。

案例评议

林某卫不服上海市公安局闵行分局对其作出行政处罚决定案[3]

◆ **裁判要旨**

被告未在行政处罚决定书上写明法定从轻的条款，系法律引用上的瑕疵，尚不足以影响被诉行政处罚决定的合法性。被告对原告作出治安拘留7日的行政处罚决定已考虑对原告法定从轻的情节，并与原告实施的违法行为的性质、社会危害程度相当。因此，被告对原告作出的行政处罚并无不当。

---

① 《最高人民法院行政审判庭关于对无财产的已满14岁不满18岁的人违反〈治安管理处罚条例〉可否适用罚款处罚问题的电话答复》（1988年10月21日）。

② 《民法典》第二十一条规定："不能辨认自己行为的成年人为无民事行为能力人，由其法定代理人代理实施民事法律行为。八周岁以上的未成年人不能辨认自己行为的，适用前款规定。"第二十四条第一款规定："不能辨认或者不能完全辨认自己行为的成年人，其利害关系人或者有关组织，可以向人民法院申请认定该成年人为无民事行为能力人或者限制民事行为能力人。"

③ 【法宝引证码】CLI. C. 26429。

第三十一条　【精神病人、智力残疾人违法】

精神病人、智力残疾人在不能辨认或者不能控制自己行为时有违法行为的，不予行政处罚，但应当责令其监护人严加看管和治疗。间歇性精神病人在精神正常时有违法行为的，应当给予行政处罚。尚未完全丧失辨认或者控制自己行为能力的精神病人、智力残疾人有违法行为的，可以从轻或者减轻行政处罚。

微言要义

法律帮助无知者。[①] 精神病人只受其精神病的惩罚。[②]

本条来源

原法第二十六条、《治安管理处罚法》第十三条。

立法演变

二审稿在“精神病人”后增加了“智力残疾人”。三审稿增加了最后一句，增强了与民法、刑法的一致性。

条文释义

一、规范意旨

认识和控制自己行为是应受谴责的基础，过错是侵权责任和刑事责任的当然构成要件，而责任能力是判断过错的基础之一。从各国行政处罚立法来看，不少国家也是先遵循无过错原则，随时代发展而逐渐引入过错原则。行政处罚主观过错的认识基础是责任能力。

所谓“责任能力”，也可以被称为“归责能力”或“过错能力”，是指行为人侵害他人民事权利时能够承担民事责任的资格，或者说是对自己的过失行为

① 雷立柏:《拉英德汉法律格言词典》，宗教文化出版社 2008 年版，第 121 页。
② 孙笑侠:《西方法谚精选》，法律出版社 2005 年版，第 57 页。

能够承担责任的能力。[①] 王泽鉴进一步从构成要件的角度阐述了责任能力，“因故意或过失侵害他人权利者，具主观‘可归责性’，而此项可归责性须以责任能力（归责能力）为前提，此属侵权行为人负损害赔偿责任的资格，故亦称为侵权行为能力，在思考逻辑上应先肯定加害人有责任能力，再进而认定其有无故意或过失”。[②]

原《行政处罚法》没有明确承认过错要件，但是明确了未成年人和精神病人不予处罚的情形。在行政处罚立法方面，不少国家也以实质意义上是否具有相应识别能力来判断是否构成过错。《奥地利行政罚法》第三条规定：“行为时知觉发生障碍或精神作用发生病理上之故障，或因心神耗弱，对于行为之禁止不可能辨识或不可能为适当之处理时，其行为不罚。”除了精神疾病外，立法还承认了心神耗弱等也可能影响责任能力的判断。《德国违反秩序法》第十二条第二款规定：“实施行为时因病理性精神错乱，因深度甚至迷乱或弱智或者其他严重的精神变态而无能力认识此系不允许的行为或无能力按此认识行事者，其行为不应受谴责。”[③] 据此，除了病理性精神错乱，“深度甚至迷乱或弱智或者其他严重的精神变态”都构成不具有责任能力。这和《民法典》关于限制民事行为能力人的判断标准基本相同。

本法修订强化了行政处罚的主观过错要件。精神病人、智力残疾人不承担行政处罚责任的原因在于其不具备识别和避免风险发生的能力，其行为也就不构成行政违法行为。

二、精神病人、智力残疾人承担责任要遵循过罚相当原则

基于过罚相当原则，尚未完全丧失辨认或者控制自己行为能力的精神病人、智力残疾人有违法行为的，主观过错程度低，可以从轻或者减轻行政处罚。据此，主观过错在本法有两种作用，一是在判断是否构成应受行政处罚行为上，主观过错的有无、轻重，具有意义；二是主观过错的轻重影响责任的大小，主观过错具有法律效果意义。

三、其他不能辨认或者控制自己行为时有违法行为的处理

除了精神病人、智力残疾人，还有一些情况下行为人也不能辨认或者控制

---

① ［德］卡尔·拉伦茨：《德国民法通论（上）》，王晓晔、邵建东等译，法律出版社 2003 年版，第 156 页。

② 王泽鉴：《侵权行为法》（第一册），中国政法大学出版社 2001 年版，第 275 页。

③ 《德国违反秩序法》，《行政法学研究》1995 年第 1 期。

自己行为。如，因慢性病或者其他心理疾病不能辨认或者控制到自己行为（不作为）；再如，因被他人下迷幻药等原因而不能辨认或者控制自己行为（不作为）[①]。在此情况下，行为人通常不具有主观过错，不应承担行政处罚责任，行为人可以援引本法第三十三条举证证明自己没有过错。

《民法典》第二十一条规定的“不能辨认自己行为的成年人为无民事行为能力人”的范围大于本条规定的“精神病人、智力残疾人”的范围，包括客观上不能辨认和控制自己行为的人等，如在舞厅被投放迷幻药的成年人。

民事立法在这个问题上最初的规定与本法类似，后来逐渐修改。《民法通则》第十三条规定：“不能辨认自己行为的精神病人是无民事行为能力人，由他的法定代理人代理民事活动。不能完全辨认自己行为的精神病人是限制民事行为能力人，可以进行与他的精神健康状况相适应的民事活动；其他民事活动由他的法定代理人代理，或者征得他的法定代理人的同意。”实践中，还有一些人不是精神病人，但也不具有识别能力。因此，《最高人民法院关于贯彻执行〈中华人民共和国民法通则〉若干问题的意见（试行）》作了扩张解释，规定：“精神病人（包括痴呆症人）如果没有判断能力和自我保护能力，不知其行为后果的，可以认定为不能辨认自己行为的人。”《民法典》第二十条对《民法通则》等相关规定进行了修改完善。

《刑法》第十八条第四款规定：“醉酒的人犯罪，应当负刑事责任。”同理，醉酒的人，应当负行政处罚责任。

法条关联

《治安管理处罚法》第十三条；《海关办理行政处罚案件程序规定》第五十九条；《国家外汇管理局行政处罚办法》第十七条等。

① 在实施违法行为（不作为）时处于无责任能力状态，即由于患慢性病、暂时性精神失常、痴呆症或其他心理病态，不能意识到自己行为（不作为）的实际性质和违法性，或者不能控制自己行为的自然人，不承担行政责任。《俄罗斯联邦行政违法法典》，刘向文译，中国人民大学出版社 2004 年版，第 7 页。

第三十二条　【从轻、减轻处罚】

当事人有下列情形之一，应当从轻或者减轻行政处罚：

（一）主动消除或者减轻违法行为危害后果的；

（二）受他人胁迫或者诱骗实施违法行为的；

（三）主动供述行政机关尚未掌握的违法行为的；

（四）配合行政机关查处违法行为有立功表现的；

（五）法律、法规、规章规定其他应当从轻或者减轻行政处罚的。

微言要义

事实之不知可以原谅（抗辩）；法律之不知，不可以原谅（抗辩）。①

主动自首的人应当比在法庭上证明有罪的人受到更好的待遇。②

本条来源

原法第二十七条，第一款第三项为新增。

立法演变

一审稿第二项增加了“受诱骗”的情形，第五项在“从轻”前增加了“法律、法规、规章规定其他应当”，新增了第三项“主动供述行政机关尚未掌握的违法行为的”，删除了“依法”，也就是说，行政机关作出从轻、减轻裁量时，不必一定要有单行法依据，本条就是行政机关裁量的依据。

条文释义

一、规范意旨

处罚不是目的，而是为了纠正和预防行政违法行为。惩罚与教育相结合、过罚相当是本法的基本原则，本条规定的从轻、减轻处罚，就是上述原则的体现。

---

① 郑玉波：《法谚（一）》，法律出版社2007年版，第29页。

② 张明楷：《刑法格言的展开（第三版）》，北京大学出版社2013年版，第98页。

二、从轻、减轻的区别

从轻行政处罚是指在依法可以选择的处罚种类和处罚幅度内，适用较轻、较少的处罚种类或者较低的处罚幅度。减轻行政处罚是指适用法定行政处罚最低限度以下的处罚种类或处罚幅度，包括在违法行为应当受到的一种或者几种处罚种类之外选择更轻的处罚种类，或者在应当并处时不并处；也包括在法定最低罚款限值以下确定罚款数额。如，在方林富炒货店案件中，尽管西湖市监局在广告法规定的“处二十万元以上一百万元以下”的处罚幅度内将罚款数额裁量为最低限20万元。但是，一审法院判决变更被诉行政处罚决定之罚款金额为10万元，同时撤销维持该处罚决定的行政复议决定。[①]

三、应当从轻、减轻行政处罚事由

本条规定了应当从轻或者减轻行政处罚的四种具体情形，除此之外的其他事由必须由法律、法规、规章设定。如，本法第三十条规定的“已满十四周岁不满十八周岁的未成年人有违法行为”。

四、可以从轻、减轻行政处罚事由

除此之外，还有一些可以从轻或者减轻行政处罚的事由。如，本法第三十一条规定“尚未完全丧失辨认或者控制自己行为能力的精神病人、智力残疾人有违法行为的，可以从轻或者减轻行政处罚”。《治安管理处罚法》第十四条规定：“盲人或者又聋又哑的人违反治安管理的，可以从轻、减轻或者不予处罚。”《市场监管总局关于规范市场监督管理行政处罚裁量权的指导意见》规定，当事人积极配合市场监管部门调查，如实陈述违法事实并主动提供证据材料的，在共同违法行为中起次要或者辅助作用的，因残疾或者重大疾病等原因生活确有困难的，可以依法从轻或者减轻行政处罚。从外国法的情况来看，还有两种情况可以考虑：一是在强烈的感情冲动状态（感情倒错）下，以及在个人或家庭发生了严重不幸的情况下，实施行政违法行为；二是孕妇或者有幼儿的妇女实施行政违法行为。[②]

五、如何确保行政执法人员敢于认定减轻处罚

从行为心理学的角度，行政执法人员为了保护自己不因作出减轻行政处罚

---

① 杭州市西湖区方林富炒货店、杭州市西湖区市场监督管理局工商行政管理（工商）再审审查与审判监督行政裁定书，(2019) 浙行申64号。

② 《俄罗斯联邦行政违法法典》，刘向文译，中国人民大学出版社2004年版，第13页。

决定而被追责，往往倾向于不作为。为了消解行政执法人员的疑虑，一些地方编制了减轻行政处罚清单。如，济南市考虑违法行为的事实、性质、情节、危害程度、后果等因素，制定了不予处罚事项清单、减轻处罚事项清单、从轻处罚事项清单和从重处罚事项清单，其中，减轻处罚事项有 141 项、从轻处罚事项 245 项。

六、不知法

法律假定任何人都知道法律。如果当事人的确能证明其不知法的话，则说明其不是故意，主观过错程度较低，但知法也是其义务，不知法本身就表明有过失，不知法不能免除责任。理论上，不知法也可以作为减轻处罚的事由。①

法条关联

《治安管理处罚法》第十四条；《中国银保监会行政处罚办法》第七条；《海上海事行政处罚规定》第八条；《安全生产违法行为行政处罚办法》第五十六条；《国家外汇管理局行政处罚办法》第十八条；《价格违法行为行政处罚规定》第十七条等。

第三十三条　【不予处罚；过错推定】

违法行为轻微并及时改正，没有造成危害后果的，不予行政处罚。初次违法且危害后果轻微并及时改正的，可以不予行政处罚。

当事人有证据足以证明没有主观过错的，不予行政处罚。法律、行政法规另有规定的，从其规定。

对当事人的违法行为依法不予行政处罚的，行政机关应当对当事人进行教育。

① 有学者提出，立法者需要在此次《行政处罚法》修改过程中，增设禁止错误条款，实现法盲问题的规范化，一方面将“不知法不免责”予以法定化，另一方面将不可避免的禁止错误的处罚责任予以从轻、减轻或免除。熊樟林：《行政处罚上的“法盲”及其规范化》，《华东政法大学学报》2020 年第 1 期。我国台湾地区“行政罚法”第八条规定：“不得因不知法规而免除行政处罚责任。但按其情节，得减轻或免除其处罚。”

微言要义

衡平法帮助不知，不帮助不注意。[①]

每一个推定都对过错者不利。[②]

期待不处罚是实施犯罪的最大诱因。[③]

本条来源

第一句基本为原第二十七条第二款，其他为新增。

立法演变

一审稿第三十条规定了第一款第一句、第二款。二审稿将第二款中的“依照其规定”改为“从其规定”。三审稿将本条单独作为一条，增加了第一款第二句、第三款，并将第一款中的“纠正”改为“改正”。

条文释义

一、规范意旨

本条是基于监管目的而对行政处罚法定原则的调整，是合理原则[④]、过罚相当原则、惩罚与教育相结合原则的综合体现。行政处罚法定是基本原则，原则上对于违法行为即应处罚，只有在例外情形下，基于比例原则，对于处罚规定的适用进行“目的性限缩”，才考虑不罚。[⑤]

（一）不予处罚

本条规定的“不予处罚”有多重含义，有的情形已经构成应受行政处罚的

---

① 郑玉波：《法谚（一）》，法律出版社2007年版，第5页。

② 孙笑侠：《西方法谚精选》，法律出版社2005年版，第116页。

③ 张明楷：《刑法格言的展开（第三版）》，北京大学出版社2013年版，第41页。

④ 尽管法律规定对某行为应有可罚性，唯在个案中，行政机关仍有放弃继续追诉及制裁的权能，若以其他手段足以达到行政目的时，无须非处以行政秩序罚不可。比例原则的基本意义在于干涉与所得之间，应具有适当比例。当国家行为之所得必须超过对人民所生之不利益时，才被容许。洪家殷：《行政制裁》，载翁岳生主编：《行政法（下册）》，中国法制出版社2002年版，第833－835页。

⑤ 陈清秀：《处罚法定主义》，载廖义男主编：《“行政罚法”》，元照出版有限公司2017年版，第94页。

行为，如第一款第二句规定；有的情形不构成应受行政处罚的行为，如第一款第一句规定，一些地方和部门据此探索实行“首违不罚”。

“首违不罚”首先有国务院的政策依据。《国务院关于加强和规范事中事后监管的指导意见》（国发〔2019〕18 号）规定：“落实和完善包容审慎监管。对新技术、新产业、新业态、新模式，要按照鼓励创新原则，留足发展空间，同时坚守质量和安全底线，严禁简单封杀或放任不管。加强对新生事物发展规律研究，分类量身定制监管规则和标准。对看得准、有发展前景的，要引导其健康规范发展；对一时看不准的，设置一定的‘观察期’，对出现的问题及时引导或处置；对潜在风险大、可能造成严重不良后果的，严格监管；对非法经营的，坚决依法予以查处。推进线上线下一体化监管，统一执法标准和尺度。”《国务院关于做好自由贸易试验区第六批改革试点经验复制推广工作的通知》（国函〔2020〕96 号）规定，司法部负责推进多领域实施包容免罚清单模式：对市场主体符合首次违法、非主观故意并及时纠正、违法行为轻微、没有造成危害后果的行政违法行为①，制定并发布多个领域的包容免罚清单，明确免除罚款的行政处罚。在规定期限内，动态调整免罚清单。对未在规定期限内整改或整改不到位的市场主体，行政监管部门可以依据行政处罚法等予以处罚。

不少地方都推行免罚清单。2019 年以来，上海市有关部门印发了《市场轻微违法违规经营行为免罚清单》《文化市场轻微违法违规行为免罚清单》《生态环境轻微违法违规行为免罚清单》等，免罚清单的做法后来写入了《上海市优化营商环境条例》。山东省司法厅印发《山东省轻微违法行为不予行政处罚和一般违法行为减轻行政处罚事项清单》，浙江省有关部门印发《关于在市场监管领域实施轻微违法行为告知承诺制的意见》《浙江省生态环境轻微违法行为不予处罚清单（试行）》，苏州市制定出台了《关于规范涉企轻微违法行为不予行政处罚和一般违法行为从轻减轻行政处罚的实施意见》。

这些做法最早可以追溯到十多年前天津的“三步式”执法。即第一步是教育规范，执法人员在发现违法行为后，对符合“三步式”适用范围的违法行为当事人进行教育劝导，要求其自觉遵守法律规定，在规定期限内主动改正违法

---

① 需要注意的是，《行政处罚法》对该国务院文件规定的包容免罚适用条件作了调整，没有采纳“非主观故意”“没有造成危害后果”，在适用免罚时需要严格执行《行政处罚法》的规定。

行为，消除危害后果；第二步是责令整改，执法人员对违法行为改正情况进行复查，对教育规范改正期满不改正违法行为的当事人，执法人员通过书面形式责令其限期改正违法行为；第三步是实施处罚，当事人在限期整改期限内拒不改正违法行为的，执法人员将依法对其实施行政处罚。

“首违不罚”的背后是便宜原则。便宜原则是对于符合法律构成要件的行为，行政机关仍有决定是否予以处罚的“决定裁量”。① 行政机关应该以最小的行政处罚成本，达到最高的行政效能。② 除了本法规定的“首违不罚”，我国台湾地区还有一些做法，值得参考借鉴：新法开始施行的宣导期间，劝导改善不罚；事实或法律关系不明确，先劝导改善而不立即处罚；基于行政效能原则，对于重大违规行为优先取缔处罚；低度违法行为被高度违法行为吸收，仅就高度违法行为从重处罚。③

（二）过错推定

一个人必须对其行为负责时，才得对其加以非难，处以行政秩序罚。同时，其所受到的制裁，也须与其责任相当，否则也与此原则相抵触。④ 过错推定原则意味着当事人要对自己没有过错承担举证责任。举证责任之所在，败诉之所在，如果当事人没有证明自己没有过错，则当事人可能要承担不利后果。在当事人承担举证义务后，举证责任自动转移到行政机关，行政机关如果不能举证推翻当事人的证据，则不能认定当事人的行为应受行政处罚。⑤

---

① 李惠宗：《“行政罚法”之理论与案例》，元照出版有限公司2005年版，第20页。

② 陈清秀：《“行政罚法”》，法律出版社2016年版，第75页。基于行政效能原则，对于重大违规行为优先取缔处罚。实务上有时候基于行政人力不足，亦未全面取缔，而只能针对重大危害公共安全或公共利益的违规行为优先取缔。因此，实质上也采取便宜主义。例如，在节假日，有关交通违规行为从宽处理，仅就交通干道之违规行为，优先取缔处罚。

③ 陈清秀：《处罚法定主义》，廖义男主编：《“行政罚法”》，元照出版有限公司2017年版，第94-98页。

④ 洪家殷：《行政制裁》，载翁岳生主编：《行政法（下册）》，中国法制出版社2002年版，第833-834页。

⑤ 1991年，我国台湾地区实务界曾认为，只要行为符合法规上所规定的客观构成要件，即可加以处罚，并无考虑行为人主观上是否有故意或过失之必要。洪家殷：《行政制裁》，载翁岳生主编：《行政法（下册）》，中国法制出版社2002年版，第851页。我国台湾地区“司法院”释字275号：“人民因违反法律上义务而应受之行政罚，系属对人民之制裁，原则上行为人应有可归责之原因，故于法律无特别规定时，虽不以出于故意为必要，仍须以过失为其责任条件。但为维护行政目的之实现，兼顾人民权利之保障，应受行政罚之行为，仅须违反禁止规定或作为义务，而不以发生损害或危险为其要件者，推定为有过失，于行为人不能举证证明自己无过失时，即应受处罚。”

本条还确定过错作为应受行政处罚行为的构成要件，这是一个重大转变。关于主观要件作为应受行政处罚行为的构成要件，是采肯定说还是否定说，难以抱持始终不变的唯一正确答案。本次行政处罚法修订如何处理构成应受行政处罚行为的主观要件问题，要顺应时下的社会期待和行政处罚制度发展完善的内在需要，本次修订采纳了“普遍过错推定＋单行法补充”的意见。[①] 虽然立法过程中，还有不少不同声音，但目前方案已定，且有例外规定，可以说，本次修订最大限度地凝聚了理论和实务的共识，兼具公正与效率，值得肯定。

二、不予行政处罚

不予处罚的前提是不构成应受行政处罚行为。从本条表述来看，立法没有区分行为犯、危险犯、结果犯，违法行为轻微、及时改正、没有造成危害后果，是并列的三个条件，缺一不可。立案后，经过调查，确实发现不构成应受行政处罚行为的，行政机关有义务作出不予处罚决定，为当事人消除影响。

有判决指出，判断行为人主观上是否存在过错的关键并不是行为人是否看见了交通标志，而是其是否明知或应知某路段设有交通标志，因此，行为人不能以未看见交通标志为由主张排除违法责任的承担。[②]

三、可以不予行政处罚

可以不予行政处罚实为免予处罚。适用可以不予行政处罚的原因，是构成应受行政处罚行为，前提是初次违法且危害后果轻微并及时改正。在此情形下，行政机关对是否予以处罚有裁量权。[③]

（一）不予处罚和可以不予处罚不同

前者是不构成行政违法，不应当予以行政处罚，后者是构成行政违法，但在法律制裁的数值是零，因此，后者实际是免予处罚，这与我国刑事法律对于犯罪的认识是一致的。

---

① 方军：《论构成应受行政处罚行为的主观要件》，《中国法律评论》2020 年第 5 期。

② （2012）宁行终字第 50 号，张某不服南京市公安局交通管理局机动大队道路交通行政处罚案。

③ 《俄罗斯联邦行政违法法典》第二之九条规定：“在实施的行政违法行为轻微时，被授权审理行政违法案件的法官、机关、公职人员可以免除行政违法行为人的行政责任，只给予口头训诫。”《俄罗斯联邦行政违法法典》，刘向文译，中国人民大学出版社 2004 年版，第 7 页。从条文来看，俄罗斯关于免罚的规定更为简单，不要求首次违法，不要求危害后果轻微，不要求及时改正，只要求违法行为轻微。

（二）初次违法有无时间、空间、领域限制

本书认为，当事人在较长的期限、不同的生活、经营地区、不同部门主管的领域内，可能多次违法，如不限定时间、空间、领域，则本条适用的空间有限。实施机关应对时间、空间、领域等作出一定限制，以体现罚教结合原则。

（三）对于单行法规定“应当”的是否可以不予处罚

有的法律规范规定的是“可以处以某类处罚”，此类情况可以直接适用本款。如《广告法》第六十一条第二款规定：“违反本法第三十五条规定，广告经营者、广告发布者未公布其收费标准和收费办法的，由价格主管部门责令改正，可以处五万元以下的罚款。”

但有的法律规范规定的是“应当处以某类处罚”，如《中外合作职业技能培训办学管理办法》第五十二条规定：“违反本办法的规定，未经批准擅自举办中外合作职业技能培训办学项目，或者以不正当手段骗取中外合作办学项目批准书的，由劳动保障行政部门责令举办该项目的中国教育机构限期改正、退还向学生收取的费用，并处以 1 万元以下罚款。”对于没有违法所得、检查之日起前 12 个月内无违反同一法律规定的查处记录、未造成危害后果、主动整改或在行政机关责令（限期）改正限期内改正，本书认为，应当结合本条规定，由行政机关决定是否不予处罚。

（四）“首违不罚”适用的违法行为类型

从表述来看，本条第一款第一句和第二句中“轻微”所表达的含义不同，第一句中“轻微”对应的是违法行为；第二句中“轻微”有两种解释，一种是仅修饰危害后果，一种是同时修饰违法行为和危害后果，换句话说，“初次违法且危害后果轻微并及时改正的，可以不予行政处罚”是否包含轻微违法行为、一般违法行为。

本书认为，对此的解释应当具体情况具体分析。对于行为犯而言，应要求初次违法且违法行为轻微；对于结果犯而言，从严解释时，要同时具备违法行为和危害后果轻微，但也可以结合具体情况，适当从宽解释，仅要求危害后果轻微。

（五）行政机关的操作注意事项

对可以适用“可以不予处罚”情形的，行政执法人员应当在现场检查笔录中记录当事人违法事实及完成改正的情况，确认当事人当场改正的方可不予处罚；对要求限期改正的不予处罚情形，应当下达责令改正违法行为决定书，并及时核实改正情况，当事人在规定期限内完成改正的方可不予处罚。当事人拒不改正、逾期不改正或者改正后仍不符合要求的，应当依法处理。

四、过错推定原则

关于主观过错，本书在归责原则和构成要件部分已有阐述。我国单行法大部分没有规定主观过错，本条可以认为是概括性地分配了行政机关和当事人的举证义务。第二款的适用范围包含轻微违法行为、一般违法行为、严重违法行为等全部的行政违法行为，第一款中规定的“轻微”，不能适用到第二款。

（一）证明义务的分配

主观过错原则上由当事人举证，但也存在例外情况。我国单行法规定有的行政违法行为要求主观过错作为构成要件，如，《海关行政处罚实施条例》第十七条：“报关企业、报关人员对委托人所提供情况的真实性未进行合理审查，或者因工作疏忽致使发生本实施条例第十五条规定情形的，可以对报关企业处货物价值10%以下罚款，暂停其6个月以内从事报关业务或者执业；情节严重的，撤销其报关注册登记、取消其报关从业资格。”在此情况下，行政机关要先承担证明当事人有故意或者过失的义务。

（二）企业等团体的主观过错的认定

一是企业和个人的过错认定有所不同。企业如果没有合规体系，则可以认定具有过失。[①] 有了合规体系，如果没有执行到位，也有可能被认定为有过失，比如幼儿园雇用员工时没有做性犯罪背景调查。

二是企业工作人员的过错是否是企业的过错。一般来讲，企业工作人员的过错推定为企业的过错。我国台湾地区“行政罚法”第七条规定：“法人、设有代表人或管理人之非法人团体、中央或地方机关或其他组织违反行政法上义务者，其代表人、管理人、其他有代表权之人或实际行为之职员、受雇人或从业人员之故意、过失，推定为该等组织之故意、过失。”

在对单位和单位工作人员实施双罚制的背景下，法定代表人、直接负责人等企业工作人员的过错具有双重意义，既对企业过错的判定有影响，也对个人过错的确定有影响。如，《药品管理法》第一百三十五条规定，药品上市许可

---

① 企业合规是否可以作为从轻、减轻处罚事由，值得探讨。

持有人在省、自治区、直辖市人民政府药品监督管理部门责令其召回后，拒不召回的，处应召回药品货值金额五倍以上十倍以下的罚款；货值金额不足十万元的，按十万元计算；情节严重的，吊销药品批准证明文件、药品生产许可证、药品经营许可证，对法定代表人、主要负责人、直接负责的主管人员和其他责任人员，处二万元以上二十万元以下的罚款。①

五、不予处罚时的法治教育

在不予处罚、可以不予处罚的情形下，为了预防再次发生违法行为，本条规定了行政机关的教育义务，这也符合“谁执法、谁普法”的政策要求。

立法过程中，有代表建议，对不予处罚等违法行为应当记录备查，而且记录备案要求逐步建立起管理信息库，这有助于使行政管理办案有据，增强行政处罚的管理水平；而对屡犯要加大打击力度，也解决了有些人大错不犯，小错不断，天天和行政执法机关打游击的情况。② 本条采纳了该建议。我国台湾地区“行政罚法”第十九条规定：“违反行政法上义务应受法定最高额新台币三千元以下罚锾之处罚，其情节轻微，认以不处罚为适当者，得免予处罚。前项情形，得对违反行政法上义务者施以纠正或劝导，并作成纪录，命其签名。”该规定强调“记录且签名”，行政机关可以借鉴此种做法，强化当事人的注意义务，浙江省推行的行政处罚告知承诺制，在此基础上更进了一步，值得推广。

在操作层面，行政执法人员可以运用政策辅导、行政建议、警示告诫、规劝提醒、走访约谈等方式，加大行政指导力度，减少轻微违法行为发生，体现宽严相济的法治精神，让当事人真正感受到“有温度的执法”。如，为充分发挥道路交通安全违法行为记分制度的教育引导、鼓励守法的正向激励作用，进一步提升机动车驾驶人交通安全意识，北京市实施接受教育减免交通违法记分改革措施，简称“学法减分”，自 2021 年 3 月 30 日运行至今，申请人次已达到 70. 8 万，成功减分人次达到 33. 6 万。③

---

① 本书认为，双罚制的民法基础是“刺破公司面纱”。

② 周斌：《陈舒代表：修改行政处罚法遏制钓鱼执法》，《法制日报》2010 年 3 月 5 日。

③ 《北京“学法减分”上线以来 已有 33. 6 万人次成功减分》，https：//baijiahao. baidu. com/s? id = 1699190096147332781&wfr = spider&for = pc，2021 年 5 月 8 日最后访问。

法条关联

《药品管理法》第一百三十五条；《海关行政处罚实施条例》第十七条等。

案例评议

杭州市西湖区方林富炒货店诉杭州市西湖区市场监督管理局广告违法行政处罚案[①]

◆ **裁判要旨**

在对广告违法行为实施行政处罚时，除适用广告法的具体规定确定处罚种类及幅度以外，还应当遵循行政处罚法确定的基本原则和制度，综合全案事实考量是否存在从轻、减轻或者不予行政处罚等情形。方林富炒货店在行政处理过程中及事后虽有所整改，将违法广告语中的“最”字点涂或者涂划后改为“真”字，但“最”字仍然清晰可辨，整改并不彻底。不符合《行政处罚法》不予行政处罚的规定。为减少当事人诉累，一审法院没有判决撤销被诉行政处罚决定并责令西湖市监局重新作出处理，而是综合全案事实，判决变更被诉行政处罚决定之罚款金额为10万元，同时撤销维持该处罚决定的行政复议决定，并无明显不当。

第三十四条　【行政处罚裁量权】

行政机关可以依法制定行政处罚裁量基准，规范行使行政处罚裁量权。行政处罚裁量基准应当向社会公布。

微言要义

同一理由，同一法律；类似事项，类似判决。[②]

留给法官自由裁量余地越少的法律越好，这样就可以带来法律确定性的好处。[③]

---

① （2019）浙行申64号。

② 郑玉波：《法谚（一）》，法律出版社2007年版，第37页。

③ 孙笑侠：《西方法谚精选》，法律出版社2005年版，第68页。

法律不规定更精确的定义，而委任善良人裁量。①

本条来源

新增。

立法演变

一审稿新增了第一句。二审稿补充规定了第二句。

条文释义

一、规范意旨

行政处罚裁量权是指行政机关在实施行政处罚时，根据法律、法规、规章的规定，综合考虑违法行为的事实、性质、情节、社会危害程度以及当事人主观过错等因素，决定是否给予行政处罚、给予行政处罚的种类和幅度的权限②，具体有事实裁量和效果裁量两类裁量权。

（一）规范行政裁量权有利于预防减少争议

行政裁量权是现代行政法理论和实践的核心问题和永恒课题。③“行政法的精髓在于裁量”，“行政法被裁量的术语统治着”，“行政法如果不是控制行政裁量权的法，那它又是什么呢?”④ 同时，“一切有权力的人都容易滥用权力，这是万古不易的一条经验。有权的人使用权力一直遇到有界限的地方为止”。“所有的自由裁量权都可能被滥用，这仍是个至理名言。”⑤ 面对行政裁量权不可避免的增长趋势，现代行政法治不是简单地要求消除行政裁量权，而是要尽力规范这项权力的行使。⑥ 因此，规范行政裁量权，有利于推进严格规范公正文明

---

① 张明楷：《刑法格言的展开（第三版）》，北京大学出版社 2013 年版，第 4 页。

② 有学者认为，行政裁量是指行政主体在适用法律规范裁断个案时由于法律规范与案件事实之间的永恒张力而享有的由类推法律要件、补充法律要件进而确定法律效果的自由。王贵松：《行政裁量的内在构造》，《法学家》2009 年第 2 期，第 40 页。

③ 英国宪法学家戴雪曾把行政裁量权当作恣意滥用公权力的同义语，并进而否定其存在的合理性。[英] 戴雪：《英宪精义》，雷宾南译，中国法制出版社 2001 年版，第 232 页。

④ 周佑勇：《行政裁量治理研究》，法律出版社 2008 年版，第 1 页。

⑤ [英] 威廉·韦德：《行政法》，徐炳等译，中国大百科全书出版社 1997 年版，第 70 页。

⑥ [英] 威廉·韦德：《行政法》，徐炳等译，中国大百科全书出版社 1997 年版，第 55 页。

执法，预防和减少行政争议，实现平等和个案正义，促进社会和谐与稳定。

（二）规范行政裁量权有利于加强行政自制

行政机关如果自己反复为相同处理之行为，则其拘束力来自于行政机关之自我约束，若无正当理由而改变向来之惯行，则违法自我约束之原则而违法。[①]行政自我拘束原则通过行政惯例使行政机关“作茧自缚”，既发挥了行政裁量权的积极作用，又控制了行政裁量权的消极影响，对于保障公民的平等与自由，构建稳定而又公正的行政裁量秩序具有重要的价值。[②] 如果行政机关能进行权力自我约束，那么行政处罚行为会更加规范，行政治理效果会更加明显。

（三）规范行政裁量权有利于实现平等保护

平等原则又称为禁止差别待遇原则，是指行政权的行使，不论在实体上或程序上，对于相同事件应为相同处理，对于不相同的事件，不得为同一的处理，且除非有合理、正当的理由，不得为差别待遇。[③] 基于制度性缺陷、人情、个人私欲等原因，行政执法人员对案件的相关因素进行随意取舍，考虑与案件无关或者次要的因素，不考虑或者排除案件相关的主要因素，所采取的措施和手段没有体现必要、适当原则，可以采用多种方式实现行政目的的时候，也不考虑降低对当事人权益的损害程度。规范行政裁量权有利于行政执法的精细化、标准化，加强执法指引，增强行政行为的可预测性[④]，维护个案的公平正义。

二、行使行政处罚裁量权的基本原则

一是合法原则。依据法定权限，符合法律、法规、规章规定的裁量条件、处罚种类和幅度等，遵守法定程序。

二是合理原则。行使自由裁量权应当符合法律目的，充分考虑公共政策、社会主流价值观念、社会发展的阶段性、社会公众的认同度等因素，排除不相关因素的干扰；所采取的措施和手段应当必要、适当；可以采用教育等方式实现行政目的的，要避免采用损害当事人权益的方式，或者尽量争取最小损害。

---

① 陈春生：《行政规则外部效力问题》，载《行政法争议问题研究（上册）》，五南图书出版公司2001年版，第369页。

② 尚海龙：《论行政自我拘束原则》，《政治与法律》2007年第4期。

③ 林腾鹞：《行政法总论》，我国台湾地区三民书局1999年版，第81页。

④ 控制行政裁量权的核心，在于使其获得确定性。当然，这是一种相对的确定性，而非绝对的确定性。余凌云：《行政自由裁量论》，中国人民公安大学出版社2009年版，第270页。

三是过罚相当原则。以事实为依据，处罚的种类和幅度与违法行为的事实、性质、情节、社会危害程度等相当。在保证行政管理目标实现的同时，兼顾保护行政相对人的合法权益，行政处罚以达到行政执法目的和目标为限。①

四是平等原则。坚持法律面前人人平等，平等对待当事人，排除干扰，保持中立，不偏私、不歧视；坚持实体公正与程序公正并重。

五是处罚与教育相结合原则。要兼顾纠正违法行为和教育当事人，引导当事人自觉守法。

六是公开原则。要向社会公开裁量标准，向当事人告知裁量所基于的事实、理由、依据等内容。

七是综合裁量原则。综合考虑个案情况，兼顾地区经济社会发展水平、当事人主客观情况等相关因素，实现法律效果、社会效果、政治效果的统一。对于案件所涉各种利益关系，对相互冲突的权利或利益进行权衡与取舍，正确处理公共利益与个人利益、人身利益与财产利益、生存利益与商业利益的关系，保护合法利益，抑制非法利益，努力实现利益最大化、损害最小化。

三、行政处罚裁量基准

行政裁量基准是规范行政裁量权的重要手段之一。目前，各省、自治区、直辖市政府基本都组织制定并公开行政处罚的裁量基准。行政处罚裁量基准，可以作为行政处罚决定说理的内容，但不得直接作为行政处罚的法律依据。

行政执法人员运用行政处罚裁量基准时，要充分发掘与认识案件事实，认清哪些是生活事实，哪些是法律事实；要针对相对人的具体情况，如，经济状况、性别、年龄、精神智力发展水平、申请人的行为表现、认错态度等，充分考虑其是否具有免除、减轻、从轻、加重、从重等情节②，最终实现个体化执法，也就是客观化执法。此种客观执法，意味着行政要尊重和遵循事物的客观规律性，避免主观武断，随心所欲。③ 如果行政执法人员选择不适用应当适用的裁量基准，应当在行政处罚决定书中说明理由。如果行政机关没有考虑合理

① （2011）苏知行终字第4号，“乐活”商标侵权行政处罚案。

② 我国台湾地区“行政罚法”第十八条规定：“裁处罚锾，应审酌违反行政法上义务行为应受责难程度、所生影响及因违反行政法上义务所得之利益，并得考量受处罚者之资力。前项所得之利益超过法定罚锾最高额者，得於所得利益之范围内酌量加重，不受法定罚锾最高额之限制。”

③ 姜明安主编：《行政执法研究》，北京大学出版社2004年版，第6页。

的处理方式，导致当事人利益的受损或者扩大，这种明显不合理的行政处罚就构成滥用职权，应当承担相应的行政责任。①

四、其他规范裁量权的方法

一是案例指导制度。《湖南省行政执法案例指导办法》要求：县级以上人民政府应当建立和实行行政执法案例指导制度。县级以上人民政府工作部门处理与行政执法指导案例相同的行政事务，除法律依据和客观情况变化以外，应当参照本级人民政府发布的行政执法指导案例，作出与行政执法指导案例基本相同的处理决定。近年来，最高人民法院、最高人民检察院也通过案例指导制度统一法律适用。

二是类案指引。《最高人民法院关于统一法律适用加强类案检索的指导意见（试行）》规定："类案，是指与待决案件在基本事实、争议焦点、法律适用问题等方面具有相似性，且已经人民法院裁判生效的案件。"根据该规定，承办法官要依托中国裁判文书网、审判案例数据库等进行类案检索，在合议庭评议、专业（主审）法官会议讨论及审理报告中对类案检索情况予以说明，或者制作专门的类案检索报告，并随案归档备查。在实践中，有的地方实现了能够通过案例库自动指引法官行使裁量权，当超出类案裁量范围后，信息化系统会自动预警，这种方式比行政执法裁量基准更鲜活、更直接，值得借鉴推广。

三是行政执法裁量智能辅助信息系统。中共中央、国务院《法治政府建设实施纲要（2015—2020年）》等多个文件对规范行政裁量权多次提出要求，但主要的策略是行政裁量权基准制度，通过细化、量化行政裁量标准，规范裁量范围、种类、幅度。《国务院办公厅关于全面推行行政执法公示制度执法全过程记录制度重大执法决定法制审核制度的指导意见》在这方面有个突破，就是运用大数据技术，向行政执法人员推送本地区本部门既有的同类执法案例，甚至提出处理意见建议、生成执法决定文书。这就避免了执法裁量基准的僵化，实现了执法指导案例的规模化和即时化，剔除了裁量规范的不利人为因素，实现了对裁量权的实时监督。当然，推送案例对执法人员也只具有柔性拘束力，执法人员可以突破推送案例的裁量约束，但必须说明理由。可以说，该制度是行政裁量权在实务中的突破性进展。

---

① 王某萍诉中牟县交通局行政赔偿纠纷案，《最高人民法院公报》2003年第3期。

法条关联

《优化营商环境条例》第六十条；《税务行政处罚裁量权行使规则》；《规范农业行政处罚自由裁量权办法》；《市场监管总局关于规范市场监督管理行政处罚裁量权的指导意见》；《文化市场综合执法行政处罚裁量权适用办法》；《生态环境部关于进一步规范适用环境行政处罚自由裁量权的指导意见》等。

案例评议

苏州鼎盛食品公司不服苏州市工商局商标侵权行政处罚案[①]

◆ **裁判要旨**

判断商品上的标识是否属于商标性使用时，必须根据该标识的具体使用方式，看其是否具有识别商品或服务来源之功能；侵犯注册商标专用权意义上商标近似应当是混淆性近似，是否造成市场混淆是判断商标近似的重要因素之一。其中，是否造成市场混淆，通常情况下，不仅包括现实的混淆，也包括混淆的可能性；工商行政机关依法对行政相对人的商标侵权行为实施行政处罚时，应遵循过罚相当原则，综合考虑处罚相对人的主观过错程度、违法行为的情节、性质、后果及危害程度等因素行使自由裁量权。工商行政机关如果未考虑上述应当考虑的因素，违背过罚相当原则，导致行政处罚结果显失公正的，人民法院有权依法判决变更。

第三十五条　【行刑处罚折抵】

违法行为构成犯罪，人民法院判处拘役或者有期徒刑时，行政机关已经给予当事人行政拘留的，应当依法折抵相应刑期。

违法行为构成犯罪，人民法院判处罚金时，行政机关已经给予当事人罚款的，应当折抵相应罚金；行政机关尚未给予当事人罚款的，不再给予罚款。

---

① 《最高人民法院公报》2013 年第 10 期。

微言要义

行政官员没有权力审查法庭的司法行为。①

责任种类相同，则发生竞合，择一而用；责任种类不同，则发生聚合，合并适用。

本条来源

原法第二十八条。

立法演变

三审稿增加了“行政机关尚未给予当事人罚款的，不再给予罚款”。

条文释义

一、规范意旨

本条的目的是避免同一违法犯罪行为受到两次评价，如行政机关已经作出人身罚或者财产罚的行政处罚，人民法院必须进行折抵，这是广义的“一事不二罚”，或者是“禁止双重评价”。从立法例上来看，我国在处理行政处罚与刑罚的关系时，采用了二元主义，既要适用刑法，也要适用行政处罚，但处罚种类相同的部分予以折抵。

二、处罚的折抵

拘役或者有期徒刑、行政拘留都属于人身自由方面的惩戒，折抵可以一日折抵一日②，如人民法院判处管制，则行政拘留一日似可折抵管制二日③；罚款

① 孙笑侠：《西方法谚精选》，法律出版社2005年版，第72页。

② “如果被告人被判处刑罚的犯罪行为和以前受行政拘留处分的行为系同一行为，其被拘留的日期，应予折抵刑期。”这里所说的“同一行为”，既可以是判决认定同一性质的全部犯罪行为，也可以是同一性质的部分犯罪行为。只要是以前受行政拘留处分的行为，后又作为犯罪事实的全部或者一部分加以认定，其行政拘留的日期即应予折抵刑期。《最高人民法院研究室关于行政拘留日期折抵刑期问题的电话答复》（已失效，1988年2月23日）。

③ 《监察法》第四十四条第三款规定：“被留置人员涉嫌犯罪移送司法机关后，被依法判处管制、拘役和有期徒刑的，留置一日折抵管制二日，折抵拘役、有期徒刑一日。”如果被告人被判处刑罚的犯罪行为和被劳动教养的行为系同一行为，其被劳动教养的日期可以折抵刑期；至于折抵办法，应以劳动教养一日折抵有期徒刑或拘役的刑期一日，折抵管制的刑期二日。《最高人民法院关于劳动教养日期可否折抵刑期问题的批复》（已失效，法研字〔1981〕第14号）。

和罚金也可以按照“1∶1”的比例折抵。

本条新增的第二款最后一句，目的是体现维护司法机关的最终裁判权。本书认为，该规定可能存在漏洞，应在司法环节充分考虑行政机关的意见。由于过去立法遵循“宜粗不宜细”，《刑法》中有的罪名规定时间较早，且没有经过修改，罚金数额可能低于行政罚款的数额。如法院仅仅判处罚金，则被告因为判决而受到了较低程度的惩戒，也就是说，根据该规定，被告的违法成本实际降低了，而司法的成本远远高于行政的成本。因此，法院在此情况下应充分考虑行政机关可能给予的罚款数额，必要时，行政机关可以参加刑事诉讼。人民检察院在提起公诉时，也应考虑上述情况。①

对于资格罚等其他行政处罚类型，本条并没有禁止，行政机关原则上可以作出罚款之外的行政处罚决定。如果违法当事人是法人或者其他组织，人民法院只依法追究了直接责任人员的刑事责任，行政机关还可以对该法人或者其他组织适用行政处罚。②

三、移送违法行为前能否给予行政处罚

本书认为，可以予以行政处罚。③ 一是本法第三十五条关于行刑衔接折抵的规定，明确了构成犯罪的，行政机关也可以依法予以行政处罚。二是行政与刑事的制裁类型不完全对应。根据本法第八条等，行政不法与刑事不法竞合时，自由、财产方面的惩戒可以折抵，但吊销许可证，在《刑法》中没有对应的刑罚类型。④ 三是制裁幅度不均衡。个别情况下，行政处罚严厉度强于刑罚。如果法院判决罚金，则违法行为人可能因为判决而降低了违法成本。本法禁止的

---

① 以行政罚代替刑罚作为处罚手段，是否必然会产生处罚减轻的问题？《行政处罚法》对实施行政不法行为的企业确立了责令停产停业、吊销许可证件等极为严厉的行政处罚，而《刑法》对实施犯罪的企业，却只是科处罚金或追缴涉案财物。陈瑞华：《企业合规基本理论》，法律出版社2020年版，第65页。在我国台湾地区，存在行政处罚领域的罚锾最低额往往高于刑事领域罚金的最高额的问题。李惠宗：《“行政罚法”之理论与案例》，2005年自版，第49页。一行为同时触犯刑事法律及违反行政法上义务规定者，依刑事法律处罚之，但其行为应处以其他种类行政罚或应该没入而未经法院宣告没收者，也可以裁处之。廖义男：《“行政罚法”之制定与影响》，载廖义男主编：《“行政罚法”》，元照出版有限公司2017年版，第6页。

② 汪永清：《行政处罚法适用手册》，中国方正出版社1996年版，第119页。

③ 有观点认为，行政处罚是对违反行政法律规范尚未构成犯罪的相对方给予行政制裁的具体行政行为。罗豪才、湛中乐主编：《行政法学（第三版）》，北京大学出版社2012年版，第227页。

④ 类似观点参见冯军：《行政处罚法新论》，中国检察出版社2003年版，第34页。

是法院作出罚款裁判后，行政机关不得再予以罚款，没有禁止行政机关移送前罚款。

法条关联

《最高人民法院关于适用〈中华人民共和国刑事诉讼法〉的解释》第五百二十三条；《行政执法机关移送涉嫌犯罪案件的规定》第十一条等。

案例评议

山东省枣庄市国家税务局与枣庄永帮橡胶有限公司税务行政处罚纠纷上诉案①

◆ **裁判要旨**

行政机关在依法将案件移送公安机关立案侦查后，又以涉嫌偷税立案并作出罚款的行政处罚决定，缺乏法律明确授权，属于程序违法。其一，在实体上，有关人身权和财产权的刑事处罚优于行政处罚，相关的行政处罚必须和刑事处罚进行折抵；其二，在程序上，有关人身权和财产权处罚的刑事程序优于行政程序。如果违法行为已构成犯罪，必须依法向公安机关移送。在司法机关对该违法犯罪行为未作出最后处理之前，行政机关如在向公安机关移送之前未作出有关人身权和财产权的行政处罚，则不再针对同一违法行为作出该类行政处罚，否则构成程序违法。

第三十六条 【追责时效】

违法行为在二年内未被发现的，不再给予行政处罚；涉及公民生命健康安全、金融安全且有危害后果的，上述期限延长至五年。法律另有规定的除外。

前款规定的期限，从违法行为发生之日起计算；违法行为有连续或者继续状态的，从行为终了之日起计算。

① 【法宝引证码】CLI. C. 2138651。

微言要义

法条之但书，系规定现在与将来，不规定过去。①

本条来源

原法第二十九条，“涉及公民生命健康安全、金融安全且有危害后果的，上述期限延长至五年”为新增。

立法演变

一审稿新增了特殊的追责时效，即“对涉及公民生命健康安全的违法行为，在五年内未被有权机关发现的，不再给予行政处罚”。一审稿还明确了未被发现的主体是“有权机关”。三审稿删去了“有权机关”。

条文释义

一、规范意旨

设置追责时效制度的目的是维护社会安定。《中共中央关于坚持和完善中国特色社会主义制度 推进国家治理体系和治理能力现代化若干重大问题的决定》提出：“加大对严重违法行为处罚力度。”本条是贯彻落实该政策的举措之一。

追责时效以前经常被称为追诉时效（个别还称追溯时效），追诉时效本意是与诉讼有关的，行政处罚仅限于行政过程中，多数与诉讼并不相关，上述修改虽未见诸条文，但在立法解读中有所体现。

行政机关对于追责时效没有处分与否的裁量权，“发现”之后必须启动行政处罚程序。而民事主体在“知道或者应当知道权利被侵害时”后，也可以不行使权利，体现了民法的意思自治原则。

二、追责时效的期限

（一）期限基本规定

基本追责时效为两年，考虑到本法没有规定时间的中止，两年的时间其实非常短。为了加强对重点领域违法行为的打击，避免违法成本太低，本法特别

① 郑玉波：《法谚（一）》，法律出版社2007年版，第33页。

规定了长期追责时效，期限为五年，适用的领域主要是涉及“公民生命健康安全、金融安全等”。

（二）公民生命健康安全、金融安全

理解长期追责时效，必须注意要同时具备“引起危害后果”的条件。

1. 关于“公民生命健康安全”。

对此，需要适度限缩解释。本条但书规定的目的是重点打击严重违法行为。但是“公民生命健康安全”可能涉及的范围较广，对于轻伤害行为、生产不具有伤害性的假冒化妆品等是不宜将其列入“公民生命健康安全”范围的，否则将与立法目的不符。①

考虑到本条的目的是打击重点领域违法行为，而《法治中国建设规划（2020—2025年）》规定“统筹解决食品药品、生态环境、安全生产等领域法律法规存在的该硬不硬、该严不严、该重不重问题”、“加大食品药品、公共卫生、生态环境、安全生产、劳动保障、野生动物保护等关系群众切身利益的重点领域执法力度”，因此，食品药品等领域可以作为解释“公民生命健康安全”的政策依据。

2. 关于金融安全。

金融安全方面的行政违法只是金融行政违法的一部分，不能将零星的、散发的金融违法行为与金融安全方面的行政违法行为画等号。

（三）法律另有规定

追责时效有特别法规定的，按照特别法规定办理。《治安管理处罚法》第二十二条规定：“违反治安管理行为在六个月内没有被公安机关发现的，不再处罚。前款规定的期限，从违反治安管理行为发生之日起计算；违反治安管理行为有连续或者继续状态的，从行为终了之日起计算。”《税收征收管理法》第八十六条规定：“违反税收法律、行政法规应当给予行政处罚的行为，在五年内未被发现的，不再给予行政处罚。”如果税收方面追责时效太短，可能诱发逃税。

实践中，有的领域也可能需要重点打击，如知识产权、公共卫生、安全生产、资源环境、农林水利、交通运输、城乡建设、海洋渔业等，有的能被“公

① 《国务院关于加强食品等产品安全监督管理的特别规定》（国务院令第503号）第二条第一款规定：“本规定所称产品除食品外，还包括食用农产品、药品等与人体健康和生命安全有关的产品。”

民生命健康安全”所涵盖，有的则不能；对于不能涵盖的，全国人大及其常委会可以立法或者作出立法解释。此处的“法律”为狭义的法律，不包括行政法规、规章。如，《体育运动中兴奋剂管制通则》（体规字〔2018〕4号）第一百零七条规定：“兴奋剂违规的追诉时效自违规实际发生之日起为期十年，逾期不予追究。反兴奋剂组织已经通知当事人或以合理方式发出通知的，不受追诉时效的限制。”如无上位法依据，该规定应当予以清理。

（四）关于期限计算

本法关于期限的计算没有详细的规定，从解释上来看，原则上适用《民法典》的规定，但与行政法基本原则相冲突的除外。一是按照公历年、月、日、小时计算。二是按照年、月、日计算期间的，开始的当日不计入，自下一日开始计算。三是按照年、月计算期间的，到期月的对应日为期间的最后一日；没有对应日的，月末日为期间的最后一日。四是期间的最后一日是法定休假日的，以法定休假日结束的次日为期间的最后一日。五是期间的最后一日的截止时间为24时；有业务时间的，停止业务活动的时间为截止时间。

三、追责时效的起算点

（一）原则上从违法行为发生之日起计算

1. 如何认识“发现”？

发现可以是由行政机关、监察机关、司法机关、军事机关等“有权机关”，也可以基于当事人、第三人举报被发现。立法机关答复：

《行政处罚法》第二十九条[①]规定的发现违法违纪行为的主体是处罚机关或有权处罚的机关，公安、检察、法院、纪检监察部门和司法行政机关都是行使社会公权力的机关，对律师违法违纪行为的发现都应该具有《行政处罚法》规定的法律效力。因此，上述任何一个机关对律师违法违纪行为只要启动调查、取证和立案程序，均可视为“发现”；群众举报后被认定属实的，发现时效以举报时间为准。[②]

据此，其他国家机关发现的，应当及时向具有行政处罚权的行政机关移送。

---

① 对应2021年修改的《行政处罚法》第三十六条。

② 《全国人民代表大会常务委员会法制工作委员会关于提请明确对行政处罚追诉时效“二年未被发现”认定问题的函的研究意见》（法工委复字〔2004〕27号）。

2. 如何认识“违法行为发生之日”？

“违法行为发生之日”是指违法行为完成或者停止之日。如，运输违禁品，在路途上用了五天时间，应当以最后一天将违禁品转交他人起计算追诉期限。

3. 违法行为人在法定期限内未被查获或者违法行为人逃避处罚，如何计算追责时效？

如果违反行政管理秩序的行为在发生的两年内已被行政机关发现，但违法行为人在两年内未被查获或者逃避处罚，在两年后行政机关将其查获，仍应当依法给予行政处罚。

4. 行政违法行为人自行改正的，如何计算追责时效？

行政违法行为人自行改正后，则违法行为已经终止，行政监管的目的已经达到。如经过一段时间后，又发生了同样的违法行为，则在不能认定为同一个违法故意的情况下，应当重新计算追责时效。原国家工商行政管理局答复：

依据《公司法》第二百零六条[①]的规定，属于违反本条规定的违法行为，即应依法处理。如违法的公司自行纠正其违法行为，并达到了《公司法》规定的条件，且自该纠正行为之日起超过二年的，则不应再追究其违法行为。[②]

（二）连续或者继续违法行为从行为终了之日起计算

1. 连续或者继续违法行为的认定。

连续状态是指行为人连续实施数个同一种类的违法行为，如一个月内，每天都在销售盗版光盘。继续状态是指一个违法行为在时间上的延续，如制作光盘花了 15 天时间。[③] 立法机关答复：

关于建筑市场中违法发包、转包、分包、挂靠等行为的行政处罚追溯期限问题，同意你部的意见，对于违法发包、转包、分包、挂靠等行为的行政处罚追溯期限，应当从违法发包、转包、分包、挂靠的建筑工程竣工验收之日起计算。合同工程量未全部完成而解除或暂时终止履行合同的，为合同解除或终止之日。[④]

---

① 对应 2018 年修改的《公司法》第一百九十八条。

② 《国家工商行政管理局对公司登记违法行为行政处罚追责时效问题的答复》（工商企字〔2000〕第 176 号）。（已失效）

③ 张树义：《行政法与行政诉讼法学（第二版）》，高等教育出版社 2007 年版，第 133 页。

④ 《全国人大常委会法制工作委员会对建筑施工企业母公司承接工程后交由子公司实施是否属于转包以及行政处罚两年追溯期认定法律适用问题的意见》（法工办发〔2017〕223 号）。

连续违法行为在法律上被视为同一个违法行为。原国务院法制办曾明确：

违法行为的连续状态，是指当事人基于同一个违法故意，连续实施数个独立的行政违法行为，并触犯同一个行政处罚规定的情形。①

这一连续性违法行为要求数个性质相同的行政违法行为在时空上具有较为紧密的关联性。如娱乐场所20点至24点连续一个多月发出的噪声违反国家规定的标准，只构成一个独立的行政违法行为。②

2. 不同的行政违法行为，需要结合违法行为本身的性质，来认定是否具有连续或者持续状态。

占有在法律上本身就是连续或者持续状态，不同于打砸抢等行为，基于此，最高人民法院答复：

对非法占用土地的违法行为，在未恢复原状之前，应视为具有继续状态，其行政处罚的追诉时效，应根据《行政处罚法》第二十九条第二款③的规定，从违法行为终了之日起计算；破坏耕地的违法行为是否具有连续或继续状态，应根据案件的具体情况区别对待。④

3. 需要许可而未许可、需要验收而未验收等行政违法行为，如何计算追责时效？

此类行为如不计算为持续状态，则法律无异于鼓励违法。原国家环保总局答复：

根据《建设项目环境保护管理条例》第二十八条⑤的规定，建设项目的环境保护设施未建设、未经验收或者验收不合格即投入生产的行为，是一种应受处罚的环境违法行为。在该项目的环保设施建成并报经环保部门验收合格之前，建设单位违法投入生产的行为处于继续状态。这种违法投入生产的行为通常表现为继续状态。如果该违法行为的继续状态并未终了，负责审批该项目环境影响评价文件的环保部门发现之后，应依据《建设项目环境保护管理条例》第二

---

① 《国务院法制办公室〈关于如何确认违法行为连续或继续状态的请示〉的复函》（国法函〔2005〕442号）。

② 章剑生：《现代行政法基本理论》，法律出版社2008年版，第234页。

③ 对应2021年修改的《行政处罚法》第三十六条第二款。

④ 《最高人民法院行政审判庭关于如何计算土地违法行为追诉时效的答复》（〔1997〕法行字第26号）。

⑤ 对应2017年修改的《建设项目环境保护管理条例》第二十三条。

十八条的规定及时予以处罚。①

4. 结果发生之日是否可以作为起算日？

本法没有规定结果发生之日作为起算日。在解释层面，对于仅要求行为违法的，行为发生日和结果发生日有时间差的，将结果发生之日解释为“行为终了之日”，需要结合时空联系程度在个案中进行利益衡量。对于要求结果违法的，往往结果发生后才发现行政违法行为，结果的轻重程度也影响行政违法行为的定性和定量，因此，可以区分自然行为完成与行为终了，将结果发生之日认定为行为终了之日。②

5. 违法建设如何认定追责时效？

立法机关使用了“结果持续发生”作为行为终了的认定标准，专门答复：

违反规划许可、工程建设强制性标准进行建设、设计、施工，因其带来的建设工程质量安全隐患和违反城乡规划的事实始终存在，应当认定其行为有继续状态，根据《行政处罚法》第二十九条③规定，行政处罚追诉时效应当自行为终了之日起计算。④

类似的认定标准在原国务院法制办的复函中也有体现：

《公司登记管理条例》对虚报注册资本、提交虚假材料、虚假出资、抽逃出资等行为的处罚，应当按照行政处罚法的有关规定办理。你局提出：虚报注册资本、提交虚假材料、虚假出资、抽逃出资等行为在工商行政管理机关

---

① 《国家环保总局关于未执行环境影响评价和“三同时”制度并已投产的行为适用法律的复函》(环函〔2003〕174 号)。

② 这里的结果应当是法定构成要件之内的结果，之外的结果不予考虑。如，行为人违反《治安管理处罚法》，非法出售淫秽物品，致使淫秽物品接连不断地在社会上转卖、复制、传播，只能作为其违法行为的情节（即所造成的后果）来考虑，而不能视为连续或继续状态。参见《最高人民法院 最高人民检察院司法解释与请示答复（行政·国家赔偿卷）》，中国法制出版社 2006 年版，第 310 – 311 页。我国台湾地区“行政罚法”第二十七条规定，行为结果发生在后者，自该结果发生时起算。《最高人民法院、最高人民检察院关于办理渎职刑事案件适用法律若干问题的解释（一）》第六条规定：“以危害结果为条件的渎职犯罪的追诉期限，从危害结果发生之日起计算；有数个危害结果的，从最后一个危害结果发生之日起计算。”

③ 对应 2021 年修改的《行政处罚法》第三十六条。

④ 《全国人大法工委对关于违反规划许可、工程建设强制性标准建设、设计违法行为追诉时效有关问题的意见》(法工办发〔2012〕20 号)。我国台湾地区学界一般认为，违法建设应属状态的继续，自违法建设完成时起，经过裁罚（即追责）时效期间，即不得再予以处罚。但违法的状态，可以责令恢复原状。李惠宗：《“行政罚法”之理论与案例》，2005 年自版，第 85 页

查处前未纠正的，视为违法行为的继续状态。如果违法的公司纠正其违法行为，并达到公司法规定的条件，且自该纠正行为之日起超过两年的，则不应再追究其违法行为。这一理解是与行政处罚法的规定相一致的，我们没有不同意见。①

有判决指出，当事人的违章建筑对规划的影响始终存在，在未恢复原状之前，应视为行为持继续状态。为此，行政机关在该违章建筑存在期间对当事人作出行政处罚并未超过追诉时效。② 城市规划区域内，未取得建设用地规划许可证私自进行建设的是违法建筑。严重影响城市规划的，限期拆除违法建筑。对非法占有土地行为，在未恢复原状前视为继续状态，行政处罚的时效从违法行为终止之日起计算。③

6. 自然二行为被认定为法律一行为时，从自然意义上第二个行为计算追责时效。

行为数量的判断，不影响限于“一事不二罚”规则，在时效计算时，也有用武之地，原国家版权局答复：

剽窃行为发生之日，并不是其停止之时，剽窃者剽窃他人作品的目的是出版发行，剽窃物的出版发行应视为剽窃行为的继续，只要剽窃物还在出版发行，其违法行为就没有终了，只有当剽窃物停止了出版发行，才视为剽窃行为终了。因此，剽窃行为应当适用《行政处罚法》第二十九条第二款④的规定。⑤

7. 需要重新作出行政处罚决定的起算点。

对于被行政复议决定或者行政裁判撤销而需要重新作出行政处罚决定的，从原行政处罚决定被撤销之日起计算。我国台湾地区“行政罚法”第二十七条第四款规定：“行政罚之裁处因诉愿、行政诉讼或其他救济程序经撤销而须另为裁处者，第一项期间自原裁处被撤销确定之日起算。”

（三）时间因法定事由停止

从立法目的考量，本法没有排斥因不可抗力、法律特别规定等而中止。如，

① 《国务院法制办公室对国家工商总局关于公司登记管理条例适用有关问题的复函》（国法函〔2006〕273 号）。

② （2013）南市行终字第 31 号，杨某山不服宾阳县住房和城乡规划建设局规划行政处罚案。

③ （2013）庆中行终字第 2 号，高某诉镇原县规划局行政处罚上诉案。

④ 对应 2021 年修改的《行政处罚法》第三十六条第二款。

⑤ 《国家版权局版权管理司关于行政处罚时效的答复》（权司〔1999〕76 号）。

在地震、洪水、战争持续期间，时间计算应当中止，待相关事由消失后，继续计算时间。我国台湾地区“行政罚法”第二十八条规定：“裁处权时效，因天灾、事变或依法律规定不能开始或进行裁处时，停止其进行。前项时效停止，自停止原因消灭之翌日起，与停止前已经过之期间一并计算。”

对于行政执法机关将涉嫌犯罪的案件移送刑事司法机关的，该案件已经被发现，从本条规定来看，即使刑事司法机关用较长时间处理，行政执法机关仍然可以继续依法作出行政处罚决定，不存在超过一定时间不能给予行政处罚的问题。①

法条关联

《治安管理处罚法》第二十二条；《税收征收管理法》第八十六条等。

案例评议

沈某某诉贵州省黄平县自然资源局撤销行政处罚案②

◆ 典型意义

本案的意义在于明确了违法占地行为的行政处罚追诉时效应从违法行为终了之日起计算。《行政处罚法》第二十九条第一款规定：“违法行为在二年内未被发现的，不再给予行政处罚。法律另有规定的除外。”实践中，有当事人误以为行政处罚追诉时效以行为开始之日起算，认为违法行为持续两年即超过追诉时效，不会被处罚。本案明确了《行政处罚法》第二十九条第二款“前款规定的期限，从违法行为发生之日起计算；违法行为有连续或者继续状态的，从行为终了之日起计算”规定的内涵，对于促使违法占地行为人放弃侥幸心理，及时停止违法行为，恢复土地原状保护耕地具有积极意义。

---

① 我国台湾地区“行政罚法”第二十七条第三款规定：“前条第二项之情形，第一项期间自不起诉处分、缓起诉处分确定或无罪、免诉、不受理、不付审理、不付保护处分、免刑、缓刑之裁判确定日起算。”

② 《最高人民法院发布8起耕地保护典型行政案例》（2020年12月14日）。

第三十七条 【从旧兼从轻】

实施行政处罚，适用违法行为发生时的法律、法规、规章的规定。但是，作出行政处罚决定时，法律、法规、规章已被修改或者废止，且新的规定处罚较轻或者不认为是违法的，适用新的规定。

微言要义

新的法律规范将来之事物，不规范过去之事物。[①] 法律不溯及既往，实体从旧，程序从新。

本条来源

新增。

立法演变

一审稿新增了本条，参照《刑法》的规定，行政处罚法适用从旧兼从轻原则。一审稿对从旧兼从轻原则的表述为“新的法律、法规和规章的规定更有利于当事人”，二审稿将其修改为“新的法律、法规和规章不认为是违法行为或者处罚较轻的”，三审稿继续修改为“新的规定处罚较轻或者不认为是违法的”。

条文释义

一、规范意旨

法律不溯及既往原则是基本原则。《立法法》第九十三条规定：“法律、行政法规、地方性法规、自治条例和单行条例、规章不溯及既往，但为了更好地保护公民、法人和其他组织的权利和利益而作的特别规定除外。”本条采用从旧兼从轻原则，即原则上适用旧法，但新法对行为人有利时，适用新法，体现了对当事人权益的保障。

---

① 郑玉波：《法谚（一）》，法律出版社2007年版，第13页。

二、违法行为发生时与作出行政处罚决定时

本条有两个时间点需要把握：一是违法行为发生时（旧法），具体时间认定参见本书追责时效部分的阐述；二是作出行政处罚决定时（新法）。

有的部门规定了“从旧兼从轻原则”的细化规则。《国家药监局关于贯彻实施〈中华人民共和国药品管理法〉有关事项的公告》规定：“药品研制、生产、经营、使用违法行为发生在2019年12月1日以前的，适用修订前的药品管理法，但新修订的药品管理法不认为违法或者处罚较轻的，适用新修订的药品管理法。违法行为发生在12月1日以后的，适用新修订的药品管理法。”要理解好该规则，需要注意违法行为发生时和作出行政处罚决定时两个时间点，如果已经在新法生效前作出行政处罚决定，则直接适用旧法；如果违法行为发生在新法生效前、作出行政处罚决定发生在新法生效后，则新法不认为违法或者处罚较轻的，适用新法。违法行为有连续或者继续状态的，从行为终了之日起计算。

下文以《药品管理法》的有关规定为例进一步说明。《药品管理法》（2015年修正）第七十八条和《药品管理法》（2019年修订）第一百二十六条规定的内容基本相同，但如何分辨哪一部分规定处罚更轻，需要详细比对。

《药品管理法》（2015年修正）第七十八条	《药品管理法》（2019年修订）第一百二十六条
药品的生产企业、经营企业、药物非临床安全性评价研究机构、药物临床试验机构未按照规定实施《药品生产质量管理规范》、《药品经营质量管理规范》、药物非临床研究质量管理规范、药物临床试验质量管理规范的，给予警告，责令限期改正；逾期不改正的，责令停产、停业整顿，并处五千元以上二万元以下的罚款；情节严重的，吊销《药品生产许可证》、《药品经营许可证》和药物临床试验机构的资格。	除本法另有规定的情形外，药品上市许可持有人、药品生产企业、药品经营企业、药物非临床安全性评价研究机构、药物临床试验机构等未遵守药品生产质量管理规范、药品经营质量管理规范、药物非临床研究质量管理规范、药物临床试验质量管理规范等的，责令限期改正，给予警告；逾期不改正的，处十万元以上五十万元以下的罚款；情节严重的，处五十万元以上二百万元以下的罚款，责令停产停业整顿直至吊销药品批准证明文件、药品生产许可证、药品经营许可证等，药物非临床安全性评价研究机构、药物临床试验机构等五年内不得开展药物非临床安全性评价研究、药物临床试验，对法定代表人、主要负责人、直接负责的主管人员和其他责任人员，没收违法行为发生期间自本单位所获收入，并处所获收入百分之十以上百分之五十以下的罚款，十年直至终身禁止从事药品生产经营等活动。

从上述规定来看，有以下几点需要注意：一是旧法规定了单罚制，新法规定了双罚制，据此，新法对“法定代表人、主要负责人、直接负责的主管人员和其他责任人员”的处罚更重；二是“责令限期改正”后，旧法关于罚款部分更轻，但是旧法除了罚款，还规定了“责令停产、停业整顿”，整体上旧法似更重些；三是对于“情节严重的”，旧法直接规定为“吊销《药品生产许可证》、《药品经营许可证》和药物临床试验机构的资格”，新法区分情形规定了“罚款、责令停产停业整顿直至吊销许可证件、五年内不得开展药物非临床安全性评价研究、药物临床试验”等措施，整体上新法更轻些，但“五年内不得开展药物非临床安全性评价研究、药物临床试验”旧法没有规定，仅就此处罚而言，旧法更轻些。

此外，在一个继续或者持续违法行为，横跨新旧法，处罚轻重不一时，如何处罚，是否应直接适用新法？在此情况下，新法也可能处罚较重，如，对疫苗违法行为的行政处罚，如果直接适用新法，则发生在旧法施行期间的行为，就被给予了较重的处罚，与本法规定的从轻原则不符。因此，对此类行为，应分段考量，从有利于当事人的角度出发适用法律。①

三、新的规定处罚较轻或者不认为是违法

何为有利于当事人的规定，应当从构成要件、法律效果、减轻从轻、追责时效等方面加以考量，标准就是不认为是违法，或者处罚较轻。

新旧法涉及不完全法条时，如何适用法律？行为规范已经废止，制裁规范没有废止，此时基于从旧兼从轻原则，不能给予行政处罚。② 如，《国务院对确需保留的行政审批项目设定行政许可的决定》设定了500项行政许可，但此后国务院多次取消行政许可，这500项大部分被取消。如“典当业特种行业许可证核发”在2020年被国务院取消，则吊销该许可证的处罚措施，就失去了相关依据，如相关处罚规定没有修改，则不能再给予行政处罚。

---

① 由于其行为之一部分落入较重处罚的法律适用期间，因此按照该法从重处罚，具有正当性，但应考量其他行为部分落入处罚较轻的法律适用期间，在罚款额度上应一并考量。陈清秀：《处罚法定主义》，载廖义男主编：《“行政罚法”》，元照出版有限公司2017年版，第77页。

② 陈清秀：《处罚法定主义》，载廖义男主编：《“行政罚法”》，元照出版有限公司2017年版，第83页。

法条关联

◆《最高人民法院关于审理行政案件适用法律规范问题的座谈会纪要》（2004年5月18日）

……行政相对人的行为发生在新法施行以前，具体行政行为作出在新法施行以后，人民法院审查具体行政行为的合法性时，实体问题适用旧法规定，程序问题适用新法规定，但下列情形除外：（一）法律、法规或规章另有规定的；（二）适用新法对保护行政相对人的合法权益更为有利的；（三）按照具体行政行为的性质应当适用新法的实体规定的。①

◆《最高人民法院关于对国家知识产权局〈在新修改的专利法实施前受理但尚未结案的专利纠纷案件适用法律问题的函〉的答复》（2002年2月21日）

新修改的专利法已经于2001年7月1日起施行。专利法规定，专利管理部门对侵权赔偿数额等涉及当事人民事权益争议的，只能进行调解。调解不成，当事人向人民法院提起民事诉讼。在新修改的专利法实施后，专利管理部门仍旧适用原专利法有关处理纠纷程序上的规定行使职权，已丧失了法律依据，也将与人民法院依法审判涉及专利的民事纠纷案件及行政案件发生矛盾。因此，对于专利管理部门在2001年7月1日前受理尚未审结的案件，应当适用现行的专利法及其实施细则的规定处理。

案例评议

徐某娟诉黑龙江省大庆市林甸县住房和城乡建设局行政处罚案②

◆ **裁判要旨**

违建行为发生在《城乡规划法》实施之前，行政机关不能依据《城乡规划法》对当事人作出行政处罚。

---

① 《行政处罚法》本条规定没有区分实体和程序。

② （2009）庆行终字第73号。

第三十八条　【行政处罚决定无效】

行政处罚没有依据或者实施主体不具有行政主体资格的，行政处罚无效。

违反法定程序构成重大且明显违法的，行政处罚无效。

本条来源

第一款在第三条第二款基础上，增加“实施主体不具有行政主体资格”。第二款来源于第三条第二款、《行政诉讼法》第七十五条。

立法演变

一审稿规定：“行政处罚没有法定依据或者实施主体不具有行政主体资格的，行政处罚无效。不遵守法定程序构成重大且明显违法的，行政处罚无效。”二审稿将第一款中的“法定依据”改为“依据”，将第二款中的“不遵守”改为“违反”。

条文释义

一、规范意旨

行政处罚无效制度的目的是坚持行政处罚法定原则，重大实体违法、重大程序违法，将导致行政处罚无效，当事人可以拒绝执行。

二、没有依据

所谓没有依据，是指实施行政处罚没有法律依据；或者有法律规范，但是该法律规范已经被废止、修改或撤销；或者有法律依据，但是该法律规范与行政违法行为无关；或者有法律依据，但是行政执法人员改变了法律规范中行政处罚的种类；或者作出具体行政行为时未引用具体法律条款，且在诉讼中不能证明该具体行政行为符合法律的具体规定；等等。

三、行政主体资格

一是行政机关必须有行政处罚权。国务院研究室、国务院参事室等类似的机构没有行政处罚权。

二是行政机关必须在本机关职权范围内实施行政处罚，超出自己的职权实施行政处罚的，无效。对于职权范围的认定，可以依据有关单行法律规范和行政机关的“三定”规定。

三是行政机关之外的其他组织，应当具有法律、行政法规、地方性法规的合法授权。除了以上按照职权执法之外，还有委托执法，受委托组织也可以以委托主体的名义开展执法。

四、法定程序重大且明显违法

程序影响行政处罚行为效力的限度是“重大且明显违法”。《行政诉讼法》第七十五条规定：“行政行为有实施主体不具有行政主体资格或者没有依据等重大且明显违法情形，原告申请确认行政行为无效的，人民法院判决确认无效。”第七十六条规定：“人民法院判决确认违法或者无效的，可以同时判决责令被告采取补救措施；给原告造成损失的，依法判决被告承担赔偿责任。”

如何理解“重大且明显违法”？《最高人民法院关于适用〈中华人民共和国行政诉讼法〉的解释》第九十九条补充规定了两种情形，一是减损权利或者增加义务的行政行为没有法律规范依据，二是行政行为的内容客观上不可能实施。最高人民法院有关同志认为，对“重大且明显违法”的认定，通常标准是，其违法情形已重大且明显到任何有理智的人均能够判断的程度，因而其没有公定力，不必经法院等权威机构确认，公民就可以根据自己的判断而不服从。“重大且明显违法”的裁量度较大，在具体适用中应严格把握。未依法作成书面决定、行政行为的实施可能导致相对人犯罪等都属于“重大且明显违法”。[①] 在没有法律规定的情况下一人实施行政处罚，也应属于此种情形。

法条关联

《行政诉讼法》第七十五条；《最高人民法院关于适用〈中华人民共和国行政诉讼法〉的解释》第九十九条等。

① 江必新主编：《中华人民共和国行政诉讼法理解适用与实务指南》，中国法制出版社 2015 年版，第 343 页。

案例评议

平山县劳动就业管理局不服税务行政处理决定案①

◆ **裁判要旨**

就业局诉称自己不是纳税义务人，向其征税是错误的；地税局辩称原告就是纳税义务人，应当依法纳税，是行政执法实体方面的争议。已经查明，该行政处理决定从程序上违法，依法应予撤销，法院无需再就行政执法实体方面的争议继续审理。

◆ **评议**

行政处罚决定未按照法定程序实施，《行政诉讼法》等规定了分类处理方式。有意见认为本判决确定行政处罚决定无效，但依照本法，本判决实为撤销判决，不是确认无效判决。本判决回避了行政机关能否成为行政处罚对象，对此，本法第二条对该问题作出了回应。

① 《最高人民法院公报》1997 年第 2 期。

第五章　行政处罚的决定

本章概要

本章是本法的核心章节，本次修订完善了行政处罚的程序，反映了时代特点。

一是明确公示要求，增加规定行政处罚的实施机关、立案依据、实施程序和救济渠道等信息应当公示；限缩了事后公示的范围，只是具有一定社会影响的行政处罚决定应当依法公开。

二是体现全过程记录，增加规定行政机关应当依法以文字、音像等形式，对行政处罚的启动、调查取证、审核、决定、送达、执行等进行全过程记录，归档保存。

三是细化法制审核程序，列明适用情形，明确未经法制审核或者审核未通过的，不得作出行政处罚决定。

四是规范非现场执法，利用电子技术监控设备收集、固定违法事实的，应当依照法律、行政法规，经过法制和技术审核，确保电子技术监控设备符合标准、设置合理、标志明显，设置地点应当向社会公布。电子技术监控设备记录违法事实应当真实、清晰、完整、准确。同时，要保障查询权、陈述权、申辩权。

五是进一步完善回避制度，细化回避情形，明确对回避申请应当依法审查，但不停止调查或者实施行政处罚。

六是增加规定发生重大传染病疫情等突发事件，为了控制、减轻和消除突发事件引起的社会危害，行政机关对违反突发事件应对措施的行为，依法快速、从重处罚，但这并不意味着简化法定的程序。

七是适应行政执法实际需要，将适用简易程序的罚款数额由50元以下和1000元以下，分别提高至200元以下和3000元以下。简易程序原则上也要二人以上执法。

八是增加立案程序和办理时限，除当场作出的行政处罚外，行政机关认为符合立案标准的，应当立案；案件办理时限原则上是90日。但本法也有例外规定，考虑了不同行政机关的不同需求。

九是完善听证程序，扩大适用范围，增加了“没收较大数额违法所得、没收较大价值非法财物，降低资质等级，责令关闭，限制从业，其他较重的行政处罚”等，适当延长申请期限，明确行政机关应当结合听证笔录作出决定。

十是增加电子送达，当事人同意并签订确认书的，行政机关可以采用传真、电子邮件等方式，将行政处罚决定书等送达当事人。该条规定借鉴了法院执行经验，将会大幅提高行政监管效率。

第一节 一般规定

第三十九条 【事前公示】

行政处罚的实施机关、立案依据、实施程序和救济渠道等信息应当公示。

微言要义

阳光是最好的防腐剂。路灯是最好的警察。

本条来源

《国务院办公厅关于全面推行行政执法公示制度执法全过程记录制度重大执法决定法制审核制度的指导意见》（国办发〔2018〕118 号）。

立法演变

一审稿新增了本条，规定行政处罚事前公示制度。

条文释义

一、规范意旨

行政执法公示是保障行政相对人和社会公众知情权、参与权、表达权、监督权的重要措施。本条是行政处罚的事前公示，目的是全面实现行政执法信息公开透明。

二、公示的要求

本条规定的是事前公示。《国务院办公厅关于全面推行行政执法公示制度执法全过程记录制度重大执法决定法制审核制度的指导意见》规定，行政执法机关要统筹推进行政执法事前公开与政府信息公开、权责清单公布、“双随机、一公开”监管等工作。本条表述增加了“立案依据”，并用“等”留足适用空间。

行政执法机关要全面、准确、及时、主动公开行政执法信息。根据有关法律法规，结合自身职权职责，编制并公开本机关的服务指南。公开的信息要简明扼要、通俗易懂。按照“谁执法谁公示”的原则，明确公示内容的采集、传递、审核、发布职责，规范信息公示内容的标准、格式，并根据法律法规及机构职能变化情况进行动态调整。

三、公示的内容

实施机关方面，应当公示本机关的人员、职责、权限，授权执法、受委托执法的，应当依照本法的有关规定公示授权决定、行政处罚委托书，以及持有行政执法证件的执法人员（姓名、执法证件号码、执法证件是否有效等）。

立案依据方面，除了法律、法规、规章、行政规范性文件，还应该公示有关可以作为执法依据的法律解释、答复。如，国务院或者省、自治区、直辖市政府决定某市开展相对集中行政处罚权的决定；省、自治区、直辖市根据本法第二十四条将县级政府有关部门的行政处罚权交由乡镇政府、街道办事处的决定。再如，本机关实施的行政处罚裁量基准。

实施程序方面，应当公示行政处罚法定程序、行政处罚流程图等，有承诺时限的，应当公布承诺时限。此外，还应当公布年度检查计划。

救济渠道方面，应全面告知行政复议机关以及管辖法院，对于异地管辖的，应当清楚明白告知。行政执法监督等监督方式也应予以公示。

关于“等”，本条没有完全使用国务院文件的提法，用了“等”来进行概括，为立法技术考量，国务院文件的规定可以继续适用。根据本法，电子技术监控设备设置地点等也属于事前公示的内容。

第四十条　【查明事实】

公民、法人或者其他组织违反行政管理秩序的行为，依法应当给予行政处罚的，行政机关必须查明事实；违法事实不清、证据不足的，不得给予行政处罚。

微言要义

以事实为根据，以法律为准绳。

本条来源

原法第三十条。

立法演变

一审稿补充了“证据不足”，对行政处罚提出了更为规范性的要求。

条文释义

一、规范意旨

事实是否清楚、证据是否确凿，是给予行政处罚的前提条件。但是，要想证明客观事实，必须有足够的证据。通常情况下，行政执法人员将其掌握的法律事实作为定案的依据。举证责任就异常重要，适用本条，需要与第三十三条第二款关于过错推定等条款结合起来。

二、事实不清、证据不足

证据是衡量事实是否清楚的基础。法律上对证据的要求是充足、确凿。证据具有真实性、关联性、合法性的特点，证据的种类需要结合本法第四十六条理解。经调查，发现事实不清、证据不足的，行政机关应当作出不予行政处罚的决定。有判决指出，处罚决定书未认定殴打或故意伤害的事实，却适用殴打或故意伤害的法律规定，法院应撤销该处罚决定书。[①]

根据《行政诉讼法》第六十九条、第七十条等，行政行为证据确凿，适用

---

① （2014）庆中行终字第 20 号，正宁县公安局榆林子派出所与彭某某治安管理处罚决定案。

法律、法规正确，符合法定程序的，人民法院判决驳回原告的诉讼请求。主要证据不足的，人民法院判决撤销或者部分撤销，并可以判决被告重新作出行政行为。原判决认定基本事实不清、证据不足的，发回原审人民法院重审，或者查清事实后改判。原判决、裁定认定事实的主要证据不足、未经质证或者系伪造的，人民法院应当再审。

三、行政和解

在事实未查明的情况下，行政机关是否能够以行政和解的方式结案，这事关本条的解释。

从理论上来说，行政处罚可以和解①，建立行政和解制度确有必要。一是刑事领域辩诉交易的立法例。通过刑事和解制度，提炼出第三法律价值理论，该法律价值不仅表现在关爱、治疗等方面，还体现为社会关系的修复、社会矛盾的化解。② 二是有利于缓解有限的执法资源与海量的执法案件之间的矛盾。从证券、外汇、反垄断等领域的案件来看，案件数量大，但执法人员少，不少案件久拖不决，和解有利于提高行政效率。三是有利于及时实现对当事人的民事救济。不少案件是行政、民事交叉案件，如果行政处罚结不了案，民事赔偿也往往难以实现，行政和解金制度解决了这一问题。四是有利于破解制度供给不足或缺陷的现实难题。在缺少专门法律规定，或者法律规定不明确，客观上确实难以认定当事人行为法律性质的情况下，可以不必强行作出当事人行为是合法或违法的明确认定结论，但可以根据当事人行为的社会危害后果，通过协商，以当事人交纳相应数额的和解金的形式进行结案处理。③

---

① 王名扬：《法国行政法》，北京大学出版社2007年版，第137页。

② 陈瑞华：《论法学研究方法》，法律出版社2017年版，第217页。我国建立了认罪认罚制度。《刑事诉讼法》第十五条规定："犯罪嫌疑人、被告人自愿如实供述自己的罪行，承认指控的犯罪事实，愿意接受处罚的，可以依法从宽处理。"《最高人民法院、最高人民检察院、公安部、国家安全部、司法部印发〈关于适用认罪认罚从宽制度的指导意见〉的通知》（高检发〔2019〕13号）对该制度作了具体规定。

③ 有效保护投资者合法权益，一方面，需要通过严格执法，严肃查处和惩治各类市场违法失信行为，实现对全体投资者利益的整体保护；另一方面，需要及时弥补因违法违规行为给投资者造成的经济损失，实现对单一投资者的个体保护。参见肖钢：《积极探索监管执法的行政和解新模式》，《行政管理改革》2014年第1期。

我国在证券等领域已经正式建立了行政处罚和解制度。[①] 2013年，《国务院办公厅关于进一步加强资本市场中小投资者合法权益保护工作的意见》提出："探索建立证券期货领域行政和解制度，开展行政和解试点。"经国务院批准，中国证监会于2015年2月正式发布《行政和解试点实施办法》，在证券期货领域试点行政和解制度。《证券法》第一百七十一条规定："国务院证券监督管理机构对涉嫌证券违法的单位或者个人进行调查期间，被调查的当事人书面申请，承诺在国务院证券监督管理机构认可的期限内纠正涉嫌违法行为，赔偿有关投资者损失，消除损害或者不良影响的，国务院证券监督管理机构可以决定中止调查。被调查的当事人履行承诺的，国务院证券监督管理机构可以决定终止调查；被调查的当事人未履行承诺或者有国务院规定的其他情形的，应当恢复调查。具体办法由国务院规定。国务院证券监督管理机构决定中止或者终止调查的，应当按照规定公开相关信息。"

目前，中国证监会确定了适用行政和解的案件范围，包括：中国证监会已经正式立案，且经过了必要调查程序，但案件事实或者法律关系尚难完全明确；采取行政和解方式执法有利于实现监管目的，减少争议，稳定和明确市场预期，恢复市场秩序，保护投资者合法权益；行政相对人愿意采取有效措施补偿因其涉嫌违法行为受到损失的投资者；以行政和解方式结案不违反法律、行政法规的禁止性规定，不损害社会公共利益和他人合法权益。

当然，实行行政和解需要注意一些问题。一是防止权力寻租。行政和解的后果是终止行政处罚程序，为了避免腐败，行政和解制度需要建立严密的"防火墙"，加强监督。二是妥善处理好民事债权和行政处罚之间的关系。本次修订明确了责令退赔后再没收违法所得，核心精神是"先私后公"。三是加强制度建设。行政和解实为以行政协议的方式替代行政处罚决定，但我国没有行政协议法，《行政诉讼法》规定了行政协议，但没有明确行政和解是行政协议。虽

---

① 《反垄断法》第四十五条规定："对反垄断执法机构调查的涉嫌垄断行为，被调查的经营者承诺在反垄断执法机构认可的期限内采取具体措施消除该行为后果的，反垄断执法机构可以决定中止调查。中止调查的决定应当载明被调查的经营者承诺的具体内容。反垄断执法机构决定中止调查的，应当对经营者履行承诺的情况进行监督。经营者履行承诺的，反垄断执法机构可以决定终止调查。有下列情形之一的，反垄断执法机构应当恢复调查：（一）经营者未履行承诺的；（二）作出中止调查决定所依据的事实发生重大变化的；（三）中止调查的决定是基于经营者提供的不完整或者不真实的信息作出的。"

然最高人民法院出台了行政协议方面的司法解释，但行政协议的制度建设仍然远不能满足实践需要。

法条关联

《行政诉讼法》第六十九条、第七十条；《证券法》第一百七十一条；《反垄断法》第四十五条；《最高人民法院关于行政诉讼证据若干问题的规定》等。

案例评议

司度（上海）贸易有限公司以及富安达基金管理有限公司、中信期货有限公司、北京千石创富资本管理有限公司、国信期货有限责任公司等五家机构及其相关工作人员行政和解案①

司度（上海）贸易有限公司等就其涉嫌违反账户管理有关规定以及资产管理业务有关规定的案件，向证监会申请行政和解。按照《行政和解试点实施办法》，中国证监会与上述申请人达成行政和解。根据申请人在其涉嫌违法行为中所得金额等不同情况，五家申请人分别交纳行政和解金人民币6.7亿元、180万元、1000万元、235万元、100万元，并按协议要求采取了必要措施加强公司的内控管理，中国证监会依照规定终止对申请人有关行为的调查、审理程序。

第四十一条　【非现场执法】

行政机关依照法律、行政法规规定利用电子技术监控设备收集、固定违法事实的，应当经过法制和技术审核，确保电子技术监控设备符合标准、设置合理、标志明显，设置地点应当向社会公布。

电子技术监控设备记录违法事实应当真实、清晰、完整、准确。行政机关应当审核记录内容是否符合要求；未经审核或者经审核不符合要求的，不得作为行政处罚的证据。

① 《证监会与司度（上海）贸易有限公司等五家机构及其有关工作人员达成行政和解》，http://www.csrc.gov.cn/pub/newsite/zjhxwfb/xwdd/202001/t20200120_370181.html，最后访问时间：2021年1月1日。

行政机关应当及时告知当事人违法事实，并采取信息化手段或者其他措施，为当事人查询、陈述和申辩提供便利。不得限制或者变相限制当事人享有的陈述权、申辩权。

微言要义

将科学技术引入行政执法，不能只方便行政机关。

本条来源

新增。

立法演变

一审稿新增了本条，规定了非现场执法的要求。二审稿第二款从证据的角度增加了“真实”“完整”，第三款增加了“陈述和申辩”。三审稿第一款增加了“符合标准”，删除了“标准合格”，第三款进一步保障陈述和申辩权，规定“采取信息化手段或者其他措施”，增加了“不得限制或者变相限制当事人享有的陈述权、申辩权”，并做了其他文字调整。

条文释义

一、规范意旨

《法治政府建设实施纲要（2015—2020年）》提出：“强化科技、装备在行政执法中的应用。”本条对行政机关利用电子技术监控设备作了规范，体现了时代特点。为了平衡权利与权力，本条设计了以下几个制度：一是法制和技术审核；二是设置地点向社会公布；三是记录必须符合真实、清晰、完整、准确四个要求；四是记录必须经过人工审核；五是充分保障查询、陈述和申辩权，不能只方便行政机关，而不方便当事人。

二、依照法律、行政法规规定

第一款中的“依照法律、行政法规规定”有以下几种理解：一是“利用电子技术监控设备”必须有法律、行政法规依据，地方性法规、规章、规范性文件都不可以作为设定依据。[①] 如，《道路交通安全法》第一百一十四条规定："公安机关交通管理部门根据交通技术监控记录资料，可以对违法的机动车所有人或者管理人依法予以处罚。对能够确定驾驶人的，可以依照本法的规定依法予以处罚。"《道路交通安全法实施条例》第十四条规定："用于公路营运的载客汽车、重型载货汽车、半挂牵引车应当安装、使用符合国家标准的行驶记录仪。交通警察可以对机动车行驶速度、连续驾驶时间以及其他行驶状态信息进行检查。安装行驶记录仪可以分步实施，实施步骤由国务院机动车产品主管部门会同有关部门规定。"二是"依照法律、行政法规规定"只是对调查取证行为提出要求，并不是要求"利用电子技术监控设备"也需要行政法规以上的依据。[②]

本书认为，如果采用第一种观点，可以考虑将《优化营商环境条例》第五十六条作为行政机关利用电子监控设备收集、固定违法事实的法律依据。

《优化营商环境条例》第五十六条规定："政府及其有关部门应当充分运用互联网、大数据等技术手段，依托国家统一建立的在线监管系统，加强监管信息归集共享和关联整合，推行以远程监管、移动监管、预警防控为特征的非现场监管，提升监管的精准化、智能化水平。"非现场执法是适应时代发展的监管方式，考虑到在本法规定前已经有大量电子技术监控设备投入使用，似可将《优化营商环境条例》第五十六条作为电子技术监控设备的行政法规依据。

从现实的情况来看，不少部门的电子技术监控设备并没有明确的法律、行政法规依据；同时，《立法法》明确"可以对城乡建设与管理、环境保护、历史文化保护等方面的事项制定地方性法规"，类似养犬的地方事权，如果地方性法规规定烈性犬类项圈要内置芯片，则该规定是否不符合本条规定、是否可以

---

① 沈岿认为，行政机关设置电子技术监控设备，涉及人格尊严、隐私权等问题，建议规定为"行政机关利用电子技术监控设备收集、固定违法事实的，应当由法律规定电子技术监控设备设置的条件、标准和程序，以行政目标实现的必要性和最大可能保护隐私权为原则。行政机关的具体设置应当经过法制和技术审核，确保设置合理、标准合格、标志明显，设置地点应当向社会公布"。参见庄德通：《强化公众参与审慎对待电子设备固定证据——北京大学教授沈岿对行政处罚法修订草案的修改建议》，http：//www. mzyfz. com/cms/benwangzhuanfang/xinwenzhongxin/zuixinbaodao/html/1040/2020 - 08 - 14/content - 1435003. html，最后访问时间：2020 年 8 月 31 日。

② 该观点解释略显宽泛，从《民法典》有关规定来看，处理个人信息的依据是法律、行政法规，而个人信息的保护强度低于个人隐私，因此，《行政处罚法》规定收集、固定电子技术监控设备的依据是法律、行政法规，似符合《民法典》的有关规定。

适用《优化营商环境条例》第五十六条的规定等，需要研究。

本条的立法初衷是在利用科技手段的情况下，充分保护私权利，因此，应从严在程序上保护私权利，加强法制审核和技术审核，没有相关手续的，应当在本法适用前补充法律手续，修改工作流程，增加人工审核环节，强化电子证据的适用要求。

三、法制审核和技术审核

（一）法制审核

与行政处罚决定的法制审核类似，本条也没有规定由谁进行法制审核、如何进行法制审核。对此，可以由部门内的法制机构审核，也可以由部门外的律师事务所等审核。审核的标准，即符合标准、设置合理、标志明显。如，在没有任何提醒的情况下，道路由限速 120 公里/小时，猛然转为限速 20 公里/小时，则难谓合理。

实践中，行政机关在设置电子技术监控设备时采取公私合营（如 BOT）等形式建设，在与市场主体签订合同，约定以未来一定时间内罚款支付，并在实际运行中委托由该市场主体实际运营电子技术监控设备，在此情形下，罚款容易异化为目的，此类行为在法律审核当中应当严格把关。

（二）技术审核

本法没有规定由谁进行技术审核、怎么进行技术审核。对于属于计量器具的电子技术监控设备，可以依据《计量法》等规定实施技术审核。《计量法》第九条规定："县级以上人民政府计量行政部门对社会公用计量标准器具，部门和企业、事业单位使用的最高计量标准器具，以及用于贸易结算、安全防护、医疗卫生、环境监测方面的列入强制检定目录的工作计量器具，实行强制检定。未按照规定申请检定或者检定不合格的，不得使用。实行强制检定的工作计量器具的目录和管理办法，由国务院制定。对前款规定以外的其他计量标准器具和工作计量器具，使用单位应当自行定期检定或者送其他计量检定机构检定。"

四、其他适用问题

（一）保密义务

注意与本法第五十条关于国家秘密、商业秘密和个人隐私的保密规定结合起来适用。《民法典》第一千零三十九条规定："国家机关、承担行政职能的法定机构及其工作人员对于履行职责过程中知悉的自然人的隐私和个人信息，应当予以保密，不得泄露或者向他人非法提供。”行政机关应当加大电子监控技术设备的技术保障，充分履行保密义务。

（二）电子证据

电子技术监控设备取得的证据是电子证据，应当与本法第四十六条结合起来适用。本条在证据条款外明确提出了“真实、清晰、完整、准确”的要求，是证据真实性、合法性、关联性的具体表现形式。鉴于电子技术监控设备记录可能存在瑕疵，因此，本条规定了“人机结合”，目的是通过执法人员的审核，确保其符合证据的基本要求。实践中，注意与本法第五十八条关于处罚决定法制审核的规定结合起来适用。

（三）当事人权益保障

本条在陈述申辩权的基础上增加了查询权，是为了进一步保障当事人的程序权利，但是查询权并不意味着免除了行政机关的告知义务，行政机关没有履行告知义务的，根据本法第三十八条的规定，相关行政处罚行为可以被认定为无效。杜某交通违章巨额罚单案为未履行告知义务的典型案例①，此案当事人被监控设备抓拍105次，罚款共计10500元，行政机关未通知本人，此案最后以当事人撤诉，行政机关自我纠正结案。

当然，电子监控记录的违法行为是否都要一律给予行政处罚，还应与第三十三条关于不予处罚的规定结合起来适用。

法条关联

《道路交通安全法》第一百一十四条；《环境保护法》第四十二条；《道路交通安全违法行为处理程序规定》第十五条至第二十条等。

案例评议

田某鹏诉陕西省西安市公安局站前分局行政处罚纠纷案

◆ **裁判要旨**

具有道路交通安全管理职责的行政单位，设立道路交通违法自助处理系统，

① 杨小君编：《重大行政案件选编》，中国政法大学出版社2006年版，第402－403页。

自助打印处罚决定书、缴纳罚金的，在行政单位已经明确给予指引、公示且明示了处理流程，被处罚人根据指引和公示能够取得处罚决定书并处理违法信息的情况下，被处罚人以行政机关未向其出具处罚决定书为由向法院主张行政机关行政程序违法的，不予认可。

◆ **评议**

在充分保障当事人程序权利的基础上，自动化执法能够切实解决“人少案件”的老大难问题，大有可为。

第四十二条 【文明执法】

行政处罚应当由具有行政执法资格的执法人员实施。执法人员不得少于两人，法律另有规定的除外。

执法人员应当文明执法，尊重和保护当事人合法权益。

微言要义

良好的法律获得普遍实施要靠人，否则，好制度也可能被“歪嘴和尚念歪了经”。

本条来源

新增。

立法演变

一审稿第三十九条规定：“行政机关实施行政处罚，应当由具有执法资格的执法人员承担。”二审稿增加“执法人员不得少于两人，法律另有规定的除外”“执法人员应当文明执法，尊重和保护当事人合法权益”。

条文释义

一、规范意旨

行政执法证件是行政执法人员经过国家认可（通过资格考试）后，依法持有的表征国家行政执法权的凭据。行政执法人员持有行政执法证件，就拥有了执行法定公权力。在一定意义上，执法证件与制服具有同等作用。

1996年，《国务院关于贯彻实施〈中华人民共和国行政处罚法〉的通知》指出，要“加强执法人员的资格、证件和着装管理，停止合同工、临时工从事行政处罚工作”。2004年，国务院《全面推进依法行政实施纲要》规定：“实行行政执法人员资格制度，没有取得执法资格的不得从事行政执法工作。”2005年，《国务院办公厅关于推行行政执法责任制的若干意见》指出：“对各行政执法部门的执法人员，要结合其任职岗位的具体职权进行上岗培训；经考试考核合格具备行政执法人员资格的，方可按照有关规定发放行政执法证件。”这些规定是各地建立健全行政执法人员资格制度的前提和基础。

本条更加直接的来源是《中共中央关于全面推进依法治国若干重大问题的决定》中“严格实行行政执法人员持证上岗和资格管理制度，未经执法资格考试合格，不得授予执法资格，不得从事执法活动”的规定。

二、行政执法资格和行政执法证件是两回事

行政执法资格，是行政执法人员通过行政执法人员资格考试后取得从事行政执法工作的资格。行政执法证件是行政执法人员通过考试后由有权机关颁发的证件，行政执法人员在执法过程中必须持证上岗、亮证执法。因此，不是行政机关所有的工作人员都有权开展执法活动。

（一）制度建设

除了本法，不少法律都规定了行政执法证件。如，《行政强制法》第十七条第三款规定：“行政强制措施应当由行政机关具备资格的行政执法人员实施，其他人员不得实施。”目前，各地方以《行政处罚法》《行政许可法》《行政复议法》等法律为基础，陆续制定出台了一系列关于行政执法和行政执法人员资格管理的地方性法规、规章和规范性文件，各地方普遍建立了行政执法人员资格制度。在贯彻行政执法人员资格制度的过程中，各地方一般都实行行政执法人员考试准入，加强对行政执法人员的培训工作，行政执法人员和证件在省级司法行政部门都有备案，证件和资格也实行年审，对违纪违法的行政执法人员采取吊销行政执法证件等管理措施，部分地区还实行行政执法监督员制度。在地方和部门前期工作的基础上，司法部2020年统一了行政执法证件格式，各地方的换证工作正在有序推进中。

从整体情况看，通过建立行政执法人员资格制度，广大行政执法人员的素质得到了比较大的提高，行政执法行为得到了有效规范，行政执法取得了比较明显的效果，行政执法队伍的整体形象不断完善，为经济发展创造了一个比较好的环境。

（二）制定行政执法人员资格制度的主要考虑

国务院《全面推进依法行政实施纲要》规定行政执法人员资格制度的目的主要是提高行政执法人员素质，规范行政执法行为，提高行政执法水平。具体来讲：

1. 解决行政执法队伍存在的问题。目前，行政执法人员的身份比较复杂，一些地方存在聘用临时人员执法的现象，乱执法、滥执法的情形时有发生；行政执法人员的整体素质不够高，一些行政执法人员缺乏必要的法律知识和依法行政能力，行政执法的质量和水平不高。

2. 进一步健全和完善对行政执法人员的培训、考核和发证工作制度。各省、自治区、直辖市政府建立了行政执法人员资格制度，对行政执法人员的资格、证件等作出规定，并明确规定司法行政部门具体负责开展行政执法人员的培训、考核和统一行政执法证件等工作。同时，各行业主管部门也可以对本系统行政执法人员开展培训，但是证件由省、自治区、直辖市政府统一核发，国务院部门核发本级行政执法证件。

（三）行政执法人员资格和社会从业人员资格的区别

资格是指从事某种活动所应具备的条件、身份等。行政执法人员资格与社会从业人员资格具有很多相似之处。但是，二者的不同点决定了其管理上应有所区分。二者的不同点主要表现在以下四点：

1. 考试性质和目的。

社会从业人员资格考试为选拔性考试，旨在甄别应试者能力、水平的高下，存优去劣，一般不可能所有应试者都通过考试。考试也经常根据每次考试中考生的总体成绩划定分数线，从而选拔适当数量的人员，而且通过考试的考生是否从事相关工作也存在很多的不确定性。而行政执法人员资格考试是培训性、认证性考试，旨在认定应试者从事某种活动的资质、能力，其目的是提高行政执法人员的素质和能力。凡是具备能力者便获得资格，而且可能所有的考生都通过考试，获得资格证书，通过考试的考生从事行政执法工作确定性较强。退一步讲，在没有建立行政执法人员资格管理制度的地方，即使没有其省级政府统一颁发的行政执法证件，在该省合法行政执法主体内的在编正式行政执法人员也同样具有行政执法权，统一的行政执法人员资格证书并不是其开展行政执法的前提条件，只要执法人员进行行政执法的时候，按照《行政处罚法》等相关法律出示能够证明其身份的证件，就能够代表国家行使行政执法权。

2. 报考条件。

社会从业人员资格考试的报考是面向社会公众人员的，其中许可类的社会从业人员资格考试通常会有一定的学历要求、资格考试和品行要求，比如律师、会计师、医师等，但这类考试一般不限制报考者目前所从事的工作。而行政执法人员资格考试的报考是面向公务员或者法律法规授权组织或者受委托组织的工作人员的。各类执法组织中的临时工、合同工、借用人员、工勤人员以及其他无资格从事行政执法的人员都不能参加资格考试，领取行政执法证件。[①]

3. 管理的发展方向。

市场经济体制下行政管理的范围和权限发生了重大的转变。在“小政府”“有限政府”的前提下，社会从业人员资格管理完全有可能交给行业组织管理。在行业管理方面，政府将传统上由政府主管的许多行业管理职能转移给行业自治组织，如市场准入、职业资格确认、监督检查、投诉受理与处理、纠纷裁决乃至对组织成员的处罚制裁，都可能逐步转移给行业组织行使，或者在完全转移之前，先由政府与行业自治组织共同行使。[②] 与社会从业人员资格管理不同，行政执法人员资格管理则不可能交给行业组织进行管理，因为其本身为政府自我管理的不可分割的组成部分，是一种政府内部管理行为。

4. 是否属于行政许可。

会计师、医师考试等部分社会从业人员资格的授予属于行政许可，是外部行政行为。劳动者从事涉及公共安全、人身健康、生命财产等特殊工种，可以持职业资格证书上岗。而从事技能要求高、专业性强、社会通用性强等技术工种的劳动者，可以参加职业技能等级评价、申请职业资格证书。与此不同，行政执法人员资格认证的对象是行政主体的工作人员，而不是作为行政管理相对

① 伊江浩、卢申伟主编：《政府法治监督实务》，中国法制出版社 2004 年版，第 142 页。
② 姜明安主编：《行政执法研究》，北京大学出版社 2004 年版，第 14 页。

人的公民、法人和其他组织。行政执法人员资格认证是行政机关的内部管理措施，不属于行政许可事项。[①]

（四）行政执法人员资格管理和公务员制度的关系

行政执法人员资格管理和公务员制度之间有一定联系，但是，行政执法人员和公务员的范围并不一致。

一是行政执法人员的范围大于行政执法类公务员的范围。行政行为的实施人可以称为行政公务人员，行政公务人员主要包括国家公务员和其他行政公务人员。其他行政公务人员是指不具有国家公务员身份，但能代表行政主体行使职权、执行公务的其他人员，其不具有国家公务员身份，也不属于行政机关行政编制之列，如在法律、法规授权的组织中执行公务的人员，受委托组织中执行公务的人员。[②] 在法律法规授权和受委托组织执法的人员数量众多，如，上海市十一届人大常委会通过的《上海市民用机场地区管理条例》决定：上海机场（集团）有限公司有权对 8 个领域 34 项具体违法行为进行综合执法。[③] 上海有两个国际机场，从事执法的人员数量比较多。

二是只有行政执法类公务员才可能是行政执法人员，综合管理类、专业技术类公务员一般不可能成为行政执法人员。根据中共中央办公厅、国务院办公厅《行政执法类公务员管理规定（试行）》第二条规定，行政执法类公务员，是指依照法律、法规对行政相对人直接履行行政许可、行政处罚、行政强制、行政征收、行政收费、行政检查等执法职责的公务员，其职责具有执行性、强制性。[④] 录用公务员要在国家核定的编制额度内，按照确定的录用计划、所需职位的要求和录用程序进行。[⑤] 国家相关机关也要制定职位说明书，确定每个职位的职责和任职资格条件，作为国家公务员的录用、考核、培训、晋升的依

---

① 《国务院法制办公室对〈关于行政执法人员资格认证是否属于行政许可事项的请示〉的答复》（国法秘函〔2005〕171 号）。

② 姜明安主编：《行政法与行政诉讼法》，法律出版社 2006 年版，第 76—77 页。比如，综合行政执法部门执法人员身份有所不同，第一类为全部登记为公务员，第二类为国家行政编和地方行政编混编，第三类为行政执法编，第四类为行政编和事业编混编，第五类为事业编。

③ 上海市行政法制研究所：《上海机场地区行政综合执法的法制、体制、机制研究》，《政府法制研究》2007 年第 1 期。

④ 行政执法类职位是指政府部门中直接履行行政监管、行政处罚、行政强制、行政稽查等现场执法职责的职位。宋世明：《实施公务员法的难点分析》，《中国人才》2006 年第 1 期。

⑤ 应松年主编：《行政法与行政诉讼法学》，法律出版社 2005 年版，第 108 页。

据。总体来看，行政执法人员资格是政府对行政执法类公务员，而不是其他类公务员管理提出的更高要求。

三、行政执法辅助人员

行政执法辅助人员的出现是因为城镇化进程加快，同时，原有的编制并没有太大调整。行政执法辅助人员与行政机关之间签订的是劳动合同。[①] 本法坚持行政处罚的行政性，执法主体原则是行政机关，执法人员要有执法证件，行政执法辅助人员没有编制，不属于行政机关正式工作人员，其行为不能满足行政性要求，不能单独执法。

《中共中央国务院关于深入推进城市执法体制改革改进城市管理工作的指导意见》规定："规范协管队伍。各地可以根据实际工作需要，采取招用或劳务派遣等形式配置城市管理执法协管人员。建立健全协管人员招聘、管理、奖惩、退出等制度。协管人员数量不得超过在编人员，并应当随城市管理执法体制改革逐步减少。协管人员只能配合执法人员从事宣传教育、巡查、信息收集、违法行为劝阻等辅助性事务，不得从事具体行政执法工作。协管人员从事执法辅助事务以及超越辅助事务所形成的后续责任，由本级城市管理部门承担。"该文件重要之处在于，首次明确提出了辅助执法人员可以从事的工作范围。《法治中国建设规划（2020—2025 年）》提出："加强执法司法辅助人员队伍建设。"

近些年来，不少地方和部门就行政执法辅助人员出台了相关制度。如，《湖南省行政执法人员和行政执法辅助人员管理办法》规定：行政执法辅助人员，是指行政执法机关聘用的辅助行政执法机关及其行政执法人员履行行政执法职责的人员。受过刑事处罚或者涉嫌违法犯罪尚未查清的，曾被行政拘留或者有吸毒史的，被国家机关、事业单位开除公职或者辞退的，有较为严重的个人不良信用记录的，不得招聘为行政执法辅助人员。行政执法辅助人员不得从事行政执法的立案、受理，独立从事行政执法的调查和审核，作出行政执法决定，实施行政强制措施，独立从事行政许可、行政处罚、行政强制执行、行政征收、

---

① 不少行政机关与行政执法辅助人员之间签订一年劳动合同，一年后续签。根据《劳动合同法》，连续订立二次固定期限劳动合同，且劳动者没有本法第三十九条和第四十条第一项、第二项规定的情形，续订劳动合同的。此种情形下，劳动者提出或者同意续订、订立劳动合同的，除劳动者提出订立固定期限劳动合同外，应当订立无固定期限劳动合同。无固定期限劳动合同，是指用人单位与劳动者约定无确定终止时间的劳动合同。

行政收费、行政检查、行政确认等行政执法过程中影响公民、法人和其他组织实质性权利义务的工作，但是，可以独立承担行政执法工作中文书制作、档案管理、执法接线查询、窗口接送材料、信息采集与录入、计算机网络维护、数据分析统计、实验室分析、翻译等事务性、技术性、保障性工作。

四、文明执法

文明执法是我国对行政执法的基本要求之一，保障当事人合法权益是本法的基本原则之一。文明执法要求加强内部管理，健全纪律约束机制，加强行政执法人员思想建设、作风建设。

一是着装整齐规范。如，执法时佩戴统一规定的标志、胸卡、腰带、手套，上路必须加穿反光背心，不得在执法服装上挂胸花、胸针等装饰品，不得在外露的腰带上系挂钥匙等与执法无关的物件；不同季节的执法服装不得混穿；严禁歪戴帽、卷袖口、敞衣扣、披衣、穿拖鞋、打赤脚、卷裤腿等有损风纪的行为；非因公务需要严禁着执法服装出入酒店、娱乐场所。

二是仪表整洁，仪容端庄。如，男性执法人员不得留长头发、长胡须、长鬓角，不得露光头；女性执法人员执法时不得头发披肩，不得染指甲、化浓妆、佩戴首饰。

三是举止文明。如，现场执法保持端正、庄重，指挥车辆手势要明确、利索、规范，两名以上执法人员着执法服装徒步巡查或者外出时，应当行列整齐、有序；遇有当事人情绪激动或者有过激言行的，冷静处理，以理服人，不激化矛盾；不得酒后上岗执法；遵守交通法规，安全驾驶，文明行车；非紧急任务不得使用警示灯、警报器；可以采用多种方式实现行政目的的，避免采用损害当事人权益的方式。

四是言辞得体。如，依法使用普通话，使用规范的文明执法用语，表述通俗易懂，尊重当事人的人格尊严，不使用讥讽性、歧视性、蔑视性、羞辱性、威胁性语言和讲粗话、讲脏话。

五、执法人员不得少于两人

该规定有三个重要变化。一是实施阶段。根据原《行政处罚法》第三十七条，“执法人员不得少于两人”，限于“行政机关在调查或者进行检查时”。修订后，“执法人员不得少于两人”没有限定具体的实施阶段，似可理解成全过程不少于两人即可。二是适用范围。此前简易程序可以一人执法，因为“执法人员不得少于两人”规定在一般程序，但本次修改的“执法人员不得少于两人”放在了行政处罚程序的一般规定，适用于简易程序、普通程序和听证程序。三是增加了“法律另有规定的除外”，与管辖、立案等规定允许部门规章做例外规定不同，关于执法人员的例外只允许法律规定。

法条关联

《动物防疫法》第七十七条；《种子法》第五十条；《特种设备安全法》第五十五条等。

案例评议

廖某荣诉重庆市公安局交通管理局第二支队道路交通管理行政处罚决定案[①]

◆ **裁判要旨**

一、依照《道路交通安全法》第八十七条规定，交通警察执行职务时，对所在辖区内发现的道路安全违法行为，有权及时纠正。交通警察对违法行为所作陈述如果没有相反证据否定其客观真实性，且没有证据证明该交通警察与违法行为人之间存在利害关系，交通警察的陈述应当作为证明违法行为存在的优势证据。

二、交通警察一人执法时，对违法行为人当场给予200元以下罚款，符合道路交通安全法关于依法管理，方便群众，保障道路交通有序、安全、畅通的原则和该法第一百零七条的规定，也符合《道路交通安全违法行为处理程序规定》第八条的规定，是合法的具体行政行为。

第四十三条 【回避】

执法人员与案件有直接利害关系或者有其他关系可能影响公正执法的，应当回避。

当事人认为执法人员与案件有直接利害关系或者有其他关系可能影响公正执法的，有权申请回避。

① 《最高人民法院公报》2007年第1期。

当事人提出回避申请的，行政机关应当依法审查，由行政机关负责人决定。决定作出之前，不停止调查。

微言要义

任何人都不能充当自己案件的法官。①

本条来源

第一款在原法第三十七条第三款基础上修改，第二款、第三款为新增。

立法演变

一审稿第四十条第一款增加了“有其他关系可能影响公正执法”，同时，新增了第二款、第三款。二审稿将“但不停止调查或者实施行政处罚”修改为“由行政机关负责人决定。决定作出前，不停止调查”。

条文释义

一、规范意旨

回避是程序正当的基本要求。行政机关工作人员履行职责，与行政管理相对人存在利害关系时，应当回避。应当回避而没有回避的，属于程序违法，行政处罚决定可撤销。

二、回避的适用情形

回避的情形包括行政执法人员是当事人或者代理人的配偶、父母、子女、兄弟姐妹、祖父母、外祖父母、孙子女、外孙子女等近亲属，伯叔姑舅姨、兄弟姐妹、堂兄弟姐妹、表兄弟姐妹、侄子女、甥子女等三代以内旁系血亲关系，朋友、同学等其他关系密切人员，担任过本案的证人、鉴定人、代理人，以及与本案有利益冲突等可能影响公正执法的人员。②

---

① 孙笑侠：《西方法谚精选》，法律出版社2005年版，第98页。

② 根据《刑事诉讼法》第二十九条的规定，司法人员的回避事由包括：是本案的当事人或者是当事人的近亲属的；本人或者他的近亲属和本案有利害关系的；担任过本案的证人、鉴定人、辩护人、诉讼代理人的；与本案当事人有其他关系，可能影响公正处理案件的。

行政执法人员的回避，由行政机关负责人决定。但是，行政机关负责人的回避，本法没有作出规定，参照《刑事诉讼法》的规定，似可由本行政机关负责人集体讨论决定，或者由上级行政机关决定。[①] 当然，如行政机关与当事人存在诉讼等其他方面的利益冲突，可以考虑上级行政机关提级管辖或者指定异地管辖。

三、回避的效力

为了保证行政效率，确保回避程序不被滥用，本条规定了当事人提出回避申请的，在行政机关负责人作出决定前，不停止调查。执法人员本人提出回避的，本条没有规定，按照反面解释，执法人员提出回避的，多数构成法定回避事由，此时应当停止调查。

法条关联

《证券法》第一百一十六条；《海关法》第八十一条；《税收征收管理法》第十二条等。

案例评议

赵某某与济南市公安局历城区分局妨碍公务行政处罚纠纷上诉案[②]

◆ **裁判要旨**

行政相对人因妨碍执行公务被行政处罚，被妨碍执行公务的民警为体现公正，应当主动回避，不能参加行政处罚过程中询问、调查等活动；若未回避，则该行政处罚行为违反法定程序。

第四十四条　【告知】

行政机关在作出行政处罚决定之前，应当告知当事人拟作出的行政处罚内容及事实、理由、依据，并告知当事人依法享有的陈述、申辩、要求听证等权利。

---

① 根据《刑事诉讼法》第二十九条的规定，人民法院院长的回避，由本院审判委员会决定；检察长和公安机关负责人的回避，由同级人民检察院检察委员会决定。

② （2013）历域行初字第72号；（2014）济行终字第27号。

微言要义

兼听则明，偏信则暗。①

本条来源

原法第三十一条。

立法演变

一审稿第四十一条规定："行政机关在作出行政处罚决定之前，应当告知当事人拟作出的行政处罚内容及事实、理由、依据，并告知当事人依法享有的陈述、申辩、要求听证等权利。"

条文释义

一、规范意旨

告知当事人其行为违法，以案说法，避免当事人不知法，预防下次再犯；对于知法犯法的人，施以惩戒，以儆效尤。告知是行政机关作出行政处罚决定的必经程序，行政机关不告知当事人拟作出的行政处罚内容及事实、理由、依据的，行政处罚决定可以被撤销。告知有利于发现客观事实，同时也是惩罚和教育相结合的体现，能够充分发挥行政处罚的矫正和预防功能。

二、在作出行政处罚决定之前

从文义上讲，告知义务在作出行政处罚决定之前，即只要是行政机关负责人没有正式签发行政处罚决定，则行政机关都应当依照本条履行告知义务。因此，告知义务的履行可能不是一次，而是要根据行政处罚决定的调整情况逐次告知。有判决指出，行政机关作出处罚告知后，如果有新的证据证实拟被处罚的违法行为处于持续状态并在量上增加，将导致原处罚告知中认定的违法事实改变、处罚幅度加重的，应当将该情况告知拟被处罚人，听取其陈述、申辩。②

---

① 孙笑侠：《西方法谚精选》，法律出版社2005年版，第103页。

② （2017）津01行终348号，天津市鸿翔浩宇混凝土搅拌有限公司诉天津市国土资源和房屋管理局武清区国土资源分局等土地行政处罚案。

行政执法人员要树立正确的告知义务观。从发现事实真相角度来看，行政执法人员的视角是局限的，必须经过当事人的充分陈述申辩后，才能最大限度地确保行政处罚决定合法、合理，否则，行政处罚决定经不起行政复议或者行政诉讼的考验。

三、告知的内容

告知是当事人的重大行政程序权利，适用于简易程序、普通程序和听证程序，特别注意简易程序也要履行充分告知义务。本次修订增加了告知“拟作出行政处罚的内容”，增加的主要考虑是第四十五条规定了不因当事人陈述、申辩而给予更重的处罚。如何判断行政机关是否给予当事人更重的处罚，参照物是行政机关最初告知的初步行政处罚决定。因此，告知的内容就是拟作出的初步行政处罚决定。行政机关作出行政处罚的对象与之前告知程序中的对象不一致的，则人民法院在认定行政相对人时，应当以实施违法行为的主体为行政相对人。①

除了被告知的权利外，当事人还享有陈述、申辩、要求听证、申请行政复议、提起行政诉讼、申请国家赔偿等权利。行政机关需要在告知书当中履行充分告知义务，如，不能笼统地告知当事人有申请行政复议权，而是应该结合具体案件告知当事人的复议救济权。②

如果行政机关没有作出正式的行政处罚决定书，而是仅仅向当事人出具罚款证明，且未向当事人告知前述必要内容；致使当事人无从判断。当事人因此未经行政复议直接向人民法院起诉的，人民法院应当予以受理。③

法条关联

《治安管理处罚法》第九十四条；《海关行政处罚实施条例》第四十三条；《中国银保监会行政处罚办法》第七章等。

---

① （2012）湖行初字第 12 号，北京利诺克斯商贸有限公司诉厦门市湖里区工商行政管理局行政处罚决定案。

② 《行政复议法》第九条规定：“公民、法人或者其他组织认为具体行政行为侵犯其合法权益的，可以自知道该具体行政行为之日起六十日内提出行政复议申请；但是法律规定的申请期限超过六十日的除外。因不可抗力或者其他正当理由耽误法定申请期限的，申请期限自障碍消除之日起继续计算。”

③ （2005）行提字第 1 号，上海金港经贸总公司诉新疆维吾尔自治区工商行政管理局行政处罚案。

案例评议

盐城市奥康食品有限公司东台分公司诉盐城市东台工商行政管理局食品安全行政处罚案①

◆ 裁判要旨

食品标签是食品包装上的文字、图形、符号及一切说明物。如果在食品标签、食品说明书上特别强调添加、含有一种或多种有价值、有特性的配料、成分，应标示所强调配料、成分的添加量或含量。依照《食品安全法》第八十六条的规定，企业经营特别强调某种配料、成分的食品而未标示添加量或含量的，属于经营标签、说明书不符合《食品安全法》规定的食品，除没收违法所得、违法经营的食品和用于违法经营的工具、设备、原料等物品外，货值金额在一万元以上的，并处货值金额二倍以上五倍以下罚款。

◆ 评议

当事人在法定期限内未进行陈述申辩，行政机关依法作出行政处罚决定书，并无不当。《行政处罚法》虽然未规定陈述申辩期限，但是部门规章等可以对陈述申辩期限作出细化规定。

第四十五条　【陈述申辩】

当事人有权进行陈述和申辩。行政机关必须充分听取当事人的意见，对当事人提出的事实、理由和证据，应当进行复核；当事人提出的事实、理由或者证据成立的，行政机关应当采纳。

行政机关不得因当事人陈述、申辩而给予更重的处罚。

微言要义

任何人在受到不利制裁之前都要被听取意见。

---

①《最高人民法院公报》2014 年第 6 期。指导案例 60 号，最高人民法院审判委员会讨论通过，2016 年 5 月 20 日发布。

本条来源

原法第三十二条。

立法演变

最终稿在第二款“申辩”前增加“陈述”，将“加重”改为“给予更重”。

条文释义

一、规范意旨

陈述、申辩是当事人的重要程序权利。陈述是指当事人表明自己的意见和看法，提出自己的主张和证据。申辩是指当事人进行解释、辩解，反驳对自己不利的意见和主张。[①] 陈述、申辩体现了行政公开、公众参与等原则，也是行政民主的体现。

规定陈述、申辩权的主要考虑：一是可以使行政机关在作出行政处罚时，注意以事实为根据、以法律为准绳，防止和减少错误。二是事先告诉当事人，由当事人申辩包括要求听证，有利于当事人维护自己的合法权利。三是符合重在教育的原则，使当事人知道自己哪些行为违反了法律，有利于提高法制观念。[②] 与告知一样，陈述申辩适用于各类行政处罚程序。

二、陈述申辩权

（一）陈述申辩权的期限

本法没有规定陈述申辩权的期限，考虑到本法规定了原则上从立案之日起90日内要办结案件，防止久拖不决，使当事人处于不确定状态，不少部门和地方细化规定了陈述、申辩期限。如，原环保总局制定了《环境保护行政处罚常用法律文书格式》，将当事人陈述和申辩的时限规定为自接到事先告知书之日起七日。[③]再如，《公安机关办理行政案件程序规定》第一百六十八条规定：“对违法行为事实清楚，证据确实充分，依法应当予以行政处罚，因违法行为人逃跑

① 张春生主编：《中华人民共和国行政处罚法释解》，中国社会出版社1996年版，第74页。
② 曹志：《关于〈中华人民共和国行政处罚法（草案）〉的说明》，1996年3月12日。
③ 《国家环保总局关于实施行政处罚时听取陈述申辩时限问题的复函》（环函〔2006〕262号）。

等原因无法履行告知义务的，公安机关可以采取公告方式予以告知。自公告之日起七日内，违法嫌疑人未提出申辩的，可以依法作出行政处罚决定。”也有部门、地方规定陈述申辩的基本时限是三日。

（二）行政机关的义务

陈述、申辩是当事人的权利，当事人可以放弃。但是，对于当事人在陈述、申辩过程中提出的事实、理由和证据成立的，行政机关要予以采纳。本法第三十三条第二款规定了过错推定条款，当事人要证明自己没有主观过错的，可以在陈述、申辩过程中提出。

三、不因申辩而给予更重的处罚

为了保护当事人充分行使陈述权、申辩权，本条规定了“陈述、申辩不加罚”，类似于刑事诉讼过程中的“上诉不加刑”。推而广之，也不得因当事人要求听证而给予更重的处罚。

“行政机关不得因当事人陈述、申辩而给予更重的处罚”有两种解释：一是只包括从重处罚；二是包括从重处罚和加重处罚。

从立法目的而言，本款规定的目的是更好地保护当事人的陈述申辩权，由于从重也会影响当事人充分行使陈述申辩权，因此，此处的“给予更重”应当包括“从重”和“加重”。加重是在幅度外处罚，从重是在幅度内偏重处罚。《治安管理处罚法》第九十四条第三款规定：“公安机关不得因违反治安管理行为人的陈述、申辩而加重处罚。”本次修订将“加重”改为“给予更重”是为了更充分保护当事人的陈述申辩权。

但是，这一款不应被滥用、误用，如果确有因陈述申辩而发现新的事实和证据的，行政机关可以基于新的事实和证据调整行政处罚的内容。也就是说，不给予更重处罚的前提应该是基于原有的事实和证据。如，《海关办理行政处罚案件程序规定》第六十三条规定：“海关不得因当事人的申辩而加重处罚，但是海关发现新的违法事实的除外。”

关于在行政复议过程中是否能加重处罚，立法机关明确：行政复议机关在对被申请人作出的行政处罚决定或者其他具体行政行为进行复议时，作出的行政复议决定不得对该行政处罚或者该具体行政行为增加处罚种类或加重对申请人的处罚。①《行政诉讼法》也有类似的规定。其第七十七条第二款规定：“人

---

① 《全国人民代表大会常务委员会法制工作委员会关于行政复议机关能否加重对申请人处罚问题的答复意见》（法工委复字〔2001〕21 号）。

民法院判决变更，不得加重原告的义务或者减损原告的权益。但利害关系人同为原告，且诉讼请求相反的除外。”

法条关联

《刑事诉讼法》第一百九十条；《行政诉讼法》第七十七条等。

案例评议

焦某刚诉和平公安分局治安管理处罚决定行政纠纷案①

◆ **裁判要旨**

一、依法作出的行政处罚决定一旦生效，其法律效力不仅及于行政相对人，也及于行政机关，不能随意被撤销。已经生效的行政处罚决定如果随意被撤销，不利于社会秩序的恢复和稳定。

二、错误的治安管理行政处罚决定只能依照法定程序纠正。《公安机关内部执法监督工作规定》是公安部为保障公安机关及其人民警察依法正确履行职责，防止和纠正违法和不当的执法行为，保护公民、法人和其他组织的合法权益而制定的内部规章，不能成为制作治安管理行政处罚决定的法律依据。

三、在行政处罚程序中始终贯彻允许当事人陈述和申辩的原则，只能有利于事实的查明和法律的正确适用，不会混淆是非，更不会因此而使违法行为人逃脱应有的惩罚。

第四十六条　【证据种类和适用规则】

证据包括：

（一）书证；

（二）物证；

（三）视听资料；

（四）电子数据；

（五）证人证言；

① 《最高人民法院公报》2006 年第 10 期。

（六）当事人的陈述；
（七）鉴定意见；
（八）勘验笔录、现场笔录。
证据必须经查证属实，方可作为认定案件事实的根据。
以非法手段取得的证据，不得作为认定案件事实的根据。

微言要义

明白之事实，无庸举证。一个证人之证言，绝不可听。

本条来源

《行政诉讼法》第三十三条；《最高人民法院关于行政诉讼证据若干问题的规定》等。

立法演变

一审稿新增后无变化。

条文释义

一、规范意旨

长期以来，《行政处罚法》《行政许可法》等都没有对证据种类、证据资格、举证责任分配、证明标准等作出明确规定。行政执法往往参照《行政诉讼法》《最高人民法院关于行政诉讼证据若干问题的规定》等。本法要求实施行政处罚必须查清事实，而事实清楚确凿与否要靠证据，本次修订增加了证据的种类、非法证据排除规则，实为重大进步。

二、证据的特征

根据《最高人民法院关于适用〈中华人民共和国行政诉讼法〉的解释》第四十二条，能够反映案件真实情况、与待证事实相关联、来源和形式符合法律规定的证据，应当作为认定案件事实的根据。按照通常理解，证据具有客观性、关联性、合法性三个特征。

（一）客观性

客观性是指证据必须是客观存在的真实情况，而不是臆造、猜测的主观之物，不能正确表达意志的证人提供的证言，被进行技术处理而无法辩明真伪的证据材料，不能作为定案证据。证据的客观性主要强调证据的真实性，证据必须经过查证属实才能作为定案依据。

客观性可以从以下几个方面查证：证据形成的原因，发现证据时的客观环境；证据是否为原件、原物，复制件、复制品与原件、原物是否相符；提供证据的人或者证人与当事人是否具有利害关系；等等。

（二）关联性

关联性是指证据必须同证明对象之间存在某种内在联系，能够说明证明对象的真实情况，或者由于这些材料的存在，使证明对象的真实与虚假比在没有这些材料的情况下更为清楚。关联性是事实材料作为证据的必要条件①，不具有关联性的证据材料应当予以排除。

（三）合法性

合法性是指证据的形式和收集审查行为必须符合法律的要求。前者主要是指证据的种类，有的法律法规会对证据的形式提出明确的要求，如在中华人民共和国领域以外或者在中华人民共和国香港特别行政区、澳门特别行政区和台湾地区形成的未办理法定证明手续的证据材料，不能作为定案依据。后者主要是指证据收集、审查行为必须符合法律、法规、司法解释和规章的要求，即本条第三款规定的非法取得的证据不得作为定案的根据。多年前上海发生的“钓鱼执法”即为非法取证的典型案例。

三、证据的种类

（一）书证

书证是以文字、符号、图案等形式记载的，以内容证明案件事实的物品。书证在形式上应当符合下列要求：

1. 收集、调取的书证应当是原件。原本、正本和副本均属于书证的原件。提供原件确有困难的，可以提供与原件核对无误的复印件、照片、节录本。书证有更改或者更改迹象不能作出合理解释的，或者书证的副本、复制件不能反

---

① 江伟主编：《民事诉讼法原理》，中国人民大学出版社1999年版，第472页。

映书证原件及其内容的，不能作为证据使用。

2. 提供由有关部门保管的书证原件的复制件、影印件或者抄录件的，应当注明出处，经该部门核对无异后加盖其印章。

3. 提供报表、图纸、会计账册、专业技术资料、科技文献等书证的，应当附有说明材料。

4. 被告提供的被诉具体行政行为所依据的询问、陈述、谈话类笔录，应当有行政执法人员、被询问人、陈述人、谈话人签名或者盖章。

5. 法律、法规、司法解释和规章对书证的制作形式另有规定的，从其规定。

（二）物证

物证是以物体的物质属性、外部特征、存在状况、空间方位等自然属性证明案件事实的物品和痕迹。物证应当符合下列要求：

1. 收集调取的物证应当是原物。在原物不便搬运、不易保存或者依法应当由有关部门保管、处理或者依法应当返还时，可以拍摄或者制作足以反映原物外形或者内容的照片、录像。物证的照片、录像，经与原物核实无误或者经鉴定证明为真实的，可以作为证据使用。

2. 原物为数量较多的种类物的，提供其中的一部分。

（三）视听资料

视听资料是以录音、录像等设备所存储的信息证明案件事实的资料。视听资料应当符合下列要求：

1. 提供有关资料的原始载体。提供原始载体确有困难的，可以提供复制件。

2. 注明制作方法、制作时间、制作人和证明对象等。

3. 声音资料应当附有该声音内容的文字记录。

（四）电子数据

电子数据是由电子手段、光学手段或类似手段生成的传送、接收或存储的信息。电子数据需要存储在电子介质上。电子证据具有稳定性和安全性的特点，对其修改、复制或者删除能够通过技术手段认定和识别。电子证据的审查要注意对电子证据原件的识别，以及对电子证据完整性的认定。① 电子数据应当符

① 江必新主编：《中华人民共和国行政诉讼法理解适用与实务指南》，中国法制出版社 2015 年版，第 153－154 页。

合以下要求：

1. 无法提取电子数据原始载体或者提取确有困难的，可以提供电子数据复制件，但必须附有不能或者难以提取原始载体的原因、复制过程以及原始载体存放地点或者电子数据网络地址的说明，并由复制件制作人和原始电子数据持有人签名或者盖章，或者以公证等其他有效形式证明电子数据与原始载体的一致性和完整性。

2. 收集电子数据应当依法制作笔录，详细记载取证的参与人员、技术方法、步骤和过程，记录收集对象的事项名称、内容、规格、类别以及时间、地点等，或者将收集电子数据的过程拍照或录像。

3. 收集的电子数据应当使用光盘或者其他数字存储介质备份。行政机关为取证人时，应当妥善保存至少一份封存状态的电子数据备份件。

4. 提供通过技术手段恢复或者破解与案件有关的光盘或者其他数字存储介质、电子设备中被删除的数据、隐藏或者加密的电子数据，必须附有恢复或破解对象、过程、方法和结果的专业说明。

（五）证人证言

证人证言是非案件参与人关于案件事实的陈述，可以分为口头形式或者书面形式。因生理上、精神上有缺陷或者年幼，而不能辨别是非、不能正确表达的人，不能作为证人。证人应当陈述其亲历的具体事实。证人根据其经历所作的判断、推测或者评论，不能作为定案的依据。证人证言应当符合下列要求：

1. 写明证人的姓名、年龄、性别、职业、住址等基本情况。

2. 有证人的签名，不能签名的，应当以盖章等方式证明。

3. 注明出具日期。

4. 附有居民身份证复印件等证明证人身份的文件。

（六）当事人的陈述

当事人的陈述是案件当事人关于案件事实的自我叙述、承认和陈词。当事人陈述的要求与证人证言的要求相似。

在查处案件的过程中，当事人拒绝陈述案件事实的，行政机关可否根据已有证据径直对其作出处罚决定？有判决指出，当事人陈述并非公安机关作出治安管理处罚决定的必经程序，只要公安机关掌握的证据足以证明行政相对人的行为违法，即使其没有或拒绝对案件事实进行陈述，公安机关仍然可以对其作出治安管理处罚决定。《民事诉讼法》第七十五条也有类似规定。此外，公安协警系公安机关招聘的人员，受公安机关委托对辖区内治安案件进行处置，维护社会公共秩序。其在出警过程中目睹违法行为并进行陈述的证言，如排除其与双方当事人有利害关系，法院可予以采信。①

（七）鉴定意见

鉴定意见是指接受委托的鉴定人运用自己的专业知识和技能，对需要鉴定的专业性问题进行分析、鉴别和判断之后出具的专业意见。鉴定意见应当载明委托人和委托鉴定的事项、向鉴定部门提交的相关材料、鉴定的依据和使用的科学技术手段、鉴定部门和鉴定人鉴定资格的说明，并应有鉴定人的签名和鉴定部门的盖章。通过分析获得的鉴定意见，应当说明分析过程。

（八）勘验笔录

勘验笔录是指行政机关对有关案件事实的现场或物品进行就地检验、测量、勘查和分析所作出的书面记录。勘验笔录应当载明时间、地点和事件等内容，写明勘验过程，并由执法人员、当事人或者见证人签名。

（九）现场笔录

现场笔录是指行政机关工作人员在执行职务过程中对有关案件事实的现场情况所作出的书面记录。现场笔录应当载明时间、地点和事件等内容，并由执法人员和当事人签名。当事人拒绝签名或者不能签名的，应当注明原因。有其他人在现场的，可由其他人签名。法律、法规和规章对现场笔录的制作形式另有规定的，从其规定。

四、非法证据排除

非法手段取得的证据被称作“毒树之果”，不符合证据的合法性要求。根据《最高人民法院关于适用〈中华人民共和国行政诉讼法〉的解释》，“以非法手段取得的证据”是指严重违反法定程序收集的证据材料，以违反法律强制性规定的手段获取且侵害他人合法权益的证据材料，以利诱、欺诈、胁迫、暴力等手段获取的证据材料，以偷拍、偷录、窃听等手段获取侵害他人合法权益的证据材料。有判决指出，狭义上来说，“钓鱼式执法”是指当事人原本没有违法意图，在执法人员的引诱之下，才从事了违法活动。广义上来说，“钓鱼式执法”还包括在

① （2012）济阳行初字第13号，原告戴某丽诉被告济阳县公安局行政处罚案。

相对人已有违法意图的情况下，执法人员通过引诱促使其完成违法行为。合法行政要求行政机关从事执法活动必须有合法依据，“钓鱼式执法”没有合法依据。行政机关通过“钓鱼式执法”取得证据从而作出行政处罚的，该处罚无效。[①]

根据《公安机关办理行政案件程序规定》第二十七条，收集物证、书证不符合法定程序，可能严重影响执法公正的，应当予以补正或者作出合理解释；不能补正或者作出合理解释的，不能作为定案的根据。

五、证据的证明效力

证明同一事实的数个证据，其证明效力一般可以按照下列情形分别认定：

1. 国家机关以及其他职能部门依职权制作的公文文书优于其他书证。

2. 鉴定意见、现场笔录、勘验笔录、档案材料以及经过公证或者登记的书证优于其他书证、视听资料和证人证言。

3. 原件、原物优于复制件、复制品。

4. 法定鉴定部门的鉴定意见优于其他鉴定部门的鉴定意见。

5. 法庭主持勘验所制作的勘验笔录优于其他部门主持勘验所制作的勘验笔录。

6. 原始证据优于传来证据。

7. 其他证人证言优于与当事人有亲属关系或者其他密切关系的证人提供的对该当事人有利的证言。

8. 出庭作证的证人证言优于未出庭作证的证人证言。

9. 数个种类不同、内容一致的证据优于孤立的证据。

10. 以有形载体固定或者显示的电子数据交换、电子邮件以及其他数据资料，其制作情况和真实性经对方当事人确认，或者以公证等其他有效方式予以证明的，与原件具有同等的证明效力。

此外，刑事案件转为行政案件办理的，刑事案件办理过程中收集的证据材料，可以作为行政案件的证据使用。

六、举证责任分配

“谁主张，谁举证”是基本规则，但在行政处罚中大量运用推定。推定是根据某一事实的存在而作出的与之相关的另一事实存在或不存在的假定。[②] 推

---

① （2009）闵行初字第76号，张某不服上海市闵行区城市交通行政执法大队交通行政处罚案。

② 江伟主编：《民事诉讼法原理》，中国人民大学出版社1999年版，第507页。

定的结果是当事人承担举证责任。“举证责任之所在，败诉之所在。”行政处罚中推定规则是效率行政的要求。

一是主体推定。《道路交通安全法》第一百一十四条规定：“公安机关交通管理部门根据交通技术监控记录资料，可以对违法的机动车所有人或者管理人依法予以处罚。对能够确定驾驶人的，可以依照本法的规定依法予以处罚。”

二是过错推定。本法第三十三条首次确立了行政处罚的过错推定。

三是违法行为推定。《海警法》第三十五条规定：“海警机构办理海上行政案件时，有证据证明当事人在海上实施将物品倒入海中等故意毁灭证据的行为，给海警机构举证造成困难的，可以结合其他证据，推定有关违法事实成立，但是当事人有证据足以推翻的除外。”

四是因果关系推定。

七、证明标准

行政处罚的种类不同，影响当事人的权益程度不同，证明标准也各不相同。

一是排除合理怀疑标准。我国的行政拘留相当于英美国家的轻罪处罚，本身就属于刑法范畴，适用刑事诉讼程序。因此，此类行政处罚案件在总体上应当适用与刑事案件一致的证明标准，即排除合理怀疑标准，至少应当是接近排除合理怀疑的标准。①

二是实质性证据标准。该标准适用于大多数不利行政决定②，也可以称为高度盖然性标准。

三是优势证据标准。一般来说，当场处罚可以没有证据材料，执法人员只要不滥用职权，根据自己的目睹就可以直接认定事实。因此，有人将当场处罚的证明标准称为“排除滥用职权标准”。③

八、举证时限

在行政处罚的陈述申辩期间，当事人持有证据但故意不提供，待行政机关即将作出最后决定时再提出自己的证据，此证据是否应被采纳，值得研究。我国行政诉讼建立了举证时限制度。《最高人民法院关于行政诉讼证据若干问题的

---

① 宋大涵主编：《行政执法教程》，中国法制出版社 2011 年版，第 260 页。

② 王万华：《中华人民共和国行政执法程序条例（建议稿）及立法理由》，中国人民公安大学出版社 2016 年版，第 95 页。

③ 宋大涵主编：《行政执法教程》，中国法制出版社 2011 年版，第 260 页。

规定》第七条规定："原告或者第三人应当在开庭审理前或者人民法院指定的交换证据之日提供证据。因正当事由申请延期提供证据的，经人民法院准许，可以在法庭调查中提供。逾期提供证据的，视为放弃举证权利。原告或者第三人在第一审程序中无正当事由未提供而在第二审程序中提供的证据，人民法院不予接纳。"民事诉讼也有类似规则。从治理的角度出发，似可以在行政处罚中引入举证时限制度，当事人逾期不提供证据的，视为放弃举证权利，以提供当事人的证据意识，增强行政效率。

九、免予证明的事实

根据《最高人民法院关于民事诉讼证据的若干规定》第十条，行政机关和当事人无须举证证明的事实包括：

1. 自然规律以及定理、定律。
2. 众所周知的事实。
3. 根据法律规定推定的事实。
4. 根据已知的事实和日常生活经验法则推定的另一事实。
5. 已为仲裁机构的生效裁决所确认的事实。
6. 已为人民法院发生法律效力的裁判所确认的基本事实。
7. 已为有效公证文书所证明的事实。

上述第二项至第五项事实，当事人有相反证据足以反驳的除外；第六项、第七项事实，当事人有相反证据足以推翻的除外。

法条关联

《行政诉讼法》第三十三条；《最高人民法院关于行政诉讼证据若干问题的规定》等。

案例评议

杨某诉上海证监局证券行政处罚案[①]

◆ 裁判要旨

鉴于证券从业人员违法"炒股"行为具有时间跨度长，电子化证据多，证

① （2018）沪74行终8号。

据隐蔽、分散以及违法行为主体认定难等特点，在没有直接证据的情况下，若行政机关已最大限度地合理收集了相关间接证据，且间接证据之间能够相互印证，足以证明违法事实的成立具有高度可能性的，则可推定违法行为成立。

第四十七条 【行政处罚全过程记录】

行政机关应当依法以文字、音像等形式，对行政处罚的启动、调查取证、审核、决定、送达、执行等进行全过程记录，归档保存。

本条来源

新增条文。《国务院办公厅关于全面推行行政执法公示制度执法全过程记录制度重大执法决定法制审核制度的指导意见》。

立法演变

一审稿新增后无变化。

条文释义

一、规范意旨

本条规定的是执法全过程记录制度。《中共中央关于全面推进依法治国若干重大问题的决定》规定："完善执法程序，建立执法全过程记录制度。"执法全过程记录制度重在规范执法程序，通过文字、音像记录等形式，对行政执法各个环节进行记录，全面、系统归档保存，做到执法全过程留痕和可回溯管理。①执法全过程记录信息对案卷评查、执法监督、评议考核、舆情应对、行政决策和健全社会信用体系等具有积极作用。

（一）法律渊源

一是《行政许可法》规定行政机关应当建立健全监督制度，对被许可对象从事行政许可事项的活动进行监督检查时，应当将监督检查的情况和处理结果

① 《国务院新闻办就全面推行行政执法"三项制度"有关情况举行发布会》，http：//www.gov.cn/xinwen/2019－01/04/content_ 5354802.htm，最后访问时间：2020年1月1日。

予以记录，由监督检查人员签字后归档。公众有权查阅行政机关监督检查记录。二是《行政强制法》规定行政机关应当充分听取当事人的意见，对当事人提出的事实、理由和证据，应当进行记录、复核。三是《政府信息公开条例》要求行政机关在履行职责过程中制作或者获取的，以一定形式记录、保存的信息需要按照规定予以主动公开、依申请公开或者不公开，但不论公开与否，都应予以记录。

（二）政策渊源

一是《全面推进依法行政实施纲要》提出健全行政执法案卷评查制度，这是推行执法全过程记录制度的重要基础。它要求行政机关应当建立有关行政处罚、行政许可、行政强制等行政执法案卷，对相关行政执法环节予以记录，对公民、法人和其他组织的有关监督检查记录、证据材料、执法文书等应当立卷归档。二是《国务院办公厅关于印发推行行政执法公示制度执法全过程记录制度重大执法决定法制审核制度试点工作方案的通知》，该文件对执法全过程记录作了初步规定。三是《国务院办公厅关于全面推行行政执法公示制度执法全过程记录制度重大执法决定法制审核制度的指导意见》,[①] 该文件是本条的直接制

① 行政执法公示制度、执法全过程记录制度、重大执法决定法制审核制度简称行政执法三项制度。行政执法三项制度是经济社会和国家治理水平发展到一定阶段的产物，其制定出台有三个重要背景。一是党中央的重要决策。《中共中央关于全面推进依法治国若干重大问题的决定》提出，要推行行政执法公示制度；完善执法程序，建立执法全过程记录制度；严格执行重大执法决定法制审核制度。2016 年 12 月，中央全面深化改革领导小组第三十一次会议审议通过了行政执法三项制度试点工作方案。2017 年初，《国务院办公厅关于印发推行行政执法公示制度执法全过程记录制度重大执法决定法制审核制度试点工作方案的通知》（国办发〔2017〕14 号）公布实施。试点结束后，司法部总结试点经验，起草了全面推行的意见。二是经济社会发展面临诸多前所未有的挑战。经济基础决定上层建筑。2018 年《政府工作报告》指出：过去五年来，诸多矛盾交织叠加，各种风险挑战接踵而至，国内外很多情况是改革开放以来没有碰到过的，经济增长内生动力还不够足，创新能力还不够强，政府职能转变还不到位。为了应对这些挑战，党中央、国务院推出了包括“放管服”改革等在内的各项改革措施，努力加强政府自身建设，不断降低制度性交易成本，优化营商环境，充分释放制度的生产力。三是行政执法面临不少问题。我国大约有 80% 的法律、90% 的地方性法规和几乎所有的行政法规，都是由行政机关来执行。行政执法是政府实施法律法规、履行法定责任、管理经济社会事务的主要方式。目前，行政执法还存在不少问题，执法不作为让违法行为“畅通无阻”，对守法人员形成了不公，破坏了法治环境；执法不公正，畸轻畸重，恶意选择性执法，影响了人民群众对法治的信仰；执法不规范，影响了执法形象，甚至导致执法行为违法；执法不公开，暗箱操作，为公权力寻租留下隐患。这些问题影响了经济社会发展的正常秩序，破坏了营商环境。在新的时代背景下，迫切需要通过制度建设整体提升行政执法水平，解决经济社会发展和政府治理自身存在的问题，增强人民群众的获得感和幸福感。

度来源。

二、文字记录

文字记录是以纸质文件或电子文件形式对行政执法活动进行全过程记录的方式。文字记录要抓好规范化和电子化。文字记录是全过程记录制度的最基本要求，音像记录则是锦上添花，对文字记录能够全面有效记录执法行为的，可以不进行音像记录。[①] 这一制度设计体现了成本效益原则，也充分考虑了中国经济社会发展的不平衡性。

《国务院办公厅关于全面推行行政执法公示制度执法全过程记录制度重大执法决定法制审核制度的指导意见》明确了电子文书和执法文书规范化，夯实了智能执法的基石。针对执法行为不规范不文明、地方部门执法文书相冲突等问题，提出要研究制定执法规范用语和执法文书制作指引，并明确了执法文书规范化的三个梯次，即司法部负责制定统一的行政执法文书基本格式标准，这是第一梯次；国务院有关部门制定本部门、本系统统一适用的行政执法文书格式文本，这是第二梯次；地方各级人民政府参考国务院部门行政执法文书格式，完善有关文书格式，这是第三梯次。地方和部门文书格式相冲突问题值得重视。

三、音像记录

音像记录是通过照相机、录音机、摄像机、执法记录仪、视频监控等记录设备，实时对行政执法过程进行记录的方式。音像记录和执法记录仪记录不能画等号，前者的范围更大些。音像记录能够发挥直观有力的证据作用、规范执法的监督作用、依法履职的保障作用。

（一）充分认识对执法的心理干预作用

长期以来，困扰执法的一个重要问题是一些执法人员和行政相对人对执法抱有不良预期，执法人员想寻租，行政相对人想逃避执法。音像记录的好处是实时化、全过程、全覆盖，同时对执法人员和执法相对人实现双重监督，通过重塑执法双方的心理机制，消除不良预期，逐步改变执法环境，树立执法权威，推进执法规范。

（二）建立标准化的信息保障体系

音像记录是智能执法、精准执法的重要支撑。《法治政府建设实施纲要

---

① 由于视频记录存储需要大量空间，如果是云存储的话，费用不菲，应分类制定记录的存储时间，不宜“一刀切”规定过长的存储时间。

(2015—2020年)》提出:“强化科技、装备在行政执法中的应用。”音像记录的体系包括移动终端、物联网设备、执法场所、指挥中心、视频监控、云计算平台等。就移动终端而言,执法记录仪的配置应考虑制式,防止形成新的信息孤岛,能够通过智能手机执法的,也可以直接使用智能手机执法。执法场所的配备,可以借鉴公安机关场所标准化的经验配备,从充分发挥资源有效性的角度来看,也可以在一定区域内相对集中设置问询室、听证室。指挥中心、视频监控的共建共享,有利于及时处理现场事件,避免街头执法和行政检查的盲目性,优化人力资源配置,进一步推进精准执法。就云计算平台而言,通过大数据分析,能过减少执法机关的实地调查活动,比如江苏省税务机关运用大数据技术,稽查量全年减少97%,合计8000多次。

智能传感器等物联网设备的使用是实务的一个薄弱环节。物联网是互联网的延伸,它利用局部网络或互联网等通信技术把传感器、控制器、机器、人员和物等通过新的方式联在一起,形成人与物、物与物相连,实现信息化、远程管理控制和智能化的网络。如,《道路交通安全法实施条例》第十四条规定:“用于公路营运的载客汽车、重型载货汽车、半挂牵引车应当安装、使用符合国家标准的行驶记录仪。交通警察可以对机动车行驶速度、连续驾驶时间以及其他行驶状态信息进行检查。安装行驶记录仪可以分步实施,实施步骤由国务院机动车产品主管部门会同有关部门规定。”但这项制度的执行效果不好,如果该制度结合自动化技术和信息化平台,完全可以实现自动化执法,让疲劳驾驶、超速驾驶等违法行为无处遁形。[①] 同时,如何避免行政执法人员滥用,也还需要建立一系列制度。

法条关联

《海警法》第六十八条;《优化营商环境条例》第五十八条等。

---

① 行驶记录仪成本低,从京东的销售价格看,最低只有139元,200-400元的数量也比较多。https://search.jd.com/search?keyword=行驶记录仪&enc=utf-8&qrst=1&rt=1&stop=1&vt=2&cid2=6740&cid3=6964&stock=1&psort=3&click=0,最后访问时间:2019年1月13日。

第四十八条　【行政处罚决定公示】

具有一定社会影响的行政处罚决定应当依法公开。

公开的行政处罚决定被依法变更、撤销、确认违法或者确认无效的，行政机关应当在三日内撤回行政处罚决定信息并公开说明理由。

微言要义

朝闻道，夕死可矣。[①]

本条来源

《国务院办公厅关于全面推行行政执法公示制度执法全过程记录制度重大执法决定法制审核制度的指导意见》；《政府信息公开条例》第十五条、第二十条、第二十一条等。

立法演变

一审稿第四十五条规定："行政处罚决定应当依法公开。""公开的行政处罚决定被依法变更、撤销、确认违法或者确认无效的，行政机关应当在三日内撤回行政处罚决定相关信息并说明理由。"二审稿细化行政处罚决定公开要求，明确行政处罚决定应当按照政府信息公开的有关规定予以公开。三审稿吸收了《政府信息公开条例》的规定，在第一款增加"具有一定社会影响"，并将第一款其他内容恢复为一审稿的规定。同时，第二款要求"说明理由"必须"公开"。

条文释义

一、规范意旨

本条规定的是行政处罚决定公示制度。2011 年，《中共中央办公厅、国务院办公厅关于深化政务公开加强政务服务的意见》强调："重点公开行政机关在实施行政许可、行政处罚、行政收费、行政征收等执法活动中履行职责情况，

① 《论语·里仁》。

积极探索执法投诉和执法结果公开制度。”2014年，《中共中央关于全面推进依法治国若干重大问题的决定》首次提出：“推行行政执法公示制度。”在此之前，较少以“行政执法公示制度”名义推行相关工作，但相关要求已经在《行政处罚法》《行政许可法》《政府信息公开条例》以及相关政策文件中有所规定。《国务院办公厅关于全面推行行政执法公示制度执法全过程记录制度重大执法决定法制审核制度的指导意见》是本条的直接制度来源。

推行执法公示制度重在打造阳光政府，及时、主动公开执法信息，推进行政权力公开、透明运行。行政执法公示制度是保障知情权、参与权、表达权、监督权的重要措施，是政务公开制度的组成部分，此前的法律基础主要是《政府信息公开条例》。

行政处罚决定公开是一种治理技术，在短期内无法通过大规模修法提高行政违法成本的背景下，尤为重要。通常来讲，行政处罚决定公开的效果比处罚决定本身具有更大的制裁性，处罚决定公开对应的是当事人的名誉权、信用权，公开处罚决定直接影响到其名誉、商誉、信用乃至财产，处罚决定公开具有一定程度的惩戒性质。《政府信息公开条例》第二十条规定，本行政机关认为具有一定社会影响的行政处罚决定，属于主动公开的范围。本条在起草过程中，引起多方关注，最终改变了原则上行政处罚决定都公开的做法，只要求“具有一定社会影响”的文书需要向社会公开，这是符合实际的做法。

公开惩戒是一种古老的治理技术，具有复杂的社会功能。直到19世纪初，西方肉体惩罚的大场面才消失，对肉体的酷刑也停止使用，惩罚不再有戏剧性的痛苦表现。示众场面的消失和痛苦的消除是现代处决仪式的演变结果。惩罚从一种制造无法忍受的感觉的技术转变为一种暂时剥夺权利的经济机制。① 与对肉体的惩戒不同，对于法定犯，公开是一种效果较好的治理手段。美国对犯罪企业实施刑事处罚后，采取“保护观察”的措施，督促其公布犯罪事实、犯罪原因并制订弥补制度漏洞的计划，以消除企业再犯罪的可能。②

二、行政处罚决定公开需要遵循的原则

对于公开行政处罚决定的性质如何认定，在比较法上有行政强制和行政处

---

① 福柯：《规训与惩罚》，刘北成、杨远婴译，生活·读书·新知三联书店1999年版，第11－14页。

② 黎宏：《完善我国单位犯罪处罚制度的思考》，《法商研究》2011年第1期。

罚两类。如，日本和韩国认为其是行政强制，对于违反、不履行行政法上的义务，行政厅向大众公布其事实，并根据由此的社会批评这一间接的、心理的强制来确保履行义务。[①] 我国台湾地区认为影响名誉之处分，系指公布姓名或名称、公布照片或其他相类似之处分。我国台湾地区“税捐稽征法”第三十四条第一款规定，“财政部”或经其指定之税捐稽征机关，对重大欠税案件或重大逃漏税捐案件经确定后，得公告其欠税人或逃漏税捐人姓名或名称与内容，不受前款第一项限制。[②]

有些行政处罚决定不宜向社会公开。一是国家秘密、商业秘密、个人隐私的行政处罚决定不宜公开。依法确定为国家秘密的政府信息，法律、行政法规禁止公开的政府信息，以及公开后可能危及国家安全、公共安全、经济安全、社会稳定的政府信息，不予公开。二是鉴于《民法典》对个人信息加强了保护，处理个人信息需要由法律法规规定或者权利主体同意，涉及个人信息的部分应统筹考量惩戒与保护的关系。三是被行政处罚人是未成年人的，不宜公开。四是涉及商业秘密、个人隐私等公开会对第三方合法权益造成损害的政府信息，行政机关不得公开。但是，第三方同意公开或者行政机关认为不公开会对公共利益造成重大影响的，予以公开。

行政处罚决定公开应当遵循比例原则，除此之外，还应考虑以下原则。

（一）民商有别原则

如果其违法行为为商业行为，则可以更多地考虑公开，加强对其约束；如果其为民事行为，则价值选择上应更多地考虑个人生活安宁，毕竟在互联网时代，违法行为一旦公开，就会像牛皮癣一样难以清除。刑法上前科消灭制度也具有类似的立法价值导向。[③] 在 Department of Justice v. Reporters Committee for Freedom of the Press 案件中，美国最高法院认为：个人对联邦调查局持有的刑事犯罪前科记录中有关个人的信息享有隐私权益，根据信息自由法中免除公开范围的规定，该记录信息免除公开。个人并不因为个人信息成为公共记录的一部

---

① 章志远：《作为行政强制执行手段的违法事实公布》，《法学家》2012 年第 1 期。

② 陈清秀：《“行政罚法”》，法律出版社 2016 年版，第 13－14 页。

③ 德国联邦中央登记法规定了联邦中央犯罪登记簿记载和消除等，符合第四十六条等法定情形的，必须予以删除犯罪记录，以实现罪犯的再社会化。参见［德］汉斯·海因里希·耶塞克、托马斯·魏根特：《德国刑法教科书》，徐久生译，中国法制出版社 2017 年版，第 1194 页、第1233－1238 页。

分而丧失对其享有的隐私权益；仅因为信息可以在公共记录中发现并不意味着该信息在没有重大公共利益时也应该广泛地公开。[①]

（二）善良风俗原则

行政执法要遵循社会主义核心价值观。在执法公示制度下，卖淫嫖娼信息并不一定都要予以公布，当然类似黄某波等公众人物的例外，因为公众人物的适度容忍义务，即使在民法上也是最基本的规则之一。此外，描述血腥暴力和恐怖事实，犯罪方法的解释以及具体侦查方法和措施的行政执法决定书也不宜全文公示。

（三）公共秩序原则

大规模等违法事实必须尽快公布，以约束违法行为、平复公众焦虑情绪，如长春长生疫苗相关行政处罚决定应及时公开。我国台湾地区“消费者权益保护法”第三十七条规定：“直辖市或县（市）于企业经营者提供之商品或服务，对消费者已发生重大损害或有发生重大损害之虞，而情况危急时，除为前条之处置外，应即在大众传播媒体供稿企业经营者之名称、地址、商品、服务，或为其他必要之处置。”

（四）国家安全原则

在许多方面，行政执法决定的公示都要借鉴法院裁判文书公示，但同时也应考虑行政的自身特点。据统计，截至2016年8月16日，中国裁判文书网访问量突破20亿次，用户覆盖全球190多个国家和地区，超过5亿的访问量来自海外，其中北美地区的访问量超过1亿。[②] 考虑到行政执法决定的涉及面更广、幅度更深，我国的信息技术尚落后于西方国家，在大数据时代，行政执法决定公示后，海量数据的积累可能危及国家安全、公共安全、经济安全和社会稳定，行政执法决定公示应注意内外有别，有序开放政府数据，适当限缩公示范围。

三、具有一定社会影响

行政处罚决定信息不是一般的政府信息，因此，要限定在具有一定社会影响的范围内。具有一定社会影响可以从以下几个角度结合实际情况把握：

---

① 许莲丽：《论违法行为信息公开中的隐私权保护》，《行政法学研究》2010年第1期。

② 《中国裁判文书网用户覆盖全球190多个国家和地区》，http：//www.sohu.com/a/112839206_119911，最后访问时间：2019年1月13日。

一是适用听证程序的案件。即较大数额罚款，没收较大数额违法所得、没收较大价值非法财物，降低资质等级、吊销许可证件，责令停产停业、责令关闭、限制从业，其他较重的行政处罚。从公众的角度看，吊销许可证件等资格罚决定需要广而告之，以体现更好发挥政府作用。

二是行政机关应当主动公开的政府信息。根据《政府信息公开条例》，扶贫、教育、医疗、社会保障、促进就业等方面的政策、措施及其实施情况，突发公共事件的应急预案、预警信息及应对情况，环境保护、公共卫生、安全生产、食品药品、产品质量的监督检查情况，应当主动向社会公开，从解释上来看，这些领域的行政处罚决定可以认为是具有一定影响的行政处罚决定。《法治中国建设规划（2020—2025 年）》规定："加大食品药品、公共卫生、生态环境、安全生产、劳动保障、野生动物保护等关系群众切身利益的重点领域执法力度。"据此，这些重点领域的行政处罚决定原则上应当公开。

三是需要进行重大法制审核的案件。本法第五十八条规定了若干情形，如涉及重大公共利益的，案件情况疑难复杂、涉及多个法律关系等。

四、公开的时限

（一）开始时间点

按照《政府信息公开条例》的要求，属于主动公开范围的政府信息，应当自该政府信息形成或者变更之日起 20 个工作日内予以公开，法律、法规对政府信息公开的期限另有规定的除外。

根据《国务院办公厅关于全面推行行政执法公示制度执法全过程记录制度重大执法决定法制审核制度的指导意见》，行政处罚、行政许可的公示时限是 7 个工作日，依据是《国务院办公厅关于运用大数据加强对市场主体服务和监管的若干意见》（国办发〔2015〕51 号）。① 其他行政执法行为决定的公示时限是 20 个工作日，依据是《国务院关于促进市场公平竞争维护市场正常秩序的若干意见》（国发〔2014〕20 号）等。②

---

① 该文件规定："除法律法规另有规定外，应将行政许可、行政处罚等信息自作出行政决定之日起 7 个工作日内上网公开，提高行政管理透明度和政府公信力。"

② 该文件规定："除法律法规另有规定外，市场监管部门适用一般程序作出行政处罚决定或者处罚决定变更之日起 20 个工作日内，公开执法案件主体信息、案由、处罚依据及处罚结果，提高执法透明度和公信力。建立健全信息公开内部审核机制、档案管理等制度。"

公开的时间起点是作出或者变更行政执法决定之日还是行政执法决定生效之日，本书认为，应当自行政处罚决定生效之日起计算，特别是公告送达等特殊情形，没有生效的行政处罚决定最好不予公开。

（二）公开持续的时间

根据《国家发展改革委办公厅关于进一步完善行政许可和行政处罚等信用信息公示工作的指导意见》，行政处罚信息自处罚决定作出之日起，在信用门户网站的一般公示期限为一年，涉及严重失信行为的行政处罚信息公示期限为三年。法律、法规、规章另有相关规定的，从其规定。公示期限届满的，应不再对外公示。行政处罚信息在公示网站公示期限为一年的，行政相对人可在最短公示期三个月后向公示网站申请信用修复。属于严重失信行为或在信用修复后一年内再次受到行政处罚的，不予信用修复。法律、法规、规章有相关规定的，从其规定。

根据《市场监督管理行政处罚信息公示规定（修订草案征求意见稿）》，市场监督管理部门行政处罚信息公示期限为自公示之日起 3 年。公示期届满的行政处罚信息记录于国家企业信用信息公示系统，但不再公示。行政处罚信息公示已满一定基础公示期，且符合一定条件[①]的，行政处罚当事人可以向作出行政处罚决定的市场监督管理部门申请不再公示，公示已满 3 个月至 1 年的基础公示期，且符合相关条件的，当事人可以申请停止公示，同时规定了申请条件和不得申请的情形。市场监督管理部门受理申请后，可以对行政处罚当事人实施行政约谈，督促其建立和完善相关制度，严格执行有关规定，守法守信经营。

总的来讲，当事人主动采取补救措施，消除不良影响或者危害后果的，行政机关可以决定是否撤回、何时撤回已经公开的行政处罚决定信息。当事人发现已经公开的行政处罚决定信息存在不准确、遗漏或者违反保密规定的情形的，可以向行政机关提出异议，行政机关应当及时处理。

五、公开的方式

行政处罚决定公开可以分为全文公示、摘要公示，显名公示、匿名公示，

① 当事人已经履行行政处罚决定规定的义务；当事人自行政处罚决定作出之日起未受到市场监督管理部门适用一般程序作出的行政处罚；当事人未被列入或已被移出经营异常名录和严重违法失信企业名单；当事人作出信用承诺并已通过国家企业信用信息公示系统公示。

内部公示、外部公示等多种形式。匿名公示行政处罚决定不具有惩戒性，仅具有警示性。如，向社会公开法律文书，对文书中载明的自然人姓名作隐名处理，保留姓氏，名字以“某”替代。

公开行政处罚决定，原则上应当删除文书中载明的下列信息：一是自然人的住所地详址、工作单位、家庭成员、联系方式、身份号码、健康状况、机动车号牌号码等；二是法人或者其他组织的涉及具体财产的信息；三是涉及公民个人隐私和商业秘密的信息；四是案件事实中涉及有伤风化的内容，以及可能诱发违法犯罪的细节描述；等等。

六、“依法”公开行政处罚决定

本书认为，此处的“依法”，是指法律、法规、规章、行政规范性文件，有细化规定的，要依据相关规定；如果没有上述规定，也可以依据本条和《政府信息公开条例》等规定直接予以公开。如，对于行政处罚决定涉及第三人利益的，《政府信息公开条例》作了详细规定，第十五条：“涉及商业秘密、个人隐私等公开会对第三方合法权益造成损害的政府信息，行政机关不得公开。但是，第三方同意公开或者行政机关认为不公开会对公共利益造成重大影响的，予以公开。”

七、救济

本条第二款来源于国务院文件。公开的行政处罚决定被依法变更、撤销、确认违法或者确认无效的，行政机关有义务积极消除公开的不良社会影响，公开说明理由应当与原公开的范围相当，并于一定时间内在网站上作出显著标记。

值得探讨的是，由于行政处罚决定公开扩大了行政处罚决定的传播范围，如果行政处罚决定违法、需要国家赔偿，公开行为造成了更大范围的损害，国家赔偿责任也会变重，行政执法人员有故意或者重大过失的，还面临追偿。由于行政执法人员的违法行为可能存在处罚决定违法和决定公开行为违法两种情形，相应的被追偿主体可能会有所不同。

法条关联

《政府信息公开条例》第十五条、第二十条、第二十一条、第二十二条；《最高人民法院关于公布失信被执行人名单信息的若干规定》；《企业信息公示暂行条例》；《国务院办公厅关于运用大数据加强对市场主体服务和监管的若干意见》；《公安机关执法公开规定》等。

第四十九条　【突发事件处罚】

发生重大传染病疫情等突发事件，为了控制、减轻和消除突发事件引起的社会危害，行政机关对违反突发事件应对措施的行为，依法快速、从重处罚。

微言要义

紧急需要一旦超出紧急需要的范围就不再是善。①

本条来源

新增。

立法演变

一审稿第四十六条规定："发生重大传染病疫情等突发事件，为了控制、减轻和消除突发事件引起的社会危害，行政机关对违反突发事件应对措施的行为，依法从重处罚，并可以简化程序。"对此，不少意见提出"简化程序"容易侵害合法权益。二审稿作出回应，规定"依法快速、从重处罚"，删除了"简化程序"。

条文释义

一、规范意旨

突发事件是指突然发生，造成或者可能造成严重社会危害，需要采取应急处置措施予以应对的自然灾害、事故灾难、公共卫生事件和社会安全事件。按照社会危害程度、影响范围等因素，自然灾害、事故灾难、公共卫生事件分为特别重大、重大、较大和一般四级。

从社会危害来看，突发事件状态下行政违法行为的社会危害更大，预防违

① 孙笑侠：《西方法谚精选》，法律出版社 2005 年版，第 28 页。

法行为发生、尽快恢复行政管理秩序的需求更为迫切，本条对突发事件状态下的行政违法行为的态度是依法快速、从重处罚。一方面是快刀斩乱麻，另一方面是该走的程序还要走，告知陈述申辩等法定程序不能省略，体现了权利与权力的平衡。

二、依法快速

本条规定的快速办理是对行政机关的法定要求。

在常态下，公安等部门引入了快速办理程序，体现了高效便民、“简化”的精神。如，外地运输车辆司机主动承认违法行为，希望尽快结束调查程序，同时也有电子监控设备录制的电子证据，此时快速处罚客观上维护了当事人的利益。我国刑事诉讼已经引入了认罪认罚和速裁程序，值得借鉴。

当事人主动放弃程序权利，希望加速办理的行政处罚案件，宜尽可能快速办理，使社会尽快恢复到正常秩序。快速办理的适用条件如下：一是对于不适用简易程序的行政处罚案件；二是事实清楚，当事人自愿认错认罚，且对违法事实和法律适用没有异议；三是有视听资料、电子数据、检查笔录等关键证据能够相互印证，行政机关可以不再开展其他调查取证工作；四是在当事人书面同意后，可以通过简化取证方式、告知形式、审核审批等措施快速办理，如采用口头方式履行处罚前告知程序，由行政执法人员在案卷材料中注明告知情况，并由被告知人签名确认，或者使用简明扼要的格式文书做询问笔录等，或者合并文书数量；五是可以根据违法行为人认错悔改、纠正违法行为、赔偿损失以及被侵害人谅解情况等情节，依法对违法行为人从轻、减轻处罚或者不予行政处罚。

当然，为了充分保障当事人权益，有些类型的案件需要排除在快速办理程序之外。如，《海警法》第三十一条规定：“海上行政案件有下列情形之一，不适用快速办理：（一）依法应当适用听证程序的；（二）可能作出十日以上行政拘留处罚的；（三）有重大社会影响的；（四）可能涉嫌犯罪的；（五）其他不宜快速办理的。”《公安机关办理行政案件程序规定》第四十一条规定：“行政案件具有下列情形之一的，不适用快速办理：（一）违法嫌疑人系盲、聋、哑人，未成年人或者疑似精神病人的；（二）依法应当适用听证程序的；（三）可能作出十日以上行政拘留处罚的；（四）其他不宜快速办理的。”

三、从重处罚

从重是在法定处罚幅度范围内。本条是对突发事件状态下行政违法行为裁量的普遍授权，只要是违反突发事件应对措施的行为，有关行政机关都可以从重处罚。

本法没有规定一般情况下的从重处罚情形。如，引诱未成年人实施行政违法行为、团伙实施行政违法行为、在酒醉状态下实施行政违法行为、累犯、无视行政机关责令改正的行政命令继续实施违法行为。[①]

我国个别法律规定了“加重”。如，《全国人民代表大会常务委员会关于全面禁止非法野生动物交易、革除滥食野生动物陋习、切实保障人民群众生命健康安全的决定》规定：“凡《中华人民共和国野生动物保护法》和其他有关法律禁止猎捕、交易、运输、食用野生动物的，必须严格禁止。对违反前款规定的行为，在现行法律规定基础上加重处罚。”

法条关联

《海警法》第三十一条；《公安机关办理行政案件程序规定》第四十条至第四十六条等。

第五十条　【保密义务】

行政机关及其工作人员对实施行政处罚过程中知悉的国家秘密、商业秘密或者个人隐私，应当依法予以保密。

本条来源

新增。《政府信息公开条例》第十四条、第十五条等。

立法演变

一审稿第五十三条规定：“行政机关对调查、检查中知悉的国家秘密、商业秘密或者个人隐私，应当依法予以保密。”二审稿增加了“及其工作人员”。三审稿

① 《俄罗斯联邦行政违法法典》，刘向文译，中国人民大学出版社2004年版，第13页。

将“调查、检查”修改为“实施行政处罚”，并将其从普通程序前移到一般规定。

条文释义

一、规范意旨

本条的目的是保护国家秘密、商业秘密或者个人隐私，加强不同部门法之间的协同性。

二、保密义务

《全面推进依法行政实施纲要》规定：“行政机关实施行政管理，除涉及国家秘密和依法受到保护的商业秘密、个人隐私的外，应当公开，注意听取公民、法人和其他组织的意见。”关于国家秘密和商业秘密，《保守国家秘密法》《反不正当竞争法》等已经对此有所规定。

关于国家秘密，《保守国家秘密法》第二条规定：“国家秘密是关系国家安全和利益，依照法定程序确定，在一定时间内只限一定范围的人员知悉的事项。”第九条规定：“下列涉及国家安全和利益的事项，泄露后可能损害国家在政治、经济、国防、外交等领域的安全和利益的，应当确定为国家秘密：（一）国家事务重大决策中的秘密事项；（二）国防建设和武装力量活动中的秘密事项；（三）外交和外事活动中的秘密事项以及对外承担保密义务的秘密事项；（四）国民经济和社会发展中的秘密事项；（五）科学技术中的秘密事项；（六）维护国家安全活动和追查刑事犯罪中的秘密事项；（七）经国家保密行政管理部门确定的其他秘密事项。政党的秘密事项中符合前款规定的，属于国家秘密。”

关于商业秘密，《反不正当竞争法》第九条、第十五条规定，商业秘密是指不为公众所知悉、具有商业价值并经权利人采取相应保密措施的技术信息、经营信息等商业信息。监督检查部门及其工作人员对调查过程中知悉的商业秘密负有保密义务。

关于个人隐私，《民法典》第一千零三十二条规定：“自然人享有隐私权。任何组织或者个人不得以刺探、侵扰、泄露、公开等方式侵害他人的隐私权。隐私是自然人的私人生活安宁和不愿为他人知晓的私密空间、私密活动、私密信息。”在《民法典》立法过程中，有意见提出应当加强国家机关对个人信息的保密义务。该意见被采纳，《民法典》第一千零三十九条规定：“国家机关、承担行政职能的法定机构及其工作人员对于履行职责过程中知悉的自然人的隐私和个人信息，应当予以保密，不得泄露或者向他人非法提供。”

机关法人及其工作人员履行保密义务的前提是“在履行职责过程中知悉国家秘密、商业秘密、个人隐私”，与职务行为无关的保密义务，不适用本条规定。如，国家机关中的医务人员，在旅游过程中营救他人知悉的隐私和个人信息，这时候的保密义务仅仅与其个人相关。

本书认为，在适用中还要增加个人信息。个人隐私、个人信息是典型的人格利益，而人格利益的位阶高于财产利益（如商业秘密）。个人隐私不能涵盖个人信息，二者是交叉关系。根据《民法典》第一千零三十四条第三款，个人信息中的私密信息，有的属于个人隐私，有的不属于个人隐私。

机关法人履行保密义务时要采取一些防范措施，如，对工作人员的防范措施，发生泄露个人信息时的补救措施预案等，未采取防范措施的，将承担不利后果。我国台湾地区“个人资料保护法”第十八条规定：“公务机关保有个人资料档案者，应指定专人办理安全维护事项，防止个人资料被窃取、窜改、毁损、灭失或泄漏。”澳门地区《个人资料保护法》第十六条规定了特别的安全措施：“（一）控制进入设施：阻止未经许可的人进入处理上述资料的设施；（二）控制资料载体：阻止未经许可的人阅读、复制、修改或取走资料的载体；（三）控制输入：阻止未经许可而对已记载的个人资料加入其他资料，以及未经资料记载人许可的知悉、修改或删除；（四）控制使用：阻止未经许可的人透过资料传送设施使用资料的自动化处理系统；（五）控制查阅：确保经许可的人只可以查阅许可范围内的资料；（六）控制传送：确保透过资料传送设施可以查证传送个人资料的实体；（七）控制引入：确保可以在随后查证引入了哪些个人资料、何时和由谁引入，该查证须在每一领域的适用规章所定的、与资料处理的性质相符的期间内进行；（八）控制运输：在个人资料的传送和其载体的运输过程中，阻止以未经许可的方式阅读、复制、修改或删除资料。”机关法人还应该对其雇用的劳动者等能够接触到自然人隐私和个人信息的其他人员采取必要的防范措施。

根据《民法典》第一千零三十五条、第一千零三十九条规定，将个人信息提供给他人，应当遵循合法、正当、必要原则，并征得该自然人或者其监护人同意，但是法律、行政法规另有规定的除外。因此，国家机关之间提供个人信息，也应遵守《民法典》和单行法律、行政法规的规定。

三、违反保密义务的法律后果

（一）违反国家秘密的保密义务

违反国家秘密的保密义务的，依法给予处分；构成泄露国家秘密罪的，依法追究刑事责任。机关、单位违反本法规定，发生重大泄密案件的，由有关机关、单位依法对直接负责的主管人员和其他直接责任人员给予处分；不适用处分的人员，由保密行政管理部门督促其主管部门予以处理。互联网及其他公共信息网络运营商、服务商违反《保守国家秘密法》第二十八条规定的，由公安机关或者国家安全机关、信息产业主管部门按照各自职责分工依法予以处罚。

（二）违反商业秘密的保密义务

在民事责任方面，经营者恶意实施侵犯商业秘密行为，要依法予以赔偿。在行政责任方面，经营者以及其他自然人、法人和非法人组织违反《反不正当竞争法》第九条规定侵犯商业秘密的，由监督检查部门责令停止违法行为，没收违法所得，处十万元以上一百万元以下的罚款；情节严重的，处五十万元以上五百万元以下的罚款。发生泄露行政处罚过程中知悉的商业秘密的，机关法人的法律责任应按照《国家赔偿法》予以认定；构成侵犯商业秘密罪的，依法追究刑事责任。

（三）违反个人隐私和个人信息的保密义务

当发生自然人的隐私和个人信息泄露等情形时，机关法人的法律责任应按照《国家赔偿法》予以认定。机关法人工作人员履行职责时与“外鬼”里应外合窃取、出售自然人的隐私和个人信息，构成共同侵权；机关法人工作人员履行职责时与“外鬼”虽无意思联络，但引起行为共同导致隐私和个人信息泄露等，也可以构成共同侵权，可以分别依据《国家赔偿法》和《民法典》确定法律责任。

《国家赔偿法》第三条行政赔偿、第十七条刑事赔偿分别规定了机关法人及其工作人员侵害人身权的损害赔偿问题，隐私和个人信息并不在这两条范围内，《国家赔偿法》第二条第一款还规定：“国家机关和国家机关工作人员行使职权，有本法规定的侵犯公民、法人和其他组织合法权益的情形，造成损害的，受害人有依照本法取得国家赔偿的权利。”本书认为，最好通过解释或者修改《国家赔偿法》的方式，加强《国家赔偿法》与本条的衔接。

本书认为，《民法典》第一千零三十九条构成机关法人及其工作人员侵害他人隐私和个人信息的特别规定，为《国家赔偿法》的特别条款，在侵权责任判定上可以参照《国家赔偿法》《行政处罚法》《行政许可法》《民法典》等，在损害赔偿数额确定上，可以直接依据损害程度确定赔偿数额，有故意或者重大过失的国家机关工作人员可以被追偿。赔偿费用从各级财政预算中列支。

按照《民法典》第一千一百六十八条等规定，共同侵权原则上要承担连带责任。机关法人承担连带责任后，对于不属于自己的份额，需要向其他债务人追偿。个别情况下，机关法人要承担按份责任，《民法典》第一千一百七十二条规定："二人以上分别实施侵权行为造成同一损害，能够确定责任大小的，各自承担相应的责任；难以确定责任大小的，平均承担责任。"

此外，《刑法》第二百五十三条之一还规定了侵犯公民个人信息罪。

法条关联

《保守国家秘密法》第九条；《反不正当竞争法》第九条、第十五条；《民法典》第一千零三十九条；《证券法》第二百一十七条；《网络安全法》第四十条；《政府信息公开条例》第十四条、第十五条；《行政诉讼法》第五十四条等。

案例评议

王某、青岛市崂山区统计局统计行政管理（统计）政府信息公开案①

◆ **裁判要旨**

被告依照《统计法》的保密规定对原告申请事项不予公开，与被统计调查对象在民事诉讼活动中根据证据规则的要求向法庭公开信息资料不属于同一法律关系。前者受《行政诉讼法》和《统计法》的调整和约束，属于行政法律关系，后者则属于民事法律关系。"能够识别或者推断单个统计调查对象身份的资料"是指，直接标明了单个统计调查对象身份的资料；资料本身虽未直接标明单个统计调查对象的身份，但是通过地址、编码、有关公开资料等相关信息可以识别或者推断出单个统计调查对象的身份；尽管对外提供、泄露的不是单个统计调查对象的资料，而是汇总资料，但由于汇总资料的特殊性，他人能够从中推断出单个统计调查对象的身份。

① （2016）鲁02行终790号。

第二节　简易程序

第五十一条　【当场处罚的情形】

违法事实确凿并有法定依据，对公民处以二百元以下、对法人或者其他组织处以三千元以下罚款或者警告的行政处罚的，可以当场作出行政处罚决定。法律另有规定的，从其规定。

微言要义

与诉讼程序相比，行政程序更需要繁简分流。

本条来源

原法第三十三条第一句。

立法演变

一审稿第四十七条规定："违法事实确凿并有法定依据，对公民处以二百元以下、对法人或者其他组织处以三千元以下罚款或者警告的行政处罚的，可以当场作出行政处罚决定。其他法律另有规定的，从其规定。当事人应当依照本法第六十二条、第六十三条、第六十四条的规定履行行政处罚决定。"二审稿删除了"其他法律另有规定"中的"其他"，并将最后一句移至第五十条。本次修订提高了起算点，同时还规定了其他法律可以规定例外。如，金融领域的违法行为，简易程序起算点可以适当提高。此处的"法律"应采狭义理解，不包括行政法规、地方性法规、规章等。

条文释义

一、规范意旨

司法更加注重程序，但效率是行政的生命。繁简分离是程序法治的根本要义。行政需要程序以保障当事人的合法权益，但也不能被程序束缚住手脚。简易程序是对违法事实确凿并有法定依据、处罚较轻的行为，由执法人员当场作出处罚决定。① 与经济社会发展水平相比，简易程序的门槛从五十元、一千元提高到二百元、三千元，如果考虑通货膨胀等因素，这个标准实际比 1996 年还低。据此，本次修订的简易程序数额上并没有完全满足实践的需要。但本次修订给法律留了口子，允许法律作出例外规定。本书认为，简易程序可以再设定一个全国统一的基准，然后允许地区和部门结合实际情况，围绕基准进行调整。

二、法律例外规定

《道路交通安全法》第一百零七条的规定与《行政处罚法》第三十三条的规定不一致。前者属于特别规定，后者属于一般规定。根据《立法法》第八十三条的规定，可以适用《道路交通安全法》第一百零七条规定的简易程序作出行政处罚决定。②

三、简易程序不能简化的必要环节

简易程序在注重效率的同时不能放弃公正，还有一些必要的环节不能简化。

第一，表明身份。如果行政执法人员在执法时不表明身份，持证上岗，则无法使当事人相信其是代表国家在执法，表明身份是行政执法人员获得执法正当性的前提，这个环节不能省略。本次修订将两名以上执法人员执法放在一般规定中，因此，简易程序也需要由两名以上的执法人员实施行政处罚。③

第二，告知、陈述和申辩。告知是当事人最基础的程序权利，也有利于行政执法人员查明事实，审查证据。当事人提出的事实、理由或者证据成立的，行政机关应当采纳；不采纳的，应当说明理由。

第三，制作现场笔录。笔录的文书等可以合并，但当事人需要签字确认。

第四，制作行政处罚决定书。行政处罚决定必须采用书面形式，不能采用口头形式。行政处罚决定书应当载明当事人的违法行为，行政处罚的种类和依据、罚款数额、时间、地点，申请行政复议、提起行政诉讼的途径和期限以及行政机关名称，并由执法人员签名或者盖章。

---

① 曹志：《关于〈中华人民共和国行政处罚法（草案）〉的说明》，1996 年 3 月 12 日。

② 《最高人民法院关于交通警察支队的下属大队能否作为行政处罚主体等问题的答复》（〔2009〕行他字第 9 号）。

③ 刑事诉讼、行政诉讼都可以实行独任制，本书认为，行政处罚程序应当尽可能学习刑事诉讼和行政诉讼的做法，对于法律没有强制限制的，应尽一切可能“简化”。

第五，送达。送达的方式是当场交付。

第六，备案。行政执法人员当场作出行政执法决定的，事后应当报所属行政机关备案。

四、简易程序可以简化的程序环节

第一，可以采取口头形式告知当事人，听取当事人的陈述和申辩。

第二，可以采用有预定格式、编有号码的文书。但是，行政决定书仍然需要写明当事人的基本情况、事实依据、法律依据、行政机关名称等基本事项，行政执法决定也必须由执法人员签名或者盖章。

五、简易程序是否必须当场可以查实

《湖南省行政程序规定》第八十七条规定："对事实简单、当场可以查实、有法定依据且对当事人合法权益影响较小的事项，行政机关可以适用简易程序作出行政执法决定，法律、法规对简易程序的适用范围另有规定的，从其规定。"这个规定基本概括了简易程序的适用条件，但有学者认为，简易程序并不一定仅仅局限于"当场可以查实"①，符合条件的其他"非当场案件"也可以适用简易程序。这个意见是符合简易程序的设定宗旨的，有利于提高行政效率。

法条关联

《治安管理处罚法》第一百条、第一百零一条；《公安机关办理行政案件程序规定》第三十七条至第三十九条等。

案例评议

杨某林与广东省珠海市公安局交通警察支队拱北大队处罚纠纷上诉案②

◆ **裁判要旨**

《行政处罚法》与《道路交通安全法》属于同一机关制定的一般规定和特别规定，二者不一致的，在道路交通处罚案件中应适用《道路交通安全法》。简易程序中，可以由一名交警当场作出罚款200元的处罚，但应当依法出示执

---

① 王万华：《中华人民共和国行政程序法试拟稿及立法理由》，中国法制出版社2010年版，第336页。

② （2010）香行初字第42号；（2010）珠中法行终字第51号。

法身份证件。① 当场处罚中，简易程序处罚决定书具有现场笔录的功用，而执法交警的陈述如没有相反证据足以否定，且没有证据证明交警与违法行为人之间存在利害关系，应作为证明违法行为存在的优势证据。

第五十二条 【当场处罚的程序】

执法人员当场作出行政处罚决定的，应当向当事人出示执法证件，填写预定格式、编有号码的行政处罚决定书，并当场交付当事人。当事人拒绝签收的，应当在行政处罚决定书上注明。

前款规定的行政处罚决定书应当载明当事人的违法行为，行政处罚的种类和依据、罚款数额、时间、地点，申请行政复议、提起行政诉讼的途径和期限以及行政机关名称，并由执法人员签名或者盖章。

执法人员当场作出的行政处罚决定，应当报所属行政机关备案。

本条来源

原法第三十四条。

立法演变

一审稿在原条文基础上增加了第一款最后一句，删除了“执法身份证件”中的“身份”。二审稿完善了第二款，在原条文基础上增加了“行政处罚的种类”“申请行政复议、提起行政诉讼的途径和期限”。三审稿将第三款中的“必须”改为“应当”。

条文释义

一、规范意旨

本条是对当场处罚的程序规定，目的是规范当场处罚行为。

二、当场处罚的要素

一是行政执法人员。本次修订明确，当场处罚需要两名以上的执法人员，

① 本次修订2人以上执法的规定位于第五章第一节，统筹简易程序、普通程序和听证程序，这与原法规定在一般程序的情况有所不同，因此，简易程序是否还适用1人执法，值得讨论。

这是与以前不同的一点。本次修订突出了执法人员要出示执法证件，行政执法人员未按照法定程序出示证件，则当事人无法知悉其代表国家机关行使行政处罚权，当事人有权拒绝其履行。

二是处罚决定书。当场作出行政处罚决定的，必须用编有号码的格式文书，事后还要备案，送达方式是当场直接送达。本次修订增加了行政执法人员必须告知当事人申请行政复议、提起行政诉讼的救济权，这针对的是过去简易程序不告知救济权问题。有判决指出，行政机关制作的行政处罚决定书中未记载编号及行政处罚种类，缺乏处罚具体内容，使行政处罚缺乏有效成立的实质要件，无法实际执行，应予以撤销。①

三是新增了当事人拒绝签收的，行政执法人员可以直接予以注明。

法条关联

《海警法》第二十九条等。

案例评议

赵某某诉上海市公安局闵行分局交通警察支队行政处罚决定纠纷案②

◆ 裁判要旨

公安机关交通管理部门根据交通技术监控记录资料进行行政处罚，其本身是一种利用现代技术手段对交通违法行为进行远程监控和远程治理的方式。在远程执法的语境下对《道路交通安全法》进行解释，交通管理部门通过设置信息提示牌等方式代替现场执法中的行政命令符合立法原意。

第五十三条　【当场处罚的履行】

对当场作出的行政处罚决定，当事人应当依照本法第六十七条至第六十九条的规定履行。

---

① 成都市高新区人民法院（2010）高新行初字第12号，吕某贵诉高新公安分局西区派出所治安行政处罚案。

② （2012）闵行初字第70号。

本条来源

原法第三十三条第二句。

立法演变

本次修订仅作了文字调整。

条文释义

一、规范意旨

当场处罚的决定执行也应简化，本法第六十八条、第六十九条明确规定了当场收缴罚款的范围。当场作出的行政处罚决定，也应当遵循罚缴分离的规定。

二、缴纳罚款

一是简易程序也要坚持罚缴分离。罚缴分离是本法执行的基本规定，既是为了避免执法人员寻租，也是为了避免将罚款与单位的预算、人员的收入等挂钩。随着电子支付、数字货币等技术的发展，罚缴分离的重点逐渐转到对单位的监督，而不是对执法人员寻租的防范。

二是当事人可以当场缴纳罚款。当场缴纳罚款的最高数额是一百元，低于当场处罚的数额（公民二百元、法人和其他组织三千元）。在边远、水上、交通不便地区，难以通过银行或者电子支付等方式缴纳罚款的，当事人可以提出现场缴纳。

法条关联

《公安机关办理行政案件程序规定》第二百一十六条等。

案例评议

周某恺不服上海市公安局静安分局交通警察支队行政处罚决定案①

◆ **裁判要旨**

对于明文列举的禁止行为，因系法定，无需论证，属条文规制范畴；对于

① 上海铁路运输法院（2017）沪7101行初994号。

明文列举之外的情形，避免随意扩张适用，须契合法律条文内在立法精神，且待证行为应引致与明确列举事项相同或相似后果时，方可进行扩展适用。驾驶人员驾车时吸烟并将手放置车外，显已影响驾驶安全，危险程度与《道路交通安全法实施条例》第六十二条第三项明确列举的驾车时拨打接听手持电话、观看电视的行为危险程度相当，属该项规定的其他妨碍安全驾驶行为。

第三节　普通程序

第五十四条　【调查取证检查与立案】

除本法第五十一条规定的可以当场作出的行政处罚外，行政机关发现公民、法人或者其他组织有依法应当给予行政处罚的行为的，必须全面、客观、公正地调查，收集有关证据；必要时，依照法律、法规的规定，可以进行检查。

符合立案标准的，行政机关应当及时立案。

本条来源

第一款来自原法第三十六条，第二款为新增。

立法演变

一审稿第五十条第二款规定：“行政机关认为符合立案标准的，应当立案。”二审时，有意见认为，完善立案程序，规定符合立案标准的，行政机关应当及时立案。同时，对应当立案不及时立案的，设定相应法律责任。二审稿改变了“行政机关认为”的主观表达方式，从客观角度作了规定，并在其他部分对不立案监督作了规定。

条文释义

一、规范意旨

无论是被动启动案件，还是主动启动案件，调查取证都是行政处罚必不可少的环节。立案程序的引入，使得行政处罚程序更加正规化，完善了程序对行政处罚的控制，但是也不能将立案完全等同于诉讼过程中的立案，行政处罚中的立案还是要考量效率因素。

二、调查取证

行政调查的基本要求是全面、客观、公正。《行政诉讼法》第四十三条规定："人民法院应当按照法定程序，全面、客观地审查核实证据。"行政机关需要调查的案件事实包括：违法嫌疑人的基本情况；违法行为是否存在；违法行为是否为违法嫌疑人实施；实施违法行为的时间、地点、手段、后果以及其他情节；违法嫌疑人有无法定从重、从轻、减轻、不予行政处罚以及可以不予处罚的情形；违法行为是否涉嫌犯罪；等等。

三、行政检查

行政检查是行政机关履行行政监管职责的重要方式，是对监管领域和范围内的公民、法人和其他组织是否遵守法律法规开展的检查、监督管理的行政活动，是一种重要的事中事后监管手段，对于防范和制止违法行为具有重要作用。

行政处罚中的调查与行政检查不是一回事，行政检查是独立的行政行为。本条规定行政检查必须"依照法律、法规的规定"，从现行法律规范来看，基本上拥有行政处罚权的行政机关都同时拥有行政检查权。一是有些法律设定了行政检查，相关行政法规对此作出进一步细化。二是有些法律未设定行政检查，但行政法规却设定了有关行政检查，如《气象法》未对行政检查作出明确规定，《气象设施和气象探测环境保护条例》针对实际管理需要设定了各级气象主管机构的日常巡查和监督检查。三是一些法律、行政法规只从主管机关的角度规定了行政执法机关的监督管理权，但没有规定具体的行政检查事项，实践中大多由规章、规范性文件据此进一步作出细化规定。同时，《行政处罚法》规定规章可以设定警告、一定数额的罚款的处罚。伴随着处罚规定，规章大多也规定了行政检查内容。

总体来看，设定行政检查的法律依据涉及法律、行政法规、地方性法规、国务院部门规章、地方政府规章等较多层级。一般而言，各个领域的法律、行政法规大多未对如何确定抽查对象和抽查频次作出统一规定，实践中主要由规章、规范性文件作出细化规定，或者相关主管部门根据检查计划确定检查对象。根据《行政许可法》第六十一条，行政机关应当依法对被许可人从事行政许可事项的活动进行监督检查。《控制对企业进行经济检查的规定》这部行政法规对经济领域的行政检查作了比较全面的规定。

实施行政检查，需要注意以下几点：

一是行政机关对企业进行检查时，应当出具检查通知书。检查通知书应当包括检查的法律、法规依据，检查内容，检查时限，实施检查的人员及其负责人。

二是违法嫌疑人进行检查时，应当尊重被检查人的人格尊严，不得以有损人格尊严的方式进行检查。检查妇女的身体，应当由女性工作人员进行。

三是检查场所或者物品时，应当注意避免对物品造成不必要的损坏。检查场所时，应当有被检查人或者见证人在场。

四是检查情况应当制作检查笔录。检查笔录由检查人员、被检查人或者见证人签名；被检查人不在场或者拒绝签名的，办案人员应当在检查笔录中注明。检查时的全程录音录像可以替代书面检查笔录，但应当对视听资料的关键内容和相应时间段等作文字说明。

五是根据不同行业特点合理确定现场检查或者非现场检查方式以及抽查对象、抽查频次。

为了避免多头执法、重复检查，规范执法行为，提高监管效能，减轻企业负担，国务院多次发文提出要控制和规范行政检查，大力推进“双随机、一公开”，建立健全了一系列制度。一是实行抽查事项清单管理。二是建立健全覆盖本辖区各层级、与抽查事项相对应的检查对象名录库和执法检查人员名录库。三是县级以上地方人民政府结合本地实际及行业主管部门的抽查要求，统筹制订本辖区年度抽查工作计划，涵盖一般检查事项和重点检查事项，明确工作任务和参与部门，实现“进一次门、查多项事”。四是强化抽查检查结果公示运用。五是做好个案处理和专项检查工作。

四、立案

立案原为内部程序，有的部门没有规定立案，只规定了受理。本次修订新增本条第二款规定后，立案同时成为外部程序。本次修订关于立案形成了一个制度体系。设置立案程序的目的是防止行政机关不作为，应当立案而不予立案的，依据本法第七十五条，县级以上人民政府可以主动监督，公民、法人或者其他组织对行政机关实施行政处罚的行为，有权申诉或者检举；行政机关应当认真审查，发现有错误的，应当主动改正。第七十六条对不立案也在法律责任方面作出了规定。

如何确定行政处罚过程中的立案标准？对此有不同的看法，有的认为应当宽一点，只要具备违反行政管理秩序的行为、属于本部门管辖范围这两条基本条件即可；有的认为应当严格一点，除了行为、职权条件外，还要符合违法行为未超越追责期限、违法主体明确、依法应当或者可以给予行政处罚、没有被其他行政机关立案等条件。[①] 从行政处罚的目的来看，立案不宜成为行政处罚的门槛，基本的精神应当是能立则立，防止有案不立，只要有行政违法行为，行政机关就应当积极矫正违法行为，预防新的违法行为发生。

在当事人投诉举报的情况下，对于不属于本行政机关管辖不予立案的，行政机关应当及时移送管辖，也可以告知当事人有管辖权的行政机关；认为不符合立案条件的，应当向当事人送达不予立案决定书。最高人民法院判决指出，人民法院裁定不予立案或者驳回起诉的，为了指引当事人通过有效途径及时化解行政争议，可以在裁定说理部分对行政机关应履行的法定职责予以必要的阐述。[②]

法条关联

《兽药管理条例》第四十六条；《药品管理法实施条例》第五十五条等。

案例评议

温州荣盛贸易有限公司诉温州市工商行政管理局鹿城分局工商行政处罚案[③]

◆ **裁判要旨**

行政证据应在依法收集并经行政机关审核确认可以证明案件事实的情况下，才能作为定案依据。由于对商标的真伪鉴别涉及一般人并不熟悉的专业判断，

① 如《农业行政处罚程序规定》第三十条规定：“符合下列条件的，农业行政处罚机关应当予以立案，并填写行政处罚立案审批表：（一）有涉嫌违反农业法律、法规和规章的行为；（二）依法应当或者可以给予行政处罚；（三）属于本机关管辖；（四）违法行为发生之日起至被发现之日止未超过二年，或者违法行为有连续、继续状态，从违法行为终了之日起至被发现之日止未超过二年；法律、法规另有规定的除外。”

② 赵某琴诉沈阳市公安局皇姑区公安分局、黑山县公安局不履行更正户籍登记信息、提供出生日期证明文件案，最高人民法院（2015）行终字第 2 号。

③ 最高人民法院 2014 年 7 月 24 日发布的八起典型案例之六。

其结论的准确性对当事人至关重要。因此，鉴别人员应当对辨认经过、使用方法、与真品的差异等基本情况进行说明，以供行政机关对其结论的准确性进行判断和确认。但本案贵州茅台酒股份有限公司出具的五份鉴定表鉴定内容过于简单，实难确保结论的准确性和可靠性。鹿城工商分局仅以贵州茅台酒股份有限公司有权鉴定及该公司可以承担相应法律责任为由，而将涉案商标真伪的鉴别判断权完全交给该公司，法院不予支持。鹿城工商分局对荣盛公司作出的行政处罚决定，主要证据不足。

司法实践中发现，商标注册人或合法使用人因其鉴定结论在行政案件中的“权威性”，鉴定结论内容日趋简单，甚至无法反映辨认经过、使用方法、与真品的差异等基本情况，其准确性和可靠性无法确保。严格从证据分类看，该鉴定结论在证据性质上相当于“被害人陈述”，而非证据法中的鉴定结论，况且在很多商标处罚案件中，商标注册人或合法使用人往往也是举报人。如果行政机关一味放弃审查职责而径行采纳作为定案证据，不仅不符合证据法的相关规定，也有违公平原则。

第五十五条 【出示证件与协助调查】

执法人员在调查或者进行检查时，应当主动向当事人或者有关人员出示执法证件。当事人或者有关人员有权要求执法人员出示执法证件。执法人员不出示执法证件的，当事人或者有关人员有权拒绝接受调查或者检查。

当事人或者有关人员应当如实回答询问，并协助调查或者检查，不得拒绝或者阻挠。询问或者检查应当制作笔录。

本条来源

原法第三十七条第一款。

立法演变

立法过程中，根据有关方面意见，增加规定：“当事人或者有关人员有权要求执法人员出示执法证件。执法人员不出示执法证件的，当事人或者有关人员有权拒绝接受调查或者检查。”“执法人员不得少于两人”是基本规定，本条删除，是因为第四十二条已经规定。

条文释义

一、规范意旨

行政执法人员执法必须出示执法证件，以代表国家公权力，各省、自治区、直辖市所属部门执法人员实施行政处罚的，必须持省级政府颁发的执法证件；国务院部门执法人员执法的，需要持本部门颁发的执法证件。根据《行政强制法》第十八条，行政机关实施行政强制措施应当出示执法身份证件。

二、出示执法证件

行政执法人员代表国家行使行政处罚权，如何向当事人公示这种权力来源，目前的制度设计主要是行政执法证件。国务院文件曾提出，行政执法人员在执法时必须主动出示执法证件，向当事人和相关人员表明身份，鼓励采取佩戴执法证件的方式，执法全程公示执法身份。这一规定比《行政处罚法》的要求更高。采取佩戴的方式出示证件，解决了不亮证、亮证时间短、当事人难监督等问题。虽然是个小切口，但是有助于推动行政处罚行为更加严格规范公正文明。目前，全国行政执法证件的样式已经统一，并统一增加了二维码，以利于检验执法人员身份。从发放职权上，各省、自治区、直辖市政府颁发本地区行政执法人员的执法证件，国务院部门颁发本级的执法证件，垂直管理的国务院部门颁发本系统的执法证件。

本次修订增加了当事人有权要求执法人员出示执法证件，这一规定也是为了公开执法人员身份。除了执法证件，制服、执法标志、执法车辆、工作证等似乎也能表明执法人员身份。

不少行政执法部门没有制服，甚至有的制服和保安公司的制服类似，局外人有时候难以区分清楚。日前，经国务院同意，财政部、司法部制定了《综合行政执法制式服装和标志管理办法》，统一了制式服装和标志的式样。只有符合特定条件的人员才允许着装，具体条件包括四个方面：一是必须隶属于主要履行行政处罚、行政强制、行政检查等行政执法职能的综合行政执法部门内设或所属执法机构；二是必须取得行政执法证件；三是必须直接面向执法对象开展执法工作；四是必须在编在职。由于制服不会以肖像为媒介，当事人单纯通过制服难以印证执法人员是不是“李逵”，因此，即使着制式服装，行政执法人员仍然有必要出示执法证件。

由于执法证件由各省、自治区、直辖市统一管理，前期还要通过资格考试，对于刚刚轮岗或者入职的公务人员，在执法岗位的，能够凭介绍信或者工作证执法，从本法来看，没有预留这样的空间。本条规定执法必须出示执法证件。[①]

三、协助调查义务

本法规定当事人或者有关人员应当如实回答询问，并协助调查或者检查，不得拒绝或者阻挠。在执法过程中，当事人阻挠调查、拒不表明身份、拒不配合调查询问的情况并不少见，发生此种情况如何处理？

对于阻挠调查的行为，有判决指出，在公共场所强行阻挡公务车辆的行为超出了法律允许私力救济的范围，已严重扰乱公共秩序、妨害公共安全和社会管理，不是民事自救行为，而是具有社会危害性的违法行为，依法应当受到相应处罚。[②]

对于拒不表明身份、拒不配合调查询问的行为，本书认为，公安机关可以直接依据《治安管理处罚法》等规定实施行政处罚或者行政强制措施，如，对不讲真实姓名、住址、身份，且在二十四小时以内仍不能证实或者排除其违法犯罪嫌疑的，可以延长至四十八小时。违法嫌疑人不讲真实姓名、住址，身份不明，但只要违法事实清楚、证据确实充分的，可以按其自报的姓名并贴附照片作出处理决定，并在相关法律文书中注明。被处理人拒不提供家属联系方式或者不讲真实姓名、住址，身份不明的，可以不予通知，但应当在附卷的决定书中注明。

其他行政机关可以依据《行政处罚法》第二十六条关于行政协助的规定，请求公安机关予以协助限制人身自由、调查当事人的身份。[③] 考虑到限制人身自由的行政强制措施权的实施主体是公安机关，因此，该事项属于公安机关必

---

① 我国台湾地区采取更加宽松的态度，“行政罚法”第三十三条规定：“行政机关执行职务之人员，应向行为人出示有关执行职务之证明文件或显示足资辨别之标志，并告知其所违反之法规。”

② （2014）庆中行终字第7号，胡某某与宁县公安局治安行政处罚案。

③ 我国台湾地区“行政罚法”第三十四条规定，现行违反行政法上义务之行为人拒绝或规避身分之查证，经劝导无效，致确实无法辨认其身分且情况急迫者，得令其随同到指定处所查证身分；其不随同到指定处所接受身分查证者，得会同警察人员强制为之。前项强制，不得逾越保全证据或确认身分目的之必要程度。本规定最初草案并没有规定，在审议过程中增加了会同警察人员强制为之。

须予以“协助”的事项，公安机关拒不协助的，应承担责任。

对于当事人拒不表明身份，同时强行逃逸的，公安、安全等机关之外的其他行政机关是否可以实施即时强制？《行政强制法》第十九条规定：“情况紧急，需要当场实施行政强制措施的，行政执法人员应当在二十四小时内向行政机关负责人报告，并补办批准手续。行政机关负责人认为不应当采取行政强制措施的，应当立即解除。”据此，即使是实施即时强制，也需要行政机关具有行政强制措施权，而限制人身自由的行政强制措施权由公安、安全等机关行使，其他行政机关不是适格主体。另外，《民法典》第一千一百七十七条对于情况紧迫且不能及时获得国家机关保护，不立即采取措施将使其合法权益受到难以弥补的损害的，规定了受害人可以实施自助行为。鉴此，公安机关之外的其他行政机关，可以实施阻拦等行为，等候公安机关人民警察实施协助。

法条关联

《行政强制法》第十八条；本法第二十五条等。

案例评议

梦达驰汽车系统（苏州工业园区）有限公司诉
苏州工业园区环境保护局环保行政处罚案①

◆ **裁判要旨**

现场检查是环境保护行政部门收集证据、制止环境污染违法行为的重要程序和手段，被检查单位拒绝环境保护行政部门现场检查的行为，依法应予处罚。

第五十六条　【抽样取证与先行登记保存】

行政机关在收集证据时，可以采取抽样取证的方法；在证据可能灭失或者以后难以取得的情况下，经行政机关负责人批准，可以先行登记保存，并应当在七日内及时作出处理决定，在此期间，当事人或者有关人员不得销毁或者转移证据。

① 最高人民法院公布人民法院环境保护行政案件十大案例之八（2014 年 12 月 19 日）。

本条来源

原法第三十七条第二款。

立法演变

无变化。

条文释义

一、规范意旨

本条规定的是行政机关依职权收集证据时的保障措施。抽样取证、先行登记保存对当事人的合法权益都有不利影响，因此需要法律予以授权。在性质上，本条属于普遍授权。“要想马儿跑，就要给马儿草”，要想确保行政机关有效维护行政管理秩序，就必须给予行政机关足够的手段，如果只给行政机关义务，不给行政机关手段，则难以达成行政监管目标。立法需要在矛盾焦点上砍一刀，在控制行政权力和保证行政效率之间保持平衡。

行政机关抽样取证与先行登记保存要遵循合法、合理原则。建设服务型政府，要求行政机关既要严格执法以维护社会管理秩序，也要兼顾相对人实际情况。行政处理存在裁量余地时，应当尽可能选择对相对人合法权益损害最小的方式；实施扣留等暂时性控制措施不能代替对案件的实体处理，行政机关无正当理由长期不处理的，构成滥用职权。①

二、抽样取证

抽样取证，是从成批的物证中选取其中个别的物品进行化验、鉴定，以鉴别该批物证是否可以作为违法行为的证据。进行抽样时应当采用统计学的有效抽样方法。

（一）抽样取证是不是只适用于物证

物证适合抽样取证，其他证据形式是否也可以抽样取证？本书认为，客观性更强的证据，如书证、物证、视听资料、电子数据等都适合抽样取证。书证

① 刘某务诉山西省太原市公安局交通警察支队晋源一大队道路交通管理行政强制案，（2016）最高法行再5号，《最高人民法院公报》2017年第2期。

如大量违禁书刊，视听资料如大量黄色视听资料。但是，有主观性的证据，如证人证言、当事人的陈述、勘验笔录、现场笔录等不适宜抽样取证。物证类鉴定、声像资料鉴定的鉴定意见也可以是针对样品得出的意见。

（二）抽样取证的实施条件

抽样取证对当事人科加了义务，减损了其财产权，因此，按照《立法法》的规定必须有法律、法规、国务院决定的依据。抽样要符合合理原则，抽样是手段，要与目的相适应。

一是抽样取证必须针对数量较大的物品进行，数量少的物品不宜实施抽样取证。行政机关及其执法人员不得以抽样取证之名，非法侵占当事人的合法财产，比如黄金、珠宝、名贵药材等。

二是样品的数量应严格按照统计学抽样标准确定，并采取等距抽样、随机抽样等有效的统计方法抽取，样品数量以能够认定本品的品质特征为限，不宜过多，抽取后不宜随便更换。抽样数量原则上应当满足检验和复检的要求，备份样品要与检验样品保持均质。

三是抽样取证的性质是阶段性行为。对抽取的样品应当及时进行检验。经检验，能够作为证据使用的，应当依法扣押、先行登记保存或者登记；不属于证据的，应当及时返还样品，不得截留、损毁或者挪用。样品有减损的，应当予以补偿。抽样取证后，作出不予行政处罚决定，或者行政处罚决定被撤销、确认违法或者无效，则即使样品作为调查取证后的证据，行政机关也应承担补偿责任。①

（三）抽样取证的程序

根据法律法规及有关规定，抽样取证的基本程序是：两名以上执法人员向当事人出示执法检查证、表明身份，说明抽样取证的内容；依照抽样取证操作规范进行抽样；开具物品抽样清单，由当事人和执法人员签字确认；对抽取样品实施有效防拆封措施，加贴封条，注明抽取地点、时间、样品数量，当事人和执法人员在封条上签字或盖章确认；当事人不在场或者拒绝签字或者盖章的，应当由两名以上在场的见证人签字或者盖章确认。如果见证人不足两人且见证

---

① 行政检查与行政处罚过程中都有检查，二者对于样品是否付费的规定有所不同。《食品安全抽样检验管理办法》第十二条规定：“食品安全抽样检验应当支付样品费用。”

人拒不签字或者盖章，由两名以上执法人员注明情况并签字。执法人员应当对抽样取证的现场、被抽样物品及被抽取的样品及整个抽样取证过程借助音像设备实施全过程记录。

三、先行登记保存

本条是对行政机关的普遍授权。先行登记保存是指行政执法机关依法在调查或者检查等行政执法过程中，为了查明情况，保护证据安全，在证据可能灭失或者以后难以取得的情况下，对有关证据采取清点、登记并封存的措施。先行登记保存期间，证据持有人及其他人员不得损毁或者转移证据。对先行登记保存的证据，应当在七日内作出处理决定。逾期不作出处理决定的，视为自动解除。

（一）先行登记保存的性质

从法律上来看，先行登记保存符合《行政强制法》的有关规定。《行政强制法》第二条第二款规定："行政强制措施，是指行政机关在行政管理过程中，为制止违法行为、防止证据损毁、避免危害发生、控制危险扩大等情形，依法对公民的人身自由实施暂时性限制，或者对公民、法人或者其他组织的财物实施暂时性控制的行为。"而先行登记保存是行政机关为防止证据损毁，依法对公民、法人或者其他组织的财物实施暂时性控制的行为，依附于行政处罚行为，符合行政强制措施的行政性、服从性、物理性、依附性、保全性、暂时性、事前性等多个特点。[①]《行政强制法》规定行政强制措施由法律设定，但没有明确废除《行政处罚法》的相关规定。

（二）先行登记保存与查封、扣押的区别

先行登记保存是《行政处罚法》规定的行政强制措施，属于《行政强制法》第九条第五项"其他行政强制措施"的内容。[②] 先行登记保存在实施程序、对实施对象的保管、采取行政强制措施后的处理等方面还是存在较多的共同点的，但与查封、扣押等行政强制措施具有一定的区别。[③]

---

① 乔晓阳主编：《中华人民共和国行政强制法解读》，中国法制出版社 2011 年版，第 8 – 9 页。

② 乔晓阳主编：《中华人民共和国行政强制法解读》，中国法制出版社 2011 年版，第 34 页。

③ 依法有权采取行政强制措施的行政机关采取行政强制措施，可以依照法律、行政法规的规定办理。法律、行政法规没有赋予行政强制措施权的行政机关，在证据可能灭失或者以后难以取得的情况下，经行政机关负责人批准，可以将证据先行登记，由当事人就地保存。杨景宇：《法治实践的理性探求》，中国法制出版社 2002 年版，第 178 – 179 页。

第一，实施主体和依据不同。先行登记保存是《行政处罚法》设定的行政强制措施，对具有行政执法权的行政机关普遍授权，享有该项行政强制权的范围较大。《国家环境保护总局关于环保部门在调查取证过程中先行登记保存适用问题的复函》（环函〔2002〕334 号）对地方环境保护部门是否可以直接行使先行登记保存权限的疑问，也曾答复："环保部门在执法过程中可以按照《中华人民共和国行政处罚法》第三十七条①的规定，采取'抽样取证，先行登记保存'等办法执行。"

而查封、扣押一般需要法律法规的专门授权，并不是所有的行政机关都享有查封、扣押权限。如，《商标法》第六十二条规定，县级以上工商行政管理部门根据已经取得的违法嫌疑证据或者举报，对涉嫌侵犯他人注册商标专用权的行为进行查处时，对有证据证明是侵犯他人注册商标专用权的物品，可以查封或者扣押。《教育法》则没有规定教育部门享有查封、扣押权限。

第二，实施目的不同。先行登记保存的目的限于收集证据时使用。而查封、扣押的目的，则不限于证据保全，还包括制止违法行为发生、控制危险扩大，保障行政决定得到有效作出，或者保障行政决定得到有效执行。

第三，实施对象不同。查封、扣押的对象是场所、设施或者财物。先行登记保存的对象，《行政处罚法》没有明确规定，但其将"抽样取证"与"先行登记保存"同时规定的情况，可以解释先行登记保存的对象不包括不动产。对于不动产，应主要适用查封的规定。《银行业监督管理法》第四十二条、《统计法》第三十五条、《价格法》第三十四条规定先行登记保存的对象主要是有关原始记录和凭证、统计台账、统计调查表、会计资料及其他相关文件、资料、证明等。

第四，实施期限不同。结合《行政强制法》第六十九条，先行登记保存的实施期限是 7 个工作日，而且不能延长。期限届满后的效果如何，《行政处罚法》没有明确规定，对此应当参照《行政强制法》第二十七条、第二十八条的规定分类处理，行政机关没有及时作出解除决定的，应当认定原先行登记保存决定效力终止，防止借先行登记保存之名行查封、扣押之实，但行政机关发现新的事实和证据后，可以再次予以现行登记保存，但先行登记保存的总次数应以两次为限。查封、扣押的一般期限不得超过 30 个自然日（有的行业是 15 日，

① 对应 2021 年修改的《行政处罚法》第五十五条。

有的行业是30日），而且最长期限不得超过60个自然日。关于先行登记保存后财物的处理、适用解除的情形等，行政机关应当按照《行政强制法》第二十七条、第二十八条的规定处理。

此外，所适用的法律文书也不相同。

（三）先行登记保存的实施程序

在实施程序上，先行登记保存应当遵守本条、《行政强制法》第十八条和第十九条的有关规定，经行政机关负责人批准，由两名以上执法人员出示执法身份证件执法，通知当事人到场，并注意履行告知义务，当场告知当事人采取行政强制措施的理由、依据以及当事人依法享有的权利、救济途径，听取当事人的陈述和申辩，做好现场笔录，现场笔录由当事人和行政执法人员签名或者盖章，当事人拒绝的，在笔录中予以注明；当事人不到场的，邀请见证人到场，由见证人和行政执法人员在现场笔录上签名或者盖章。

在先行登记保存终止后，是否可以实施查封、扣押，《行政处罚法》和《行政强制法》都没有明确规定。对此，根据《行政强制法》第五条确定的比例原则，应当允许行政机关依法查封、扣押，但是查封、扣押的延长期限应当受到严格控制，没有特殊事由的，不应批准延长查封、扣押期限。

法条关联

《行政强制法》第二条；《行政诉讼法》第四十二条；《银行业监督管理法》第四十二条；《统计法》第三十五条；《价格法》第三十四条；《公安机关办理行政案件程序规定》第一百一十条等。

案例评议

桐梓县农资公司诉桐梓县技术监督局行政处罚抗诉案①

◆ **裁判要旨**

行政重复处理行为是指行政机关在法定救济程序外作出的没有改变原有行政法律关系、没有对当事人的权利义务产生新的影响的行为。根据最高人民法

① 《最高人民法院公报》1995年第4期。本案裁判要旨为北大法宝编写。

院《关于执行〈中华人民共和国行政诉讼法〉若干问题的解释》第一条第二款的规定可知，当一种行政行为作出并且具有最终效力时，原则上是不得重复处理的。工商行政管理部门未按法定抽检程序对某一商品进行抽检且作出处理决定的，技术监督局又重新检测并作出完全不同的处理决定的，依据国务院《关于贯彻〈工业产品质量责任条例〉原则分工意见》“在生产、流通领域中，凡属产品质量责任问题，均由国家技术监督局及其所属各级技术监督机构负责查处；需要工商行政管理机关协助的，工商行政管理机关予以配合”的规定，不属于重复处理行为。

第五十七条　【调查结果处理】

调查终结，行政机关负责人应当对调查结果进行审查，根据不同情况，分别作出如下决定：

（一）确有应受行政处罚的违法行为的，根据情节轻重及具体情况，作出行政处罚决定；

（二）违法行为轻微，依法可以不予行政处罚的，不予行政处罚；

（三）违法事实不能成立的，不予行政处罚；

（四）违法行为涉嫌犯罪的，移送司法机关。

对情节复杂或者重大违法行为给予行政处罚，行政机关负责人应当集体讨论决定。

微言要义

重大事项，听从众人。①

本条来源

原法第三十八条第一款、第二款。

① 张明楷：《刑法格言的展开（第三版）》，北京大学出版社2013年版，第43页。

立法演变

一审稿将第一款第四项“已构成犯罪”改为“涉嫌犯罪”。二审稿将第一款第三项“不得给予行政处罚”改为“不予行政处罚”。最终稿将第二款“给予较重的行政处罚”改为“给予行政处罚”。

条文释义

一、规范意旨

本条的目的是更好地保护公民、法人和其他组织的合法权益，保证行政处罚决定的正确。①

二、行政机关负责人的审查

一是审查的主体。行政机关负责人包括正职负责人和副职负责人。

二是审查的时间点。结合本条和第五十八条，行政机关负责人的审查时间点为调查终结之后，作出处罚决定之前。

三是区分四类情形。行政机关负责人应从定性定量、事实证据、法律适用等角度进行审查。除了正常作出行政处罚决定的，第一款第三项将“不得给予”修改为“不予”，明确了“违法事实不能成立的”，则不构成应受行政处罚的行为。第二项则构成应受行政处罚的行为，但行政机关拥有可以不予行政处罚的裁量权。第四项将“已构成”改为“涉嫌”，降低了行政机关移送的门槛，与《刑事诉讼法》《行政执法机关移送涉嫌犯罪案件的规定》的规定保持一致，判断是否构成犯罪的最终机关是人民法院，不能要求行政机关在移送涉嫌犯罪案件时即确定涉案行为已经构成犯罪。对于涉嫌犯罪的行为，行政机关负责人还需要决定的是资格罚是否先行作出，刑事罚金可能远远低于行政罚款时，是否先行罚款，等等。

三、集体讨论

集体讨论是准司法程序，为的是通过合议的方式查清事实，准确适用法律。本条第二款删除“较重”，降低了集体讨论的门槛，按照原来的规定，对情节复杂或者重大违法行为给予一般处罚的，不需要集体讨论，按照新规定，必须

① 张春生主编：《中华人民共和国行政处罚法释解》，中国社会出版社1996年版，第83页。

进行集体讨论。集体讨论是法定程序，需要做好记录，记录由参加人签名，缺席的应注明事由。对于符合集体讨论条件的，不予讨论，构成违反法定程序。如果集体讨论未能取得一致性或者倾向性意见，最终还是要由行政机关的行政首长作出决定。①

对于何为“情节复杂或者重大违法行为”，有的部门和地方作出了细化规定。如《交通运输行政执法程序规定》第七十三条规定，拟作出吊销许可证、责令停产停业、较大数额罚款的；认定事实和证据争议较大的，适用的法律、法规和规章有较大异议的，违法行为较恶劣或者危害较大的，或者复杂、疑难案件的执法管辖区域不明确或有争议的，应当提交执法部门重大案件集体讨论会议决定。《市场监督管理行政处罚程序暂行规定》还明确涉及重大安全问题或者有重大社会影响的案件、调查处理意见与审核意见存在重大分歧的案件，应当集体讨论决定。

集体讨论后改变拟作出的行政处罚决定内容的，是否要再次进行告知？本书认为，对于集体讨论决定减轻拟作出的行政处罚决定的，可以不再告知当事人。对于集体讨论决定加重处罚的，应当再次告知当事人决定的内容、依据等，本法规定的陈述申辩权是当事人重要的程序权利，为了充分保障当事人的权利，同时也为了确保行政处罚决定的事实基础和法律基础扎实稳固，行政机关应当依据本法第四十四条再次履行告知义务。

法条关联

《海关行政处罚实施条例》第五十条；《统计执法监督检查办法》第三十二条；《市场监督管理行政处罚程序暂行规定》第五十四条等。

案例评议

郭某胜诉河南省卫辉市国土资源局行政处罚案②

◆ **裁判要旨**

一经执行即不可回转的行政处罚行为属于较重的行政处罚行为，该类行政

① 张春生主编：《中华人民共和国行政处罚法释解》，中国社会出版社1996年版，第85页。
② 最高人民法院2014年6月24日发布的五起典型案例之四。

处罚行为，作出处罚决定时，应经领导集体讨论决定。被告对原告作出限期拆除建筑物即较重的行政处罚决定之前，应当通过党组会、联席会议、首长办公会等形式集体讨论决定，但是被告未提供其对原告作出的处罚决定经过了本单位领导集体讨论决定的证据。因此，被告对原告作出的处罚决定主要证据不足，不符合法定程序，依法应予撤销。

第五十八条　【重大处罚决定法制审核】

有下列情形之一，在行政机关负责人作出行政处罚的决定之前，应当由从事行政处罚决定法制审核的人员进行法制审核；未经法制审核或者审核未通过的，不得作出决定：

（一）涉及重大公共利益的；

（二）直接关系当事人或者第三人重大权益，经过听证程序的；

（三）案件情况疑难复杂、涉及多个法律关系的；

（四）法律、法规规定应当进行法制审核的其他情形。

行政机关中初次从事行政处罚决定法制审核的人员，应当通过国家统一法律职业资格考试取得法律职业资格。

本条来源

原法第三十八条第三款；《国务院办公厅关于全面推行行政执法公示制度执法全过程记录制度重大执法决定法制审核制度的指导意见》。

立法演变

一审稿吸收了《国务院办公厅关于全面推行行政执法公示制度执法全过程记录制度重大执法决定法制审核制度的指导意见》的规定，增加了四项情形以及“未经法制审核或者审核未通过的，不得作出决定”，第二款在“审核”前面增加“法制”。

条文释义

一、规范意旨

行政处罚决定法制审核制度重在合法行政，要义在于通过推进专业化，既实现内部职能分离与互相监督，又提高行政效率，规范行政处罚行为，确保行政处罚行为合法。《国务院关于贯彻实施〈中华人民共和国行政处罚法〉的通知》强调，确定行政机关内部比较超脱的机构对调查结果进行初步审查。这是法制审核制度的最初要求。《法治政府建设实施纲要（2015—2020 年）》提出："严格执行重大行政执法决定法制审核制度，未经法制审核或者审核未通过的，不得作出决定。"在此之前，一些地方和国务院部门根据实践需要开展了一些探索和尝试。国务院在组织开展行政执法三项制度试点后，2018 年开始全面推行重大行政执法决定法制审核制度。

二、审核机构和审核人员

（一）审核机构

一是司法行政部门负责审核以政府为主体的行政处罚决定。二是部门法制机构负责审核以部门为主体的行政处罚决定。三是通过购买社会服务，聘请律师事务所等进行审核。

（二）审核人员

如何认定"初次"？本条第二款规定"行政机关中初次从事行政处罚决定法制审核的人员，应当通过国家统一法律职业资格考试取得法律职业资格"。中共中央办公厅、国务院办公厅《关于完善国家统一法律职业资格制度的意见》规定，从事行政处罚决定审核的人员应当取得国家统一法律职业资格。据此，2017 年，全国人大常委会修改了行政处罚法，增加了原第三十八条第三款，规定："在行政机关负责人作出决定之前，应当由从事行政处罚决定审核的人员进行审核。行政机关中初次从事行政处罚决定审核的人员，应当通过国家统一法律职业资格考试取得法律职业资格。"该修改决定自 2018 年 1 月 1 日起实施。据此，自 2018 年 1 月 1 日起，"初次从事行政处罚决定法制审核"的人员都应当通过国家统一法律职业资格考试、取得法律职业资格，在此之前初次从事行政处罚决定法制审核的人员不必取得法律职业资格。

从各地方、各部门情况来看，法制审核人员的配置与该制度的工作任务不相适应，这是贯彻实施该制度的最大难点。国务院明确了两条路径：一是专业的审核人员，原则上各级行政执法机关的法制审核人员不少于本单位执法人员总数的5%。二是充分发挥法律顾问和律师的作用。这方面，可以走政府采购服务的路径。

从实践情况来看，此前推行该项制度的主要是公安、工商、农业等部门，党中央的决策扩大了实施的范围。公安部门的做法一般是对除简易程序以外的行政处罚都要进行法制审核，这源于公安有比较健全的高素质法制审核队伍。此外，和该模式相近的还有证监会的查审分离模式。2002年，证监会《关于进一步完善中国证券监督管理委员会行政处罚体制的通知》，明确“查审分离”体制，案件调查与审理分开，调查由稽查部门负责，审理由处罚委作出，具体事宜由法律部承办。2006年，证监会又设立了相对独立的处罚委及办公室，实行行政处罚案件行政机关内部审理的专门化、专职化和专业化。

三、审核范围

本次修订确定的审核范围比原法的范围小。2017年，《行政处罚法》进行了修改，在原第三十八条增加了第三款，规定：“在行政机关负责人作出决定之前，应当由从事行政处罚决定审核的人员进行审核。行政机关中初次从事行政处罚决定审核的人员，应当通过国家统一法律职业资格考试取得法律职业资格。”这里没有区分简易程序、一般程序和听证程序，同时还要求行政机关内部初次从事审核的人员具有法律职业资格，这是一个比较高的标准。

本次修订规定的行政处罚决定法制审核，限于重大行政处罚决定，即涉及重大公共利益的，直接关系当事人或者第三人重大权益、经过听证程序的，案件情况疑难复杂、涉及多个法律关系的，等等。本条吸收了《国务院办公厅关于全面推行行政执法公示制度执法全过程记录制度重大执法决定法制审核制度的指导意见》审核范围等规定。

国务院在开展重大执法决定法制审核制度试点工作时曾规定：“有条件的试点单位可以对法定简易程序以外的所有执法决定进行法制审核。”目的是看能否推进普遍审核。由于机构人员方面的限制，国务院在全面推行时进行了限缩，明确了重大的标准，即涉及重大公共利益，可能造成重大社会影响或引发社会风险，直接关系行政相对人或第三人重大权益，经过听证程序作出行政执法决定，以及案件情况疑难复杂、涉及多个法律关系。同时也强调了因地制宜确定重大执法决定目录清单。对比来看，本条修订对国务院确定的“重大”范围也作了调整。

行政处罚决定审核的内容主要包括行政执法主体是否合法，行政执法人员是否具备执法资格；行政执法程序是否合法；案件事实是否清楚，证据是否合法充分；适用法律、法规、规章是否准确，裁量基准运用是否适当；同类案件是否有畸轻畸重等明显差异；执法是否超越执法机关法定权限；行政执法文书是否完备、规范；违法行为是否涉嫌犯罪、需要移送司法机关等。

此外，不予处罚决定是否需要法制审核？根据本法第三十三条，不予处罚决定主要适用于不构成应受处罚的行为，或者构成应受处罚的行为，但是可以酌定免予处罚。据此，原则上，不予处罚决定不属于“重大”的范畴，不需要法制审核。

四、审核的程序与效力

原法没有规定作出行政处罚决定的时限，但本次修订明确办案时限为九十日，法律、法规、规章可以规定例外情形。[①] 行政处罚决定法制审核制度重新构造了内部行政程序，是行政机关的自我约束。在上位法没有修改的情况下，行政机关必须在既有的法定时限内，由案件承办机构和法制审核机构共同分享时限约束，需要重新设计内部行政流程，并考虑法制审核不通过或者需要重新法制审核等问题，这对行政机关而言是一个挑战。

本次修订增加了“未经法制审核或者审核未通过的，不得作出决定”，对于应当进行法制审核，而没有经过法制审核的，应认定存在“重大且明显违法”，根据本法第三十八条，行政处罚决定可以被确认违法或者无效、撤销、变更等。法制审核完成后，要根据不同情形，提出同意或者存在问题的书面审核意见。

行政机关主要负责人是推动落实本机关重大执法决定法制审核制度的第一责任人，对本机关作出的行政处罚决定负责。法制审核机构提出否定意见后，行政机关负责人应当对调查结果进行审查，该“审查”行为是否包括法制审

① 《行政许可法》规定了办理时限，比如第四十二条规定，除可以当场作出行政许可决定的外，行政机关应当自受理行政许可申请之日起二十日内作出行政许可决定；二十日内不能作出决定的，经本行政机关负责人批准，可以延长十日，并应当将延长期限的理由告知申请人。

核，值得探讨。从行政机关首长负责制的角度解释，行政机关首长有权否定法制机构的审核意见，但应当在行政处罚案卷中将各方意见和理由记录在案。

五、责任分担

法制审核机构仅对其出具的法制审核意见承担责任，而不对最终作出的行政执法决定承担责任。如果法制审核意见发现有违法或不当的问题，而案件承办机构或者行政机关负责人没有采纳，法制审核机构和人员不承担责任；如果行政执法决定存在问题，法制审核机构却没有发现而导致行政执法决定错误的，法制审核机构及人员应当承担相应的过错责任。

法条关联

《优化营商环境条例》第五十八条等。

案例评议

安徽雪花黄山啤酒有限公司与德清县市场监督管理局、德清县新市镇博瑞食品商行工商行政处罚案①

◆ **裁判要旨**

行政机关所作的行政处罚虽然针对的是产品销售者，未直接针对生产者，但由于处罚内容与生产者的公平竞争权益相关，故应当认为生产者与该行政处罚有利害关系，可以赋予其对该行政处罚享有行政诉权。

第五十九条　【行政处罚决定书】

行政机关依照本法第五十七条的规定给予行政处罚，应当制作行政处罚决定书。行政处罚决定书应当载明下列事项：

（一）当事人的姓名或者名称、地址；

（二）违反法律、法规、规章的事实和证据；

（三）行政处罚的种类和依据；

① （2019）浙05行终67号，2019年度浙江法院十大知识产权案件。

（四）行政处罚的履行方式和期限；

（五）申请行政复议、提起行政诉讼的途径和期限；

（六）作出行政处罚决定的行政机关名称和作出决定的日期。

行政处罚决定书必须盖有作出行政处罚决定的行政机关的印章。

微言要义

司法文件不因格式方面的缺陷而失效。①

本条来源

原法第三十九条。

立法演变

三审稿删除了第二项中的“或者”，删除了第五项中的“不服行政处罚决定”。

条文释义

一、规范意旨

行政机关负责人按照本法第五十七条对案件予以审批后，行政执法人员按照本条制作行政处罚决定书。决定书载明了当事人的基本情况，行政机关调查获悉的事实以及相应的证据，据以作出罚款或者吊销许可证件等处罚的依据，当事人如何履行行政处罚决定，如何获得救济，等等。上述必备要件是为了保证行政处罚正确作出，使当事人的合法权益在程序上得到妥善保护。

二、行政处罚决定书注意事项

（一）当事人的姓名或者名称、地址

当事人为公民的，可以写明其姓名、性别、年龄、身份证件号码，单纯的姓名可识别性不强，需要采集身份证件号码等信息确定当事人的身份。当事人为法人和其他组织的，可以写明其统一社会信用代码，将法人和其他组织的法

① 孙笑侠：《西方法谚精选》，法律出版社 2005 年版，第 106 页。

定代表人的姓名、住址等写入决定书。当事人有代理人的，要一并将代理人的情况写入决定书。

（二）违反法律、法规、规章的事实和证据

违法事实应当清楚、明确，证据应当充分、确凿。证据与违法事实之间有关联性，证据要合法、真实。

（三）行政处罚的种类和依据

决定书要写明当事人的行为违反的法律、法规、规章的具体条文，涉及多个条文的，应当结合案件事实进行说明。涉及违法所得计算的，要明确违法所得的具体计算标准。责令停产停业要明确具体的时间段。同一违法行为违反多部法律规范，“从一重处罚”的，要写清楚适用依据，等等。对于案情复杂的行政处罚决定，要将说法和说理相结合。

（四）行政处罚的履行方式和期限

行政处罚的履行方式和期限要清楚、明确，便于当事人主动执行行政处罚决定。如，罚款自收到本决定书之日起 15 日内缴至××银行各营业网点，账号：×××××××××，或者通过电子支付方式，扫描本决定书上的二维码缴纳罚款，到期不缴纳罚款的，本局可依据《行政处罚法》第七十二条第一款第一项的规定，每日按罚款数额的 3% 加处罚款，但加处罚款的总额不超出本决定书处罚的罚款数额。

（五）申请行政复议、提起行政诉讼的途径和期限

当事人的救济权要让有异议的当事人凭行政处罚决定书就可以申请救济，不必再另行查询如何申请行政复议、提起行政诉讼。如，如不服本处罚决定，可依法在收到本行政处罚决定书之日起 60 日内向××市人民政府申请行政复议，或者在收到本行政处罚决定书之日起六个月内直接向××市人民法院提起行政诉讼；行政复议、行政诉讼期间，除法律另有规定外，本行政处罚决定不停止执行。逾期不申请行政复议、不提起行政诉讼又不履行行政处罚决定的，本局将依法申请人民法院强制执行。

（六）作出行政处罚决定的行政机关名称和作出决定的日期

授权处罚的组织要盖自己的印章，受委托组织实施行政处罚，要盖委托行政机关的印章。内设机构或者派出机构，没有法律法规授权的，应当盖所属厅局的印章，不能盖内设机构或者派出机构自己的印章。

有判决指出，行政机关作出的处罚决定书未具体载明据以认定上诉人违法行为的事实证据名称，使其处罚决定书的内容不够完备，但并不影响其处罚决定的有效成立。行政机关在处罚决定书中所告知上诉人履行罚款的账号是否系财政部门认可的罚没账号，应不影响其作出的处罚决定本身的合法性。[①]

三、行政处罚决定书的现代化

当前，有的地方已经在全域范围内推行电子行政处罚决定书。第二款规定的“印章”也可以是电子印章。

由于电子印章的虚拟性，有部门要求使用电子印章时，要同步录音录像。如，《公安机关办理行政案件程序规定》第二百六十三条第三款规定：“公安机关可以使用电子签名、电子指纹捺印技术制作电子笔录等材料，可以使用电子印章制作法律文书。对案件当事人进行电子签名、电子指纹捺印的过程，公安机关应当同步录音录像。”

行政处罚决定书可以附带多个二维码。如，执行二维码，当事人拿到行政处罚决定书直接缴费即可。如，教育二维码，行政机关可以将法律教育素材附在行政处罚决定书上，集惩罚与教育于一体。

法条关联

《治安管理处罚法》第九十六条等。

案例评议

宜昌市妇幼保健院不服宜昌市工商行政管理局行政处罚决定案[②]

◆ 裁判要旨

如果行政机关的笔误并未造成行政处罚决定书内容上的不完备，则仅属于行政程序的瑕疵，不足以造成行政相对人的合法权益受侵害，可以认定该行政处罚决定书有效。

---

① （2000）宜中行终字第28号，宜昌市妇幼保健院与宜昌市工商行政管理局工商行政处罚纠纷上诉案。

② 《最高人民法院公报》2001年第4期。

第六十条　【办案期限】

行政机关应当自行政处罚案件立案之日起九十日内作出行政处罚决定。法律、法规、规章另有规定的，从其规定。

微言要义

及时作出判决是每个好法官的职责。①

本条来源

新增。

立法演变

为了明确行政处罚期限，二审稿增加本条。

条文释义

一、规范意旨

增加本条主要是为了防止久拖不决，使经济社会秩序长期处于不确定状态，影响当事人的合法权益。在适用范围方面，当场作出的行政处罚可以不予立案。

二、法律、法规、规章另有规定

九十日是基本办理时限，但公安、反垄断、证券、生态环保等领域的案件办理具有一定特殊性，本条为例外规定留了余地。

一是规章以上的法律规范都可以规定例外。行政处罚案件办理期限不能都按照九十日的最长时限办理，需要结合实际情况繁简分流。如，《公安机关办理行政案件程序规定》第一百六十五条第一款规定："公安机关办理治安案件的期限，自受理之日起不得超过三十日；案情重大、复杂的，经上一级公安机关批准，可以延长三十日。办理其他行政案件，有法定办案期限的，按照相关法律规定办理。"

① 孙笑侠：《西方法谚精选》，法律出版社2005年版，第98页。

二是可以规定扣除期限。如，依法需要检验、检疫、检测、公告、听证、招标、拍卖、专家评审、鉴定，或者委托有关行政机关调查取证的，所需时间不计算在法定期限内。此外，由于本法没有规定时间的中止、中断、终止、延期等，在进行规章等立法时，可以考虑作出补充规定，以填补立法漏洞。

三是可以自我承诺办理时限。行政机关对办理期限作出明确承诺的，应当在承诺期限内办结。

超出办案期限的，属于程序违法，视情况确认行政处罚决定违法、无效、撤销或者变更行政处罚决定。

法条关联

《反垄断法》第二十六条；《公安机关办理行政案件程序规定》第一百六十五条等。

第六十一条　【当场交付与送达】

行政处罚决定书应当在宣告后当场交付当事人；当事人不在场的，行政机关应当在七日内依照《中华人民共和国民事诉讼法》的有关规定，将行政处罚决定书送达当事人。

当事人同意并签订确认书的，行政机关可以采用传真、电子邮件等方式，将行政处罚决定书等送达当事人。

本条来源

原法第四十条。

立法演变

为了适应信息时代的需求，三审稿增加了第二款。

条文释义

一、规范意旨

送达是行政处罚过程中的重要程序，行政处罚决定书自送达之日起生效，申请行政复议或者提起行政诉讼的时间也是从送达之日起计算。本条规定了当场交付行政处罚决定书是原则，不能当场交付的，应当采取送达方式交付。

二、送达的基本程序、方式

本法和《行政强制法》关于行政执法文书的送达程序和送达方式，都援引《民事诉讼法》的规定，缺少了点“行政”的味道。

依照简易程序作出当场处罚决定的，应当将决定书当场交付被处罚人，并由当事人在备案的决定书上签名、捺指印或者盖章；当事人拒绝的，由行政执法人员在备案的决定书上注明。适用普通程序和听证程序的，行政执法人员应当在宣告后将决定书当场交付当事人，并由当事人在附卷的决定书上签名、捺指印或者盖章，即为送达。送达文书必须有送达回证，由受送达人在送达回证上记明收到日期，签名、捺指印或者盖章。受送达人是限制民事行为能力的自然人，其法定代理人签收的；受送达人是法人或者其他组织，其法人的法定代表人、该组织的主要负责人或者办公室、收发室、值班室的工作人员签收的，即为送达。受送达人在送达回证上的签收日期为送达日期。有判决指出，行政处罚决定书逾期送达，但未对当事人权益产生影响的，也不影响当事人的救济权利，不足以否定行政处罚的合法性。①

送达方式主要有以下几种：

1. 直接送达。

送达法律文书应当首先采取直接送达方式，交给受送达人。受送达人是公民的，本人不在的交其同住成年家属签收；受送达人是法人或者其他组织的，应当由法人的法定代表人、其他组织的主要负责人或者该法人、组织负责收件的人签收；受送达人有代理人的，可以送交其代理人签收；受送达人已向行政机关指定代收人的，送交代收人签收。受送达人的同住成年家属，法人或者其他组织负责收件的人，诉讼代理人或者代收人在送达回证上签收的日期为送达日期。

2. 留置送达。

受送达人或者他的同住成年家属拒绝签收诉讼文书的，送达人可以邀请有关基层组织或者所在单位的代表到场，说明情况，在送达回证上记明拒收事由

---

① （2005）浦行初字第186号，葛某平诉中国银行业监督管理委员会上海监管局撤销取消金融机构高级管理人员任职资格行政处罚案。

和日期，由送达人、见证人签名或者盖章，把文书留在受送达人的住所；也可以把文书留在受送达人的住所，并采用拍照、录像等方式记录送达过程，即视为送达。

3. 委托送达。

直接送达文书有困难的，可以委托其他机关或组织代为送达。

4. 邮寄送达。

无法直接送达的，可以邮寄送达，以回执上注明的收件日期为送达日期。有判决书指出，法院按照受送达人营业执照载明的单位名称及地址邮寄法律文书，快递单回执载明邮件妥投、他人代收，即应视为送达成功。至于代收人身份、签收过程、内部转交程序等均非法院送达的审查内容。①

5. 转交送达。

受送达人是军人的，通过其所在部队团以上单位的政治机关转交。受送达人被监禁的，通过其所在监所转交。受送达人被采取强制性教育措施的，通过其所在强制性教育机构转交。

6. 公告送达。

受送达人下落不明，或者用其他方式无法送达的，可以公告送达。行政机关公告送达行政执法文书的，应当通过电子政务平台、本机关或者本级人民政府门户网站公告，也可以根据需要在当地主要新闻媒体公告或者在受送达人住所地、经营场所或者所在的村（居）民委员会公告栏公告，便于当事人知晓，公告期限不得少于六十日。公告送达，应当在案卷中记明原因和经过。②

此外，涉及外交事宜的，还有外交送达。

三、电子送达

实践中，送达难问题比较突出，如当事人留假地址、拒收、见证人拒绝见证等都加大了送达难度。有鉴于此，本条第二款引入了“送达确认书”，可以

---

① 南充农村商业银行股份有限公司诉吉林舒兰农村商业银行股份有限公司再审案，（2020）最高法民申 788 号。

② 人民法院因向受送达人身份证载明的地址邮寄送达应诉诉讼文书被退回，遂向其公告送达应诉法律文书，在公告期满后开庭，受送达人无正当理由未到庭参加诉讼，人民法院依法缺席判决，符合《民事诉讼法》关于公告送达和缺席判决的相关规定，不存在未向其送达传票即缺席审判的情况。郑某诉江某船舶物料和备品供应合同纠纷再审案，（2020）最高法民申 4185 号。

通过传真、电子邮件等方式送达，提高了送达效率，以传真、电子邮件等到达受送达人特定系统的日期为送达日期。在操作上，也可请当事人留下手机号码，以行政机关发送登录账号和验证码的形式，请当事人登录执法信息化系统获取执法决定及其证据，当事人登录则视为送达。有关全自动具体行政行为，德国已有实践，可以借鉴。①

四、送达地址确认书

从解释上，本条第二款可以引申出送达地址确认书制度。实践中，送达地址确认比较困难，当事人拒不配合执法，以及因为其他原因导致在法定期限内无法送达。送达地址确认书，有利于提高行政效率，同时解决送达难问题。

经当事人同意是前提条件。受送达人签署送达地址（包括电子邮件地址）确认书时，提交经其本人或者经特别授权的代理人签字或者盖章的送达地址。

送达地址确认书载明的送达地址可以是受送达人的住所地、单位所在地、代收人地址、电子邮件地址或者其他可以接收送达的地址。当事人变更送达地址的，应当及时以书面方式告知行政机关。行政机关以直接送达、邮寄或者电子邮件方式向送达地址确认书载明的送达地址送达行政执法文书，自行政执法文书实际送达、被电子邮件系统退回、邮政企业或者快递企业确认无法送达时，视为送达。行政机关应当将送达地址确认书的法律效力书面告知受送达人。

送达地址确认书最早在司法实践中使用。根据《最高人民检察院关于以检察专递方式邮寄送达有关检察法律文书的若干规定》，当事人向人民检察院申请监督、提出申诉或者提交答辩意见时，应当向人民检察院提供或者确认自己准确的送达地址及联系方式，并填写当事人联系方式确认书。经人民检察院告知，当事人仍拒绝提供自己送达地址的，自然人以其户籍登记中的住所地或者经常居住地为其送达地址；法人或者其他组织以其工商登记或者其他依法登记、备案中的住所地为其送达地址。与本法规定不同，检察地址确认书不需要经过当事人同意。

此后，行政系统也逐渐推行送达地址确认书制度。《浙江省行政程序办法》第六十八条规定："行政机关通过邮政企业邮寄送达行政执法文书，邮寄地址为受送达人与行政机关确认的地址的，送达日期为受送达人收到邮件的日期。因

---

① 查云飞：《人工智能时代全自动具体行政行为研究》，《比较法研究》2018 年第 5 期。

受送达人自己提供的地址不准确、地址变更未及时告知行政机关、受送达人本人或者其指定的代收人拒绝签收以及逾期未签收，导致行政执法文书被邮政企业退回的，行政执法文书退回之日视为送达日期。”

法条关联

《民事诉讼法》第八十四条至第九十一条；《公安机关办理行政案件程序规定》第三十六条；《最高人民检察院关于以检察专递方式邮寄送达有关检察法律文书的若干规定》；《道路交通安全违法行为处理程序规定》第二十条、第五十五条等。

案例评议

广西永凯糖纸有限责任公司与南宁市生态环境局环保处罚纠纷上诉案①

◆ **裁判要旨**

永凯公司认为南宁生态局向未经永凯公司授权的员工电子送达《行政处罚听证通知书》的行为违法。一审法院认为，电子送达作为一种新型送达方式，具有便捷、迅速、即时的优点，行政机关在确定当事人身份的情况下采用电子送达大大减轻了行政机关以及当事人的负累，且送达的员工费某林系永凯公司生产部负责人，分管安全环保工作，在南宁生态局的调查过程中也予以配合询问，负责签收了南宁生态局送达的《责令改正违法行为决定书》，南宁生态局向其送达《行政处罚听证通知书》之后，永凯公司也派人员按时参加了听证，充分表达了自己的陈述申辩意见，该送达程序未损害永凯公司的实体权利。

第六十二条　【告知陈述申辩的约束力】

行政机关及其执法人员在作出行政处罚决定之前，未依照本法第四十四条、第四十五条的规定向当事人告知拟作出的行政处罚内容及事实、理由、依据，或者拒绝听取当事人的陈述、申辩，不得作出行政处罚决定；当事人明确放弃陈述或者申辩权利的除外。

---

① （2020）桂71行终169号。

本条来源

原法第四十一条。

立法演变

一审稿从保障当事人权益的角度出发进行了修改，增加了告知“拟作出的行政处罚内容”，将“行政处罚决定不能成立”改为“不得作出行政处罚决定”，同时，当事人放弃陈述申辩权必须是“明确”的。

条文释义

一、规范意旨

第四十四条、第四十五条规定的告知、陈述、申辩属于重要法定程序，本条是从法律后果方面反过来保障当事人的程序权益。

二、告知、陈述申辩的约束力

根据本法，行政机关应当充分听取当事人的陈述和申辩，在陈述、申辩期限内，陈述或者申辩权的放弃，需要明确表示，不能默示表示。

行政处罚违反法定程序，在行政诉讼上有三种后果：一是根据《行政诉讼法》第七十条，行政处罚违反法定程序的，人民法院判决撤销或者部分撤销，并可以判决被告重新作出行政行为。行政处罚决定在撤销之前，仍具有公定力。二是根据《行政诉讼法》第七十四条，行政行为程序轻微违法，但对原告权利不产生实际影响的，人民法院判决确认违法，但不撤销行政行为。三是根据《行政诉讼法》第七十五条，行政行为有实施主体不具有行政主体资格或者没有依据等重大且明显违法情形，原告申请确认行政行为无效的，人民法院判决确认无效。所谓“重大且明显违法”通常标准是，其违法情形已重大明显到任何有理智的人均能够判断的程度，因而其没有公定力，不必经法院等权威机构确认，公民就可以根据自己的判断而不服从。①

综上，违反告知、陈述申辩程序规定属于违反法定程序，人民法院可以撤

---

① 江必新：《中华人民共和国行政诉讼法理解适用与实务指南》，中国法制出版社2015年版，第343页。

销行政处罚决定；但是否属于重大且明显违法，违法情形是否已重大明显到任何有理智的人均能够判断的程度，尚需要结合实际进一步研究。

法条关联

本法第四十四条、第四十五条；《行政诉讼法》第七十条至第七十五条等。

案例评议

上海金港经贸总公司诉新疆维吾尔自治区工商行政管理局行政处罚案①

◆ **裁判要旨**

如果行政机关没有作出正式的行政处罚决定书，而是仅仅向当事人出具罚款证明，且未向当事人告知前述必要内容；致使当事人无从判断。当事人因此未经行政复议直接向人民法院起诉的，人民法院应当予以受理。

第四节　听证程序

第六十三条　【适用范围】

行政机关拟作出下列行政处罚决定，应当告知当事人有要求听证的权利，当事人要求听证的，行政机关应当组织听证：

（一）较大数额罚款；

（二）没收较大数额违法所得、没收较大价值非法财物；

（三）降低资质等级、吊销许可证件；

（四）责令停产停业、责令关闭、限制从业；

（五）其他较重的行政处罚；

（六）法律、法规、规章规定的其他情形。

当事人不承担行政机关组织听证的费用。

① 最高人民法院（2005）行提字第1号，《最高人民法院公报》2006年第4期。

本条来源

原法第四十二条。

立法演变

本次修订扩大了听证的适用范围。一审稿完善听证程序，扩大适用范围，增加了“没收较大数额违法所得、没收较大价值非法财物”“不得申请行政许可”“责令关闭、限制开展生产经营活动、限制从业”，将“吊销许可证或者执照”改为“吊销许可证件”。二审稿删除了“不得申请行政许可”“限制开展生产经营活动”，增加了“降低资质等级”。三审稿增加了“其他较重的行政处罚”。与原条文比较，修订删除了“当事人对限制人身自由的行政处罚有异议的，依照治安管理处罚法有关规定执行”，增加了“法律、法规、规章规定的其他情形”。

条文释义

一、规范意旨

听证是正式的陈述申辩程序，是指行政机关在作出行政处罚决定之前听取有关当事人的陈述和申辩，由听证程序参加人就有关问题相互进行质问、辩论和反驳，从而查明事实的过程。从世界各国的行政立法来看，听证制度是现代行政程序立法的一项重要制度，许多国家都对听证程序作了明确、具体的规定。听证的目的是查明事实，正确适用法律，使当事人自觉服从和及时履行行政处罚决定，从而提高行政效率。①

效率是行政的生命。哪些应当进入听证，哪些应当排除在外，值得深入研究。听证是手段，目的是查明事实，不能将手段当成目的。根据美国 1941 年的研究，在非联邦政府执行控制职能的机构所作的决定中，听证率不到 5%。在执行控制职能的机构的决定中，听证的比率更小。后来到 1981 年，联邦社会保障署作出 5000 万个决定，进行听证的案件只有 26.2 万件。绝大部分行政决定

① 张春生主编：《中华人民共和国行政处罚法释解》，中国社会出版社 1996 年版，第 90 页。

不需要听证。[1] 从笔者的观察来看，国内听证的适用比例也很小，主要原因是影响行政效率，有的案件当事人也想尽快案结事了，主动放弃听证申请权。立法之初，曾梳理出听证程序有如下弊处：听证程序过于司法化、保守，当事人利用听证之机影响行政处分的执行；影响政府威信，程序过于烦琐，违反经济原则，主持听证者易于偏袒政府。[2]

二、听证的范围

确定听证的范围，是在权利与权力之间“砍一刀”，本法给了行政机关一定的立法裁量权，规定法律、法规、规章可以兜底规定其他适用听证的情形。

（一）较大数额罚款

何为“较大”，需要因地制宜，因“行业”制宜。1996 年本法实施后，各地区、各部门逐步确定本地区、本部门较大数额罚款标准。

1. 有的采取的是统一定额式标准。

如，《公安部关于行政处罚听证范围中“较大数额罚款”数额的通知》（公通字〔1996〕62 号）规定，对个人处以 2000 元以上罚款的，对违反边防出入境管理法律、法规、规章的个人处以 6000 元以上罚款的；对法人或者其他组织处以 10000 元以上罚款的，在做出处罚决定前，应当告知当事人有要求举行听证的权利，当事人要求听证的，应当组织听证。后来该规定被《公安机关办理行政案件程序规定》第一百二十三条所吸收。《商务部行政处罚实施办法》规定，拟作出 3 万元以上（不含 3 万元）罚款或责令停产停业、吊销许可证或执照的行政处罚的，应当在行政处罚告知书中告知当事人有要求举行听证的权利。《广东省行政处罚听证程序实施办法》第五条第二款规定：“本条前款所称较大数额罚款，是指对公民的违法行为处以 5000 元以上罚款，对法人或者其他组织的违法行为处以 10 万元以上罚款。”

2. 有的采取的是分领域定额式标准。

浙江省对不同领域设定了不同的数额，较为科学。[3] 如，发展改革领域，对个人非经营性的起算点是四万元，招标代理机构的起算点是二十万元，其他

---

① 王名扬：《美国行政法（上）》，中国法制出版社 1995 年版，第 385 页。

② 刘烈：《国外行政处罚立法状况》，《行政法学研究》1994 年第 1 期。

③ 《浙江省人民政府法制办公室关于明确实施行政处罚适用听证程序较大数额罚款标准的函》（浙府法发〔2014〕10 号）。

组织是四十万元。经济和信息化领域又进一步区分了无线电管理、信息化管理、民用爆炸物品管理等，值得广泛推广。

3. 有的采取的是比例式标准。

如，《天津市人民政府关于确定行政处罚听证案件中“较大数额罚款”标准的通知》规定，“较大数额罚款”的确定，以有关法律、法规、规章规定的对某类违法行为罚款最高限额的百分之五十（含百分之五十）为标准。《邮政行政处罚程序规定》规定，较大数额，是指同一行政处罚案件中，对同一公民罚款五千元以上，对同一法人或者其他组织罚款三万元以上且超过法定情节最高罚款数额的百分之五十。

4. 需要研究的问题。

一是定额式标准需要动态调整。

在考虑通货膨胀等因素的情况下，定额式标准有必要建立动态调整机制，如，每五年由制定机关调整一次。

不同领域的起算点也不宜“一刀切”。如，《市场监督管理行政处罚听证暂行办法》第五条规定，对自然人处以一万元以上、对法人或者其他组织处以十万元以上罚款，适用听证程序。但是，《广告法》对半数以上广告违法行为的起算点为十万元以上。在此情况下，有必要调整广告领域的行政处罚听证“较大数额”起算点，否则大量轻微或者一般违法行为将被纳入听证程序，不利于提高行政效率，也给当事人带来不必要的烦扰。

二是本法与其他法律非行政处罚听证条款中的“较大数额罚款”可否等同认定。

有的法律在行政许可、政府采购合同等条款中规定，行政相对人需要符合无较大数额罚款记录的条件。如，《保险法》《保险公估机构监管规定》《保险专业代理机构监管规定》等规定，设立保险公示、保险公估机构、保险专业代理公司，需在三年内无较大数额罚款。《政府采购法》第二十二条规定，供应商参加政府采购活动应当在参加政府采购活动前三年内，在经营活动中没有重大违法记录。《政府采购法实施条例》第十九条规定：“政府采购法第二十二条第一款第五项所称重大违法记录，是指供应商因违法经营受到刑事处罚或者责令停产停业、吊销许可证或者执照、较大数额罚款等行政处罚。”

该问题的性质为解释适用。“法随时转则治。”本书认为，关于“较大数额罚款”的解释，应主要采用“领域说”，跨领域时应采“重大违法说”。《保险法》等领域关于“较大数额罚款”可以是其他领域听证程序中的“较大数额罚款”，也可以不是。一是《保险法》等领域关于“较大数额罚款”如何解释，主要从《保险法》等条文语义、制度体系、立法目的等角度出发进行解释。二是其他领域的“较大数额罚款”的界定更有参考价值，但不是决定性因素，不一定适用于本领域。其他领域听证程序“较大数额罚款”多年未调整，如果以此为标准，等于变相提高了准入门槛。从目的解释的角度考虑，立法不能使大多数企业违法，或者不能从事生产经营。三是对于银行等法人和其他组织，宜区分不同层级实施违法行为进行解释适用，可以就县级支行、地（市）级分行、省级分行以及总行分别设置不同的金额标准。否则，此类大型企业会因为一个分公司或者区县营业厅的违法行为影响总公司的政府采购、招投标等，且这些分公司在全国不同地区违法的起算点也各不相同。

（二）没收较大数额违法所得、没收较大价值非法财物

增加的第二项规定主要来源于司法解释。《最高人民法院关于没收财产是否应进行听证及没收经营药品行为等有关法律问题的答复》（〔2004〕行他字第1号）规定，人民法院经审理认定，行政机关作出没收较大数额财产的行政处罚决定前，未告知当事人有权要求举行听证或者未按规定举行听证的，应当根据《行政处罚法》的有关规定，确认该行政处罚决定违反法定程序。有关较大数额的标准问题，实行中央垂直领导的行政管理部门作出的没收处罚决定，应参照国务院部委的有关较大数额罚款标准的规定认定；其他行政管理部门作出没收处罚决定，应参照省、自治区、直辖市人民政府的相关规定认定。

有些部门规章也规定没收违法所得适用听证程序。《中国证券监督管理委员会行政处罚听证规则》规定，对个人没收业务收入、没收违法所得、罚款，单独或者合计5万元以上，对单位没收业务收入、没收违法所得、罚款，单独或者合计30万元以上，适用听证程序。《环境行政处罚办法》规定，“较大数额”罚款和没收，对公民是指人民币（或者等值物品价值）5000元以上、对法人或者其他组织是指人民币（或者等值物品价值）50000元以上。

（三）降低资质等级、吊销许可证件

增加的“降低资质等级”是第九条新增的行政处罚类型，对当事人构成了资格准入或者营业限制，属于严重的侵益性行为。有判决指出，注销最高准驾

车型属吊销许可证件的行为，是一种行政处罚行为。行政处罚作出前，当事人要求听证，行政机关没有组织听证，其作出的行政处罚无效。①

需要注意的是，暂扣许可证件没有列入听证范围。

（四）责令停产停业、责令关闭、限制从业

增加的“责令关闭、限制从业”都是第九条新增的行政处罚类型，限制了当事人的营业权，属于严重的侵益性行为。需要注意的是，限制生产经营活动没有明确列入听证范围。

（五）其他较重的行政处罚

1. 可以指行政拘留。

一是本次修订对行政拘留作了调整。删除了“当事人对限制人身自由的行政处罚有异议的，依照治安管理处罚法有关规定执行”，从反面解释，也就是行政拘留没有被排除在《行政处罚法》听证范围之外。二是行政拘留限制的是当事人的人身自由权。而人身自由权的位阶高于财产权和姓名权等部分人格权。《宪法》第三十七条规定：“中华人民共和国公民的人身自由不受侵犯。任何公民，非经人民检察院批准或者决定或者人民法院决定，并由公安机关执行，不受逮捕。禁止非法拘禁和以其他方法非法剥夺或者限制公民的人身自由，禁止非法搜查公民的身体。”本法规定：“限制人身自由的行政处罚权只能由公安机关和法律规定的其他机关行使。”

当然，也有意见认为，行政拘留不宜纳入听证程序。主要理由是现有的制度框架已经提供了充分的保障。行政拘留主要由公安机关实施，此类案件量大，所有的行政拘留都纳入听证范围，降低了效率；《治安管理处罚法》规定了一系列程序，《行政处罚法》也规定，当事人对限制人身自由的行政处罚决定不服，申请行政复议或者提起行政诉讼的，可以向作出决定的机关提出暂缓执行申请。符合法律规定情形的，应当暂缓执行。此外，公安机关内部的法制审核等制度较为健全。

2. 也可以指限制生产经营活动。

不少国家将营业权作为公民的基本权利规定在宪法中。营业权包括开业自

---

① （2015年）宁法行初字第36号，湖南宁远县法院判决欧阳文生诉宁远县公安局交通警察大队行政处罚案。一般来讲，行政机关未举行听证的情况下作出行政处罚决定，法院会作出撤销判决。

由、停业自由、交易自由等。对当事人营业权进行限制后，其失去了赚取利润的机会，在一定程度上，比几万元的较大数额罚款更重，因此，“其他较重的处罚”可以指限制生产经营活动。

3. 也可以指其他种类行政处罚。

（六）法律、法规、规章规定的其他情形

此项为本次修订新增。有的部门法创设了非典型行政处罚，如果其对当事人权益影响较大，则应当纳入听证范围。

问题是没有法律规定的，是否能纳入听证范围?《中国证券监督管理委员会行政处罚听证规则》第五条规定，法律、行政法规和规章规定或者中国证监会及其派出机构认为可以听证的其他情形，应当在向当事人送达的《行政处罚事先告知书》中载明当事人享有要求听证的权利。该规章明确规定的是“中国证监会及其派出机构认为可以听证的其他情形”，宽泛解释，“中国证监会及其派出机构认为”算作有规章依据。从当事人的角度来看，听证程序是为了更好地保障其权益，如果行政机关将“认为需要听证”的案件通知当事人可以要求举行听证，则应予以支持，当事人明确反对的除外。

法条关联

《农业行政处罚程序规定》第五十九条；《交通运输行政执法程序规定》第七十三条；《安全生产违法行为行政处罚办法》；《关于确定中国人民银行举行听证的较大数额罚款幅度的通知》（银发〔1998〕193 号）等。

案例评议

黄某富、何某琼、何某诉四川省成都市金堂工商行政管理局行政处罚案①

◆ **裁判要旨**

行政机关作出没收较大数额涉案财产的行政处罚决定时，未告知当事人有要求举行听证的权利或者未依法举行听证的，人民法院应当依法认定该行政处罚违反法定程序。

① 最高人民法院指导案例 6 号，最高人民法院审判委员会讨论通过，2012 年 4 月 9 日发布。

第六十四条　【听证程序】

听证应当依照以下程序组织：

（一）当事人要求听证的，应当在行政机关告知后五日内提出；

（二）行政机关应当在举行听证的七日前，通知当事人及有关人员听证的时间、地点；

（三）除涉及国家秘密、商业秘密或者个人隐私依法予以保密外，听证公开举行；

（四）听证由行政机关指定的非本案调查人员主持；当事人认为主持人与本案有直接利害关系的，有权申请回避；

（五）当事人可以亲自参加听证，也可以委托一至二人代理；

（六）当事人及其代理人无正当理由拒不出席听证或者未经许可中途退出听证的，视为放弃听证权利，行政机关终止听证；

（七）举行听证时，调查人员提出当事人违法的事实、证据和行政处罚建议，当事人进行申辩和质证；

（八）听证应当制作笔录。笔录应当交当事人或者其代理人核对无误后签字或者盖章。当事人或者其代理人拒绝签字或者盖章的，由听证主持人在笔录中注明。

本条来源

原法第四十二条第一款。

立法演变

一审稿第一项适当延长当事人要求听证的申请期限，由三日改为五日；第二项增加了通知人员的范围，除了当事人外，还包括有关人员；第三项增加了“依法予以保密”；第八项增加了“代理人”，以及“当事人或者其代理人拒绝签字或者盖章的，由听证主持人在笔录中注明”；增加了第六项。

条文释义

一、规范意旨

本条主要是关于听证程序的规定，总体上的制度设计是保持听证的中立性，充分听取办案人员的调查结论、建议，以及当事人、有关人员的申辩和质证，给予当事人充分的程序保障，通过准司法程序发现客观事实。

二、听证有关期限

本次修订将听证申请期限延长到五日，这样有利于当事人审慎提出听证申请，避免听证程序流于形式。

对于未到五日、当事人明确提出放弃听证的，如何处理？鉴于当事人的听证权为重大程序权利，当事人放弃听证的，应当以书面形式提出，或者在预定格式文书上签字确认。对于明确放弃听证的，行政机关可以进入法制审核或者集体讨论等程序，不必等到五日期满。① 有判决指出，行政主体作出行政处罚前，告知了行政相对人要求举行听证的期限。在该期限届满前，无论该处罚是否属于部门规章或地方性法规及规章规定应告知行政相对人有要求举行听证权的事项，行政主体都应在期满后作出处罚决定；在期满前作出的，应予撤销。②

当事人自告知书送达之日起五日内，未要求举行听证的，视为放弃此权利。当事人要求听证的，可以在告知书送达回证上签署意见，也可以自收到告知书之日起五日内提出。当事人以口头形式提出的，办案人员应当将情况记入笔录，并由当事人在笔录上签名或者盖章。

当事人有多长时间准备听证？从本条第二项来看，至少有七日。对于重大复杂的案件，行政机关应确定与准备工作相适应的时间。

三、听证主持人和参加人

听证工作是一项法律性、程序性很强的工作，主持听证的人员应当比较超脱。由行政机关指定其法制工作机构人员主持听证；行政机关未设立法制工作

---

① 从证据规则角度看，行政处罚有必要引入禁止反言规则。对此，《民事诉讼法》《刑事诉讼法》《保险法》等领域已有不少研究成果。胡萌：《美国刑事诉讼中的间接禁止反言规则》，《证据科学》2018 年第 3 期。

② （2013）沧行初字第 9 号；（2014）沧行终字第 30 号，山东阳谷华通汽车运输有限公司与河北省沧县交通运输局运输管理站交通运输行政处罚纠纷上诉案。

机构的，可以指定其内部比较超脱的其他机构的人员主持听证。[①] 办案人员不得担任听证主持人、听证员和记录员。

听证主持人负责决定举行听证的时间、地点，审查听证参加人资格，主持听证，维持听证秩序，决定听证的中止或者终止，宣布听证结束，起草听证报告等。

听证参加人包括当事人及其代理人、第三人、办案人员、证人、翻译人员、鉴定人以及其他有关人员。与听证案件有利害关系的其他自然人、法人或者其他组织，可以作为第三人申请参加听证，或者由听证主持人通知其参加听证。

当事人有代理人参加听证的，应当有委托书，委托书应当载明委托事项及权限。委托代理人代为撤回听证申请或者明确放弃听证权利的，必须有委托人的明确授权。

四、听证的程序

听证主持人应当自接到办案人员移交的案件材料之日起一定时间内确定听证的时间、地点。行政机关应当于举行听证七日前将听证通知书送达当事人。听证通知书中应当载明听证时间、听证地点及听证主持人、听证员、记录员、翻译人员的姓名，并告知当事人有申请回避的权利。第三人参加听证的，听证主持人应当在举行听证前将听证的时间、地点通知第三人。

在听证开始前，听证主持人、听证员、记录员、翻译人员与当事人有直接利害关系的，应当回避。听证员、记录员、翻译人员的回避，由听证主持人决定；听证主持人的回避，由行政机关负责人决定。

一般来讲，听证按照下列程序公开进行：办案人员提出当事人违法的事实、证据、行政处罚建议及依据；当事人及其委托代理人进行陈述和申辩；第三人及其委托代理人进行陈述、质证和辩论；听证主持人按照第三人、办案人员、当事人的先后顺序征询各方最后意见。按照本法第五十条，行政机关及其工作人员有保密义务的案件，不公开听证。

发生当事人因不可抗力无法参加听证，死亡或者终止、需要确定相关权利义务承受人，临时提出回避申请、无法当场作出决定，需要通知新的证人到场或者需要重新鉴定等情形的，可以中止听证。中止听证的情形消失后，听证主

---

① 杨景宇：《法治实践的理性探求》，中国法制出版社 2002 年版，第 177 页。

持人应当恢复听证。

发生当事人撤回听证申请或者明确放弃听证权利，无正当理由拒不到场参加听证，未经听证主持人允许中途退场，死亡或者终止且无权利义务承受人等情形的，可以终止听证。

五、听证的效力

听证制度是强制性的，行政机关未履行此义务而作出行政处罚决定，是否有效？听证是行政机关调查程序即履行查明事实义务的一个途径，行政机关未举行听证，便属于违反查明事实的义务，所以原法第四十一条（现第六十二条）的解释应当从宽，及于听证程序。[①] 听证为正式的陈述申辩程序，因此，应当听证而不听证的，属于违反法定程序，行政处罚决定应当被撤销。

根据《最高人民法院关于行政诉讼证据若干问题的规定》第六十条第二款的规定，被告在行政程序中非法剥夺公民、法人或者其他组织依法享有的陈述、申辩或者听证权利所采用的证据，不能作为认定被诉具体行政行为合法的依据。因此，行政机关作出的行政处罚决定，虽然认定的事由客观存在，但在举行听证时未对其所采用的证据进行出示和质证，其所采用的证据不能作为认定其行政处罚行为合法的依据，该行政处罚决定不合法，应当予以撤销。[②]

听证笔录是听证结果的书面形式。记录员应当如实记录，制作听证笔录。听证笔录应当载明听证时间、地点、案由，听证人员、听证参加人姓名，各方意见以及其他需要载明的事项。针对实践中当事人或者代理人拒绝签字的问题，本条第八项以听证主持人注明作为应对措施，也体现了效率原则。

法条关联

《市场监督管理行政处罚听证暂行办法》；《自然资源听证规定》；《反倾销和反补贴调查听证会规则》；《海关行政处罚听证办法》等。

① 陈新民：《中国行政法原理》，中国政法大学出版社2002年版，第229－230页。

② （2012）临行初字第5号，淄博汇亿运输有限公司诉淄博市临淄区安全生产监督管理局安监行政处罚案。

案例评议

某钢铁公司6股东不服某市工商行政管理局行政处罚案①

◆ **裁判要旨**

工商行政管理机关作出行政处罚后，向当事人告知听证权利时，送达程序违法，导致当事人丧失了对行政处罚的主要证据进行陈述、申辩和质证的权利。即行政机关在行政处罚过程中未能完全保障行政相对人的听证权利，系程序违法。

第六十五条　【听证笔录约束力】

听证结束后，行政机关应当根据听证笔录，依照本法第五十七条的规定，作出决定。

本条来源

原法第四十三条。

立法演变

一审稿作出较大修改，规定听证结束后行政机关应当根据听证笔录作出行政处罚决定。

条文释义

一、规范意旨

以前听证笔录仅仅是作出行政处罚决定的参考因素，本次修改借鉴了《行政许可法》的规定②，明确听证笔录是作出行政处罚决定的根据。如此规定是为了防止听证流于形式，听证笔录变成可有可无的会议记录。

---

① 【法宝引证码】CLI. C. 4343437。

② 《行政许可法》第四十八条第二款规定："行政机关应当根据听证笔录，作出行政许可决定。"

二、案卷排他性原则

本次修订强化了听证笔录的效力。行政机关只能以听证笔录作为作出行政处罚决定的唯一依据。行政机关采用司法型听证进行的裁决，像法院判决一样，只能根据案卷的记载作出决定，不能以案卷外的实施作为决定的基础，这被称为案卷排他性原则。[①]

简言之，听证笔录是唯一根据，不是咨询意见。

法条关联

《行政许可法》第四十八条；《市场监督管理行政处罚听证暂行办法》；《自然资源听证规定》；《反倾销和反补贴调查听证会规则》；《海关行政处罚听证办法》等。

案例评议

天津市鸿翔浩宇混凝土搅拌有限公司诉天津市国土资源和房屋管理局武清区国土资源分局等土地行政处罚案[②]

◆ **裁判要旨**

听证后如果出现新的证据，可能对行政相对人产生不利影响的，行政机关应视情况组织补充听证。

---

① 汪永清：《中华人民共和国行政许可法释义》，中国法制出版社2004年版，第169页。

② （2017）津01行终348号。

第六章　行政处罚的执行

本章概要

本次修订本章主要完善了以下几点：

一是适应行政执法实际需要，将行政机关当场收缴的罚款数额由20元以下提高至100元以下。

二是与《行政强制法》相衔接，完善行政处罚的强制执行程序，规定当事人逾期不履行行政处罚决定的，行政机关可以根据法律规定实施行政强制执行。

三是明确行政机关批准延期、分期缴纳罚款的，申请人民法院强制执行的期限，自暂缓或者分期缴纳罚款期限结束之日起计算。

四是增加对限制人身自由的行政处罚决定，当事人可以申请暂缓执行。

五是明确当事人申请行政复议或者提起行政诉讼的，加处罚款的数额在行政复议或者行政诉讼期间不予计算。

六是增加电子支付，当事人还可以通过电子支付系统缴纳罚款。

第六十六条　【履行义务及分期履行】

行政处罚决定依法作出后，当事人应当在行政处罚决定书载明的期限内，予以履行。

当事人确有经济困难，需要延期或者分期缴纳罚款的，经当事人申请和行政机关批准，可以暂缓或者分期缴纳。

微言要义

继承人不继承处罚。①

本条来源

合并原法第四十四条、第五十二条。

立法演变

一审稿合并了第四十四条、第五十二条。最终稿将第一款“在行政处罚决定的期限内，予以履行”改为“在行政处罚决定书载明的期限内，予以履行”，消除了原条文可能引起的歧义。需要注意的是，行政处罚决定书的落款日期和送达日期可能不是同一天，在实务操作中，应注意公告送达时，当事人履行期限应在公告结束之日后。

条文释义

一、规范意旨

行政处罚决定作出后，如果不被执行，反而不如不作出处罚决定。实践中，有的领域行政处罚的执行率并不高。第一款的目的是督促当事人自觉履行行政处罚决定，本章在电子支付、当场收缴等条款为当事人提供了履行处罚决定的便利。第二款的目的是在当事人财产不足以支付罚款的情况下，以暂缓或者分期缴纳的方式，尽可能使当事人能够履行行政处罚决定。有的国家和地区在当事人无法缴纳罚款时，可以采取行政拘留的方式替代，我国没有确定易科罚制度。

二、暂缓、延期缴纳

近年来，越来越强调增加违法成本。《国务院关于加强和规范事中事后监管的指导意见》提出：“建立完善违法严惩制度、惩罚性赔偿和巨额罚款制度、终身禁入机制，让严重违法者付出高昂成本。”《法治中国建设规划（2020—2025年）》规定：“制定和修改法律法规要着力解决违法成本过低、处罚力度不

① 孙笑侠：《西方法谚精选》，法律出版社2005年版，第190页。

足问题。”《证券法》在2019年修订时，大幅度增加了罚款力度，第一百八十一条第二款规定：“发行人的控股股东、实际控制人组织、指使从事前款违法行为的，没收违法所得，并处以违法所得百分之十以上一倍以下的罚款；没有违法所得或者违法所得不足二千万元的，处以二百万元以上二千万元以下的罚款。对直接负责的主管人员和其他直接责任人员，处以一百万元以上一千万元以下的罚款。”

“确有经济困难”的当事人，需要具体情况具体分析，“当事人”既包括公民，也包括大型企业、其他组织等，对于反垄断等领域的巨额罚款，如何适用本条，还需要结合实际情况处理。从文义来看，当事人可以同时申请延期和分期缴纳罚款。《刑法》规定：“罚金在判决指定的期限内一次或者分期缴纳。”

罚款可否由第三人代为缴纳？本法没有作出明确规定。考虑到罚款没有人身专属性，应当允许由第三人代为缴纳。① 第三人代为缴纳和当事人向第三人借款后自行缴纳罚款，并没有实质差别。

三、当事人死亡或者终止前未执行行政处罚决定又有遗产的，行政机关是否应继续执行行政处罚决定

本法和《治安管理处罚法》都没有对此种情况作出规定。《行政强制法》第四十条规定，公民死亡，无遗产可供执行，又无义务承受人的；法人或者其他组织终止，无财产可供执行，又无义务承受人的，终结强制执行。据此，本条反面解释后，当事人死亡或者终止的，可以附条件执行。

我国台湾地区“行政执行法”第十五条规定：“义务人死亡遗有财产者，行政执行处得迳对其遗产强制执行。”罚锾是公法上金钱给付义务之一种，罚锾之处分作成而具执行力后，义务人死亡并遗有财产者，依上述“行政执行法”第十五条规定意旨，该基于罚锾处分所发生之公法上金钱给付义务，得为强制执行，其执行标的限于义务人之遗产。②

法条关联

《行政强制法》第四十条；《海关行政处罚实施条例》第六十一条等。

① 陈清秀：《“行政罚法”》，法律出版社2016年版，第377页。

② 我国台湾地区“司法院”释字第621号。

案例评议

浙江省某市国土资源局申请强制执行杜某非法占地处罚决定监督案[1]

◆ **裁判要旨**

当事人对行政处罚决定有自觉履行的义务，人民法院裁判行政机关准予执行行政处罚决定，并由某镇政府组织实施。某镇政府未在法定期限内执行法院裁定。

◆ **检察要旨**

人民检察院行政非诉执行监督要发挥监督法院公正司法、促进行政机关依法行政的双重监督功能。发现人民法院对行政非诉执行申请裁定遗漏请求事项的，应当依法监督。对于行政非诉执行中的普遍性问题，可以以个案为切入点开展专项监督活动。

第六十七条　【罚缴分离】

作出罚款决定的行政机关应当与收缴罚款的机构分离。

除依照本法第六十八条、第六十九条的规定当场收缴的罚款外，作出行政处罚决定的行政机关及其执法人员不得自行收缴罚款。

当事人应当自收到行政处罚决定书之日起十五日内，到指定的银行或者通过电子支付系统缴纳罚款。银行应当收受罚款，并将罚款直接上缴国库。

本条来源

原法第四十六条。

立法演变

一审稿将第三款“到指定的银行”改为“向指定的银行”。三审稿将第三

① 检例第58号，《最高人民检察院公报》2019年第6期。

款“到指定的银行”改为“到指定的银行或者通过电子支付系统”。

条文释义

一、规范意旨

自20世纪80年代财政体制改革之后，一些地方为了解决执法机关行政经费不足的问题，采取了执法机关执行法定职责时取得的罚没收入可以与财政分成的制度。① 实际就是自罚自收。决定罚款的机关与收缴罚款的机构分离制度的主要目的是解决乱罚款的问题，也有助于防止腐败现象。② 这项制度在本法实施之初，起到了非常积极的作用。罚缴分离的意义体现在：（1）减少罚款收入流失，强化财政监控能力，避免了拖欠、截留、坐支、挪用、私分罚款收入等现象。（2）改变了执法人员在罚款过程中的随意性，有效遏制了乱罚款、滥罚款、罚款牟利等违法冲动，推动了廉政建设，改善了行政机关的形象，提高了行政机关及其执法人员依法办事、严格规范执法的意识。（3）被罚款人直接到银行缴款，对处罚比较容易接受，避免了被处罚人与处罚机关讨价还价或者争执的情况，降低了被罚款人的抵触情绪。③

行政组织的性质对法律实施有直接的影响。除了财政全额保证的机关和组织，还有一些自收自支的事业单位负责行政处罚，自收自支编制的后果是，拥有这些机构的人员往往会想方设法罚款，收取变相许可费。

二、罚缴分离

原法第六十三条规定：“本法第四十六条罚款决定与罚款收缴分离的规定，由国务院制定具体实施办法。”1997年，为了实施罚款决定与罚款收缴分离，加强对罚款收缴活动的监督，保证罚款及时上缴国库，国务院制定了《罚款决定与罚款收缴分离实施办法》。本次修改删除了原法第六十三条，进一步细化了规定。2020年，财政部出台了《罚没财物管理办法》（财税〔2020〕54号）。根据上述规定，罚缴分离需要注意以下几点：

一是罚款必须全部上缴国库，任何行政机关、组织或者个人不得以任何形

① 曹康泰主编：《中华人民共和国行政处罚法教程》，中国法制出版社2010年版，第179页。
② 曹志：《关于〈中华人民共和国行政处罚法（草案）〉的说明》，1996年3月12日。
③ 曹康泰主编：《中华人民共和国行政处罚法教程》，中国法制出版社2010年版，第178页。

式截留、私分或者变相私分。由于罚缴分离是对1996年前财政体制的改革，因此，这一制度在当时具有非常重要的意义。现在现金支付逐渐不再成为中国社会的主要支付方式，即使县城里的菜市场也主要使用电子支付方式。罚缴分离对于行政执法人员个人“寻租”的监督作用逐渐降低，但是，行政机关以罚款获得财政部门返还罚款、没收的违法所得或者拍卖款项的情况仍然存在。

二是银行、信用合作社是代收机构。“银行应当收受罚款”表明，银行无权拒绝，代收是其法定义务。经中国人民银行批准有代理收付款项业务的商业银行、信用合作社（以下简称代收机构），可以开办代收罚款的业务。具体代收机构由县级以上地方人民政府组织本级财政部门、中国人民银行当地分支机构和依法具有行政处罚权的行政机关共同研究，统一确定。海关、外汇管理等实行垂直领导的依法具有行政处罚权的行政机关作出罚款决定的，具体代收机构由财政部、中国人民银行会同国务院有关部门确定。依法具有行政处罚权的国务院有关部门作出罚款决定的，具体代收机构由财政部、中国人民银行确定。代收机构应当具备足够的代收网点，以方便当事人缴纳罚款。

三是当事人提出异议的处理。代收机构只负责代收事宜，当事人对加收罚款有异议的，属于计算错误问题的，可以直接与代收机构沟通；涉及计算标准等问题的，可以向作出行政决定的机关反映，行政机关认为没有问题的，应当通过行政复议解决；申请复议不影响行政处罚决定的执行，当事人应当先缴纳罚款和所加收的罚款。但是，申请行政复议或者提起行政诉讼的，加处罚款的数额在行政复议或者行政诉讼期间不予计算。

四是财政部门应当向代收机构支付手续费。行政机关应当依照国家有关规定，同代收机构签订代收罚款协议。从这个角度来说，代收是有成本的。

三、电子支付

本条增加的“通过电子支付系统”是应信息社会要求作的重大调整。当事人通过电子支付系统支付的账户，实际是财政部门在银行开具的对公账户。

在操作层面，电子支付码可以直接印在行政处罚决定书上，以便于当事人自觉履行行政处罚决定；也可以通过手机短信、微信、钉钉等方式发送支付链接。电子支付成功后，应通知当事人成功缴纳罚款。

法条关联

《罚款决定与罚款收缴分离实施办法》；本法第七十八条等。

案例评议

宋某颖与天津市公安局东丽分局万新派出所治安行政处罚纠纷案①

◆ **裁判要旨**

行政处罚中应严格贯彻罚缴分离原则，严格限制当场收缴罚款的适用范围，随意扩大的，即构成程序违法。即使被处罚人请求执法人员代为缴纳，执法人员也应当予以拒绝。

第六十八条　【当场收缴罚款】

依照本法第五十一条的规定当场作出行政处罚决定，有下列情形之一，执法人员可以当场收缴罚款：

（一）依法给予一百元以下罚款的；

（二）不当场收缴事后难以执行的。

本条来源

原法第四十七条。

立法演变

一审稿适应行政执法实际需要，将行政机关当场收缴的罚款数额由“二十元以下”提高至“一百元以下”。

条文释义

一、规范意旨

当场收缴罚款的目的是降低行政成本，减轻当事人的负担，提高行政效率，确

① （2014）丽行初字第31号；（2015）二中行终字第60号；（2018）津行再字1号。

保行政处罚的执行。[①] 本条将当场收缴罚款的范围从“二十元以下”提高到“一百元以下”，既为了适应时代变化的需要，也从规范和监督行政权力的角度作了考量。

二、当场收缴罚款

当场作出处罚决定不等于当场收缴。只有适用简易程序的，才可以当场收缴罚款，但不是所有适用简易程序的，都可以当场收缴罚款。适用简易程序，当场收缴罚款的，应当在当场处罚决定书中说明。当场收缴的主体是行政机关，执法人员是具体实施者，当场收缴后，行政机关按照本法第七十条、第七十一条办理。

“不当场收缴事后难以执行的”主要指流动人员、流动摊贩。如外地货运司机，当场收缴也便捷了当事人，使其能够尽快回复到商业经营中。流动摊贩一般没有固定场所，若不当场收缴，行政处罚决定很可能成为一纸空文，最初立法时也将其纳入本条第二款调整。《治安管理处罚法》第一百零四条延续了这一精神，规定了“被处罚人在当地没有固定住所”也属于“不当场收缴事后难以执行的”。《出境入境管理法》第八十七条规定“在口岸向指定银行缴纳罚款确有困难，可以当场收缴”。

在边远、水上、交通不便地区的简易程序案件，行政执法人员能否自行决定当场收缴？从本条和第六十九条的规定来看，边远、水上、交通不便地区属于依申请当场收缴的情况，行政执法人员不能直接决定当场收缴，必须有申请，且符合一定条件。《治安管理处罚法》第一百零四条也作了类似规定。

法条关联

《治安管理处罚法》第一百零四条等。

第六十九条　【申请当场收缴罚款】

在边远、水上、交通不便地区，行政机关及其执法人员依照本法第五十一条、第五十七条的规定作出罚款决定后，当事人到指定的银行或者通过电子支付系统缴纳罚款确有困难，经当事人提出，行政机关及其执法人员可以当场收缴罚款。

---

① 张春生主编：《中华人民共和国行政处罚法释解》，中国社会出版社 1996 年版，第 101 页。

本条来源

原法第四十八条。

立法演变

一审稿将“到指定的银行”改为“向指定的银行”。三审稿将“向指定的银行”改为“到指定的银行或者通过电子支付系统”。

条文释义

一、规范意旨

本条增加的“通过电子支付系统”为应信息社会要求作的重大调整，该修订客观上限缩了本条的适用范围。

二、适用条件

一是环境条件。在边远、水上、交通不便地区，可以理解为当事人住所地、居住地，也可以理解为违法行为发生地。由于信息技术的发展，在有互联网的地方，基本都可以实施电子支付，因此，当事人必须证明通过电子支付等存在困难。

二是程序条件。除了简易程序，普通程序也可适用当场收缴。从文义上看，听证程序也要适用第五十七条制作行政处罚决定书，但考虑到适用听证程序的案件是拟作出较大数额罚款的，因此，除非经过听证程序后给予符合本条规定的罚款数额，否则不能适用本条。

三是意志条件。必须是当事人主动提出，行政机关及其执法人员不能直接依职权实施当场收缴。本条没有规定当事人必须以书面形式提出，从执行快捷和便利当事人的角度，应当允许当事人通过口头方式提出。

四是行政条件。仅仅有当事人提出还不行，必须经过行政机关及其执法人员的同意。适用简易程序的，可以由行政执法人员直接裁量。

法条关联

《治安管理处罚法》第一百零四条；《农业行政处罚程序规定》第七十五条等。

第七十条　【罚款票据】

行政机关及其执法人员当场收缴罚款的，必须向当事人出具国务院财政部门或者省、自治区、直辖市人民政府财政部门统一制发的专用票据；不出具财政部门统一制发的专用票据的，当事人有权拒绝缴纳罚款。

本条来源

原法第四十九条。

立法演变

一审稿将“向当事人出具省、自治区、直辖市财政部门统一制发的罚款收据”改为“向当事人出具国务院财政部门或者省、自治区、直辖市人民政府财政部门统一制发的专用票据”，并将“罚款收据”改为“专用票据”。三审稿在“国务院”后面增加了“财政部门”，避免了歧义。

条文释义

一、规范意旨

本条规定的目的是强化对罚款收入的财政监控，制止罚款被截留、挪用、私分等现象，促进行政机关廉政建设，改善执法队伍的形象。① 同时，也通过“专用票据”规范财政票据行为，加强政府非税收入征收管理和单位财务监督，维护国家财经秩序，加强行政处罚的规范化建设，保护公民、法人和其他组织的合法权益。

二、统一制发的专用票据

本次修订将“罚款收据”修改为“专用票据”。根据《财政票据管理办法》第三条第一款、第十条，财政票据，是指由财政部门监（印）制、发放、管理，国家机关、事业单位、具有公共管理或者公共服务职能的社会团体及其他

① 张春生主编：《中华人民共和国行政处罚法释解》，中国社会出版社1996年版，第104页。

组织依法收取政府非税收入或者从事非营利性活动收取财物时，向公民、法人和其他组织开具的凭证。财政票据由省级以上财政部门按照管理权限分别监（印）制。这也是本条修订之处的制度来源。

收据并不等同于财政票据，在商业活动中也会使用收据。本条用统一制发的专用票据代替收据，是规范化的制度表现。罚没收入属于政府非税收入，要按照国库集中收缴管理有关规定，全额上缴国库，纳入一般公共预算管理。非税收入一般缴款书属于非定额财政票据，一般设置五联，包括回单联、借方凭证、贷方凭证、收据联、存根联。回单联退执收单位，借方凭证和贷方凭证分别由缴款人、收款人开户银行留存，收据联由缴款人收执，存根联由执收单位留存。

三、拒绝缴纳罚款

“专用票据”统一制发、统一申领，只有具有行政处罚权的行政主体才能领取到票据，这是行政处罚的内部控制程序。领购非税收入类票据，收取罚没收入的，要提交证明本单位具有罚没处罚权限的法律依据。为了保证领取主体自己使用，而不是借给他人使用，《财政票据管理办法》还专门规定，财政票据使用单位不得转让、出借、代开、买卖、擅自销毁、涂改财政票据；不得串用财政票据；不得将财政票据与其他票据互相替代。

正是有了以上内部控制程序，如果行政主体无法出具罚款票据，则意味着其没有行政处罚权，当事人拒绝缴纳罚款也就顺理成章了。

法条关联

《治安管理处罚法》第一百零六条；《邮政行政处罚程序规定》第五十七条等。

第七十一条　【当场收缴罚款的事后处理】

执法人员当场收缴的罚款，应当自收缴罚款之日起二日内，交至行政机关；在水上当场收缴的罚款，应当自抵岸之日起二日内交至行政机关；行政机关应当在二日内将罚款缴付指定的银行。

本条来源

原法第五十条。

立法演变

无变化。

条文释义

一、规范意旨

本条对当场缴纳罚款后的上交作了严格的时间限制，主要是为了有效割断作出罚款决定的行政机关与收缴罚款的利益联系，防止收缴的罚款在行政机关及其执法人员手里流转，进入不了国库，导致出现行政机关将罚款直接充用行政经费、建立本单位“小金库”从而用以解决本单位的福利待遇甚至贪污私分等不正常现象。《违反行政事业性收费和罚没收入收支两条线管理规定行政处分暂行规定》第十六条规定：“截留、挪用、坐收坐支行政事业性收费、罚没收入的，对直接负责的主管人员和其他直接责任人员给予降级处分；情节严重的，给予撤职或者开除处分。”

二、事后处理

一是执法人员交至行政机关的时限是二日内。水上当场收缴的罚款，应当自抵岸之日起算。单行法还有些例外规定，如《治安管理处罚法》第一百零五条规定，在水上、旅客列车上当场收缴的罚款，应当自抵岸或者到站之日起二日内，交至所属的公安机关。

二是行政机关缴付至指定银行的时间也是二日内。《罚没财物管理办法》第二十九条规定，执法机关取得的罚没收入，除当场收缴的罚款和财政部另有规定外，应当在取得之日缴入财政专户或者国库；执法人员依法当场收缴罚款的，执法机关应当自收到款项之日起两个工作日内缴入财政专户或者国库；委托拍卖机构拍卖罚没物品取得的变价款，由委托方自收到款项之日起两个工作日内缴入财政专户或者国库。

法条关联

《罚没财物管理办法》；《财政票据管理办法》等。

第七十二条 【执行措施】

当事人逾期不履行行政处罚决定的，作出行政处罚决定的行政机关可以采取下列措施：

（一）到期不缴纳罚款的，每日按罚款数额的百分之三加处罚款，加处罚款的数额不得超出罚款的数额；

（二）根据法律规定，将查封、扣押的财物拍卖、依法处理或者将冻结的存款、汇款划拨抵缴罚款；

（三）根据法律规定，采取其他行政强制执行方式；

（四）依照《中华人民共和国行政强制法》的规定申请人民法院强制执行。

行政机关批准延期、分期缴纳罚款的，申请人民法院强制执行的期限，自暂缓或者分期缴纳罚款期限结束之日起计算。

微言要义

执行乃法律之终局及果实也。法律效果在乎强制执行。①不可能之事，法律豁免。②

本条来源

原法第五十一条，《行政强制法》第四十五条、第四十六条、第四十七条等。

立法演变

本条修改主要是与《行政强制法》的有关精神相衔接，完善行政处罚的强制执行程序。一审稿在第一款第二项“财物拍卖”后增加“依法处理”，在“存款”后增加“汇款”，增加第三项、完善第四项，规定当事人逾期不履行行

① 郑玉波：《法谚（一）》，法律出版社2007年版，第196页。
② 郑玉波：《法谚（二）》，法律出版社2007年版，第179页。

政处罚决定的，行政机关可以根据法律规定实施行政强制执行。同时，增加第二款。

条文释义

一、规范意旨

从实践情况来看，不少行政处罚决定无法执行到位，本条的目的就是保障行政处罚决定执行到位。执行赤字是指行政机关对于违法状态，绝大部分均无法依法处罚或者命其履行，或处罚后亦无法命义务违法人强制履行其义务者。[①]执行赤字有害无益，这是一个大问题，背后是行政机关和司法机关关于行政强制执行权的配置，执行赤字率高企，则表明需要调整行政强制执行权的配置。行政强制执行体制的问题在《行政强制法》立法时讨论过。有意见提出，应进一步改革行政强制执行体制，尝试在政府系统内部专设执行机构，保障专业和效率。

二、作出行政处罚决定的行政机关

根据本法第十八条第二款，国务院或者省、自治区、直辖市人民政府可以决定一个行政机关行使有关行政机关的行政处罚权。在实施跨部门综合执法的情况下，作出行政处罚的主体，不再是原部门，而是综合行政执法机关。本条规定“作出行政处罚决定的行政机关”，可以依法实施行政强制执行。据此，综合行政执法机关实际也相对集中了行政强制执行权。

三、加处罚款

（一）加处罚款的性质为间接行政强制执行

本条规定的加处罚款为普遍授权，行政机关可以依据本项规定直接实施执行罚。针对实践中执行罚金额大大超出罚款数额的情况，本条给执行罚增加了上限，即“加处罚款的数额不得超出罚款的数额”，与《行政强制法》第四十五条保持了一致。“天价执行罚”一方面加重了当事人的负担，当事人可能因此怠于履行义务；另一方面可能使行政机关怠于采取其他强制手段执行行

---

① 林明锵：《论行政罚之处罚对象》，载廖义男主编：《“行政罚法”》，元照出版有限公司2017年版，第179页。

政决定，影响行政效率。[1] 除此之外，执行罚还应遵守《行政强制法》的其他规定。

（二）加处罚款能否减免

《行政强制法》第四十二条第一款规定："实施行政强制执行，行政机关可以在不损害公共利益和他人合法权益的情况下，与当事人达成执行协议。执行协议可以约定分阶段履行；当事人采取补救措施的，可以减免加处的罚款或者滞纳金。"该规定中"实施行政强制执行"包括行政机关自行强制执行，也包括行政机关申请法院强制执行。人民法院受理行政强制执行申请后，行政机关不宜减免加处的罚款。[2]

四、拍卖、依法处理、划拨

本条第一款第二项规定的是直接行政强制执行。当间接强制已经失去作用时，行政机关可以选择直接强制。

一是具有行政强制执行权的行政机关可以强制执行。

二是划拨存款、汇款应当由法律规定的行政机关决定，并书面通知金融机构。金融机构接到行政机关依法作出划拨存款、汇款的决定后，应当立即划拨。法律规定以外的行政机关或者组织要求划拨当事人存款、汇款的，金融机构应当拒绝。根据中国人民银行《金融机构协助查询、冻结、扣划工作管理规定》，协助查询是指金融机构依照有关法律或行政法规的规定以及有权机关查询的要求，将单位或个人存款的金额、币种以及其他存款信息告知有权机关的行为。协助冻结是指金融机构依照法律的规定以及有权机关冻结的要求，在一定时期内禁止单位或个人提取其存款账户内的全部或部分存款的行为。协助扣划是指金融机构依照法律的规定以及有权机关扣划的要求，将单位或个人存款账户内的全部或部分存款资金划拨到指定账户的行为。

三是依法处理宜作宽泛解释。从本法第七十四条规定来看，一般物品应通过拍卖方式变现，特别物品可以根据单行法律和国家有关规定处理。关于依法处理中的"法"，《行政强制法》第四十八条规定："依法拍卖财物，由行政机

---

① 乔晓阳主编：《中华人民共和国行政强制法解读》，中国法制出版社 2011 年版，第 150 页。

② 《全国人大常委会法工委对行政处罚加处罚款能否减免问题的意见》（法工办发〔2019〕82 号）。

关委托拍卖机构依照《中华人民共和国拍卖法》的规定办理。”第二十七条规定：“行政机关采取查封、扣押措施后，应当及时查清事实，在本法第二十五条规定的期限内作出处理决定。对违法事实清楚，依法应当没收的非法财物予以没收；法律、行政法规规定应当销毁的，依法销毁；应当解除查封、扣押的，作出解除查封、扣押的决定。”此外，《税收征收管理法》《海关法》等还规定了变卖、变价等方式。

需要注意的是，本次修订似未解决《行政强制法》第四十六条第三款的遗留问题。本项中的“根据法律规定”表明，该规定是转致规定，并不单独创设规则。

《行政强制法》第四十六条第三款规定：“没有行政强制执行权的行政机关应当申请人民法院强制执行。但是，当事人在法定期限内不申请行政复议或者提起行政诉讼，经催告仍不履行的，在实施行政管理过程中已经采取查封、扣押措施的行政机关，可以将查封、扣押的财物依法拍卖抵缴罚款。”

一般情况下，当事人申请行政复议或者提起行政诉讼的法定期限短于或者等于查封、扣押的最长时限，这导致《行政强制法》第四十六条第三款难以落地。《行政强制法》第二十五条第一款规定：“查封、扣押的期限不得超过三十日；情况复杂的，经行政机关负责人批准，可以延长，但是延长期限不得超过三十日。法律、行政法规另有规定的除外。”但是，申请行政复议或者提起行政诉讼的时间都大于等于六十日。《行政复议法》第九条第一款规定：“公民、法人或者其他组织认为具体行政行为侵犯其合法权益的，可以自知道该具体行政行为之日起六十日内提出行政复议申请；但是法律规定的申请期限超过六十日的除外。”《行政诉讼法》第四十五条规定：“公民、法人或者其他组织不服复议决定的，可以在收到复议决定书之日起十五日内向人民法院提起诉讼。复议机关逾期不作决定的，申请人可以在复议期满之日起十五日内向人民法院提起诉讼。法律另有规定的除外。”第四十六条第一款规定：“公民、法人或者其他组织直接向人民法院提起诉讼的，应当自知道或者应当知道作出行政行为之日起六个月内提出。法律另有规定的除外。”

五、其他行政强制执行

根据《行政强制法》第十二条，行政强制执行的方式包括加处罚款或者滞纳金；划拨存款；汇款；拍卖或者依法处理查封、扣押的场所、设施或者财物；

排除妨碍、恢复原状；代履行等。

关于违法强制拆除造成可回收废旧建筑材料损失的赔偿问题，最高人民法院判决指出，违法建筑物、构筑物，不属于合法权益范畴。但是，通过适当、合法方式拆除可得的废旧建筑材料，属于当事人的合法权益。行政机关违法强制拆除造成可回收、利用的废旧建筑材料损失的，依法应当予以赔偿。①

六、申请人民法院强制执行

《行政强制法》第五章对申请人民法院强制执行作了系统规定。当事人在法定期限内不申请行政复议或者提起行政诉讼，又不履行行政决定的，没有行政强制执行权的行政机关自期限届满之日起三个月②内，向人民法院提出强制执行申请，这就是行政非诉执行。

申请人民法院强制执行是否确立了执行时效？本书认为，《行政强制法》部分地建立了执行时效制度。没有行政强制执行权的行政机关自期限届满之日起三个月内，没有申请人民法院强制执行的，就不能再申请强制执行，但是当事人可以自动履行，这类似于民法上的自然债务。德国、奥地利、我国台湾地区建立了执行时效制度。如我国台湾地区“社会秩序维护法”第三十二条规定：“违反本法行为之处罚，其为停止营业、罚锾、没入、申诫者，自裁处确定之日起，逾三个月未执行者，免予执行；为拘留、勒令歇业者，自裁处确定之日起，逾六个月未执行者，免予执行。分期缴纳罚锾而迟误者，前项三个月之期间，自其迟误当期到期日之翌日起算。其经易以拘留者，自法院裁定易以拘留确定之日起，逾三个月未执行者，免予执行。”《俄罗斯联邦行政违法行为法典》第三十一条规定，在行政处罚决定发生法律效力之日起一年内未予执行时，上述决定不应当再执行。

一些单行法既赋予行政机关强制执行权，同时，也规定行政机关可以向人民法院申请强制执行。行政机关向人民法院申请强制执行的，人民法院可以受理。人民法院裁定准予强制执行的，执行主体是谁？《最高人民法院关于办理申请人民法院强制执行国有土地上房屋征收补偿决定案件若干问题的规定》

① 闫某忱诉沈阳市东陵区人民政府强制清除地上附着物并行政赔偿案，最高人民法院（2016）最高法行申605号。

② 《奥地利行政罚法》规定执行时效时间为三年。《行政强制法》规定三个月内向申请人民法院强制执行的期限为除斥期间，没有中断、中止。

(法释〔2012〕4号)明确了人民法院裁定准予执行的，一般由作出征收补偿决定的市、县级人民政府组织实施的总原则。这就是“裁执分离”。人民法院在作出准予执行的裁定时，可以同时载明由相关政府组织实施；认为自身有足够能力实施时（个别例外情形)，也可以由人民法院执行。在实行裁执分离的非诉执行案件中，行政机关依据人民法院的准予执行裁定组织实施的行为，属于执行人民法院生效裁定的行为，不是行政行为，不属于行政诉讼的受案范围。①

本条新增第二款，确定延期、分期缴纳罚款的，申请人民法院强制执行的期限，自暂缓或者分期缴纳罚款期限结束之日起计算。之所以如此，主要原因是在此之前的行政处罚决定处于执行过程中，并没有满足强制执行适用的前提。

这一规定是否意味着行政机关不需要等当事人起诉期限（六个月）届满，只要暂缓或分期缴纳罚款的期限结束就可以申请人民法院强制执行？这与《行政强制法》第五十三条是什么关系？

一种意见认为，只要暂缓或分期缴纳罚款的期限结束就可以申请人民法院强制执行。另一种意见认为，自暂缓或分期缴纳罚款的期限结束之日起，在法定期限内不申请行政复议或者提起行政诉讼，又不履行行政决定的，行政机关才可以申请人民法院强制执行。暂缓和分期执行的原因是经济困难，从充分保障当事人救济权的角度来看，本书采纳第二种意见。

此外，行政处罚决定被行政复议、行政诉讼或其他救济程序撤销而需要重新作出的，应当重新起算时间。

法条关联

《行政强制法》;《行政诉讼法》;《海关法》第九十三条;《税收征收管理法》第八十八条等。

① 杨某诉辽宁省法库县人民政府房屋行政强制及行政赔偿案，最高人民法院（2015）行监字第1275号。

第七十三条　【救济期间不停止处罚、加处罚款停止执行】

当事人对行政处罚决定不服，申请行政复议或者提起行政诉讼的，行政处罚不停止执行，法律另有规定的除外。

当事人对限制人身自由的行政处罚决定不服，申请行政复议或者提起行政诉讼的，可以向作出决定的机关提出暂缓执行申请。符合法律规定情形的，应当暂缓执行。

当事人申请行政复议或者提起行政诉讼的，加处罚款的数额在行政复议或者行政诉讼期间不予计算。

本条来源

第一款来自原法第四十五条，第二款为新增，第三款来自《最高人民法院行政审判庭关于行政处罚的加处罚款在诉讼期间应否计算问题的答复》。

立法演变

一审稿增加了本条第三款，三审稿增加了本条第二款。

条文释义

一、规范意旨

行政处罚决定一经依法作出，就具有法律效力，必须予以执行，即使当事人申请行政复议或者提起行政诉讼也不停止执行。该原则是世界上许多国家行政法理论所公认的一项原则，同时也为许多国家的复议或诉讼实践所遵循。[①]该制度的目的是提高行政效率，使行政管理制度处于稳定的状态，防止滥用救济权，避免因行政复议和诉讼导致行政处罚决定处于不稳定状态。理论上，一般认为该规定源于行政处罚的确定力、拘束力、执行力等。

当事人提出救济表明其对行政处罚决定不认可，行政处罚决定的效力受到挑战，存在被撤销、确认违法或者无效的可能性，而人身自由权是《宪法》第

① 曹康泰主编：《中华人民共和国行政处罚法教程》，中国法制出版社2010年版，第175页。

三十七条保护的基本权利，因此，在当事人申请救济期间暂缓执行有助于避免发生错案，且在行政处罚决定效力确定后，仍然可以执行。

二、法律另有规定的除外

本条规定的法律是指全国人大及其常委会制定的法律，包括有关决定。《行政复议法》《行政诉讼法》等法律规定了例外情形。

根据《行政复议法》第二十一条，可以停止执行的情形有：被申请人认为需要停止执行的；行政复议机关认为需要停止执行的；申请人申请停止执行，行政复议机关认为其要求合理，决定停止执行的；法律规定停止执行的。

根据《行政诉讼法》第五十六条，可以裁定停止执行的情形有：被告认为需要停止执行的；原告或者利害关系人申请停止执行，人民法院认为该行政行为的执行会造成难以弥补的损失，并且停止执行不损害国家利益、社会公共利益的；人民法院认为该行政行为的执行会给国家利益、社会公共利益造成重大损害的；法律、法规规定停止执行的。当事人对停止执行或者不停止执行的裁定不服的，可以申请复议一次。

概括来讲，复议或者诉讼期间停止执行有以下几个特点：一是启动主体多元，可以依申请，也可以依职权；二是适用条件限制，原行政处罚决定合法性有疑义，或者执行会造成难以弥补的损失，且并非维护公共利益所必要。[①] 当然，不同的决定停止执行主体实施停止执行的条件不一样，作出处罚决定的机关，可以直接停止执行。

三、限制人身自由的行政处罚决定暂缓执行

一是当事人依法申请行政复议或者提起行政诉讼。申请行政复议或者提起行政诉讼必须在法定期限内，超出法定期限的将不被受理。鉴于限制人身自由时间通常很短，行政机关作出暂缓执行的决定，不需要以行政复议被受理或者行政诉讼被立案为前提，否则行政处罚决定已经执行完毕或者已经执行大半。[②]

二是当事人申请暂缓执行申请限制人身自由的行政处罚决定。当事人的亲

---

① 陈清秀：《“行政罚法”》，法律出版社 2016 年版，第 376 页。

② 孙茂利主编：《公安机关办理行政案件程序规定释义与实务指南》，中国人民公安大学出版社 2019 年版，第 445 页。

友及其他人原则上无权提出，实践中当事人被限制人身自由，通常不存在申请暂缓执行的障碍。限制人身自由的行政处罚决定范围大于行政拘留，《治安管理处罚法》规定的是行政拘留的暂缓执行。

三是申请的形式可以是书面的，也可以是口头的，对于口头申请的，人民警察应当予以记录，并由申请人签名或者捺指印。

四是作出决定的机关（不是行政复议机关）审核是否符合法律规定情形的，最终决定是否暂缓执行。根据《治安管理处罚法》等规定，公安机关认为暂缓执行行政拘留不致发生社会危险的，由当事人或者其近亲属提出符合法定条件的担保人，或者按每日行政拘留200元的标准交纳保证金，在收到当事人申请之时起24小时内作出决定。在实践中，参加重要考试、结婚、怀孕、生活不能自理、患有较重疾病、家人病重或者病故等重大事务需要立即处理的，可以作为暂缓执行的事实裁量情形。暂缓执行行政拘留后可能逃跑的，有其他违法犯罪嫌疑、正在被调查或者侦查的，不宜暂缓执行。

五是在暂缓执行行政拘留期间，当事人应当遵守规定。如未经决定机关批准不得离开所居住的市、县；住址、工作单位和联系方式发生变动的，在24小时以内向决定机关报告；在行政复议和行政诉讼中不得干扰证人作证、伪造证据或者串供；不得逃避、拒绝或者阻碍处罚的执行。在暂缓执行行政拘留期间，公安机关不得妨碍当事人依法行使行政复议和行政诉讼权利。

六是暂缓执行行政拘留的担保人应当符合与本案无牵连、享有政治权利且人身自由未受到限制或者剥夺、在当地有常住户口和固定住所、有能力履行担保义务等条件。

四、加处罚款在行政复议或者行政诉讼期间不予计算

加处罚款是间接强制，目的是督促当事人履行行政处罚决定。当事人申请行政复议或者提起行政诉讼的行为，表明其不服行政处罚决定，鉴于此，加处罚款已经失去了强制其履行的作用，据此，本法规定了加处罚款的数额在行政复议或者行政诉讼期间不予计算。该规定妥善处理了保护当事人合法权益与有效实施行政管理的关系。

加处罚款不予计算的区间是复议和诉讼期间，这要求必须经过立案程序，申请行政复议或者提起行政诉讼的时间点不能作为停止计算的起算点。

《最高人民法院行政审判庭关于行政处罚的加处罚款在诉讼期间应否计算问

题的答复》（〔2005〕行他字第29号）规定："根据《中华人民共和国行政诉讼法》的有关规定，对于不履行行政处罚决定所加处罚款属于执行罚，在诉讼期间不应计算。"

法条关联

《治安管理处罚法》第一百零七条；《公安机关办理行政案件程序规定》第十二章第三节等。

第七十四条　【罚没财物的处置】

除依法应当予以销毁的物品外，依法没收的非法财物必须按照国家规定公开拍卖或者按照国家有关规定处理。

罚款、没收的违法所得或者没收非法财物拍卖的款项，必须全部上缴国库，任何行政机关或者个人不得以任何形式截留、私分或者变相私分。

罚款、没收的违法所得或者没收非法财物拍卖的款项，不得同作出行政处罚决定的行政机关及其工作人员的考核、考评直接或者变相挂钩。除依法应当退还、退赔的外，财政部门不得以任何形式向作出行政处罚决定的行政机关返还罚款、没收的违法所得或者没收非法财物拍卖的款项。

微言要义

国家是罚没财物所有权的主体。

本条来源

原法第五十三条。

立法演变

一审稿将第二款拆分为第二款、第三款，并在第三款前增加"罚款、没收违法所得或者没收非法财物拍卖的款项，不得同作出行政处罚决定的行政机关及其工作人员的考核、考评直接或者变相挂钩”。

条文释义

一、规范意旨

罚没财物，是指行政机关、法律法规授权的组织依法实施行政处罚取得的罚没款和没收物品的折价收入，包括现金、有价票证、有价证券、动产、不动产和其他财产权利等。罚没财物的所有权属于国家，不属于实施行政处罚的机关，这是收支两条线管理规定的理论基础。

对罚没财物的处置规定制度设计的主要目的是去除行政机关的利益化倾向，避免行政机关为获取更多的经费而实施“趋利”处罚，避免行政执法人员为了考核、考评奖金而实施“趋利”处罚。本次修订增加了第三款第一句，就是针对行政执法人员利益驱动、行政处罚异化的问题。这一制度设计对行政处罚机关、财政部门、行政执法人员都提出了要求。本条实施的关键在于财政部门，如果财政部门根据罚没收入通过隐形的手段返还经费，则行政处罚的目的就会偏离，行政管理秩序就会受到影响，公民、法人和其他组织的合法权益就会受到侵害。

二、处置方式

（一）依法销毁

本条中的“依法”需要有具体的单行法律、法规、规章。我国不少法律规范规定了销毁违禁书刊、失去使用价值的食品药品、武器、不合格水产品、侵权复制品等。如《著作权法》第五十三条规定，没收、无害化销毁处理侵权复制品以及主要用于制作侵权复制品的材料、工具、设备等。《罚没财物管理办法》第二十条第一款规定，淫秽、反动物品，非法出版物，有毒有害的食品药品及其原材料，危害国家安全以及其他有社会危害性的物品等，应当由执法机关予以销毁。《邮政法实施细则》第五十条规定，经卫生、动植物检疫必须依法销毁的邮件，海关或者检疫部门应当出具检疫处理通知单，并及时通知寄件人或者收件人和邮政企业或者分支机构。

（二）委托拍卖

新中国成立以来，我国对罚没物品和追回赃物的处理，一直沿用国营商业部门作价收购的方式。罚没物品的委托拍卖最初由《国务院办公厅关于公物处理实行公开拍卖的通知》建立，主要目的是进一步加强廉政建设，管好国家财产，减少财政流失。有的部门也建立了相应的配套制度，如海关总署出台《关于严禁海关人员购买罚没物品的规定》，海关人员不得为本人或直系亲属购买罚没物品，不得在处理罚没物品时谋取私利。1996 年，《拍卖法》将其上升为法律，该法第九条第一款规定，国家行政机关依法没收的物品，充抵税款、罚款的物品和其他物品，按照国务院规定应当委托拍卖的，由财产所在地的省、自治区、直辖市的人民政府和设区的市的人民政府指定的拍卖人进行拍卖。

（三）按照国家有关规定处理

对于不能公开拍卖、不必销毁的罚没物品，如枪支、易燃易爆物、医疗废物、有价证券、珍贵文物、名贵中草药、走私汽车等，国家出台了专门的处理办法，行政机关应当依法予以处理。国家有关规定包括以下几种含义：

一是指党内法规。2018 年《深化党和国家机构改革方案》实施后，将国家公务员局并入中央组织部，不再保留单设的国家公务员局。中央宣传部统一管理电影工作，对外加挂国家电影局牌子。类似的还有民族宗教事务、侨务、网信等。

二是指法律和全国人大的决定。如《拍卖法》《预算法》等。

三是指司法解释。《全国人民代表大会常务委员会关于加强法律解释工作的决议》规定："凡属于法院审判工作中具体应用法律、法令的问题，由最高人民法院进行解释。凡属于检察院检察工作中具体应用法律、法令的问题，由最高人民检察院进行解释。最高人民法院和最高人民检察院的解释如果有原则性的分歧，报请全国人民代表大会常务委员会解释或决定。"

四是指国务院制定的行政法规、规定的行政措施、发布的决定和命令。如《违反行政事业性收费和罚没收入收支两条线管理规定行政处分暂行规定》《财政违法行为处罚处分条例》《罚款决定与罚款收缴分离实施办法》等行政法规，以及《国务院办公厅关于公物处理实行公开拍卖的通知》《国务院办公厅关于加强进口汽车牌证管理的通知》等文件。

五是指部门规章。如财政部印发的《罚没财物管理办法》《财政票据管理办法》等。

三、收支两条线

一是严格执行收支两条线。按照《罚没财物管理办法》，政府预算收入中罚没收入预算为预测性指标，不作为收入任务指标下达。执法机关的办案经费由本级政府预算统筹保障，执法机关经费预算安排不得与该单位任何年度上缴的罚没收入挂钩。

《违反行政事业性收费和罚没收入收支两条线管理规定行政处分暂行规定》规定，擅自设置罚没处罚的，下达或者变相下达罚没指标的，违反财政票据管理规定实施罚没的，违反罚款决定与罚款收缴分离的规定收缴罚款的，不履行罚没职责、应罚不罚、经批评教育仍不改正的，截留、挪用、坐收坐支罚没收入的，将罚没收入用于提高福利补贴标准或者扩大福利补贴范围、滥发奖金实物、挥霍浪费或者有其他超标准支出行为的，对坚持原则抵制违法违纪的罚没行为的单位或者个人打击报复的，要给予处分。

二是加大正常执法经费的保障。实践中，行政机关人财物等保障还需要进一步加强，鉴定费、仓储费开销较大，有些执法人员“私车公用”，行政机关经费有限，案子越多、支出越多，如果量入为出，则不少执法人员会选择性执法。本书认为，有必要建立统一的证据中心、鉴定中心、仓储中心，统一经费支出，确保行政机关不因经费支出而影响处罚实施。

四、退还、退赔优先

退还、退赔优先的制度依据是《民法典》第一百八十七条、本法第八条和第二十八条等，体现了法的一致性原理。本条第三款中新增的“除依法应当退还、退赔的外”为衔接性规定，本法第二十八条规定了退赔。《罚没财物管理办法》第二十一条规定：“已纳入罚没仓库保管的物品，依法应当退还的，由执法机关、政府公物仓办理退还手续。”

法条关联

《固体废物污染环境防治法》第九十条；《行政强制法》第二十七条等。

案例评议

上海赫谷生物科技有限公司诉上海市工商行政管理局不服工商行政处罚决定案①

◆ **裁判要旨**

本案的争议焦点系法律适用问题，亦即原告的行为构成“欺诈”还是“虚假宣传”。《上海市消费者权益保护条例》第二十二条规定：“经营者提供商品或者服务时，不得用以假充真、以次充好、销售掺杂掺假商品、虚假标价等欺诈方法，损害消费者合法权益。前款所称的欺诈，是指故意告知消费者虚假情况或者故意隐瞒真实情况，诱使消费者作出错误意思表示的行为。”可见，对“消费欺诈”采取了列举加兜底概括的方式。除了明确列举的四种欺诈方法，只要商家使用的方法符合要件，都可以认定为消费欺诈。原告的方式和手段系紧密衔接，最终构成一个完整的消费欺诈行为。此外，欺诈行为的认定侧重于保护消费者的合法权益，虚假宣传的认定则侧重于其他竞争者的权益，并不以消费者的错误决定为前提。

第七十五条　【行政处罚层级监督】

行政机关应当建立健全对行政处罚的监督制度。县级以上人民政府应当定期组织开展行政执法评议、考核，加强对行政处罚的监督检查，规范和保障行政处罚的实施。

行政机关实施行政处罚应当接受社会监督。公民、法人或者其他组织对行政机关实施行政处罚的行为，有权申诉或者检举；行政机关应当认真审查，发现有错误的，应当主动改正。

本条来源

原法第五十四条。

① 《最高人民法院公报》2015 年第 3 期。

立法演变

一审稿为贯彻落实行政执法责任制和责任追究制度，强化对行政处罚行为的监督，增加规定县级以上人民政府应当“定期组织开展行政执法评议、考核”，加强对行政处罚的监督检查，“规范和保障行政处罚的实施”。三审稿第三款增加“行政机关实施行政处罚应当接受社会监督”，并将“作出的行政处罚”改为“实施的行政处罚行为”。

条文释义

一、规范意旨

本条规定的是行政处罚的层级监督制度。该制度虽在中央层面未有专门立法，但是法律依据充足，自《行政处罚法》实施后，行政执法监督制度逐步在各地区推行，基本都制定了地方性法规或者规章。

（一）宪法和法律有明确规定

《宪法》第八十九条和第一百零八条分别规定了国务院和地方各级人民政府的层级监督权限。《宪法》第八十九条规定，国务院统一领导各部和各委员会的工作；统一领导全国地方各级国家行政机关的工作；有权改变或者撤销各部、各委员会发布的不适当的命令、指示和规章；有权改变或者撤销地方各级国家行政机关的不适当的决定和命令。《宪法》第一百零八条规定：“县级以上的地方各级人民政府领导所属各工作部门和下级人民政府的工作，有权改变或者撤销所属各工作部门和下级人民政府的不适当的决定。”《地方各级人民代表大会和地方各级人民政府组织法》第五十九条规定，县级以上的地方各级人民政府领导所属各工作部门和下级人民政府的工作；有权改变或者撤销所属各工作部门的不适当的命令、指示和下级人民政府的不适当的决定、命令。《地方各级人民代表大会和地方各级人民政府组织法》第六十六条规定：“省、自治区、直辖市的人民政府的各工作部门受人民政府统一领导，并且依照法律或者行政法规的规定受国务院主管部门的业务指导或者领导。自治州、县、自治县、市、市辖区的人民政府的各工作部门受人民政府统一领导，并且依照法律或者行政法规的规定受上级人民政府主管部门的业务指导或者领导。”《行政许可法》《行政强制法》等法律的相关条文再次重申或者细化了上述规定。

（二）党中央、国务院一直高度重视

1993 年，时任国务委员、国务院秘书长罗干同志在第二次全国政府法制工作会议上指出，要逐步完善行政机关内部的监督制度，主要是各级政府对其所属部门、上级政府对下级政府的监督制度。1999 年，行政执法层级监督第一次出现在国务院文件中。《国务院关于全面推进依法行政的决定》（国发〔1999〕23 号）、《国务院关于印发〈全面推进依法行政实施纲要〉的通知》（国发〔2004〕10 号）、《国务院办公厅关于推行行政执法责任制的若干意见》（国办发〔2005〕37 号）、《国务院关于加强市县政府依法行政的决定》（国发〔2008〕17 号）、《国务院关于加强法治政府建设的意见》（国发〔2010〕33 号）对此相继作出了明确规定，尤其是国办发〔2005〕37 号文对梳理执法依据、分解执法职权、确定执法责任、建立健全行政执法评议考核机制、认真落实行政执法责任进行了规定，基本勾勒出了行政执法层级监督的制度雏形，并逐渐衍生为当前的重要改革举措——权力清单制度、责任清单制度。党的十八届三中、四中全会决定对此进一步提出了明确要求。

（三）各地方普遍建立行政执法监督制度

多年来，各省、自治区、直辖市以及国务院有关部门在行政执法监督方面做了大量工作，积累了丰富的经验，制订了专门的行政执法监督制度，规定了包括规范性文件管理、行政执法质量评议考核、行政处罚自由裁量权规范、行政执法人员资质管理、行政执法案件评查办法、行政执法流程网上运行、执法依据梳理、执法职责分解等具体制度。国务院有关部门也建立了类似制度。

（四）行政执法监督的比较优势

对行政执法行为的政府内部监督，目前主要是行政复议监督、监察监督和审计监督。行政复议监督主要是依当事人申请纠正违法或不当的具体行政行为，监察监督主要针对公务人员的违法违纪行为，审计监督主要针对被审计单位在财政收支等方面的违法行为。除了这三种监督方式之外，还有上级政府对下级政府、政府对其所属部门的行政执法层级监督。这种监督方式的监督范围广泛，不仅监督事前行为，而且也监督事中、事后行为，在快速处理、事前预防、专业管理、制度改善等方面具有优势，能有效填补行政复议、监察、审计三种监督方式无法覆盖的领域，如行政执法不作为，已经立案但即将作出错误行政执法决定的执法行为等。

二、行政执法监督的基本内容

（一）监督主体

根据宪法和组织法，由司法行政部门代表本级政府实施行政执法监督。《政府督查工作条例》进一步明确了政府督查与行政执法监督的分工，第二十二条规定："政府督查应当加强与行政执法监督、备案审查监督等的协调衔接。"实行垂直管理的部门，上级部门对下级部门实施行政执法监督。

监督体制包括两个方面：一是政府对部门的监督；二是有领导关系的上级部门对下级部门的监督。政府对部门的监督权在地方一般由司法行政部门负责具体实施。上级部门对下级部门的监督一般也由部门法制机构负责具体实施，或者由部门建立专门机构负责实施。没有领导关系的上下级部门之间是指导关系，是否有权开展执法监督，尚需要研究，《行政处罚法》没有明确规定其执法监督权，但《行政复议法》规定了上级部门对下级部门的监督权。

（二）监督范围

监督范围包括对法定职责的履行、主体资格的合法性、行政处罚决定的合法性、执法人员和经费保障、执法责任追究等。

（三）监督措施

监督措施包括了解信息、考核评议、资格管理、约谈等。一是对行政机关或者行政执法人员采取的措施，如要求作出解释和说明、询问、暂扣行政执法证件、责令采取补救措施、追究行政责任、移送司法机关处理等。二是对物采取的措施，如调阅有关材料、暂扣有关物品、委托鉴定等。三是对行为采取的措施，如责令纠正违法行为、责令停止行政处罚行为、责令履行法定职责等。

有的地方作了细化规定。如，《浙江省行政程序办法》第九十一条规定："行政执法监督的主要方式包括：（一）组织对法律、法规、规章实施情况开展监督检查；（二）组织对重点行政执法领域（事项）开展监督检查；（三）组织开展行政执法案卷评查工作；（四）对公民、法人或者其他组织依法提出的行政执法投诉举报进行处理；（五）法律、法规、规章规定的其他方式。"

（四）监督责任

对于违法行使行政处罚的行为，有三种类型的责任：一是对行为的处理，监督主体可以确认行政处罚决定违法或者无效，撤销行政处罚决定，确认违法但不撤销；二是对行政机关的处理，如责令行政机关采取补救措施，赔偿当事人的损失；三是对行政执法人员的处理，依法依规给予有过错的行政执法人员处分，行政机关承担国家赔偿责任，有故意或者重大过失的，要依法追偿损失。

有的地方作了细化规定。如，《浙江省行政程序办法》第九十二条规定："有层级监督权的行政机关发现有关行政机关有违法或者不当的行政行为的，可以作出督促整改、责令改正、通报批评的决定。有关行政机关应当在收到决定之日起30日内将处理结果向有监督权的行政机关报告。有层级监督权的行政机关依照《中华人民共和国地方各级人民代表大会和地方各级人民政府组织法》《浙江省县级以上人民政府行政执法监督条例》等有关法律、法规和规章，撤销、变更违法或者不当的行政行为的，依照其规定权限和程序执行。"

（五）对监督的救济

行政机关的内部层级监督不受人民法院管辖。《最高人民法院关于适用〈中华人民共和国行政诉讼法〉的解释》第一条规定，上级行政机关基于内部层级监督关系对下级行政机关作出的听取报告、执法检查、督促履责等行为，不属于人民法院行政诉讼的受案范围。

三、行政执法监督的具体制度形式

（一）行政执法主体资格制度

行政执法主体资格制度的目的是从组织法上贯彻落实职权法定原则，规范授权和委托执法行为。各级司法行政部门可以代表本级政府据此加强行政执法主体管理，从源头上防止主体违法。如对于不按照规定实行罚款决定与罚款收缴分离的，县级以上地方政府可以暂停有关行政机关的执法主体资格。关于该制度，前文已述。

（二）重大行政处罚决定备案制度

《国务院关于贯彻实施〈中华人民共和国行政处罚法〉的通知》提出，要建立健全重大行政处罚的备案制度。各地区据此作了细化规定。如浙江省规定，各级人民政府作出的"对公民处以五千元以上、对法人和其他组织处以五万元以上罚款或没收违法所得、没收非法财物达到上述金额"的行政处罚决定要向上级人民政府备案，县级以上人民政府所属工作部门作出的"吊销执照、许可证或者责令停产停业"等行政处罚决定要向本级人民政府司法行政部门备案。

（三）行政执法监督检查制度

行政执法监督检查不同于行政检查制度，前者是对行政执法行为的监督检查，后者是行政机关对行政相对人的检查，是一种执法行为。县级以上地方人民政府加强对行政处罚的监督检查，是上级政府对下级政府、政府对其所属各部门行使监督权的重要形式，也是政府的一项重要责任。《各级人民代表大会常务委员会监督法》也将法律执行情况的检查作为监督的一种重要手段。《行政处罚法》第七十五条也规定要健全对行政处罚的监督检查，规范行政处罚的实施。

（四）行政执法案卷评查制度

行政执法案卷评查制度是对具体行政执法行为进行监督的重要手段。行政案卷是指对行政程序本身的记载以及行政行为所根据的一切文献，具有程序性、唯一性、封闭性、客观性、整体性、相关性和多样性的特点。① 行政执法案卷评查制度是一项好制度，是执法规范化的基础。

行政执法案卷评查是指上级人民政府对下级人民政府，上级行政执法部门对下级行政执法部门，行政执法部门对所属执法机构，对其依据法律、法规、规章的规定作出行政处罚等决定以及在行政执法活动中制作和收集的有关立案、调查取证、告知听证、审查决定、送达执行等法律文书和材料，经整理归档而形成的行政执法案卷进行审查、评议并实施监督的活动。②《国务院办公厅关于推行行政执法责任制的若干意见》规定，行政执法案卷的质量情况是行政执法评议考核的主要内容。许多地方和部门也出台了关于行政执法案卷评查的制度规定，如《北京市行政处罚案卷评查办法》。

目前，各地方、各部门基本上每年都对有关行政处罚等行政执法案卷进行评查。北京多年前就总结了十步工作法。第一，明确案卷评查的内容和标准。这要求提前制定行政处罚案卷标准。多年前，北京市等地就制定了行政处罚案卷标准、行政强制案卷标准等。第二，提前两个月发布评查工作方案。第三，遴选案件评查员。从各执法部门遴选，经过考试、培训上岗，实行回避制。第四，将全部的行政执法案卷统一编号，实行定量随机调卷。第五，封闭集中评查。第六，向行政执法单位反馈初步评查结果。第七，听取被评查机构的陈述和申辩。第八，制作、发布评查通报和分析报告，并向有关部门、媒体公开，

① 孔繁华：《英美行政法上的案卷制度及其对我国的借鉴意义》，载《法学评论》2005 年第 2 期。

② 江凌：《行政执法案卷评查制度研究》，载《行政法学研究》2007 年第 4 期。

引入社会监督机制，接受社会监督。第九，将评查结果纳入各区、县政府及各部门领导班子的考核，奖励和表彰先进机构和个人。第十，总结评查工作，完善制度、文书等方面的建设工作。

通过案卷评查，可以在个案监督的基础上实现类案规范，提高行政执法人员在调查取证、撰写执法文书、送达、执行、归档立卷等方面的规范性。

（五）行政执法评议考核制度

行政执法评议考核是评价行政执法工作情况、检验行政执法部门和行政执法人员是否正确行使执法职权和全面履行法定义务的重要机制，是推行行政执法责任制的重要环节。《国务院办公厅关于推行行政执法责任制的若干意见》对如何做好行政执法评议考核工作作了详细规定。

1. 评议考核的基本要求。

行政执法评议考核应当严格遵守公开、公平、公正原则。在评议考核中，要公正对待、客观评价行政执法人员的行政执法行为。评议考核的标准、过程和结果要以适当方式在一定范围内公开。

2. 评议考核的主体。

地方各级人民政府负责对所属部门的行政执法工作进行评议考核，同时要加强对下级人民政府行政执法评议考核工作的监督和指导。国务院实行垂直管理的行政执法部门，由上级部门进行评议考核，并充分听取地方人民政府的评议意见。实行双重管理的部门按照管理职责分工分别由国务院部门和地方人民政府进行评议考核。各行政执法部门对所属行政执法机构和行政执法人员的行政执法工作进行评议考核。

3. 评议考核的内容。

评议考核的主要内容是行政执法部门和行政执法人员行使行政执法职权和履行法定义务的情况，包括行政执法的主体资格是否符合规定，行政执法行为是否符合执法权限，适用执法依据是否规范，行政执法程序是否合法，行政执法决定的内容是否合法、适当，行政执法决定的行政复议和行政诉讼结果，案卷质量情况等。评议考核主体要结合不同部门、不同岗位的具体情况和特点，制定评议考核方案，明确评议考核的具体标准。

4. 评议考核的方法。

行政执法评议考核可以采取组织考评、个人自我考评、互查互评相结合的方法，做到日常评议考核与年度评议考核的有机衔接。要高度重视通过案卷评查考核行政执法部门和行政执法人员的执法质量。要积极探索新的评议考核方法，利用现代信息管理手段，提高评议考核的公正性和准确性。

在行政执法评议考核中，要将行政执法部门内部评议与外部评议相结合。对行政执法部门或者行政执法人员进行评议，必须认真听取相关行政管理相对人的意见。外部评议情况要作为最终考核意见的重要根据。外部评议可以通过召开座谈会、发放执法评议卡、设立公众意见箱、开通执法评议专线电话、聘请监督评议员、举行民意测验等方式进行。行政执法评议考核原则上采取百分制的形式，考核的分值要在本级人民政府依法行政情况考核中占有适当比重。同时，要把行政执法评议考核与对行政执法部门的目标考核、岗位责任制考核等结合起来，避免对行政执法活动进行重复评议考核。

（六）行政执法监督员制度

有的地方建立了行政执法监督员制度，聘任新闻媒体工作者、企业从业人员、律师、专家学者、社区工作者等社会各界人士，对行政处罚等进行监督，在司法行政部门的统一组织下，参加各项行政执法监督活动，利用专业化、多领域的知识优势，查找行政执法中存在的问题，及时提出监督建议，督促行政执法部门及时改进。该制度加大了对行政执法机关和执法人员的行政系统内部监督力度，有利于把行政权力的行使与权力的监督制约有机结合起来。①

（七）行政处罚的申诉和检举制度

公民、法人和其他组织的投诉举报，行政机关应当区分是否有直接利害关系而分类积极处理。有的是一般性的完善制度的意见建议，有的是对违法行为的确凿举报。对此，最高人民法院的指导案例曾明确："行政机关对与举报人有利害关系的举报仅作出告知性答复，未按法律规定对举报进行处理，不属于《最高人民法院关于执行〈中华人民共和国行政诉讼法〉若干问题的解释》第一条第六项规定的'对公民、法人或者其他组织权利义务不产生实际影响的行为'，因而具有可诉性，属于人民法院行政诉讼的受案范围。举报人就其自身合法权益受侵害向行政机关进行举报的，与行政机关的举报处理行为具有法律上

① 郑传坤、青维富：《行政执法责任制理论与实践及对策研究》，中国法制出版社2003年版，第24页。

的利害关系，具备行政诉讼原告主体资格。”①

公民、法人和其他组织对行政处罚提起申诉和检举，往往直接涉及其利益，也事关行政管理秩序，对此，行政机关应当积极予以回应。有判决指出：物资局是人民政府的一个部门，对其主管的建材公司遵守劳动法律、法规的情况有权进行监督，但是无权对违法行为进行处理。当涂县劳动局把要求查处违法行为的来信批转无处理权的物资局去处理，自己既不履行监督检查的职责，也不向物资局了解监督的结果如何，并且不给来信人答复，不能认为其已履行了法定职责。如果允许行政机关对自己主管业务范围内收到的公民来信，只要批出后就可了事，就可以认为履行了职责，再不必检查、落实和给来信人作出答复，那么，法律赋予公民的检举、控告权利就会形同虚设。②

除了上述制度外，还有重大行政处罚决定备案制定、行政处罚统计制度等。前者实施已久，但效果一般；后者实为行政执法管理制度，用得好有利于加强对类案的指导监督，完善立法，尤其有利于监督利用电子技术监控设备罚款、大额罚款等趋利执法、寻租执法等问题。

法条关联

《宪法》第八十九条、第一百零八条；《地方各级人民代表大会和地方各级人民政府组织法》第五十九条、第六十六条等。

案例评议

袁某某诉贵州省仁怀市综合执法局撤销行政处罚案③

◆ **裁判要旨**

原告未经有权机关批准，违法占用基本农田修建建筑物，客观上破坏了基本农田种植条件，其行为违反了《基本农田保护条例》第三十三条。仁怀市综合执法局作为适格的执法主体，有权对行政相对人的违法行为作出调查处理，

---

① 最高人民法院指导案例77号：罗镕荣诉吉安市物价局物价行政处理案，最高人民法院审判委员会讨论通过并于2016年12月28日发布。

② 汤某诉当涂县劳动局不履行保护人身权、财产权法定职责案，《最高人民法院公报》1996年第4期。

③ 《最高人民法院发布8起耕地保护典型行政案例》(2020年12月14日)。

且该局在处罚前，依照法定程序调查案件事实，对相关知情人员进行询问，前往现场勘验，依法告知其有申请听证的权利，结合袁某某的违法行为和情节，依照行政法规和贵州省有关开垦费标准的规定，作出的处罚决定，程序合法、处罚适当。

◆ **典型意义**

与普通农业用地不同，基本农田是国家重点保护的耕地种类，未经批准，在基本农田保护区内修建属于农业设施的养殖用房同样是违反《基本农田保护条例》规定的行为，应按照《基本农田保护条例》第三十三条予以处理。本案对于农业生产设施用地的选择，具有很好的警示引导作用，有利于促进对基本农田的保护。此外，本案中行政机关主动撤销有瑕疵的行政处罚决定，改正相关错误，也值得肯定。

第七章 法律责任

本章概要

为了制止乱处罚、乱罚款，保护公民、法人或者其他组织的合法权益不受侵犯，《行政处罚法》对行政机关及其执法人员滥用处罚权等规定了严格的法律责任。本次修订主要增加了以下几个方面：

一是增加规定罚款、没收违法所得或者没收非法财物拍卖的款项，不得同作出行政处罚决定的行政机关及其工作人员的考核、考评直接或者变相挂钩。

二是规定了有案不立、有案不移的法律责任，使立案、行刑衔接形成了制度体系。

三是与监察体制改革相衔接，将“行政处分”改为“处分”，并增强了对行政机关和行政执法人员的责任要求。

第七十六条 【对行政处罚的监督】

行政机关实施行政处罚，有下列情形之一，由上级行政机关或者有关机关责令改正，对直接负责的主管人员和其他直接责任人员依法给予处分：

（一）没有法定的行政处罚依据的；

（二）擅自改变行政处罚种类、幅度的；

（三）违反法定的行政处罚程序的；

（四）违反本法第二十条关于委托处罚的规定的；

（五）执法人员未取得执法证件的。

行政机关对符合立案标准的案件不及时立案的，依照前款规定予以处理。

本条来源

第一款来源于原法第五十五条，第二款为新增。

立法演变

一审稿在原法第五十五条基础上增加“执法人员未取得执法证件”，将“行政处分”改为“处分”，与《监察法》《公务员法》《公职人员政务处分法》保持一致。二审稿将第一款中的“有关部门”改为“有关机关”，并增加第二款。

条文释义

一、规范意旨

人做了错事，就要承担不利后果，否则会引导人人都去做错事。行政机关实施行政处罚，必须严格按照法律实施，否则公权力的公信力就会受到削弱。行政机关违法实施行政处罚的，上级行政机关或者监察、法院等机关可以责令改正，监察机关或者任免机关可以对具体责任人予以处分。

本次修订将“行政处分”改为“处分”，源于监察体制改革。《公职人员政务处分法》第二条第一款、第二款规定：“本法适用于监察机关对违法的公职人员给予政务处分的活动。本法第二章、第三章适用于公职人员任免机关、单位对违法的公职人员给予处分。处分的程序、申诉等适用其他法律、行政法规、国务院部门规章和国家有关规定。”

二、没有法定的行政处罚依据

原法第三条规定了没有法定行政处罚依据的，行政处罚无效。本次修订，第三十八条吸收了原法第三条并整合了无效的规定。《行政诉讼法》第七十五条规定，行政行为没有依据等重大且明显违法情形，原告申请确认行政行为无效的，人民法院判决确认无效。《行政诉讼法》第七十六条规定：“人民法院判决确认违法或者无效的，可以同时判决责令被告采取补救措施；给原告造成损失的，依法判决被告承担赔偿责任。”

三、擅自改变行政处罚种类、幅度

擅自改变行政处罚种类、幅度，是超越职权的违法行为。对此，我国法律一直明确禁止。《行政诉讼法》第七十条规定，行政行为超越职权的，人民法院判决撤销或者部分撤销，并可以判决被告重新作出行政行为。《城乡规划法》第六十条规定，镇人民政府或者县级以上人民政府城乡规划主管部门超越职权核发选址意见书、建设用地规划许可证、建设工程规划许可证、乡村建设规划许可证的，由本级人民政府、上级人民政府城乡规划主管部门或者监察机关依据职权责令改正，通报批评；对直接负责的主管人员和其他直接责任人员依法给予处分。

四、违反法定的行政处罚程序

本法第三十八条第二款规定："违反法定程序构成重大且明显违法的，行政处罚无效。"《行政诉讼法》第七十条、第七十四条规定，行政行为违反法定程序的，人民法院判决撤销或者部分撤销，并可以判决被告重新作出行政行为。行政行为程序轻微违法，但对原告权利不产生实际影响的，人民法院判决确认违法，但不撤销行政行为。

五、违反委托处罚的规定

违反委托处罚规定的主要表现有，没有法律、法规、规章的规定实施委托，有依据的委托没有采取书面形式或者没有公开委托书，委托书没有法定必备条款，受委托组织不符合法定条件，受委托组织超出委托范围实施处罚，等等。本次修订增加了对委托处罚的要求，不符合新增规定的，需要在2021年7月15日前予以补正。

六、执法人员未取得执法证件

执法人员首先要取得执法资格，然后才能依法取得执法证件，辅助执法人员没有执法证件，不能直接从事执法。本法规定，执法人员没有亮证执法的，当事人有权拒绝接受调查或者检查。

七、行政机关对符合立案标准的案件不及时立案

判断不及时立案的前提是有立案标准。本次修订系统规定了立案，本法第五十四条第二款规定"符合立案标准的，行政机关应当及时立案"，当前不少部门没有规定立案标准，需要在2021年7月15日前制定配套规定。通常来讲，立案标准主要是有行政违法行为、属于有职权的行政机关管辖、没有过追责时效，当然，有的部门没有规定追责时效标准，考虑到本法没有明确立案标准，也没有排斥部门规章、地方政府规章等明确立案标准，因此，规章、行政规范性文件可以结合实际具体细化。

法条关联

《行政诉讼法》第七十条、第七十四条、第七十五条；《公职人员政务处分法》第二条等。

第七十七条　【当事人的拒绝权及检举权】

行政机关对当事人进行处罚不使用罚款、没收财物单据或者使用非法定部门制发的罚款、没收财物单据的，当事人有权拒绝，并有权予以检举，由上级行政机关或者有关机关对使用的非法单据予以收缴销毁，对直接负责的主管人员和其他直接责任人员依法给予处分。

本条来源

原法第五十六条。

立法演变

一审稿将原法第五十六条中的“行政处分”改为“处分”，与《监察法》《公务员法》《公职人员政务处分法》保持一致。最终稿将“有关部门”改为“有关机关”。

条文释义

一、规范意旨

内部行政的规范化会影响外部行为的规范化。本法第七十条已经强化了票据管理，必须是国务院财政部门或者省、自治区、直辖市人民政府财政部门统一制发的专用票据。赋予当事人拒绝权，有助于保护当事人的合法权益；赋予当事人检举权，有助于加强对行政执法人员的监督。

二、财政部门对行政处罚的控制

根据《财政票据管理办法》等，“专用票据”统一制发、统一申领，只有具有行政处罚权的行政主体才能够领取到票据，这是行政处罚的内部控制程序。行政机关实施行政处罚没有票据，则意味着其行为具有违法性，或者其本身没有行政执法主体资格，或者其拥有行政执法主体资格，但是不愿意出具票据，意图非法占有罚没财物。《违反行政事业性收费和罚没收入收支两条线管理规定行政处分暂行规定》第十条规定："违反财政票据管理规定实施行政事业性收费、罚没的，对直接负责的主管人员和其他直接责任人员给予降级或者撤职处分；以实施行政事业性收费、罚没的名义收取钱物，不出具任何票据的，给予开除处分。"

法条关联

《财政票据管理办法》；《违反行政事业性收费和罚没收入收支两条线管理规定行政处分暂行规定》。

第七十八条　【自行收缴罚款的处理】

行政机关违反本法第六十七条的规定自行收缴罚款的，财政部门违反本法第七十四条的规定向行政机关返还罚款、没收的违法所得或者拍卖款项的，由上级行政机关或者有关机关责令改正，对直接负责的主管人员和其他直接责任人员依法给予处分。

本条来源

原法第五十七条。

立法演变

一审稿将原法第五十七条中的"行政处分"改为"处分"，与《监察法》《公务员法》《公职人员政务处分法》保持一致。二审稿将"有关部门"改为"有关机关"。三审稿在"返还罚款"后增加"没收的违法所得"。

条文释义

一、规范意旨

增加的"没收的违法所得"是对法律漏洞的填补。罚款决定与罚款收缴分离是基本规定，本法第六十八条是例外规定，行政机关不能将罚款充作经费，作为创收的手段。行政机关执法所需经费的拨付，按照国家有关规定执行。财政部门不得将行政机关的罚款、没收违法所得或者拍卖款项，与行政机关的经费挂钩或者变相挂钩。如果有关机关违反这些基本规定，则行政处罚将丧失基本的监管功能，且带来不良社会影响，因此，本条规定了责任条款。

二、行政机关违法自行收缴罚款

收支两条线是本法确定的重大财政制度。为了实施罚款决定与罚款收缴分离，加强对罚款收缴活动的监督，保证罚款及时上缴国库，原《行政处罚法》第六十三条专门要求国务院制定实施办法。1997 年，国务院出台《罚款决定与罚款收缴分离实施办法》。此外，《违反行政事业性收费和罚没收入收支两条线管理规定行政处分暂行规定》第十一条规定："违反罚款决定与罚款收缴分离的规定收缴罚款的，对直接负责的主管人员和其他直接责任人员给予记大过或者降级处分。"

三、财政部门违法向行政机关返还罚款、没收的违法所得或者拍卖款项

财政部门是财产罚执行的重要一环，财政部门把关松紧与否直接影响前段的行政处罚行为。在我国，财政部按分工负责政府非税收入管理，管理财政票据，组织制定国库管理制度、国库集中收付制度，指导和监督中央国库业务，开展国库现金管理工作，制定政府财务报告编制办法并组织实施，等等。

《违反行政事业性收费和罚没收入收支两条线管理规定行政处分暂行规定》第八条、第十一条规定，下达或者变相下达罚没指标的，对直接负责的主管人员和其他直接责任人员给予降级或者撤职处分。违反罚款决定与罚款收缴分离的规定收缴罚款的，对直接负责的主管人员和其他直接责任人员给予记大过或者降级处分。

法条关联

《违反行政事业性收费和罚没收入收支两条线管理规定行政处分暂行规定》；《罚款决定与罚款收缴分离实施办法》等。

第七十九条　【私分罚没财物的责任】

行政机关截留、私分或者变相私分罚款、没收的违法所得或者财物的，由财政部门或者有关机关予以追缴，对直接负责的主管人员和其他直接责任人员依法给予处分；情节严重构成犯罪的，依法追究刑事责任。

执法人员利用职务上的便利，索取或者收受他人财物、将收缴罚款据为己有，构成犯罪的，依法追究刑事责任；情节轻微不构成犯罪的，依法给予处分。

本条来源

原法第五十八条。

立法演变

一审稿将原法第五十八条中的“行政处分”改为“处分”，与《监察法》《公务员法》《公职人员政务处分法》保持一致。三审稿对第一款仅作了文字调整，没有实质变化。

条文释义

一、规范意旨

在本法制定之前，尚存在截流、私分、变相私分罚款、没收违法所得或者拍卖款项的现象，为了解决这一问题，本法针对行政机关和执法人员分别规定了责任条款。

二、行政机关截留、私分或者变相私分

行政机关截留、私分或者变相私分的结果有两个。一是财物要追缴，实施主体是财政部门或者上级行政机关等。二是对人予以处理，依据《违反行政事业性收费和罚没收入收支两条线管理规定行政处分暂行规定》第十六条、第十七条，截留、挪用、坐收坐支行政事业性收费、罚没收入的，对直接负责的主管人员和其他直接责任人员给予降级处分；情节严重的，给予撤职或者开除处

分。违反规定，将罚没收入用于提高福利补贴标准或者扩大福利补贴范围、滥发奖金实物、挥霍浪费或者有其他超标准支出行为的，对直接负责的主管人员和其他直接责任人员给予记大过处分；情节严重的，给予降级或者撤职处分。同时，构成私分国有资产罪等犯罪的，要依法追究刑事责任。《刑法》第三百九十六条规定："国家机关、国有公司、企业、事业单位、人民团体，违反国家规定，以单位名义将国有资产集体私分给个人，数额较大的，对其直接负责的主管人员和其他直接责任人员，处三年以下有期徒刑或者拘役，并处或者单处罚金；数额巨大的，处三年以上七年以下有期徒刑，并处罚金。司法机关、行政执法机关违反国家规定，将应当上缴国家的罚没财物，以单位名义集体私分给个人的，依照前款的规定处罚。"

三、执法人员索取或者收受他人财物、将收缴罚款据为己有

该行为分别涉嫌构成受贿罪和贪污罪。《刑法》第三百八十八条规定："国家工作人员利用本人职权或者地位形成的便利条件，通过其他国家工作人员职务上的行为，为请托人谋取不正当利益，索取请托人财物或者收受请托人财物的，以受贿论处。"单位也可以构成受贿罪，在此情况下，对单位判处罚金，并对其直接负责的主管人员和其他直接责任人员，处五年以下有期徒刑或者拘役。《刑法》第三百八十二条第一款规定："国家工作人员利用职务上的便利，侵吞、窃取、骗取或者以其他手段非法占有公共财物的，是贪污罪。"

对于挪用罚没财物的，执法人员可能构成挪用公款罪。《刑法》第二百七十二条第二款规定："国有公司、企业或者其他国有单位中从事公务的人员和国有公司、企业或者其他国有单位委派到非国有公司、企业以及其他单位从事公务的人员有前款行为的，依照本法第三百八十四条的规定定罪处罚。"

执法辅助人员可能构成挪用资金罪。《刑法》第二百七十二条第一款规定："公司、企业或者其他单位的工作人员，利用职务上的便利，挪用本单位资金归个人使用或者借贷给他人，数额较大、超过三个月未还的，或者虽未超过三个月，但数额较大、进行营利活动的，或者进行非法活动的，处三年以下有期徒刑或者拘役；挪用本单位资金数额巨大的，处三年以上七年以下有期徒刑；数额特别巨大的，处七年以上有期徒刑。"

对于涉案财物，《监察法》第四十六条规定："监察机关经调查，对违法取得的财物，依法予以没收、追缴或者责令退赔；对涉嫌犯罪取得的财物，应当随案移送人民检察院。”

法条关联

《违反行政事业性收费和罚没收入收支两条线管理规定行政处分暂行规定》第十六条、第十七条；《刑法》第二百七十二条、第三百八十二条、第三百八十八条、第三百九十六条等。

第八十条 【使用、损毁查封、扣押财物的责任】

行政机关使用或者损毁查封、扣押的财物，对当事人造成损失的，应当依法予以赔偿，对直接负责的主管人员和其他直接责任人员依法给予处分。

本条来源

原法第五十九条。

立法演变

一审稿将原法第五十九条中的“行政处分”改为“处分”，与《监察法》《公务员法》《公职人员政务处分法》保持一致。三审稿在“扣押”前增加“查封”，填补了法律漏洞，并与《行政强制法》的有关规定保持一致。

条文释义

一、规范意旨

查封、扣押的财物所有权人并不是行政机关，大概率是当事人，也有可能是第三人。但当事人可能是他物权人或者占有人，依据《民法典》，其合法权益受到保护。查封、扣押的效力是限制当事人依法占有、使用、收益、处分财物，但并没有赋予行政机关使用涉案财物等权力，更不要说损毁涉案财物。本条的目的是保护当事人的合法权益。

二、行政赔偿责任

擅自使用、毁损查封、扣押的财物，应当承担行政赔偿责任。《行政强制法》第二十六条规定："对查封、扣押的场所、设施或者财物，行政机关应当妥善保管，不得使用或者损毁；造成损失的，应当承担赔偿责任。对查封的场所、设施或者财物，行政机关可以委托第三人保管，第三人不得损毁或者擅自转移、处置。因第三人的原因造成的损失，行政机关先行赔付后，有权向第三人追偿。因查封、扣押发生的保管费用由行政机关承担。"有判决指出，根据《公安机关办理行政案件程序规定》，公安机关可以在办案过程中收缴、销毁违禁品、价值轻微或危险物品，但销毁非违禁品的行为则不符合法律规定。①

《国家赔偿法》第四条、第三十二条规定，行政机关及其工作人员在行使行政职权时造成财产损害的违法行为的，受害人有取得赔偿的权利。能够返还财产或者恢复原状的，予以返还财产或者恢复原状。《民法典》也有类似规定，其第二百三十七条规定："造成不动产或者动产毁损的，权利人可以依法请求修理、重作、更换或者恢复原状。"对于有故意或者重大过失的执法人员，应当追偿损失。赔偿义务机关赔偿损失后，应当责令有故意或者重大过失的工作人员或者受委托的组织或者个人承担部分或者全部赔偿费用。

三、处分

对于任何执法人员，都应知道"擅自使用、毁损查封、扣押的财物"是错误的，因此，单纯从行为上就足以表明其违法性，对直接负责的主管人员和其他直接责任人员依法给予处分；构成犯罪的，应当依法追究刑事责任。

法条关联

《行政强制法》第二十六条；《国家赔偿法》第四条；《最高人民法院关于审理行政赔偿案件若干问题的规定》等。

案例评议

支某祥不服税务行政处罚案②

◆ **裁判要旨**

税务机关错误认定纳税义务人，对当事人的财产进行冻结、扣押等强制措

① （2007）秀行初字第6号，林某跃不服被告莆田市公安局秀屿分局行政处罚案。
② 《最高人民法院公报》1989年第2期。

施，给当事人造成损害的，依法应当承担赔偿责任。

第八十一条　【违法实行检查或执行措施的赔偿责任】

行政机关违法实施检查措施或者执行措施，给公民人身或者财产造成损害、给法人或者其他组织造成损失的，应当依法予以赔偿，对直接负责的主管人员和其他直接责任人员依法给予处分；情节严重构成犯罪的，依法追究刑事责任。

本条来源

原法第六十条。

立法演变

一审稿将原法第六十条中的“行政处分”改为“处分”，与《监察法》《公务员法》《公职人员政务处分法》保持一致；并将“实行”改为“实施”，没有实质变化。

条文释义

本条的立法目的同上一条，区别是扩张到对当事人人身权益的保护。《国家赔偿法》第三条规定：“行政机关及其工作人员在行使行政职权时有下列侵犯人身权情形之一的，受害人有取得赔偿的权利：（一）违法拘留或者违法采取限制公民人身自由的行政强制措施的；（二）非法拘禁或者以其他方法非法剥夺公民人身自由的；（三）以殴打、虐待等行为或者唆使、放纵他人以殴打、虐待等行为造成公民身体伤害或者死亡的；（四）违法使用武器、警械造成公民身体伤害或者死亡的；（五）造成公民身体伤害或者死亡的其他违法行为。”但是，行政机关工作人员与行使职权无关的个人行为，因公民、法人和其他组织自己的行为致使损害发生的，国家不承担赔偿责任。

关于赔偿范围，一是侵犯公民人身自由的，每日赔偿金按照国家上年度职工日平均工资计算。二是造成身体伤害的，应当支付医疗费、护理费，以及赔偿因误工减少的收入。减少的收入每日的赔偿金按照国家上年度职工日平均工资计算，最高额为国家上年度职工年平均工资的五倍；造成部分或者全部丧失劳动能力的，应当支付医疗费、护理费、残疾生活辅助具费、康复费等因残疾而增加的必要支出和继续治疗所必需的费用，以及残疾赔偿金。残疾赔偿金根据丧失劳动能力的程度，按照国家规定的伤残等级确定，最高不超过国家上年度职工年平均工资的20倍。造成全部丧失劳动能力的，对其扶养的无劳动能力的人，还应当支付生活费。造成死亡的，应当支付死亡赔偿金、丧葬费，总额为国家上年度职工年平均工资的20倍。对死者生前扶养的无劳动能力的人，还应当支付生活费。三是致人精神损害的，应当在侵权行为影响的范围内，为受害人消除影响，恢复名誉，赔礼道歉；造成严重后果的，应当支付相应的精神损害抚慰金。四是间接损失不赔。行政机关违法行政行为对行政相对人的财产权造成损害的，应按照直接损失给予赔偿，所谓"直接损失"，是指因遭受不法侵害而使现有财产直接减少或消灭，且损失是直接由侵害行为造成的，中间没有介入其他因素。不确定利益属于预期可得到的利益，不属于直接损失，而是间接损失。因而，行政相对人不得以不确定利益损失请求行政机关赔偿。①

关于处分，主要适用《公职人员政务处分法》；关于刑事责任，主要适用《刑法》规定的侵犯公民人身权利罪。

法条关联

《国家赔偿法》第二章、第四章；《刑法》第二编第四章；《公职人员政务处分法》等。

案例评议

陈某春不服离石县公安局收容审查决定案②

◆ **裁判要旨**

行政机关即使在诉讼期间改变原具体行政行为，只要原告不撤诉，法院仍

① 上海汇兴实业公司诉上海浦江海关行政赔偿案，《最高人民法院公报》2004年第1期。

② 《最高人民法院公报》1992年第2期。

需审查原具体行政行为，确认其是否违法。给公民人身造成损害的，按照《国家赔偿法》的规定，需要承担精神损害赔偿责任。

第八十二条　【以行代刑的责任】

行政机关对应当依法移交司法机关追究刑事责任的案件不移交，以行政处罚代替刑事处罚，由上级行政机关或者有关机关责令改正，对直接负责的主管人员和其他直接责任人员依法给予处分；情节严重构成犯罪的，依法追究刑事责任。

本条来源

原法第六十一条。

立法演变

一审稿将原法第六十一条中的“行政处分”改为“处分”，与《监察法》《公务员法》《公职人员政务处分法》保持一致。二审稿删除“为牟取本单位私利”，将“有关部门”改为“有关机关”。三审稿作了文字修改。最终稿在“主管人员”后增加了“其他责任人员”，与本章其他责任条款保持一致，删除了“拒不纠正的”，将“责令纠正”改为“责令改正”，将“徇私舞弊、包庇纵容违法行为的，依照刑法有关规定”改为“情节严重构成犯罪的，依法”。

条文释义

一、规范意旨

本条的目的是解决“有案不移”“以罚代刑”的问题，在法条结构上，设计了行政执法监督、处分、刑事责任三层次结构。

二、对移送涉嫌犯罪案件的监督

行政执法机关移送涉嫌犯罪案件，应当接受监督，不同监督机关应当结合职责分工协作，形成监督合力。

（一）行政执法监督

本级或者上级人民政府，上级行政执法机关对行政执法机关进行监督。行政执法机关违反有关规定，逾期不将案件移送公安机关的，由本级或者上级人民政府，或者实行垂直管理的上级行政执法机关，责令限期移送，并对其正职负责人或者主持工作的负责人根据情节轻重，给予记过以上的处分；构成犯罪的，依法追究刑事责任。行政执法机关违反有关规定，对应当向公安机关移送的案件不移送，或者以行政处罚代替移送的，由本级或者上级人民政府，或者实行垂直管理的上级行政执法机关，责令改正，给予通报；拒不改正的，对其正职负责人或者主持工作的负责人给予记过以上的处分；构成犯罪的，依法追究刑事责任。

（二）检察监督

人民检察院侧重刑事司法领域的监督。《人民检察院办理行政执法机关移送涉嫌犯罪案件的规定》第十条规定："人民检察院应当依法对公安机关办理行政执法机关移送涉嫌犯罪案件进行立案监督。对于具有下列情形之一的，人民检察院应当要求公安机关在收到人民检察院《要求说明不立案理由通知书》后七日内将关于不立案理由的说明书面答复人民检察院：（一）人民检察院认为公安机关对应当立案侦查的案件而不立案侦查的；（二）被害人认为公安机关对应当立案侦查的案件而不立案侦查，向人民检察院提出的；（三）移送涉嫌犯罪案件的行政执法机关对公安机关不予立案决定或者不予立案的复议决定有异议，建议人民检察院依法进行立案监督的。人民检察院认为公安机关不立案理由不能成立，应当通知公安机关在收到《通知立案书》后十五日内决定立案，并将立案决定书送达人民检察院。"第十二条规定："各级人民检察院对行政执法机关不移送涉嫌犯罪案件，具有下列情形之一的，可以提出检察意见：（一）检察机关发现行政执法机关应当移送的涉嫌犯罪案件而不移送的；（二）有关单位和个人举报的行政执法机关应当移送的涉嫌犯罪案件而不移送的；（三）隐匿、销毁涉案物品或者私分涉案财物的；（四）以行政处罚代替刑事追究而不移送的。有关行政执法人员涉嫌犯罪的，依照刑法的有关规定，追究刑事责任。"

（三）监察监督

监察机关对所有行使公权力的公职人员进行监督。国家机关工作人员以及在依照法律、法规规定行使国家行政管理职权的组织中从事公务的人员，或者在受国家机关委托代表国家机关行使职权的组织中从事公务的人员，或者虽未列入国家机关人员编制但在国家机关中从事公务的人员等，利用职权干预、阻挠行政执法机关移送案件，构成犯罪的，应当追究其刑事责任。

三、法律责任

公职人员任免机关、单位对违反本规定的公职人员给予处分。处分的程序、申诉等适用《公职人员政务处分法》等法律，《行政机关公务员处分条例》等行政法规、部门规章和国家有关规定。

“有案不移”可以构成徇私舞弊不移交刑事案件罪。《刑法》第四百零二条规定：“行政执法人员徇私舞弊，对依法应当移交司法机关追究刑事责任的不移交，情节严重的，处三年以下有期徒刑或者拘役；造成严重后果的，处三年以上七年以下有期徒刑。”2020 年，《刑法修正案（十一）》增加规定了负有食品药品安全监督管理职责的国家机关工作人员，滥用职权或者玩忽职守，依法应当移交司法机关追究刑事责任不移交的，应承担刑事责任，规定的刑期比一般领域更重。

法条关联

《刑法》第四百零二条；《行政执法机关移送涉嫌犯罪案件的规定》第三条、第十一条、第十六条等。

案例评议

胡某、郑某徇私舞弊不移交刑事案件案①

◆ 检察要旨

诉讼监督，是人民检察院依法履行法律监督的重要内容。实践中，检察机关和办案人员应当坚持办案与监督并重，建立健全行政执法与刑事司法有效衔接的工作机制，善于在办案中发现各种职务犯罪线索；对于行政执法人员徇私舞弊，不移送有关刑事案件构成犯罪的，应当依法追究刑事责任。

① 检例第 7 号，《最高人民检察院公报》2012 年第 6 期。

第八十三条 【不作为的责任】

行政机关对应当予以制止和处罚的违法行为不予制止、处罚，致使公民、法人或者其他组织的合法权益、公共利益和社会秩序遭受损害的，对直接负责的主管人员和其他直接责任人员依法给予处分；情节严重构成犯罪的，依法追究刑事责任。

本条来源

原法第六十二条。

立法演变

一审稿将原法第六十二条中的“行政处分”改为“处分”，与《监察法》《公务员法》《公职人员政务处分法》保持一致。最终稿将“执法人员玩忽职守”改为“行政机关”，调整了责任主体，同时，删除“玩忽职守”，扩大了不作为义务的主观状态要求和行为要求，对应当予以制止和处罚的违法行为不予制止、处罚的原因，不限于“玩忽职守”，滥用职权等也可以是原因。

条文释义

一、规范意旨

本条的目的是督促行政机关及其执法人员积极履职，以达到本法第一条的立法目的。

二、适用条件

一是行政机关有积极作为义务。行政处罚的管辖分为级别管辖、地域管辖和层级管辖。具有管辖权的行政机关该立案的不立案、该调查的不调查、该处罚的不处罚等，都构成本条意义上的不作为。不具有管辖权的行政机关对于正在发生的行政违法行为没有处罚的职责，但是有一定的制止义务。行政机关对不属于本机关办理职责事项，如果有关规范性文件规定应移送有权机关办理的，应当及时移送。积极移送也是一种法定职责。[①] 现场出警行为，未能有效保护

① 钟某诉北京市工商行政管理局通州分局行政不作为案，最高人民法院关于行政不作为十大案例，2015 年 1 月 15 日发布。

公民的财产安全，未能实现预防和制止违法行为发生的出警目的，不能视为已依法履行职责。①

二是公民、法人或者其他组织的合法权益、公共利益和社会秩序遭受损害。民法上讲“无损害，无赔偿”。行政法上的行为犯，不要求危害后果这一构成要件，不论是否有危害后果，符合其他构成要件的，都需要承担行政处罚责任。从法理上讲，行为犯也产生危害后果，只不过行政机关在作出行政处罚决定时，并不需要承担举证责任。

根据《最高人民法院、最高人民检察院关于办理渎职刑事案件适用法律若干问题的解释（一）》（法释〔2012〕18号）第一条，《刑法》第三百九十七条规定的“致使公共财产、国家和人民利益遭受重大损失”包括以下情形：“（一）造成死亡1人以上，或者重伤3人以上，或者轻伤9人以上，或者重伤2人、轻伤3人以上，或者重伤1人、轻伤6人以上的；（二）造成经济损失30万元以上的；（三）造成恶劣社会影响的；（四）其他致使公共财产、国家和人民利益遭受重大损失的情形。”“情节特别严重”是指造成伤亡达到第（一）项规定人数三倍以上的；造成经济损失150万元以上的；造成前款规定的损失后果，不报、迟报、谎报或者授意、指使、强令他人不报、迟报、谎报事故情况，致使损失后果持续、扩大或者抢救工作延误的；造成特别恶劣社会影响的；等等。

三是二者之间存在因果关系。行政机关应当予以制止和处罚的违法行为不予制止、处罚，与公民、法人或者其他组织的合法权益、公共利益和社会秩序遭受损害之间存在因果关系。

四是法律责任是处分和刑事责任等。关于处分，适用《监察法》《公务员法》《公职人员政务处分法》等规定。关于刑事责任，适用《刑法》渎职罪等规定。如《刑法》第三百九十七条规定了滥用职权罪、玩忽职守罪，国家机关工作人员滥用职权或者玩忽职守，致使公共财产、国家和人民利益遭受重大损失的，处三年以下有期徒刑或者拘役；情节特别严重的，处三年以上七年以下有期徒刑。

三、行政处罚机关不作为是否应当承担国家赔偿责任

作为和不作为都是行为。本法规定了行政机关对违法行为制止和处罚的职责，行政机关未尽此职责，致使公民、法人或者其他组织的合法权益遭受损害

---

① （2016）苏06行终90号，余某华与如皋市公安局不履行保护财产权法定职责行政纠纷上诉案。

的，按照《国家赔偿法》第三条、第四条，行政机关及其工作人员在行使行政职权时造成公民身体伤害或者死亡、财产损害的其他违法行为的，受害人有取得赔偿的权利。

最高人民法院判决指出，行政机关不履行法定职责造成公民、法人或者其他组织人身、财产损害的，应当依法承担相应的行政赔偿责任。但其前提条件是，行政机关不履行的是针对具体行政相对人的、特定的职责义务，且该不履行法定职责义务的行为造成了当事人人身、财产的实际损失。如果行政机关未履行的是法律规定的抽象的职责义务，即便当事人确有损失，因损失与抽象的不作为行为之间缺乏因果联系，亦不属于行政赔偿的范围。①

在此情况下，往往是多因一果。因第三人原因共同造成公民身体伤害或者死亡、财产损害的，构成共同侵权行为，行政机关和民事侵权人承担连带责任②或者按份责任③。

法条关联

《刑法》第三百九十七条；《最高人民法院、最高人民检察院关于办理渎职刑事案件适用法律若干问题的解释（一）》；《最高人民检察院关于渎职侵权犯罪案件立案标准的规定》等。

案例评议

湖北省十堰市郧阳区人民检察院诉郧阳区林业局行政公益诉讼案④

◆ **检察要旨**

负有监督管理职责的行政机关对侵害生态环境和资源保护领域的侵权人进

① 刘某仁、刘某宝、刘某梅诉沈阳市人民政府不履行返还集资款法定职责案，最高人民法院（2016）最高法行申616号。

② 《民法典》第一千一百六十八条规定：“二人以上共同实施侵权行为，造成他人损害的，应当承担连带责任。”第一千一百七十一条规定：“二人以上分别实施侵权行为造成同一损害，每个人的侵权行为都足以造成全部损害的，行为人承担连带责任。”

③ 《民法典》第一千一百七十二条规定：“二人以上分别实施侵权行为造成同一损害，能够确定责任大小的，各自承担相应的责任；难以确定责任大小的，平均承担责任。”

④ 检例第30号，《最高人民检察院公报》2017年第3期。

行行政处罚后，怠于履行法定职责，既未依法履行后续监督、管理职责，也未申请人民法院强制执行，导致国家和社会公共利益未脱离受侵害状态，经诉前程序后，人民检察院可以向人民法院提起行政公益诉讼。

◆ **指导意义**

1. 检察机关提起公益诉讼的前提是公共利益受到侵害。公共利益可以界定为：由不特定多数主体享有的，具有基本性、整体性和发展性的重大利益。在实践中，判断被侵害的利益是否属于公共利益范畴，可以从以下几个方面来把握：一是公共利益的主体是不特定的多数人。公共利益首先是一种多数人利益，但又不同于一般的多数人利益，其享有主体具有开放性。二是公共利益具有基本性。公共利益是有关国家和社会共同体及其成员生存和发展的基本利益，如公共安全、公共秩序、自然环境和公民的生命、健康、自由等。三是公共利益具有整体性和层次性。公共利益是一种整体性利益，可以分享，但不可以分割。公共利益不仅有涉及全国范围的存在形式，也有某个地区的存在形式。四是公共利益具有发展性。公共利益始终与社会价值取向联系在一起，会随着时代的发展变化而变化，也会随着不同社会价值观的改变而变动。五是公共利益具有重大性。其涉及不特定多数人，涉及公共政策变动，涉及公权与私权的限度，代表的利益都是重大利益。六是公共利益具有相对性。它受时空条件的影响，在此时此地认定为公共利益的事项，彼时彼地可能应认定为非公共利益。

2. 行政机关没有依法履行法定职责与国家和社会公共利益受到侵害是检察机关提起行政公益诉讼的必要条件。判断负有监督管理职责的行政机关是否依法履职，关键要厘清行政机关的法定职责和行政机关是否依法履职到位；判断国家和社会公共利益是否受侵害，要看违法行政行为造成国家和社会公共利益的实然侵害；发出检察建议后要看国家和社会公共利益是否脱离被侵害状态。

第八章 附 则

本章概要

本章修订特点为“两增一删”。

一是增加了涉外属地管辖，外国人、无国籍人、外国组织在中华人民共和国领域内有违法行为，应当给予行政处罚的，适用本法，法律另有规定的除外。

二是增加了时间规定，区分时间长短，确定是否包括法定节假日。

三是删除原法第六十四条第二款即“本法公布前制定的法规和规章关于行政处罚的规定与本法不符合的，应当自本法公布之日起，依照本法规定予以修订，在1997年12月31日前修订完毕”，主要原因是原法的相关清理工作已经结束。

第八十四条 【涉外法律适用】

外国人、无国籍人、外国组织在中华人民共和国领域内有违法行为，应当给予行政处罚的，适用本法，法律另有规定的除外。

本条来源

新增。

立法演变

一审稿增加本条。

条文释义

一、规范意旨

随着国际交往的增加，越来越多的外国人、外国组织和无国籍人在中国活动。外国人在中华人民共和国领域内的行政违法行为适用中国法律，是主权的体现。对于《行政处罚法》关于行政处罚的规定是否适用于外国人，全国人大常委会法制工作委员会于1997年1月3日曾经作出答复：“《行政处罚法》关于行政处罚的规定，适用于中华人民共和国境内的外国人、外国组织、无国籍人，法律另有规定的除外。”①

属地管辖权是我国法律的一般规定。《行政诉讼法》第九十八条规定：“外国人、无国籍人、外国组织在中华人民共和国进行行政诉讼，适用本法。法律另有规定的除外。”《刑法》第六条第一款规定：“凡在中华人民共和国领域内犯罪的，除法律有特别规定的以外，都适用本法。”②《民法典》第十二条规定：“中华人民共和国领域内的民事活动，适用中华人民共和国法律。法律另有规定的，依照其规定。”

二、中华人民共和国领域

除了领陆、领海、领空，中国驻外使领馆、航空器、船舶也属于中国“领域内”，发生在其内的行政违法行为，属于我国管辖。《治安管理处罚法》第四条规定：“在中华人民共和国领域内发生的违反治安管理行为，除法律有特别规定的外，适用本法。在中华人民共和国船舶和航空器内发生的违反治安管理行为，除法律有特别规定的外，适用本法。”《刑法》第六条第二款、第三款规定：“凡在中华人民共和国船舶或者航空器内犯罪的，也适用本法。犯罪的行为或者结果有一项发生在中华人民共和国领域内的，就认为是在中华人民共和国领域内犯罪。”

三、法律另有规定的除外

（一）单行法律另有规定

外国人、无国籍人、外国组织在中华人民共和国领域内有违法行为，应当

---

① 《行政处罚法关于行政处罚的规定是否适用外国人》，http：//www. npc. gov. cn/zgrdw/npc/xinwen/lfgz/xwdf/2000 – 10/16/content_ 370666. htm。

② 《最高人民法院研究室关于外国公司、企业、事业单位在我国领域内犯罪如何适用法律问题的答复》（法研〔2003〕153号）规定：“符合我国法人资格条件的外国公司、企业、事业单位，在我国领域内实施危害社会的行为，依照我国《刑法》构成犯罪的，应当依照我国《刑法》关于单位犯罪的规定追究刑事责任。个人为在我国领域内进行违法犯罪活动而设立的外国公司、企业、事业单位实施犯罪的，或者外国公司、企业、事业单位设立后在我国领域内以实施违法犯罪为主要活动的，不以单位犯罪论处。”

给予行政处罚的，《出境入境管理法》《治安管理处罚法》等如作出了明确规定，应适用单行法律。如《海上交通安全法》第二条规定："在中华人民共和国管辖海域内从事航行、停泊、作业以及其他与海上交通安全相关的活动，适用本法。"第一百零七条规定："外国籍船舶进出中华人民共和国内水、领海违反本法规定的，由海事管理机构对违法船舶的所有人、经营人或者管理人处五万元以上五十万元以下的罚款，对船长处一万元以上三万元以下的罚款。"

除此之外，我国对于香港、澳门、台湾地区的法律适用有特别规定的，依照其规定。如《个体工商户条例》第二十七条规定："香港特别行政区、澳门特别行政区永久性居民中的中国公民，台湾地区居民可以按照国家有关规定，申请登记为个体工商户。"据此，相关处罚也应适用同样的法律依据。

（二）外交豁免排除适用

根据《维也纳外交关系公约》《维也纳领事关系公约》《联合国特权和豁免公约》《专门机构特权和豁免公约》等规定，在我国享有外交特权和豁免权的外国人主要有：来访的外国元首、政府首脑、外交部长以及其他同等身份的人员，派驻我国的大使、领事、代办及其他具有同等身份的人员和具有外交官衔的使馆、领馆工作人员，随员、武官、参赞或专员等外交代表，与外交代表共同生活的配偶及未成年子女。《外交特权与豁免条例》第十四条、《领事特权与豁免条例》① 第十四条等对外交代表、领事官员和领馆行政技术人员的行政管辖豁免权作了规定。②

除此之外，还要考虑对等原则。《行政诉讼法》第九十九条规定："外国人、无国籍人、外国组织在中华人民共和国进行行政诉讼，同中华人民共和国公民、组织有同等的诉讼权利和义务。外国法院对中华人民共和国公民、组织的行政诉讼权利加以限制的，人民法院对该国公民、组织的行政诉讼权利，实行对等原则。"

四、涉外处罚的执行

涉及外国人、外国组织和无国籍人的行政处罚决定作出后，执行是关键。

---

① 这两部法律由全国人大常委会审议通过，不是行政法规。

② 江必新、夏道虎主编：《中华人民共和国行政处罚法条文解读与法律适用》，中国法制出版社2021年版，第283－284页。《刑法》第十一条规定："享有外交特权和豁免权的外国人的刑事责任，通过外交途径解决。"

一是送达。根据本法，行政机关首选电子送达，在调查之初，即通过送达地址确认书制度，明确电子送达地址。根据《最高人民法院关于涉外民事或商事案件司法文书送达问题若干规定》，作为受送达人的自然人或者企业、其他组织的法定代表人、主要负责人在中华人民共和国领域内的，可以向该自然人或者法定代表人、主要负责人送达；也可以送达给其在中华人民共和国领域内设立的代表机构。受送达人在中华人民共和国领域内有分支机构或者业务代办人的，经该受送达人授权，可以向其分支机构或者业务代办人送达。除公告送达方式外，可以同时采取多种方式向受送达人进行送达，但应根据最先实现送达的方式确定送达日期。

有的领域有单行规定对涉外行政处罚送达作了规定。如《海关办理行政处罚案件程序规定》第二十三条规定："海关对中华人民共和国领域内有住所的外国人、无国籍人、外国企业或者组织送达行政法律文书，适用本规定第二十条至第二十二条规定。海关对中华人民共和国领域内没有住所的外国人、无国籍人、外国企业或者组织能够直接送交行政法律文书的，应当直接送达。受送达人有委托接受送达的代理人的，海关可以向代理人直接送达，也可以向受送达人在中华人民共和国领域内设立的代表机构或者有权接受送达的分支机构、业务代办人直接送达。海关对授权委托有疑问的，可以要求代理人提供经过公证机关公证的授权委托书。直接送达行政法律文书有困难并且受送达人所在国的法律允许邮寄送达的，可以邮寄送达。海关向我国香港、澳门和台湾地区送达法律文书的，比照对中华人民共和国领域内没有住所的外国人、无国籍人、外国企业或者组织送达法律文书的相关规定执行。"

二是缴纳罚款。没有住所的外国人、外国组织和无国籍人，罚款执行率不高。从解释上，可以认定此种情况属于本法第六十八条中的"不当场收缴事后难以执行的"情况，当场予以收缴。

此外，为了确保行政处罚决定得以执行，可以考虑适用行政强制。

法条关联

《民法典》第十二条；《刑法》第六条；《治安管理处罚法》第四条；《外交特权与豁免条例》第十四条；《领事特权与豁免条例》第十四条等。

案例评议

厦门朝日教育培训中心不服厦门市公安局思明分局行政处罚决定案[①]

◆ **裁判要旨**

根据《外国人在中国就业管理规定》第二十八条以及《外国人入境出境管理法》的有关规定，我国对外国人在华非法就业的处罚主体是公安机关。从处罚方式来看，外国人在我国非法就业的，双重主体均应受到处罚，也即实行双罚制：一方面，对非法聘用外国人的单位和个人来讲，一般会受到罚款及负担相关遣送费用的处罚。如《外国人入境出境管理法实施细则》第四十四条第二款规定："对私自雇用外国人的单位和个人，在终止其雇用行为的同时，可以处5000元以上、50000元以下的罚款……"另一方面，对非法就业的外国人来讲，其可能会面临以下处罚方式：收缴就业证和许可证书，并处以罚款、没收其非法所得，取消居留资格甚至限期出境。

第八十五条 【时间】

本法中"二日""三日""五日""七日"的规定是指工作日，不含法定节假日。

微言要义

法律不计星期日。[②] 日一开始，便算一整日。[③]

本条来源

新增。《行政强制法》第六十九条规定："本法中十日以内期限的规定是指工作日，不含法定节假日。"《行政复议法》第四十条第二款规定："本法关于行政复议期间有关'五日'、'七日'的规定是指工作日，不含节假日。"但行

① （2010）厦行终字第3号。
② 孙笑侠：《西方法谚精选》，法律出版社2005年版，第105页。
③ 郑玉波：《法谚（二）》，法律出版社2007年版，第142页。

政许可的时间计算有所不同，《行政许可法》第八十二条规定：“本法规定的行政机关实施行政许可的期限以工作日计算，不含法定节假日。”

立法演变

无变化。

条文释义

一、规范意旨

本条是时间方面的例外规定，先行登记保存、送达、听证、当场收缴的时间都要适用本条规定。但本条规定的时间之外的“其他时间”以自然日计算，如办理时限、追诉时效等。

二、工作日、法定节假日、休息日

（一）工作日

工作日是指周一至周五。

在立法中，“日”和“工作日”在法律时限中的区别是：“日”包含节假日，“工作日”不包含节假日、休息日。对于限制公民人身自由或者行使权力可能严重影响公民、法人和其他组织的其他权利的，应当用“日”，不用“工作日”。①

（二）法定节假日

1. 全体公民放假的节日

《全国年节及纪念日放假办法》第二条规定：“全体公民放假的节日：（一）新年，放假1天（1月1日）；（二）春节，放假3天（农历正月初一、初二、初三）；（三）清明节，放假1天（农历清明当日）；（四）劳动节，放假1天（5月1日）；（五）端午节，放假1天（农历端午当日）；（六）中秋节，放假1天（农历中秋当日）；（七）国庆节，放假3天（10月1日、2日、3日）。”

2. 部分公民放假的节日

《全国年节及纪念日放假办法》第三条规定：“部分公民放假的节日及纪念

---

① 《全国人民代表大会常务委员会法制工作委员会关于印送〈立法技术规范（试行）（一）〉的函》（法工委发〔2009〕62号）。

日：（一）妇女节（3月8日），妇女放假半天；（二）青年节（5月4日），14周岁以上的青年放假半天；（三）儿童节（6月1日），不满14周岁的少年儿童放假1天；（四）中国人民解放军建军纪念日（8月1日），现役军人放假半天。”

3. 少数民族习惯的节日

由各少数民族聚居地区的地方人民政府，按照各该民族习惯，规定放假日期。如，根据《新疆维吾尔自治区人民政府关于修改〈新疆维吾尔自治区少数民族习惯节日放假办法〉的决定》，肉孜节全区各族干部职工放假一天；古尔邦节全区各族干部职工放假三天。

4. 法定节假日会影响行政行为的实施

如《行政强制法》第四十三条第一款规定：“行政机关不得在夜间或者法定节假日实施行政强制执行。但是，情况紧急的除外。”

（三）休息日

休息日不是节假日。《国务院关于职工工作时间的规定》第七条第一款规定：“国家机关、事业单位实行统一的工作时间，星期六和星期日为周休息日。”《劳动法》第四十四条、《职工带薪年休假条例》第三条等明确区分了休息日和法定休假日。《国务院办公厅关于2021年部分节假日安排的通知》（国办发明电〔2020〕27号）规定，节假日包括元旦、春节、清明节、劳动节、端午节、中秋节和国庆节。据此，休息日不是节假日。

三、计算规则

本法没有明确计算规则，《行政强制法》《行政许可法》等亦没有类似规定，可参照《民法典》的规定实施。

一是起算点。按照年、月、日计算期间的，开始的当日不计入，自下一日开始计算。[①] 如《浙江省行政程序办法》第六十五条第一款规定：“期限以时、日、月、年计算的，期限开始时、日不计算在期间内；期限届满的最后一日是节假日的，以节假日后的第一日为期限届满日期，法律、法规另有规定的除外。”

二是到期日的确定。期间的最后一日是法定休假日的，以法定休假日结束

① 理论上，也有“初日不计时刻，以一日论”的观点。

的次日为期间的最后一日。期间的最后一日的截止时间为24时；有业务时间的，停止业务活动的时间为截止时间。

三是期限扣除。期限不包括在途时间，执法文书在期满前交邮的，不算过期。[①] 假种子等产品检测鉴定的时间比较长，这类时间一般也可以扣除。如《江苏省行政程序规定》第六十五条规定："行政机关作出行政执法决定，依法需要听证、招标、拍卖、检验、检测、检疫、鉴定、专家评审和公示的，所需时间不计算在规定的期限内。"

四是时间中止。在本次修订前，行政处罚案件没有办理时限，本次修订规定了90日的办理时限。因此，时间中止规定的重要性愈加凸显。从理论上讲，行政机关因不可抗力、移送刑事司法机关或其他不可避免的事由导致无法行使处罚权，并非属于行政机关的过错，应当停止期限的计算。在停止原因结束后，应继续计算期限。[②] 本法没有规定时间中止或者中断，为不足之一。《浙江省行政程序办法》第六十五条第二款规定："公民、法人和其他组织因不可抗力耽误期限的，被耽误的时间不计算在期限内；因其他特殊情况耽误期限的，在障碍消除后的10日内，可以申请顺延期限，是否准许由行政机关决定。"

法条关联

《全国年节及纪念日放假办法》；《国务院关于职工工作时间的规定》等。

案例评议

山东阳谷华通汽车运输有限公司与河北省沧县交通运输局运输管理站交通运输行政处罚纠纷上诉案[③]

◆ 裁判要旨

《交通行政处罚行为规范》第七十七条规定：本规范所称日，是指工作日。即该规范的规定与民事诉讼法第八十二条的规定不一致。在实际执行中，应根

① 乔晓阳主编：《中华人民共和国行政强制法解读》，中国法制出版社2011年版，第232页。

② 李洪雷：《论我国行政处罚制度的完善——兼评〈中华人民共和国行政处罚法（修订草案）〉》，《法商研究》2020年第6期。

③ （2014）沧行终字第30号。

据该规范确定“3日”，因为该规范赋予了行政相对人更多的权利，赋予了其更长的要求听证的时间。需要注意的是，如果3日中间有休息日，则休息日不计算在内，而不是期满最后一日是节假日的，以节假日后的第一日为期满日。“3日”实际上可能是6日，最长甚至可能是10日。如果运管站在9月28日告知运输公司听证权，因为正逢十一“黄金周”，则运输公司在10月8日提出听证也是在“3日”内。①

第八十六条 【施行日期】

本法自2021年7月15日起施行。

微言要义

后制定的一般法不废止前特别法。②

本条来源

删除原法第六十四条第二款，对第一款进行修改。

立法演变

无变化。

条文释义

本法确定了“从旧兼从轻原则”，2021年7月15日是时间区分点。2021年7月15日前，行政机关要做一些准备工作。

一是清理。本次修订作了诸多重大修改，与本法相抵触的规定，应当在本法实施前予以清理。本法实施后，与本法相抵触的规定，不能再被执行，以其作为执法依据的，属于广义的没有依据。

二是解释答复。如前所述，取缔、不得申请行政许可、公开谴责等行政管

① 孙树国对本案的评析，参见《人民司法·案例》2014年第16期。
② 孙笑侠：《西方法谚精选》，法律出版社2005年版，第36页。

理措施，是否是行政处罚，有关方面还有争议，应当尽快通过解释答复等途径予以明确。

三是做好配套规定。如非现场执法，本次修订要求“依照法律、行政法规规定利用电子技术监控设备收集、固定违法事实的，应当经过法制和技术审核，确保电子技术监控设备符合标准、设置合理、标志明显，设置地点应当向社会公布”，对于不符合该规定的，应当在本法实施前补办手续。再如，委托处罚，本次修订要求“委托书应当载明委托的具体事项、权限、期限等内容。委托行政机关和受委托组织应当将委托书向社会公布”，对于不符合该规定的，应当在本法实施前补办手续。

类似的，还有立案标准、办案时限、听证规则、主观过错推定、一事不二罚等。

法条关联

《立法法》第九十三条等。

第二编　专题研究

第一章　整体主义、放管结合、高效便民：《行政处罚法》修改的“新原则”[①]

《行政处罚法》实施面临组织、规范、效能等方面的问题。整体主义、放管结合、高效便民是《行政处罚法》修改应关注的三个“新原则”。整体主义在中西方具有共识，《行政处罚法》应当以整体主义重塑组织法与行为法，在行刑衔接制度中创设检察罚、法院罚。放管结合是《行政处罚法》修改的改革背景，宜赋权给地方除限制人身自由和保障市场统一之外的行政处罚设置权，并借助《行政处罚法》的修改规定依职权行政行为的一般条款。高效便民是《行政处罚法》修改的“行政”基础，宜通过简化简易程序、调查程序、执行程序，推进繁简分流。

从实践来看，组织、规范、效能是中国当前行政法治要面对的三个关键问题，而整体主义、放管结合、高效便民则是解决这三个关键问题的中国药方。本文认为，修改《行政处罚法》必须抓住这三个实践中的主要矛盾，并用其统率行政处罚法治体系。

一、《行政处罚法》的实践难题

（一）盘根错节的部门执法难题

我国行政处罚权的实施主体配置面广，从国务院到乡镇政府，从国务院部

---

① 本文为对本法修改的建议，属于学理探讨，原载《华东政法大学学报》2020 年第 5 期，中国人民大学复印报刊资料《宪法学、行政法学》2020 年第 6 期全文转载。本文发表后受到了一定程度的关注，北京大学法学院学术委员会主席陈瑞华教授评价：“在附条件不起诉中引入检察罚，在行刑交叉案件中引入法院罚，全面确立行政执法和解……如此崭新观点，充满学术上的想象力，令人耳目一新，极具启发性。”本文“整体主义”等观点为立法采纳。专题研究部分涉及的《行政处罚法》法条为 2017 年修订版本。

门到县级政府部门甚至是县级政府部门的派出机构，都有行政处罚权。① 多头执法、重复执法，一直是我国行政执法体制的沉疴。

1. 执法主体碎片化

执法部门纵向、横向职责交叉频发，推诿扯皮，有利争着管，无利都不管，执法盲点与执法“扰民”点并存，热点、难点问题长期得不到回应和解决。《行政处罚法》立法前，往往是制定一部法律法规，就要设定一支执法队伍。在一些省市，实施行政处罚的队伍已经超过100支，而且每年还以3—5支的速度增长；有的政府部门下设8支执法队伍。② 2014年6月底，北京市共有各类行政执法主体2152个，其中国家部委、市政府和市属委办局垂直管理的行政执法主体为1417个，16个区县政府及其所属委办局设置的行政执法主体为735个。③ 尽管相对集中的执法权提供了一定的制度途径，但该制度同时衍生了部门衔接、专业行政等方面的新问题④，执法主体碎片化的问题没有得到根本解决。

2. 协同效应不足

行政管理的固有特点应该是整体性强，而部门执法往往单打独斗，倾向于本行业的监管，部门间信息共享程度低，某行政相对人刚被某部门处罚后，可能又被其他部门列为表彰奖励对象，或者被再次处罚，执法合力不足。制度原因是《行政处罚法》缺少关于行政协助方面的规定。

---

① 根据《行政处罚法》第二十条规定，行政处罚的主体似乎局限于县级以上地方人民政府有关行政机关，但国务院和乡镇政府也是行政处罚的主体。以乡镇政府为例，《村庄和集镇规划建设管理条例》第三十九条、第四十条，《血吸虫病防治条例》第五十一条都规定了乡镇政府罚款权限。此外，根据中央办公厅、国务院办公厅《关于推进基层整合审批服务执法力量的实施意见》的要求，不少省政府根据《行政处罚法》第十六条，以相对集中行政处罚权的方式，将县级政府有关部门的行政处罚权相对集中到乡镇政府、街道办事处，据此，乡镇政府、街道办事处都拥有行政处罚权，这一巨大改革背后仍有诸多问题需要进一步研究。除了处罚权，乡镇政府还拥有许可权、检查权、强制权、征收权、征用权等。本部分的问题系笔者根据多年在全国各地的实地调研总结而来。

② 参见李岳德主编：《中华人民共和国行政处罚法释义》，中国法制出版社1996年版，第67－68页。

③ 《北京市行政执法现状与建议》，《北京晚报》2014年9月25日，第5版。

④ 类似的问题表现在许可领域的改革，参见袁雪石：《相对集中行政许可权改革的挑战与发展方向》，《中国行政管理》2020年第1期。

（二）该放的没有放开放到位，该管的没有管住管好

1. 地方行政处罚立法权限不足

《行政处罚法》规定，地方性法规可以设定除限制人身自由、吊销企业营业执照以外的行政处罚；规章可以设定警告或者一定数量罚款。根据《立法法》，设区的市可以对城乡建设与管理、环境保护、历史文化保护等方面的事项制定地方性法规或者规章。但在监管措施方面，设区的市能够设置的监管措施非常有限，主要是警告和一定数量的罚款，硬法色彩不足。从过去的实践来看，行政目标的设定往往与能使用的资源和手段脱节，或者根本不考虑资源或手段问题，结果事与愿违。① 地方行政处罚立法权限问题，再次凸显了地方治理手段的不足，即使完全是地方事权，也没有完全的治理手段。

2. 处罚种类不能满足实践需求

处罚种类之乱，在《行政处罚法》制定之初表现得相当突出。全国人大常委会法工委原副主任张春生回忆说，《行政处罚法》出台之前，国务院统计过，各种行政处罚有上百种，罚法五花八门、乱七八糟。你闯红灯，给你穿上小黄马褂，你得逮住下一个闯红灯的才能走，这不是乱来吗?②《行政处罚法》实施后，行政处罚不规范的问题得到较大程度改善，但近年来黑名单、备案、信息披露、不受理行政申请、不予注册登记、取缔、收缴、指定其他机构托管接管等监管措施不断涌现，这些措施是否是行政处罚，如何规范其设定与实施，亟待进一步明确。③

3. 监管能力受制于制度漏洞

一是发现违法事实方面。《行政处罚法》没有规定证据规则，证据类型、证明标准、证明责任分配、自认等都缺失，快速检测结果证据效力存在不确定性，执法人员取证能力有限。此外，依靠投诉举报等途径精准发现违法行为的

---

① 参见袁曙宏主编：《〈全面推进依法行政实施纲要〉读本》，法律出版社2004年版，第116页。

② 参见李国民：《行政处罚法：因处罚“乱象”而生》，《检察日报》2009年8月31日，第4版。需要反思的是，《行政处罚法》以类型强制的方式和法律法规保留的方式，控制行政处罚的设置，这是否能行得通。比如，我国台湾地区的行政处罚种类有160多种。如果类型化立法走不通的话，可考虑行政处罚一般化的立法模式，即用概括式的一般条款统一规范行政处罚。

③ 《行政处罚法》可以明确规定，特别法在设定处罚时，必须在法条中明确设定某某处罚，以行政行为名称法定解决增量处罚定性问题。参见袁雪石：《论行政许可名称法定》，《财经法学》2017年第3期。

制度建构还不足。二是非现场执法方面。告知义务条款不适应信息时代自动化执法需求。虽然《法治政府建设实施纲要（2015—2020 年）》提出："改善执法条件，合理安排执法装备配备、科技建设方面的投入""强化科技、装备在行政执法中的应用"，但目前行政执法过于依赖现场执法，借助互联网、大数据、云计算、自动化设备等科技手段来执法的能力还不足。一方面是这些手段的引入需要财政支持，另一方面也需要大量的技术人才，行政机关预算增加、人员结构的调整都不是一日之功。三是法制审核方面。《中共中央关于全面推进依法治国若干重大问题的决定》提出："严格执行重大执法决定法制审核制度。"2017 年，《行政处罚法》修改第三十八条，增加一款："在行政机关负责人作出决定之前，应当由从事行政处罚决定审核的人员进行审核。行政机关中初次从事行政处罚决定审核的人员，应当通过国家统一法律职业资格考试取得法律职业资格。"从抽查的情况来看，即使在全国百强县，基层行政执法机关具有法律职业资格的公务人员也非常少，除非借助政府采购等途径，否则该项制度落实存在较大困难。

（三）执法效率不高

1. 执法权威度不高

执法权威与执行效果呈正比例关系。基于威慑理论的高权行政，在实践中困境重重，表现之一就是执法权威度不高，"眼神执法""下跪执法""鲜花执法"等现象屡见报端。换句话说，在"规制空间"中，行政执法主体和人员可能会处于弱势地位，至少是高权行政的地位被削弱。① 因为执法没有权威，暴力抗法、辱骂执法人员等现象高发，这又反作用于执法人员的心理，助长了暴力执法，行政处罚的制裁和预防效果难以发挥，相对人是否形成了内心对法律的真实信仰，是否真正地顺从处罚决定，是否能知错能改，都不得而知。这里有部分原因与《行政处罚法》有关：一是行政处罚类型设置随着形势的变化，

---

① 规制空间（regulatory space）隐喻的核心观点认为，要占有规制权并有能力实施规制，需要有相关的资源，而资源呈现分散化状态或碎片化样态。这些资源不限于由立法或合同演化出的正式国家权力，还包括信息、财富和组织方面的能力。参见［英］科林·斯科特：《规制、治理与法律：前沿问题研究》，安永康译，宋华琳校，清华大学出版社 2018 年版，第 31 页。在高权行政的架构下，行政处罚中的权力服从关系类似于传统管制型家庭中的父母子女关系，但当行政决定没有威慑力时，行政机关及其人员也就因此丧失了"高权"地位，管制也会因此陷入低效率陷阱。

威慑效力大大削减，比如部门规章关于罚款设置原则上不超过3万元①。二是行政处罚决定执行周期长，行政处罚决定作出后，因行政强制并未授予绝大多数行政机关，非诉执行的制度设计司法色彩浓厚，降低了行政效率，行政相对人逃逸、转移财产、拒不执行执法决定现象较多。三是处罚成本低于违法成本，高于守法成本，如果对违法者的处罚太轻，罚款数额很小，就会成为非法行为“合理的许可费”，这种处罚也起不到作用。②

2. 守法激励措施少

徒法不足以自行，行政管理秩序关键还要靠守法。好办事、成本低是对守法的最佳激励。目前这方面的主要问题是守法成本高，违法成本低，守法难办事，违法好办事。一方面，法不够用、不好用，造成了法外之事。另一方面，守法习惯或者习俗不好，违法比守法更容易获益。类似于民法上的效率违约，从经济的角度出发，不少人会选择“效率违法”，行政处罚的威慑效果不能满足实践需求，秩序罚的立命之本已经受到挑战，更不要说预防之效。一切有关人的行动的科学，都必须重视在诱因、结果以及有利或不利条件的作用下缺少主观意义的过程和表象。③《行政处罚法》第五条虽然规定了处罚与教育相结合原则④，但该条主要是从执法者角度来讲的，如何从守法者角度进一步提倡守法，降低守法成本，《行政处罚法》还需要建立一系列制度，充分发挥自我规制、合作规制的治理作用。

3. 执法管理科学化程度不够

执法是资源的对抗。近年来西方一直提倡“更好规制”（better regulation）

---

① 《行政处罚法》第十二条第二款规定：“尚未制定法律、行政法规的，前款规定的国务院部、委员会制定的规章对违反行政管理秩序的行为，可以设定警告或者一定数量罚款的行政处罚。罚款的限额由国务院规定。”《国务院关于贯彻实施〈中华人民共和国行政处罚法〉的通知》规定：“国务院各部门制定的规章对非经营活动中的违法行为设定罚款不得超过1000元；对经营活动中的违法行为，有违法所得的，设定罚款不得超过违法所得的3倍，但是最高不得超过30000元，没有违法所得的，设定罚款不得超过10000元；超过上述限额的，应当报国务院批准。地方政府规章设定罚款的限额，由省、自治区、直辖市人大常委会规定，可以不受上述规定的限制。”

② 参见李岳德主编：《中华人民共和国行政处罚法释义》，中国法制出版社1996年版，第17页。

③ 参见［德］马克斯·韦伯：《经济与社会》（第一卷），阎克文译，上海世纪出版集团2010年版，第95页。

④ 第五条规定：“实施行政处罚，纠正违法行为，应当坚持处罚与教育相结合，教育公民、法人或者其他组织自觉守法。”

和“精明规制”（smart regulation）①，其背后是成本效益原理。从当前执法现状来看，大部分地方和部门的行政执法还处于“高成本、低产出”阶段，如何建立激励机制和约束机制、如何抓住行政违法的主要矛盾，是一个值得重视的问题。执法管理科学化程度不够，主要体现在以下方面：一是习惯于运动式执法、部门执法。执法方式往往大水漫灌，“一个人得病，大家吃药”，执法对经济社会的干预度受热点事件等影响较大，还不能达到精准执法，整个社会接受检查的间接成本高，在宏观上执法投入产出严重不成比例，执法管理水平亟待提高。二是较少考虑直接成本、机会成本。在广泛推广“双随机，一公开”检查前，有些地方和部门更加强调行政检查全覆盖、无死角，“眉毛胡子一把抓”，在近似无限法定职责的背景下，不仅行政相对人受干预程度被加强，而且基层执法人员被问责成为大概率事件。不考虑机会成本的典型例子就是“铁桶阵执法”。② 三是执法保障不到位。在街头执法中，违法行为人采取“敌进我退，敌退我进”的战术，行政执法主体受制于车辆、设备、人员、作息时间等因素，在对抗中往往处于下风。

二、整体主义：《行政处罚法》修改的系统逻辑

《行政处罚法》实施面临上述问题的原因之一，是系统治理、综合治理方面的制度建设不足，行政组织法与行政行为法割裂发展。整体主义是解决上述问题的药方之一。

（一）理念：以整体主义重塑组织法与行为法

再次关注诸权协力的整体主义治理理念，是提高国家治理体系和治理能力现代化的必然要求。《中共中央关于全面推进依法治国若干重大问题的决定》中要求的“形成高效的法治实施体系”，体现了整体主义治理理念。《党和国家

① 关于更好规制，参见［英］罗伯特·鲍德温、马丁·凯夫、马丁·洛奇编：《牛津规制手册》，宋华琳、李鸻、安永康、卢超译，宋华琳校，上海三联书店2017年版，第十二章。关于精明监管，参见张红：《证券行政法专论》，中国政法大学出版社2017年版，第25页。

② 在执法中，数名城管队员手持盾牌一拥而上，将占道经营的窝棚围得水泄不通，僵持5分钟后，经营者李某坐不住了，主动找到执法队员商量，双方很快达成一致：街道帮助李某另谋职业，李某则配合拆除违建窝棚。《武汉城管出乱象“铁桶阵执法”引关注》，https：//news.qq.com/a/20100701/000943.htm，最后访问时间：2018年10月8日。有评论认为，其实执法本身就是包含有一定暴力成分的，在此点上没有讳言的必要。执法本来就不是请客吃饭。《武汉城管静默队列式执法 手段创新何不给点掌声》，http：//news.163.com/12/0921/08/8BTOMO5S00014AEE.html，最后访问时间：2018年10月8日。

机构改革方案》《中共中央关于坚持和完善中国特色社会主义制度、推进国家治理体系和治理能力现代化若干重大问题的决定》的精义之一就是整体主义。

中国文化强调整体主义精神。《道德经》讲道：“道生一，一生二，二生三，三生万物。”《淮南子·天文训》对此作了解释：“道（曰规）始于一，一而不生，故分而为阴阳，阴阳合和而万物生。故曰：一生二，二生三，三生万物。”中华法系的一个基本特点是诸法合体，同时郡县的组织机构也是一体化建设，这体现了诸权协力思想。① 过去对此有很多批判的声音，但这种治理体系体现了中国哲学思想，所谓的批判声音其实是西方法律认知体系的映射。梁治平认为，就固有形态而言，中国古代法业已足够成熟，中国古代法自有其统一性，这种统一性植根于文化。② 自工业革命以来，现代行政专业性、技术性越来越强。现代行政已不再局限于传统的警察、税收、财政行政，而广泛涉及社会保障、环境保护、资金助成、能源规制等领域，大量的行政案件主要依靠的是行政机关及其工作人员的专业知识和技能来解决问题。③ 这种现代行政直接影响了国家机构的设置。从 1976 年到 1981 年，国务院工作部门达到了 100 个，1982 年机构改革后，国务院所属部委、直属机构和办公机构由 100 个裁并调整为 61 个。④ 现代行政的发展越发注重部门行政，或者说类型治理。但在强调类型治理的同时，需要加强系统论研究，辩证处理整体治理与类型治理之间的关系。

整体主义治理理念在西方也具有较大程度的共识。自 20 世纪 90 年代中后期以来，“整体政府”成为当代西方国家政府改革的新趋向，整体政府改革是对部门主义极端扩张的一种反应，改革重点是从结构性分权、机构裁减和设立

---

① 参见林纪东：《行政法新论》，五南图书出版有限公司 1985 年改定 27 版，第 52 页。

② 如果说孕育了罗马私法同时又深受其影响的西方文化可以被恰当地称为私法文化，则中国文化可以在同样意义上被说成是礼法文化。参见梁治平：《寻求自然秩序中的和谐》，中国政法大学出版社 1997 年版，序言第 4 页。

③ 参见高秦伟：《行政法学方法论的回顾与反思》，《浙江学刊》2005 年第 6 期。

④ 《1982 年国务院机构改革的情况》，中央机构编制网，http：//www. scopsr. gov. cn/zlzx/jgyg/201811/t20181120_ 326524. html，最后访问时间：2019 年 9 月 8 日。此后大约每十年两次的机构改革的一个主要措施是精简合并机构。

单一职能的机构转向“整体政府”。[①] 与政治学理论相对应的是法学上的行政一体性原则，行政一体性原则首先指在一个行政辖区内尽可能所有之权限应集中于一个机关或集中于由同一的一位首长所指挥的行政机关群中，其次则指所有的国家机关应该以相同的思考对外作出决定。[②] 进一步而言，整体主义治理理念不仅应扩展到所有的国家机关，还应适用于相对人，职能分离应当具有内部性，不论是立法、行政还是监察、司法，都是国家机关，都代表国家，对外的命令、决定、裁判等应具有一致性，不能自相矛盾。法社会学家罗斯科·庞德对权力分立进行过反思：“现在没有人会断言权力分立是自然法律秩序的一部分，或者说它对于自由是必不可少的。”[③]秩序是某种环境中存在着的某种关系的稳定性、结构的有序性、行为的规则性、进程的连续性、事件的可预测性，以及财产和心理的安全性。行政处罚的本质是制裁，并以制裁指望当事人因恐惧制裁而自动地履行行政法上的义务[④]，以促成危险吓止、特殊预防、一般预防。

行政执法主体碎片化的制度原因，是执法体系设计整体主义精神不够强，在部门与政府的关系中，有时候有的部门喧宾夺主，《行政处罚法》对部门立法的约束度不高。[⑤] 如何既发挥部门执法等专业特长，又从整体上提升监管效能，需要从实施主体、管辖等制度层面回应。我们需要对深深嵌入既有体制中的部门法学、部门立法、部门执法、部门司法的组织设置进行反思，建立综合部门、执行部门、研究部门等既分工负责又互相配合的治理体制，尤其是要发挥财政、机构编制、司法行政等综合部门的大脑作用，克服部门行政的弊端。

---

① 参见曾维和：《“整体政府”论》，《国外社会科学》2009 年第 2 期。[挪] Tom Christensen、Per Laegreid：《后新公共管理改革——作为一种新趋势的整体政府》，张丽娜、袁何俊译，《中国行政管理》2006 年第 9 期。

② 参见翁岳生主编：《行政法》，中国法制出版社 2009 年版，第 328 页。一国的行政权力均来自法律授权，是一个有机整体。不同的行政机关在行使各自的权力时，都应当寓于相互联系、协调统一的权力体系之中。在我国行政机关序列中，实行下级服从上级、部门服从政府、地方服从中央的原则，上述认识即为国家行政权统一原则。参见汪永清：《行政处罚》，中国政法大学出版社 1994 年版，第 90 - 92 页。

③ 参见［美］凯斯·R. 桑斯坦：《权利革命之后：重塑规制国》，钟瑞华译，中国人民大学出版社 2008 年版，第 25 页。

④ 参见李岳德主编：《中华人民共和国行政处罚法释义》，中国法制出版社 1996 年版，第 7 页。

⑤ 长期以来，我国立法是行为规则立法，基本不涉及编制、财权等问题。这依然是本次《行政处罚法》修改面临的一个背景。

（二）事例：在行刑衔接制度中创设检察罚、法院罚

《行政处罚法》第二十二条规定：“违法行为构成犯罪的，行政机关必须将案件移送司法机关，依法追究刑事责任。”为了贯彻实施好行政处罚与刑事司法之间的衔接，国务院还专门制定了《行政执法机关移送涉嫌犯罪案件的规定》。上述规定确立了行政处罚与刑罚二元主义的原则。① 但就像刑法犯和行政犯的区别一样，行政刑罚和秩序罚的区别，也并非是泾渭分明的。② 美国等国家也并没有严格区分刑事罚金和行政罚款。从实践情况来看，我国的二元主义体制存在“有案不移、有案难移、以罚代刑”等问题。③ 从整体主义角度来看，上述规定可以作出以下修改：

1. 矫正预防类行政处罚在移送前作出

从行刑衔接实践来看，哪些类型的行政处罚可以先行作出，哪些不能先行作出，存在一定程度的混乱。不论是行政处罚，还是刑罚，国家制裁的首要目的都是制止危害行为。根据“一事不二罚”规则，相同种类的制裁不宜由行政机关先行作出。从《行政处罚法》第八条、《刑法》第三章第一节规定来看，暂扣或者吊销许可证、暂扣或者吊销执照、责令停产停业，刑法没有对应的制裁类型，先行作出此类处罚决定有利于及时制止违法行为，维护公共利益和社会秩序，保护公民、法人或者其他组织的合法权益，凸显处罚的矫正预防功能。贝卡利亚曾讲道：“惩罚犯罪的刑罚越是迅速和及时，就越是公正和有益。”④ 这句话同样适用于行政处罚，矫正预防类行政处罚先行作出的目的，就是及时

① 关于行政处罚与刑罚之间的关系，有三种代表性的观点：第一种为互为替代，理论上称为代替主义，认为对违法行为的制裁只能在行政处罚和刑罚中选择一种。第二种为合并适用，理论上称为二元主义，主张对同一违法行为既要适用刑法，又要适用行政处罚。第三种为附条件并科，也称免除代替，行政处罚与刑罚可以并科，但任何一个执行后，认为没有必要再执行另一个时，可以免除执行。有的处罚（如能力罚）只能由行政机关决定，其作用完全不同于刑法。参见汪永清：《行政处罚》，中国政法大学出版社 1994 年版，第 21－23 页。

② 参见［日］佐伯仁志：《制裁论》，丁胜明译，北京大学出版社 2019 年版，第 8 页。

③ 《中共中央关于全面推进依法治国若干重大问题的决定》提出：“健全行政执法和刑事司法衔接机制，完善案件移送标准和程序，建立行政执法机关、公安机关、检察机关、审判机关信息共享、案情通报、案件移送制度，坚决克服有案不移、有案难移、以罚代刑现象，实现行政处罚和刑事处罚无缝对接。”在个别领域，刑事责任制裁力度低于行政处罚的制裁力度。此外，还有学者总结了公安机关移送案件、公安机关受理移送案件以及检察机关对案件移送的监督三个环节衔接不畅的问题。张红、刘航：《执法资源有限视角下的行刑衔接程序问题研究》，《行政管理改革》2019 年第 2 期。

④ 参见［意］贝卡利亚：《论犯罪与刑罚》，黄风译，中国法制出版社 2005 年版，第 69 页。

以制裁矫正违法行为。

2. 制裁类行政处罚可改由检察院或者法院合并处理

处罚是制裁的一种类型，但并不一定专属于行政机关作出，也可以由司法机关作出。实践中，行政机关收到检察建议或者司法建议后，有的需要重新启动行政处罚程序，不仅时间长、效率低，还面临证据保存、移交等方面的问题。在刑事诉讼阶段，如果司法机关在征求行政机关意见的基础上，综合考虑行政处罚、刑罚裁量因素，统一作出人身、财产制裁，行政机关不再对同一违法行为作出处罚，不仅能够避免对同一行为二次制裁、增强相对人对监管的安定性预期，而且有利于节约治理成本、快速解决问题、提高国家治理的体系效应。

一是在检察阶段，针对附条件不起诉类行刑衔接案件，可以借鉴缓起诉处分制度，研究创设检察罚。2011 年我国台湾地区修改“行政罚法”，增加了缓起诉处分决定，即第二十六条第二项规定：“前项行为如经不起诉处分、缓起诉处分确定或为无罪、免诉、不受理、不付审理、不附保护处分、免刑、缓刑之裁判确定者，得依违反行政法上义务规定裁处之。”① 缓起诉处分制度与附条件不起诉制度类似，适用对象是犯罪嫌疑人犯轻罪类案件，检察机关对于适用缓起诉的对象，确定一年以上三年以下缓起诉期间，为缓起诉处分，并同时命令犯罪嫌疑人于一定期限内履行特定负担或者指示，主要是向公库支付一定金额与履行劳动给付等。②

---

① 我国台湾地区原“行政罚法”第二十六条规定：“一行为同时触犯刑事法律及违反行政法上义务规定者，依刑事法律处罚之。但其行为应处以其他种类行政罚或得没人之物而未经法院宣告没收者，亦得裁处之。前项行为如经不起诉处分或为无罪、免诉、不受理、不付审理之裁判确定者，得依违反行政法上义务规定裁处之。”

② 参见我国台湾地区“刑事诉讼法”第 253 - 1 条规定：“被告所犯为死刑、无期徒刑或最轻本刑三年以上有期徒刑以外之罪，检察官参酌刑法第五十七条所列事项及公共利益之维护，认以缓起诉为适当者，得定一年以上三年以下之缓起诉期间为缓起诉处分，其期间自缓起诉处分确定之日起算。追诉权之时效，于缓起诉之期间内，停止进行。刑法第八十三条第三项之规定，于前项之停止原因，不适用之。第三百二十三条第一项但书之规定，于缓起诉期间，不适用之。”第 253 - 2 条规定：“ 检察官为缓起诉处分者，得命被告于一定期间内遵守或履行下列各款事项：一、向被害人道歉。二、立悔过书。三、向被害人支付相当数额之财产或非财产上之损害赔偿。四、向公库支付一定金额，并得由该管检察署依规定提拨一定比率补助相关公益团体或地方自治团体。五、向该管检察署指定之政府机关、政府机构、行政法人、社区或其他符合公益目的之机构或团体提供四十小时以上二百四十小时以下之义务劳务。六、完成戒瘾治疗、精神治疗、心理辅导或其他适当之处遇措施。七、保护被害人安全之必要命令。八、预防再犯所为之必要命令。检察官命被告遵守或履行前项第三款至第六款之事项，应得被告之同意；第三款、第四款并得为民事强制执行名义。第一项情形，应附记于缓起诉处分书内。第一项之期间，不得逾缓起诉期间。第一项第四款提拨比率、收支运用及监督管理办法，由行政院会同‘司法院’另定之。”

从内容上来看，缓起诉处分制度规定的负担，具有行政与民事责任的综合性。向公库支付一定金额，向指定团体提供义务劳动，具有处罚性质。另外，向被害人支付财产或精神损害赔偿，命令行政相对人向被害人道歉，也可以认为是民事责任的体现。从手段上来看，缓起诉处分制度以刑事起诉为威慑，以司法契约为媒介，实现了行政相对人和国家机关之间的合意，这种合意具有民事契约的精神内核，可以说是在一个案件中综合运用了刑事、行政、民事领域的和解制度。对于行政相对人来讲，虽有胁迫之嫌，但客观上国家治理实现了由高权行为向平权行为、从刚性治理向柔性治理的转换。总体来看，缓起诉处分制度实现了实施主体、实施程序、法律责任等方面的综合，以最低成本投入获得最大治理产出，体现了整体主义治理思维，是行政一体性原则、整体政府理论的应用与拓展，是对社会生活复杂性、综合性的映射，也是对部门法学包打天下的反思。①

但是，缓起诉处分制度可能会遇到一些困难。如，有关机关的证据保存义务比较重，在一年至三年的缓起诉期间内，被告违反缓起诉条件的，检察官仍然要继续侦查或起诉。从实践情况来看，行政机关前期已经查处的涉案证据比较特殊，如果变卖或者作其他处理后败诉，会有国家赔偿责任；证据保存一年至三年，有关机关的经费或人力资源方面都遇到一些实际的困难。此外，还有是否对同一违法行为双重评价等问题。缓起诉处分制度面临的上述困难，是在行刑衔接上采取二元主义国家面临的普遍问题，创设检察罚是一条可以尝试的路径。

检察罚是指在轻罪行刑衔接案件中，检察机关在作出附条件不起诉决定环节，应当听取并考量行政机关的意见，在与相对人签订合同后，确定不起诉考验期，作出附条件不起诉决定，行政机关不再作出处罚决定。也就是说，通过主体、程序、法律责任相对集中，合并检察程序、行政处罚、民事损害赔偿程序，将不同国家机关之间的串联程序改为并联程序，将公法中的制裁与私法中的损害赔偿救济合并起来，统一由检察机关对外实施。这样就能变外部行为为

---

① 张树义教授指出，学科的划分只不过是为了研究的需要，但这里隐含着学科的划分往往是一个“陷阱”。中国法学已被学科的划分切割得支离破碎。参见张树义：《中国社会结构变迁的法学透视》，中国政法大学出版社2002年版，自序第7页。

内部行为，降低程序成本，削减刑事不法和行政不法的客观差异，消除不同国家机关对同一案件处理的不确定性，解决行刑衔接案件程序烦琐、周期漫长、治理效果低的问题，减轻有关机关的证据保存负担，为民事、行政、刑事交叉案件难解决问题找到一个程序路径①，充分体现效率原则，提高整体治理深度。

概言之，《行政处罚法》第二十二条可以补充规定：“在刑事诉讼程序阶段，人民检察院认为可以不起诉但需要追究死刑、无期徒刑、三年以上有期徒刑之外刑事责任和行政处罚责任的，可以在听取并考量行政机关意见的基础上，与相对人签订包含民事、行政、刑事责任内容的合同，确定不起诉考验期，作出附条件不起诉决定；并在决定生效七日内抄送相关行政机关、公安机关等国家机关和利害关系人，行政机关不再对同一行为作出行政处罚决定。”

二是在审判阶段，对于检察院决定提起公诉的行刑衔接案件，可以考虑创设法院罚。林纪东介绍，台湾地区法规间有将行政上秩序罚之处罚权，归于法院者。② 世界上许多国家的处罚都是根据处罚权的性质来确定的，但各国具体的行政处罚主体却不尽一致，除行政机关可以作为处罚主体外，法院也可以作为处罚主体；奥地利的处罚主体主要是行政机关，在英美法系，处罚主体一般都是法院，具体由行政机关向法院提出检控，再由法院予以审判和处罚。这一模式的主要优点是既有利于提高行政效能，保证了制裁权行使的公正，又很好地实现了不同权力（利）之间的配合与制约，解决了行政机关滥施制裁权和制裁权难以实现的双重矛盾。③ 这种整体主义的立法思路，在我国有立法先例。《民法通则》第一百三十四条除规定十种责任形式之外，还规定了训诫、责令具结悔过、收缴进行非法活动的财物和非法所得、罚款、拘留等民事惩罚措施，具体适用于故意或者重大过失违法行为，给当事人甚至对国家、社会造成损失

---

① 在审判阶段，河南焦作房地产纠纷案是个典型案例。焦作市一方当事人持房屋权属证书提起民事诉讼，请求确认其对讼争房屋享有所有权，而另一方当事人则提起行政诉讼，请求撤销房管部门颁发的房产证，以致行政诉讼与民事诉讼交织在一起。该案历经四级法院近20年的审理，由此产生的法律文书也多达数十份，但当事人的争议却始终无法得到解决。参见王贵松主编：《行政与民事争议交织的难题——焦作房产纠纷案的反思与展开》，法律出版社2005年版。此外，《民法总则》第一百八十七条规定：“民事主体因同一行为应当承担民事责任、行政责任和刑事责任的，承担行政责任或者刑事责任不影响承担民事责任；民事主体的财产不足以支付的，优先用于承担民事责任。”这一实体规定的程序支撑不足。

② 参见林纪东：《行政法新论》，五南图书出版有限公司1985年改定27版，第263页。

③ 参见汪永清：《行政处罚》，中国政法大学出版社1994年版，第36、126－127页。

较大的当事人。[①] 这种惩罚措施可以称为法院罚，法院在审理行刑衔接案件时，也可以予以适用，创设的理由同检察罚。

概言之，《行政处罚法》第二十二条可以补充规定：“在刑事诉讼程序阶段，人民法院认为需要追究死刑、无期徒刑、三年以上有期徒刑之外刑事责任和行政处罚责任的，可以在听取并考量行政机关意见的基础上，径行作出裁定或判决，并在裁定或判决生效七日内抄送相关行政机关、公安机关、检察机关等国家机关和利害关系人，行政机关不再对同一行为作出行政处罚决定。”

三、放管结合：《行政处罚法》修改的改革背景

政府与市场、政府与社会、中央与地方，是深化行政管理体制改革的核心问题。如果处理不好这三对关系，则监管会面临一系列问题。《行政处罚法》修改的一个时代背景是，中国政府持续推进“放管服”改革，取消下放了大量行政许可，但如何加强事中、事后监管，20年来一直没有完全解决。如何避免“一放就死，一管就乱”，《行政处罚法》能发挥很大作用。

（一）理念：《行政处罚法》也要体现放管结合

放管结合是在总结1982年以来历次机构改革等实践的基础上，提炼的中国行政改革的基本原则，其核心是转变政府职能。“放”指的是给地方、市场、社会放权，不仅仅是取消和下放行政许可项目、优化简化程序，也是辅助性原则在中国的另一种实践；“管”则是聚焦于完善监管方式、机制，加强事中、事后监管，健全维护秩序。在规制缓和改革的中国版本中，行政处罚作为中国最重要的事后监管手段，也当然要在这两个维度上有所体现。

据初步统计，2013年以来，国务院已取消和下放710多项行政许可事项[②]，保留的行政许可还通过告知承诺[③]、容缺受理等方式柔性实施，这对事中事后

---

①　这种民事惩罚措施与行政法的规定有交叉，行政法有规定的应该按照行政法规定处理。参见孙亚明：《民法通则要论》，法律出版社1991年版，第247－249页。

②　《国务院2013年以来取消下放了哪些“审批权”?》中国政府网，http：//www. gov. cn/xinwen/2017－02/10/content_ 5166968. htm，最后访问时间：2019年10月6日。该统计截至2017年，目前尚无最新的官方统计。

③　以行政许可告知承诺制为例，在许可条件实施申请人承诺、行政机关不予核查的背景下，行政检查、行政处罚都需要随之调整，《上海市行政审批告知承诺管理办法》对此作了初步建构。学界极少数文章对此进行了研究，但笔者认为，其中的理论和实践问题仍未得到根本解决。学界代表作参见张力：《先证后核、消极许可与规制工具试验》，《中国行政管理》2019年第5期。

监管提出了更高的要求。从国外情况看，在放松规制改革中，事前规制的缓和、撤销和废除，在引发了担保这些规制效力的罚则非犯罪化的同时，也导致以担保事后规制的效力为目的的罚则的强化成为必要。[①] 除非被取消的行政许可本身就是冗余无效的，否则一定要加强处罚、备案等非许可类监管措施。从地方权责清单来看，处罚占据当前行政权力数量的绝大多数，是最主要的监管措施。据此，《行政处罚法》修改要回答如何加强和改善行政处罚、如何预防和矫正失序行政违法行为、如何优化营商环境，下文从“放”和“管”两个层面举例阐述。

（二）事例一：放松行政处罚的设置权限

关于修改《行政处罚法》第八条，创设行政处罚行为的概念条款、分类条款、兜底条款和责任条款的观点，是可行的。[②] 但也有若干问题需要继续讨论，下面重点讨论行政处罚的设置权限。

1. 赋予地方更多的处罚类型设置权限

地方政府只能设置警告和罚款，这与地方治理需求相悖。国内外的经验表明，国家要治理好，就要发挥好中央和地方两个积极性。因为知识的地方性，地方获取信息更加准确及时，容易通过地方法治竞争，探索出富有成效的监管经验。美国前总统克林顿执政时曾讲道：“大政府的时代已经终结”，“在迈入21世纪的时候，我们正在意识到，钟摆已经摇得太远，我们不得不以来州和地方的人民的主动性、创造性、果断与决定，来承担美国的大量负担”。[③]这是美国放松规制改革在处理中央和地方关系方面的一个阐述。毛泽东同志曾讲道：“应当在巩固中央统一领导的前提下，扩大一点地方的权力，给地方更多的独立性，让地方办更多的事情。”[④] 邓小平同志曾讲道：“解决中央和地方的关系，就要靠下放权力”，“地方各级也都有一个下放权力的问题”。[⑤] 这些领导人的讲

① 参见［日］佐伯仁志：《制裁论》，丁胜明译，北京大学出版社2019年版，第2页。

② 参见熊樟林：《论〈行政处罚法〉修改的基本立场》，《当代法学》2019年第1期。熊樟林：《行政处罚的种类多元化及其防控——兼论我国〈行政处罚法〉第8条的修改方案》，《政治与法律》2020年第3期。

③ 参见［美］奥利·洛贝尔：《新新政：当代法律思想中管制的衰落与治理的兴起》，载罗豪才、毕洪海编：《行政法的新视野》，成协中译，商务印书馆2011年版，第122－123页。

④ 参见：《毛泽东文集》（第五卷），人民出版社1996年版，第275页。

⑤ 参见：《邓小平文选》（第三卷），人民出版社2001年版，第229页。

话往往会体现在政策、立法中，是实践行政法的总纲。[1] 也有学者对此作出反思，地方政府才是社会治理的中坚力量，只有他们才深知新型规制工具的“出场时间”和“大小尺寸”。因此，在此次《行政处罚法》修改中，应当允许一定程度的授权，设计更为开放的分类条款和兜底条款，授权规章在处罚种类上的创设权。[2] 这一认识具有相当程度的可行性。从行政处罚立法实践情况来看，需要尽快改变《立法法》下放了立法领域，但《行政处罚法》没有下放监管措施制定权的现状，实现事权与治理手段相匹配。

行政处罚类型的设置权限，是否一下子都放到规章层面，这首先是一个事实判断，其次是一个立法技术问题。从实践情况来看，即使要坚持中央保留，也要有条件地保留，给地方留个口子。从地方治理需要来看，除了限制人身自由和有碍统一市场的，包括吊销证照等在内的处罚类型都可以赋予地方立法权，以体现放权精神。我国台湾地区有类似规定：“直辖市法规、县规章、市规章得对于违反行政义务者科以制裁。制裁方式有罚锾（最高10万元，得连续处罚）、勒令停工、停止营业、扣吊执照、禁止在一定期间内为特定行为。”[3] 这些开放性的规定适应了治理需求。实践证明，除了限制人身自由和有碍统一市场的处罚权之外，其他处罚权设置都可以普遍授予地方政府。从立法技术上考虑，如果认为现阶段普遍交给各级地方不成熟，可以考虑先赋权给省、自治区、直辖市，或者只给省、自治区、直辖市人大及其常委会。赋权地方后，为了防止地方滥用处罚设置权限，可以考虑要求地方立法涉及吊销证照等行政处罚时，在立法说明和备案环节进行特别阐述，同时备案审查监督机关也可以重点加强这方面的审查。

2. 废除或提高规章设定罚款上限的规定

《行政处罚法》第十二条规定：“罚款的限额由国务院规定。”按照《国务院关于贯彻实施〈中华人民共和国行政处罚法〉的通知》，部门规章对非经营活动中的违法行为设定罚款最高不得超过30000元，没有违法所得的，设定罚

---

① 中国行政法学研究的一个弱点在于，学者很难介入实践，因此，学术研究成果往往是逻辑的、比较的。由于行政诉讼披露资料较多，行政诉讼法学的研究水平高于行政过程的研究水平。

② 参见熊樟林：《行政处罚的种类多元化及其防控——兼论我国〈行政处罚法〉第8条的修改方案》，《政治与法律》2020年第3期。

③ 参见黄异：《行政法总论》，三民书局2001年版，第56页。

款不得超过10000元；超过上述限额的，应当报国务院批准。从实施情况来看，部门规章设置超过3万元以上罚款的，可谓凤毛麟角。从行为心理学的角度来看，部门因设置3万元以上罚款报国务院审批的动力很低，即使在金融领域也是如此。如，规范第三方支付的部门规章《非金融机构支付服务管理办法》，设定罚款的数额仅仅是3万元，这对于违法的财大气粗的第三方支付主体根本起不到矫正和预防的作用，属于典型的处罚失灵。据此，这个立法权限可以放给国务院部门。地方政府规章设定处罚上限的问题，可以作类似处理。

此外，也可以增加行政处罚适用的弹性。如，引入易科罚，赋予行政机关一定的手段，如果行政相对人拒不履行行政处罚决定，行政机关可选择更重的行政处罚种类。美国密歇根州对拒不缴纳违反道路交通法行为罚款的，可以吊销其驾驶资格。德国秩序违反法规定，如果被处罚人拒不缴纳罚款，对其得科处强制拘禁，强制拘禁是由负责执行的行政机关提出请求，由法院进行裁判。①放松行政处罚的设置权限，能提高监管效果，负面影响也能被法治体系消解。

（三）事例二：规定依职权行政行为的一般条款

当前行政法治的一个缺陷是，缺少依职权行政行为的一般规则，这也是“管”的法治弱点。一方面，虽然有《行政处罚法》《行政强制法》，但是何为行政处罚、强制，具体判断还存在诸多困难，给立法、执法、司法、守法带来诸多困扰。《行政处罚法》没有明确什么是行政处罚，不同法律法规之间的规定也不尽一致。另一方面，其他依职权行政行为的基本规则也不甚明确。如，其他依职权行政行为的相对集中或者下放没有法定的渠道，管辖、送达、生效、执行、层级监督等缺少一般性规定。而有的改革措施是对这些行政权力的相对集中或者下放，除了暂停实施或者修改法律法规，没有类似行政处罚、许可、强制措施相对集中的法定渠道。在特别法模糊的情况下，对于如何设定、适用法律，如何把握行政行为的界限，执法人员心里打鼓，涉及改革措施时畏首畏尾，执法时倾向于自我保护，影响了行政管理的效率、经济社会的发展。

因此，亟须建构“一般化＋类型化”的依职权行政行为制度体系。从立法规划来看，尚无出台一部行政法总则或者通则的计划，行政程序法尚属于条件

① 参见［日］佐伯仁志：《制裁论》，丁胜明译，北京大学出版社2019年版，第28页。

不完全具备、需要继续研究论证的立法项目。[①] 近年来，学界的注意力从行政程序法转向行政法总则，但从立法周期来看，像行政程序法、行政法总则这类大的立法项目，非短时间能完成。因此，从实践需要来看，有必要借助《行政处罚法》修改契机，参考日本等国的规定，明确依职权行政行为的一般条款[②]：“公民、法人或者其他组织违反行政管理的法定义务且不具备违法阻却事由，而应被行政机关处以财产、自由、名誉、行为、能力等方面制裁的，适用本法。行政处罚之外的其他依职权行政行为的设定与实施，准用本法有关规定，法律、行政法规另有规定的除外。”换句话说，就是将《行政处罚法》打造成依职权行政行为的一般法，同时“但书”为特别法进一步完善征收、征用等特别行为的适用规则留下空间，在特别法规定不健全的情况下，行政、司法等都可以通过该“转介条款”引入法理，为法律适用、解释留下巨大空间。这样，既能在“一般化+类型化”的立法框架下逐步完善依职权行政行为制度体系，又能填补我国依职权行政行为类型立法留下的制度漏洞，为下一步行政程序法或者行政法总则、通则立法打下基础。

当然，《行政强制法》也具有成为依职权行政行为一般条款的基础。之所以选择《行政处罚法》，主要是因为立法时机问题，同时，《行政强制法》的法律保留规定色彩浓于行政处罚，其他依职权行政行为准用空间较小。

四、高效便民：《行政处罚法》修改的“行政”基础

执法效率不高等问题的原因之一恐怕是《行政处罚法》没有体现高效便民的要求。熊丙万提出，经济效率观念常常被民法学说、道德观念、计划经济惯性思维或长官意志等因素所稀释、掩盖或替代，一直未能获得中国当代民法学的系统关注和精细表达，以至于在不少情形出现不经济的经济判断。[③] 这个判断同样适用于《行政处罚法》。《行政处罚法》只有两处明确规定了“及时”，立案、指定管辖、告知、陈述申辩、送达、作出决定、行刑衔接案件移送等重

① 参见潘波：《制定行政法总则时机已成熟》，《法制日报》2019年11月8日，第5版。

② 此种概括规定法律构成要件和法律效果的立法模式，在侵权法领域较为常见，如《法国民法典》第一千三百八十二条。我国民法学界关于一般条款的最早阐述参见张新宝：《侵权行为法的一般条款》，《法学研究》2001年第4期。《德国民法典》采用了“一般条款+类型侵权”的立法模式，我国《侵权责任法》借鉴了此种立法模式。杨立新：《论侵权行为一般化和类型化及其我国侵权行为法立法模式选择》，《河南省政法管理干部学院学报》2003年第1期。

③ 参见熊丙万：《中国民法学的效率意识》，《中国法学》2018年第5期。

要环节的时限都没有明确规定。[1] 在理论上，行政法学面临着一个知法律而不知行政的窘境[2]，高效便民、效率、效益、效能原则并没有成为学术通说，与合法原则、合理原则、比例原则等相比，研究成果并不多。[3]

（一）理念：以高效便民统率行政处罚规则

效率是行政权的生命。[4] 行政行为服务于行政效率，是一种方便的、合理的管理手段，特别适合现在行政规模过程的控制，在某种程度上是必不可少的。[5]《国务院关于印发〈全面推进依法行政实施纲要〉的通知》（国发〔2004〕10号）规定，依法行政的基本要求之一是高效便民，即行政机关实施行政管理，应当遵守法定时限，积极履行法定职责，提高办事效率，提供优质服务，方便公民、法人和其他组织。该文件依然有效，但现实拘束力如何，是存在疑问的。[6] 效率应该是行政的最高价值，没有效率就没有行政。行政处罚作为与行政权相联系的一种制裁措施，面对大量的、经常性的违法行为，必须合法高效，才能发挥作用。讲究效率应是行政处罚的题中应有之义。[7] 行政机关应当以最小的行政处罚成本，达到最高的行政效能。[8] 贯彻高效便民要求，要实现以下转变。

1. 从粗放执法到精准执法

执法资源稀缺、执法任务繁重，海量违法行为与行政执法资源之间存在不可调和的矛盾。[9] 扩展到整个国家治理，资源稀缺和治理任务之间也存在不可

---

① 但在特别法领域，一直以来，制定法持续不断地向行政机关提出效能要求，代表机关和行政系统内部都在加强对政府效能的监督审查，法院对行政行为合法性的审查判断也在一定情形中应用效率原则。参见沈岿：《论行政法上的效能原则》，《清华法学》2019 年第 4 期。

② 参见罗豪才、毕洪海编：《行政法的新视野》，商务印书馆 2011 年版，卷首语 V。

③ 参见姜明安主编：《公法理论研究与公法教学》，北京大学出版社 2009 年版，第 293－321 页。

④ 参见马怀德主编：《行政法前沿问题研究》，中国政法大学出版社 2018 年版，前言第 9 页。

⑤ 参见［德］哈特穆特·毛雷尔：《行政法学总论》，高家伟译，法律出版社 2000 年版，第 203－204 页。

⑥ 此后的《国务院关于加强市县政府依法行政的决定》（国发〔2008〕17 号）、《国务院关于加强法治政府建设的意见》（国发〔2010〕33 号）等文件，政策层面侧重强调“严格规范公正文明执法”，不再强调高效便民。由于高效便民没有成为《行政处罚法》的法定原则，对其的强调呈现出一定的阶段性。政策与立法的不同特点在于，必须及时回应社会的阶段性需求，体现灵活性，也因此政策的实际适用时间比法律更短。

⑦ 参见汪永清：《行政处罚》，中国政法大学出版社 1994 年版，第 54－55 页。

⑧ 参见陈清秀：《“行政罚法”》，法律出版社 2016 年版，第 75 页。

⑨ 在《行政执法程序条例》课题研究过程中，笔者与李洪雷研究员分别从实践和理论角度提出过这一判断。

调和的矛盾。这种矛盾的具体表现，前文已经作了阐述。要想应对执法的这个基本矛盾，需要实现从粗放执法到精准执法的转变：

一是从现场执法到现场执法与非现场执法。巡街式执法检查有助于产生威慑力，但问题是效率低下，人员也难以保障，正是基于此，“放管服”改革推广了“双随机，一公开”检查，在发现违法环节，用高效便民改革了原有机制。城管执法等领域的非现场执法，也有利于减少执法冲突；交通领域的现场执法常常导致交通拥堵，不少违法行为可以通过非现场执法处理。

二是从运动执法到回应性执法。与主动检查不同，投诉举报有助于提升行政机关的获取信息能力，有效实现政府与民众的互动。国家的能力是有限的，如果将自己的有限能力全面分散到各个方面，个人的积极性和主动性得不到调动，缺乏社会激励机制，国家很难发挥自己的效率。①《行政处罚法》在这方面应该建立更多的激励机制，既激励行政主体积极行政、为公众谋求更多的公益，又激励相对方积极实践法定权利、参与行政，以增强私人的利益。② 公安部《关于修改〈道路交通安全违法行为处理程序规定〉的决定（征求意见稿）》规定，对于群众举报的违法行为影像资料，“经查证属实的，可以作为处罚的证据”。③ 类似规定的推行，将大大减轻执法主体的取证负担，提升监管效能。

三是从线下执法到线上线下执法。随着信息社会的发展，相当数量的违法行为难以通过现场执法发现，因此，“互联网＋行政执法”成为推进非现场执法的一种必要选择，在证券等领域可实现在线实时监测，在交通等领域可实现自行化执法。这一执法方式的转换，在理论和实务上达成了较高程度的共识。④

总之，精准执法需要以顾客为导向，突出“投诉举报制度”＋“双随机，

---

① 参见陈小文：《行政法的哲学基础》，北京大学出版社 2009 年版，第 13 页。

② 参见罗豪才等：《行政法平衡理论讲演录》，北京大学出版社 2011 年版，第 8－10 页。

③ 《违章随手拍倒逼全民守交规》，新华网，http：//www. xinhuanet. com//2019－10/31/c_1125174441. htm，最后访问时间：2018 年 9 月 8 日。2004 年，广州中级人民法院在判决中认定，调查取证不能委托公民行使，市民拍摄的违章照片不能直接作为交警部门行政处罚的证据。《广州法院认定市民所拍违章照片不能作处罚证据》，新浪网，http：//news. sina. com. cn/o/2004－12－03/09334421244s. shtml，最后访问时间：2018 年 9 月 8 日。

④ 参见宋华琳、孟李冕：《人工智能在行政治理中的作用及其法律控制》，《湖南科技大学学报（社会科学版）》2018 年第 6 期。胡敏洁：《自动化行政的法律控制》，《行政法学研究》2019 年第 2 期。浙江省委办公厅、浙江省人民政府办公厅《关于深化综合行政执法改革的实施意见》（浙委办发〔2019〕46 号）。

一公开”的程序发生机制，通过线上线下及时查处违法行为。

2. 从单纯依据公法执法到依据公私法执法

行政处罚的依据是否包括民法，这是个问题。拉德布鲁赫于 1929 年预言：“行政法是社会的法律，在将来社会主义的福利国家中，如我们所料，民法可能会完全融合在行政法之中。”① 但也有日本学者认为，行政法不过是私法的特别法，只要没有明文的公法规定，便应该适用私法。但是，问题在于我们的私法并不具有英美普通法那样的一般法地位，我们必须注意严格区分公法与私法。诚然，强调公法的特殊性，有可能超越实定法，承认行政的特权。但是，我们也得承认，当行政主体成为法律关系的一方当事人时，基于目的的公共性，即使是私营经济活动，私法也不能完全适用，而需要修改适用。②

吴庚先生曾讲道，对于行政程序之方式，原则上应采非正式主义，仅限于行政程序法或其他法律有明文规定之事件，行政机关始有义务践行。③ 在笔者看来，这一论断也适用于《行政处罚法》的法源适用问题。如果“法”可以比喻为“道”，则公法、私法可以比喻为阴阳，这是类似“太极”般的存在，二者你中有我，我中有你，只不过在具体的个案中，需要明确公私法规则的具体适用。具体来讲，不少私法制度依靠公法得以落实，民法承担着为公权和私权划分界限的功能，行政许可、裁决、调解等需要直接适用民法④，反过来民法能够补充行政管理的法源漏洞⑤。如，《银行业监督管理法》及其配套立法没有在设定罚款的同时设定没收违法所得，而违法获利远远高出罚款最高数额，因为无法没收违法所得，违法行为人可能从违法行为中获利。在此情况下，行政机关可以以民法为基础，责令违法行为人返还不当得利、赔偿损失、停止侵害。再如，在《行政诉讼法》引入行政协议的同时，可否在《行政处罚法》中引入执法和解制度。理论认为，刑事和解制度的法律价值不仅表现在关爱、治疗等

---

① 参见［德］拉德布鲁赫：《法学导论》，米健等译，中国大百科全书出版社 1997 年版，第 137 页。

② 参见［日］南博方：《日本行政法》，杨建顺译，中国人民大学出版社 1988 年版，第 5－6 页。

③ 参见吴庚：《行政法之理论与实用》，中国人民大学出版社 2005 年版，第 344－345 页。

④ 参见袁雪石：《民法典物权编的公私法治理问题思考》，《中州学刊》2019 年第 7 期。

⑤ 参见王贵松：《民法规范在行政法中的适用》，《法学家》2012 年第 4 期。

方面，还体现为社会关系的修复、社会矛盾的化解①，行政罚可以和解。②《行政处罚法》第三十条规定：“公民、法人或者其他组织违反行政管理秩序的行为，依法应当给予行政处罚的，行政机关必须查明事实；违法事实不清的，不得给予行政处罚。”这里的“查明事实”似可构成引入行政和解制度的法律障碍。为什么要引入执法和解？执法和解作为一种执法方法，能够发挥提高执法效率、节约行政成本、化解执法纠纷等重要功能。③ 但其实也是不得已而为之，有限的执法资源无法完成海量的监管任务，以公私法为基础的执法和解制度有利于实现监管任务、保护相对人的合法权益。

（二）事例：通过简化内外部程序推进繁简分流

1. 重构简易程序的适用范围与规则

从制度层面来看，送达制度设计完全参照《民事诉讼法》，没有充分考虑效率行政的要求，繁简分流不够，当场送达情形规定落后于时代，送达地址确认书、电子送达制度尚未建立。④《行政处罚法》规定的简易程序可以从四个方面修改：一是参考《道路交通安全法》等规定，统一提高适用罚款金额的上限，对公民的为 200 元，对法人或者其他组织的为 5000 元；二是不同行业管理需求并不一样，金融领域的起算点应远高于治安管理领域，同时，部委本级执法的简易程序起算点也可以更高一些，法律、行政法规规定不明确的，部门规章可以规定简易程序罚款金额的上限；三是部门规章规定不明确或属于地方事权的，由省、自治区、直辖市政府规章细化本地区简易程序罚款金额上限，从县级到省级、从不发达地区到发达地区可以阶梯式递增；四是规定一般程序转简易程序的类型，如违法相对人自认违法事实的，可转为简易程序，以此加速行政处罚程序，体现效率原则。⑤

---

① 参见陈瑞华：《论法学研究方法》，法律出版社 2017 年版，第 217 页。

② 参见王名扬：《法国行政法》，北京大学出版社 2016 年版，第 137 页。

③ 参见方世荣、白云锋：《行政执法和解的模式及其运用》，《法学研究》2019 年第 5 期。

④ 参见查云飞：《人工智能时代全自动具体行政行为研究》，《比较法研究》2018 年第 5 期。

⑤ 《民事诉讼法》第一百五十七条第二款规定：基层人民法院和它派出的法庭审理前款规定以外的民事案件，当事人双方也可以约定适用简易程序。

2. 以电子支付制度革新罚缴分离制度

《行政处罚法》规定罚款必须到指定银行[①]缴纳，不仅给相对人增加了困扰，还提高了管理成本。同时，“到指定的银行缴纳罚款”的规定，涉嫌与《反垄断法》不一致。建议将第四十六条、第四十七条修改为“作出行政处罚决定的行政机关及其执法人员不得自行收缴罚款，但是能通过电子设备现场收缴并实现罚缴分离的除外”，并删除“指定银行”等有关规定。[②]

3. 规定1人执法的例外情形

视频监控系统、执法记录仪、移动支付的引入，以及执法决定法制审核制度、执法公示制度的推行，强化了执法的内外部监督，同时，执法资源稀缺的问题制约了总体监管效益，第三十七条中2人以上执法的规定应该明确例外情形，如适用简易程序的，可以实行1人执法。

结语：行政法治宜聚焦组织、规范、效能

本文从中国实践角度对《行政处罚法》修改进行了初步梳理和总结。就整体主义而言，行政法作为实现特定管制目标的机制之一，行政法的管制进路不同于其他法律进路。[③] 行政法不同于民法、刑法的一个突出特点是，行政主体发挥着核心作用，无论行为法规定如何科学，监管工具如何丰富而有效，组织法不发达，监管目标也难以达成。本文在这方面的尝试论证，整体主义不仅限于行政领域，而应适用于整个国家治理体系。这一判断的基础是国家治理是一个系统，要受系统论的调控。就放管结合而言，作为“放管服”改革的核心内涵之一，其客观上直接统率着中国行政改革的发展，与此同时，放管结合还是衔接政府与市场、政府与社会、中央与地方关系的桥梁，要想避免“一放就死，

---

① 市场监管总局调查发现，北京市交管局未经公开竞争性程序，确定工商银行北京市分行作为北京市交通违章罚款唯一代收银行。1995年，北京市交管局未经公开招投标等竞争性程序，与工商银行北京市分行签署委托协议，并发布相关通告和通知，确定该行作为北京市交通违章罚款唯一代收银行并延续至今。《招标投标法》和《反垄断法》相继实施后，也未依法依规进行调整。《国家市场监管总局批北京市交管局：你涉嫌违法!》，中国网，https：//baijiahao. baidu. com/s?id = 1604508771803288546&wfr = spider&for = pc，最后访问时间：2018年10月18日。

② 《治安管理处罚法》第一百零四条规定，50元以下罚款，可以当场缴纳；《道路交通安全法》第一百零八条第二款规定，对行人、乘车人和非机动车驾驶人的罚款，当事人无异议的，可以当场收缴罚款。

③ 参见［澳］彼得·凯恩：《作为管制的行政法》，载罗豪才、毕洪海编：《行政法的新视野》，付宇程译，商务印书馆2011年版，第105页。

一管就乱”，必须落实放管结合，统筹建立“放”与“管”的制度群，以行政许可和行政处罚为基本模型，构建依申请和依职权行政行为的基本制度框架，在行政处罚一般化认定的同时，不再拘泥于行政处罚名称数量多少的价值判断，慎用中央保留，丰富行政处罚的类型，以“一般化 + 类型化”的方式构建行政处罚设定与实施规则。就高效便民而言，中国仍处于快速发展阶段，互联网、大数据、人工智能等为“科技 + 执法”提供了实现路径，以高效便民系统梳理、构建《行政处罚法》的相关制度，是中国发展阶段、信息社会、行政国家等多重元素的共同诉求，高效便民还需要管辖、时效、执行体制等诸多的处罚制度来贯彻。

第二章　行政处罚附带民事纠纷解决机制建构[①]

行政与民事交叉的纠纷分别处理存在弊端，《民法典》与《行政处罚法》规定的民事责任优先等制度并未落地。建立健全行政处罚附带民事纠纷解决机制，符合整体主义治理理念，有利于融合行政民事、提高治理效率、强化行政立法、统一法律秩序，也与既有刑事实践保持一致。行政机关介入关联民事纠纷，应符合与公共利益的关联性、民事纠纷的简易性、行政的专业性等前提条件。在路径上，有责令退赔、责令停止侵害和排除妨碍、责任认定等依职权模式，以及行政调解、裁决、和解等意思表示模式。

行政机关究竟能否介入民事纠纷，我国立法上存在反复。行政机关不介入或者较少介入民事纠纷的法理是什么，民事纠纷的处理是否天然是法院的职权，行政机关在进行行政处罚时能否同时处理民事纠纷，这些问题似乎并没有一个令人信服的答案，不同的单行法规定也各不相同。这既涉及公法和私法的关系，也涉及国家治理的整体化，值得深入探讨。目前，我国缺少民事、行政、刑事法律制度一体运行的制度端口。本文试图论证，行政附带民事制度并不一定都在诉讼过程中，需要在行政处罚过程中同步考量民事主体的合法权益，有必要引入行政处罚附带民事纠纷解决机制，以确保高效、专业处理争议、维护秩序，完善多元纠纷解决机制。

一、问题的提出

行政机关在作出没收违法所得决定时，如何处理相关民事主体的合法权益，《行政处罚法》修订草案一审稿（以下简称一审稿）没有作出规定。在此背景下，有必要进一步反省我国行政处罚责任与民事责任竞合时的制度设计。

一是行政处罚责任与民事责任的衔接并不顺畅。《行政处罚法》第七条第一款规定："公民、法人或者其他组织因违法受到行政处罚，其违法行为对他人

---

① 本部分原载《中国法律评论》2020 年第 5 期，本文为修订前的立法建议，部分观点得到立法采纳，读者可对照修订后的《行政处罚法》第八条、第二十八条、第七十八条等阅读。

造成损害的，应当依法承担民事责任。”《民法典》第一百八十七条规定：“民事主体因同一行为应当承担民事责任、行政责任和刑事责任的，承担行政责任或者刑事责任不影响承担民事责任；民事主体的财产不足以支付的，优先用于承担民事责任。”笔者以“《民法总则》第187条”为关键词在中国裁判文书网检索，发现刑事案由302件，民事案由260件，并没有行政案由。实践中，行政机关在实施财产罚时，还缺少一些与民事责任竞合时的衔接性制度，如何科学作出行政处罚决定，如何贯彻民事责任优先规则，还需要从实体和程序的角度进一步对债权顺位等问题作出制度安排。

二是行政机关在处罚过程中究竟如何应对民事纠纷，法律规定存在犹疑。在20世纪八九十年代的法律法规中，有不少行政机关解决民事纠纷的规定。如《治安管理处罚条例》（1986年）第三十八条规定：“被裁决赔偿损失或者负担医疗费用的，应当在接到裁决书后五日内将费用交裁决机关代转；数额较大的，可以分期交纳。拒不交纳的，由裁决机关通知其所在单位从本人工资中扣除，或者扣押财物折抵。”2005年，《治安管理处罚法》删除了这一规定，主要考虑是：“从行政机关职能角度考虑，草案没有继续授权公安机关裁决当事人之间的民事赔偿，只规定了违反治安管理的行为对他人造成伤害、损失的，行为人或者其监护人应当依法承担民事责任。”[①] 再如，《海洋环境保护法》（1982年）第四十二条规定：“因海洋环境污染受到损害的单位和个人，有权要求造成污染损害的一方赔偿损失。赔偿责任和赔偿金额纠纷，可以由有关主管部门处理，当事人不服的，依照《中华人民共和国民事诉讼法（试行）》规定的程序解决；也可以直接向人民法院起诉。”1999年该法修改时，删除了该条规定。

三是修订草案没有细化行政处罚责任与民事责任的衔接制度。一审稿第二十六条规定：“行政机关实施行政处罚时，应当责令当事人改正或者限期改正违法行为；有违法所得的，应当予以没收。”行政处罚的本质是权利义务问题，就

---

① 田期玉：《关于〈中华人民共和国治安管理处罚法（草案）〉的说明》，2004年10月22日第十届全国人民代表大会常务委员会第十二次会议。应松年教授介绍，修改的原因主要是，公安机关不愿意当被告，他们认为，由于处理民事纠纷而成为被告，太冤。于是，改裁决为调解。修改之后，类似案件都涌向法院，法院受案量增加。由此说明，我们还没有处理好诉讼与裁决之间的关系。《应松年文集（2006－2015）》，中国法制出版社2015年版，第1069页。

是合法地使违法人的权益受到损失。[1] 行政处罚决定与合同、侵权行为一样都会导致民事权利义务发生变化，都是债的发生原因。然而，违法的“所得”并非都没有合法权利人。违法所得通常涉及合同行为和侵权行为，前者如金融机构违反规定乱收费，后者如假冒他人专利、出售有毒有害食品的利润，抢劫抢夺他人的财产等[2]。《行政处罚法》中的违法所得对象是针对违法行为人的，而不是针对真正权利人的，对权利人而言，“所得”往往是合法的。如果行政机关将这部分“所得”没收，则对于受害人而言，不仅基于物权的返还原物请求权无法实现，而且基于合同或者侵权的损害赔偿请求权也因为“所得”收归国库而无法实现。如因上述原因而导致公民、法人和其他组织的合法权益无法得到保障，不仅法律适用上难以达至逻辑周延，而且政策上不甚符合以人民为中心的发展思想，也难以增加人民群众的获得感、幸福感、安全感。

二、建立健全行政处罚附带民事纠纷解决机制的必要性

（一）融合行政民事

行政处罚与行政许可、确认等行政行为，以及民事权益日益呈现交融发展的格局。《民法典》中规定了大量的登记、审批、批准等行政行为，从物权、债权、人格权、身份权到继承权，都有行政确认或者行政许可等规定[3]，在违反行政许可或者行政确认的规定后，除了民事法律行为的效力会受到影响，还往往会有行政法上的法律效果，突出地表现为会受到行政处罚。如《行政许可法》第八十条规定：“被许可人有下列行为之一的，行政机关应当依法给予行政处罚；构成犯罪的，依法追究刑事责任：（一）涂改、倒卖、出租、出借行政许可证件，或者以其他形式非法转让行政许可的；（二）超越行政许可范围进行活动的；（三）向负责监督检查的行政机关隐瞒有关情况、提供虚假材料或者拒绝提供反映其活动情况的真实材料的；（四）法律、法规、规章规定的其他违法行为。”除此之外，大量的特别法也有类似规定。

---

① 《应松年文集》，中国法制出版社2006年版，第483页。

② 如，鲍某某虚构贷款理由、改变贷款用途，先后以农安县青山口乡居民蒲某甲、母某甲、张某某等23人的名义顶名贷款728000元，给金融机构造成重大损失的事实，有经庭审质证认证的证据佐证，其行为已构成骗取贷款罪。吉林省农安县人民法院鲍某某骗取贷款一审刑事判决书，(2015) 农刑初字第336号。

③ 行政许可与民事法律行为的效力判断联系密切。王轶：《行政许可的民法意义》，《中国社会科学》2020年第5期。

（二）提高治理效率

诸权合一是中国的法律传统。行政机关不介入民事纠纷，最初的考虑恐怕来源于行政与司法的分工。有学者认为，解决民事纠纷，本应是法院的职责，但现代社会的发展，使解决纠纷的技术性、专业性增强，且纠纷的数量也大为增加，行政机关拥有各类专家，且人数众多，因而需要行政机关先行裁决。由行政机关裁决与行政活动有关的民事纠纷，已成为世界性的发展趋势，英国有2000多个行政裁判所，美国的行政法官制度也类似于这种制度。[①] 美国除了独立控制机构外，享有争端裁决权的行政机关已经扩大到一般行政部门。[②] 行政手段对于解决民事纠纷具有不可替代的意义。有学者在考证后提出，对于民间经济纠纷而引起的法律争议，无论是行政机关还是司法机关都是基于传统的从民事争议到刑事犯罪的“二阶段认识”。“二阶段认识”的判断忽略了从民事争议上升到刑事犯罪的原因——行政处理手段的失效。法律法规的冲突以及在民事与刑事之间行政手段介入的空白，使得当下公安机关在处理民间经济纠纷类治安案件时常常陷入行政不作为与违法插手经济纠纷的两难困境。[③] 该论断指出了行政对于解决民事纠纷的重大意义。行政和司法的分工不同，前者更加注重效率，后者更加注重公正，因此，司法程序的设置要更加复杂一些，法院审理的时间也更长一些，尤其是个别民事、行政交叉案件的审理时间更是令人瞠目结舌。如河南焦作房地产纠纷案历经四级法院近20年的审理，由此产生的法律文书也多达数十份，但当事人的争议却始终无法得到解决。在海事、专利、商标、交通事故等领域，行政执法人员的专业能力往往比法官更强，同时，由于行政机关在调查行政违法时，已经对有关情况有所了解，行政机关一并解决民事纠纷的时间往往会短于法院的审理时间。同时，也有学者指出，由行政机关同时适用行政处罚与民事制裁，有利于减少诉累，节省了法院为审理而了解案情所花费的人力、物力、财力和时间。[④]

---

① 《应松年文集》，中国法制出版社2006年版，第475页。

② 郭修江：《行政裁决》，载应松年主编：《当代中国行政法》，人民出版社2018年版，第1938－1946页。

③ 刘冰捷：《民间经济纠纷类治安案件警察介入的界限》，《行政法学研究》2019年第6期。

④ 皮纯协、余凌云等：《行政处罚法原理与运作》，科学普及出版社1996年版，第45页。

（三）强化行政立法

一是填补行政立法漏洞。如《银行业监督管理法》《商业银行法》等对于非法金融行为规定了没收违法所得，而对于大部分违法违规行为的处罚需要援引《银行业监督管理法》第四十六条第五项“严重违反审慎经营规则”，该条款并无没收违法所得的规定。任何人不能从非法行为中获利，这是最基本的社会认知，建立行政机关概括性的责令返还违法所得制度，有助于填补行政立法的漏洞。①

二是明确行政行为性质。我国单行法往往不会明确其规定的行政行为的性质，这会弱化《行政处罚法》在实施阶段的统领作用，增加行政执法人员适用法律的难度。如根据《环境保护法》，环保机关有权对超标排污单位实施罚款等行政处罚，并对超标排污单位与受害人之间的赔偿责任和赔偿金额的纠纷作出处理。但是，环保机关的行政处罚行为和行政处理（行政裁决）行为在性质和效力上都有差异，立法上对这两种行为的区别不甚明确。责令停止侵害、责令赔偿、责令恢复原状等是行政处罚还是民事责任，不是很明确。②

（四）统一法律秩序

一是民事责任优先是法的价值的需要。《民法典》第一百八十七条规定与《民法总则》第一百八十七条相同，来源于《侵权责任法》第四条、《公司法》第二百一十四条等，体现了民事立法价值观的传承。③ 国家和个体承受财产损失的能力差别很大，在不足以同时承担两种以上责任时，不履行缴纳罚款、罚金等行政、刑事责任，不会使国家发生经济上的困难，但如果不履行民事赔偿

---

① 一审稿第二十六条概括性地规定了没收违法所得，即不需要特别法另行规定没收违法所得，有关行政机关也可行使。这是一个进步。

② 肖金明：《行政处罚专论》，山东大学出版社 1996 年版，第 125 – 126 页。

③ 《侵权责任法》第四条第二款规定：“因同一行为应当承担侵权责任和行政责任、刑事责任，侵权人的财产不足以支付的，先承担侵权责任。”杨立新教授认为，侵权请求权优先权是担保物权，就侵权人的全部财产而设立，能够对抗刑事责任或者行政责任中的财产性责任，对于税收优先权也应当具有对抗效力，但对其他债权则无对抗效力。杨立新：《论侵权请求权的优先权保障》，《法学家》2010 年第 2 期。《公司法》（2018 年修正）第二百一十四条规定：“公司违反本法规定，应当承担民事赔偿责任和缴纳罚款、罚金的，其财产不足以支付时，先承担民事赔偿责任。”《证券法》（2014 年修正）第二百三十二条规定：“违反本法规定，应当承担民事赔偿责任和缴纳罚款、罚金，其财产不足以同时支付时，先承担民事赔偿责任。”《食品安全法》（2009 年）第九十七条规定：“违反本法规定，应当承担民事赔偿责任和缴纳罚款、罚金，其财产不足以同时支付时，先承担民事赔偿责任。”

责任，却可能使个体陷于极大的困难乃至绝境。[①] 实践中，行政处罚往往优先于民事纠纷。行政处罚中遇到民事纠纷的，也没有相应的程序。[②]

二是实现民事、行政、刑事功能一体化的需要。国家是一个平台，国家的运行需要成本，从交易成本角度分析，一并处理的成本最低。民事、行政、刑事并非对立关系，而是三种不同的技术路径。在法律实践中，需要从整体主义的治理视角将这三种不同的路径加以整合，形成制度合力。[③] 这也是效率的要求。在操作层面，行政处罚责任与民事责任发生竞合时，可以将民事责任的履行作为行政处罚裁量因素，更进一步讲，如果民事赔偿得以充分履行，则可以考虑行政和解的适用——行政处罚的替代实行方式。退一步讲，民事责任的履行意味着“主动消除或者减轻违法行为危害后果的”，可以考虑适用《行政处罚法》第二十七条第二款即“违法行为轻微并及时纠正，没有造成危害后果的，不予行政处罚”。民事、行政、刑事治理技术的混合适用，有利于保证行政管理的统一性、连续性和稳定性，有利于提高行政相对人的获得感。

（五）衔接既有刑事实践

《刑法》对于违法所得规定了追缴和责令退赔两种处理方式。这一点比《行政处罚法》规定得更为细致，更具有可操作性。《刑法》第六十四条规定：“犯罪分子违法所得的一切财物，应当予以追缴或者责令退赔；对被害人的合法财产，应当及时返还；违禁品和供犯罪所用的本人财物，应当予以没收。没收的财物和罚金，一律上缴国库，不得挪用和自行处理。”《最高人民法院关于适用〈中华人民共和国刑事诉讼法〉的解释》（法释〔2012〕21 号）第一百三十九条规定：“被告人非法占有、处置被害人财产的，应当依法予以追缴或者责令退赔。被害人提起附带民事诉讼的，人民法院不予受理。追缴、退赔的情况，

① 黄薇主编：《中华人民共和国民法典总则编解读》，中国法制出版社 2020 年版，第 615 页。民法总则室内稿第一百四十一条末句为“先承担民事责任，法律另有规定的除外”。征求意见稿删除了但书，最后定稿将其改为“优先用于承担民事责任”。《2002 年民法草案》第九十六条规定：“因同一行为应当承担刑事、行政责任的，不影响承担民事责任。”第九十七条规定：“因同一行为应当承担民事赔偿责任和缴纳罚款、罚金，其财产不足以支付的，先承担民事赔偿责任。”

② 广西壮族自治区隆林各族自治县人民法院民事判决书，（2019）桂民初 910 号。

③ 关于整体主义，公共管理理论主要讲的是行政部门之间的协同性。参见孙迎春：《发达国家整体政府跨部门协同机制研究》，国家行政学院出版社 2014 年版。笔者认为应从整个国家治理的不同分支之间综合考量治理的效能。袁雪石：《整体主义、放管结合、高效便民：〈行政处罚法〉修改的“新原则”》，《华东政法大学学报》2020 年第 4 期。

可以作为量刑情节考虑。”① 日本学者在分析了刑事没收不正当利益并予以返还的做法后提出，有必要引入通过行政手段将不正当利益返还被害人的制度。②

三、行政处罚附带民事纠纷解决机制的基本构架

让行政机关介入民事纠纷首先要具备必要性，其次要具备可行性，行政的特点是效率，在程序保障方面要弱于司法。因此，如何把握介入度，如何平衡效率、专业与公正，是行政处罚附带民事纠纷解决机制的核心要点。行政处罚也是债的发生原因，要想一并解决行政处罚责任与民事责任竞合问题，还要同步处理好行政处罚与其他行政行为之间的关系，有依职权模式和意思表示模式两种制度回应路径。

（一）适用前提

如果行政机关能有效地判断民事不法，或者相关民事纠纷当事人之间能和解，则由行政机关在行政处罚过程中一并解决民事纠纷，是首选的治理方案。以下三个前提是最小化的方案，考虑到中国发展的不平衡性，有的地区行政机关的介入度可能会更深、模式可能会更多，这方面已有英国行政裁判所等实践可以借鉴。

1. 与公共利益的关联性

民事纠纷与行政权力的关联性日益增强。由于不动产、特殊动产和担保的动产和权利都会由行政机关登记，因此，行政机关获得信息的能力更强。如某甲盗用他人汽车实施盗窃，在行政机关决定是否作出没收非法财物的治安处罚时，公安机关同时是汽车的登记机关，比法院更容易获得汽车的权属信息，由公安机关并案处理就非常科学。类似的还有不动产登记方面的违法行为，由于自然资源部门是不动产的登记机构，也可以考虑由自然资源部门并案处理关联民事纠纷。

民事纠纷与侵害公共利益的行为并存，是行政机关得以介入民事纠纷的前提。如《著作权法》（2010 年修正）第四十八条就规定了公共利益要件，明确

---

① 《最高人民法院关于刑事附带民事诉讼范围问题的规定》（法释〔2000〕47 号）第一条规定：“因人身权利受到犯罪侵犯而遭受物质损失或者财物被犯罪分子毁坏而遭受物质损失的，可以提起附带民事诉讼。对于被害人因犯罪行为遭受精神损失而提起附带民事诉讼的，人民法院不予受理。”该司法解释已失效。

② ［日］佐伯仁志：《制裁论》，丁胜明译，北京大学出版社 2018 年版，第 53 页。

有出版他人享有专有出版权的图书、制作出售假冒他人署名的作品等侵权行为的，应当根据情况，承担停止侵害、消除影响、赔礼道歉、赔偿损失等民事责任；同时损害公共利益的，可以由著作权行政管理部门责令停止侵权行为，没收违法所得，没收、销毁侵权复制品，并可处以罚款；情节严重的，著作权行政管理部门还可以没收主要用于制作侵权复制品的材料、工具、设备等。[①] 从发生机制来看，行政处罚介入民事纠纷，是因为民事违法行为同时也构成行政违法。在此情形下，基于整体主义的考量，由行政机关一并处理，有利于提升国家治理的总体效率，避免落于程序和职能分别主义的窠臼。

2. 民事纠纷的简易性

行政机关能否介入民事纠纷的关键点是民事纠纷的复杂程度。适用民事诉讼简易程序的案件，可以尝试由行政机关一并处理。关于简易程序的适用范围，《民事诉讼法》第一百五十七条规定："基层人民法院和它派出的法庭审理事实清楚、权利义务关系明确、争议不大的简单的民事案件，适用本章规定。基层人民法院和它派出的法庭审理前款规定以外的民事案件，当事人双方也可以约定适用简易程序。"[②] 简单意味着效率，而效率是行政的生命。简单的民事纠纷由行政机关在进行行政处罚时一并处理，对于行政执法人员而言，不存在工作难度，具有现实可操作性。同时，我国法院的资源总体有限，在立案登记制的背景下，各级法院案件数量激增，允许行政机关处理简单民事纠纷，有利于使有限的司法资源得到最大化利用，而且行政机关不收取处理费用，民事主体的获得感会得到进一步增强。

此外，当事人自认的，也可纳入适用范围。自认是以意思表示的方式将复杂案件简单化，不仅可以使民事案件简化，而且也可以使行政、刑事案件简化。如果当事人对违法事实自认，则可以由行政机关作出行政处罚时，一并处理民事纠纷。

---

① 该条还规定了未经著作权人许可，复制、发行、表演、放映、广播、汇编、通过信息网络向公众传播其作品等侵权行为。

② 英国、日本等将小额程序从简易程序分离出来，英国分为小额诉讼程序、快速程序，日本分为简易程序、小额诉讼程序。参见韩象乾：《简易程序》，载杨荣馨主编：《民事诉讼原理》，法律出版社2003年版，第425－427页。这种区分对于行政机关选择何种方式处理民事纠纷具有现实意义。

3. 行政的专业性

一是民事纠纷的可行政裁决性。按照我国法律规定，行政机关可以裁决水事纠纷争议、草原权属争议、矿区范围争议、专利侵权纠纷、企业名称争议、影响石油天然气管道施工作业纠纷等。如此规定的原因在于，行政机关在这些领域的专业性为法律所承认，这体现了行政保留，也体现了法律在行政与司法交叉地带的实用主义态度。对于上述范围内的案件，可以由行政机关并案处理关联民事纠纷。

二是行政主体的专业能力。不同领域、不同层级的行政机关专业能力各不相同，这是决定是否赋予行政机关处理民事纠纷权限的重要因素。如《专利法实施细则》第七十九条就对专利行政机关的层级作了特别规定，即“专利法和本细则所称管理专利工作的部门，是指由省、自治区、直辖市人民政府以及专利管理工作量大又有实际处理能力的设区的市人民政府设立的管理专利工作的部门”。

（二）依职权模式：责令退赔、责令停止侵害和排除妨害、责任认定

责令改正是一种复杂的行政行为，责令改正或纠正的形式因各种具体违法行为不同而分为停止违法行为、责令退还、责令赔偿、责令改正、限期拆除、限期治理等①，可以表现为行政指导、行政命令、行政处罚②、行政裁决等。责令改正天然地是处理行政处罚过程中关联民事纠纷的规制工具，具体形式可以表现为责令退赔、责令停止侵害和排除妨害等。责任认定虽然没有解决问题，但却为下一步民事纠纷的处理打下了事实基础。

1. 责令退赔

现行法中，有的部门法会存在立法漏洞，如前所述，法律对于非法金融行为没有规定没收违法所得，“违法所得”的合法权利人因行政违法行为受到了损害。由于行政机关已经对行政违法行为进行了调查，如违法行为人的获利行为没有法律上或者合同上的依据，则构成不当得利。因此，行政机关可以在作出行政处罚决定的同时责令返还不当得利，在法条上有的表述为责令退赔或者

---

① 应松年、马怀德主编：《中华人民共和国行政处罚法学习辅导》，人民出版社1996年版，第131页。

② 夏雨：《责令改正之行为性质研究》，《行政法学研究》2013年第3期。

退还。[①] 因此，建议由《行政处罚法》概括性授予行政机关责令退赔权限，具体制度设计有如下考虑。

一是民事责任先行处理。有违法所得的，行政机关要先责令返还权利人，并将违法所得返还情况作为行政处罚的裁量因素；违法行为人拒不执行责令返还决定的，可以引入执行罚，也可以责令在原赔偿额度基础上增加20%—50%返还权利人；权利人表示放弃民事权益的，可以直接进行行政处罚。

二是适用前提是民事权利义务关系明确。在行政机关调查民事权利义务关系时，权利人和违法行为人都可以主动提供证据，行政机关调查清楚民事权利义务关系的，可以责令退赔。在违法行为人财产足以退赔权利人的情况下，行政机关可以直接责令退赔具体权利人。在其财产不足以退赔权利人的情况下，行政机关可以责令违法行为人按照债权的优先顺序进行退赔，具体可以依照破产程序中的债权清偿顺位。

三是责令退赔的具体数额。如何确定具体数额是一个现实问题，对此，有两种模式。其一为行政机关只是概括性责令退赔，违法行为人可以部分履行，对于其他有争议的部分，可以通过法院程序解决，这样做的好处是先解决了部分问题，兼顾效率与公平。如环境污染违法行为同时导致人身损害，损害数额往往需要经过鉴定，在此情形下，可以考虑责令违法行为人先部分履行。其二为按照行政处罚的调查结果予以确定，双方对于退赔数额有异议的，可以在陈述申辩程序中举证证明自己的主张，以程序确保公正。如前述银行违法的案例，违法所得比较明确，行政机关可以直接责令违法行为人全部履行。

四是退赔不能时实行追缴。当行政机关无法查清民事权利义务关系，或者因权利人下落不明、权利人放弃债权等原因[②]导致退赔不能时，可以先由行政

---

① 如《制止牟取暴利的暂行规定》第十二条规定，违反本规定第八条规定的，由价格监督检查机构予以警告，责令其向遭受损害的一方退还违法所得，违法所得不能退还的，予以没收，可以并处违法所得5倍以下的罚款。

② 如果构成善意取得，也会导致退赔不能。《最高人民法院关于审理诈骗案件具体应用法律的若干问题的解释》（法发〔1996〕32号，已失效）规定：“行为人将诈骗财物已用于归还个人欠款、货款或者其他经济活动的，如果对方明知是诈骗财物而收取，属恶意取得，应当一律予以追缴；如确属善意取得，则不再追缴。”

机关追缴非法所得、非法财物等。① 被追缴的财产利益主体可能是行为人，也可能是第三人。② 被追缴的财产利益在追缴前，因为出售、使用等原因导致不能追缴的，可以追缴相同价值的货币。实践中，经常是行政机关已收取完毕上缴国库，民事赔偿数额才得以确定，民事责任优先无法实现。因此，可建立罚款或违法所得、非法财物暂缓入库规则。③ 此时追缴的功能类似于民法上的提存，行政机关并没有取得相关物品的所有权人地位，对于生鲜等物品，可以参照程序法关于变卖、拍卖等规定予以处理。

五是决定文书的注意要点。附带民事纠纷解决的内容，可以在行政处罚决定书中予以明确，具体可以参照刑事领域的做法。《最高人民法院关于适用刑法第六十四条有关问题的批复》（法〔2013〕229 号）规定："根据刑法第六十四条和《最高人民法院关于适用〈中华人民共和国刑事诉讼法〉的解释》第一百三十八条、第一百三十九条的规定，被告人非法占有、处置被害人财产的，应当依法予以追缴或者责令退赔。据此，追缴或者责令退赔的具体内容，应当在判决主文中写明；其中，判决前已经发还被害人的财产，应当注明。被害人提起附带民事诉讼，或者另行提起民事诉讼请求返还被非法占有、处置的财产的，人民法院不予受理。"

2. 责令停止侵害和排除妨碍等

物权请求权、人格权请求权、知识产权请求权等绝对权请求权对权利人要求的举证义务比较低，且可以不受诉讼时效的约束，主要作用是保全绝对权的圆满状态，责任形式主要是停止侵害、排除妨碍、消除危险、返还财产、消除

① 如《治安管理处罚法》第十一条第二款规定："违反治安管理所得的财物，追缴退还被侵害人；没有被侵害人的，登记造册，公开拍卖或者按照国家有关规定处理，所得款项上缴国库。"

② 我国台湾地区"行政罚法"第二十条规定："为他人利益而实施行为，致使他人违反行政法上义务应受处罚者，该行为人因其行为受有财产上利益而未受处罚时，得於其所受财产上利益价值范围内，酌予追缴。行为人违反行政法上义务应受处罚，他人因该行为受有财产上利益而未受处罚时，得於其所受财产上利益价值范围内，酌予追缴。前二项追缴，由为裁处之主管机关以行政处分为之。"该规定借鉴了德国秩序违反法第 29a 条。陈敏：《行政法总论》，2016 年自版，第 766 - 767 页。

③ 席朝阳：《论民事责任优先的实现》，《企业家天地（理论版）》2011 年第 8 期。

影响、赔礼道歉、恢复名誉等。①

在行政处罚过程中，将责令停止侵权、排除妨碍等作为责令改正的具体形式普遍授予行政机关，对于及时保障合法权益，消除和预防危害后果，迅速纠正违法行为具有积极意义。如根据《企业名称登记管理规定》第二十七条，擅自使用他人已经登记注册的企业名称或者有其他侵犯他人企业名称专用权行为的，被侵权人可以向侵权人所在地登记主管机关要求处理。登记主管机关有权责令侵权人停止侵权行为，赔偿被侵权人因该侵权行为所遭受的损失，没收非法所得并处以5000元以上、5万元以下罚款。评判这类行为是否违法，是作出相关行政处罚决定的前提，如行政机关无法判断其是否构成侵权，也就无法作出行政处罚决定。因此，可以概括授予行政机关责令停止违法行为、责令消除危害后果的权力。作为行政处罚的关联行政行为，其发挥的作用与民法的绝对权请求权作用类似。②

3. 责任认定

对于有的行政违法行为，行政机关可以只认定责任性质和责任大小。如火灾责任、道路交通事故责任认定。③ 根据《道路交通安全法实施条例》第八十九条第二款规定，"对属于前款规定情况的道路交通事故，交通警察可以适用简易程序处理，并当场出具事故认定书"。对于这类行为是否应该进一步上升为行政裁决等，值得检讨。

（三）意思表示模式：调解、裁决、和解

行政调解、裁决、和解是解决民事争议的行政途径，共同的特点是体现了当事人的意思表示。

---

① 民法上有时会将其概括为状态责任。参见［德］鲍尔、施蒂尔纳：《德国物权法（上）》，张双根译，法律出版社2004年版，第233页。对此，行政法上也有讨论。我国台湾地区学者认为，状态责任系指人民依法规的规定，对某种状态的维持，具有义务，因违背此种义务，故须受到行政秩序罚之处罚。李惠宗：《"行政罚法"之理论与案例》，元照出版有限公司2005年版，第76页。

② 可否据此建立一条法院系统之外的绝对权请求权实现途径，充分发挥行政机关个案预防、排除风险的作用，值得深入检讨。

③ 有学者认为，责任认定为行政确认。胡建淼：《行政法学》，法律出版社2015年版，第417页。从《道路交通安全法实施条例》的法条来看，该责任认定为依职权行政行为。当然，如有当事人申请，也可以表现为行政确认。类似的有行政奖励，既可以为依申请行政行为，也可能是依职权行政行为。如上述观点成立，则行政主体责令承担民事责任并不一定都是行政裁决。行政裁决说参见胡建淼、吴恩玉：《行政主体责令承担民事责任的法律属性》，《中国法学》2009年第1期。

1. 行政调解

解决行政处罚中的民事纠纷，行政调解前置是不二选择。行政调解是指行政机关在职权范围内，以法律、法规、规章为依据，通过协调和劝导，促使各方当事人平等协商，自愿达成协议，解决争议纠纷的活动。我国没有关于行政调解的一般规定，开展行政调解是否必须有法定依据也不明确。[①] 但在学理上一般认为，行政调解不需要具有法律法规授权。对于行政处罚过程中的民事纠纷，行政机关如能依法进行调解，往往会事半功倍，定分止争。调解是中国的经验，从美国的实践来看，行政调解也发挥着非常大的作用。[②] 行政调解后达成的有民事权利义务内容的调解协议，具有合同性质，如果符合合同的成立与生效规定，依法对当事人具有约束力。当违法行为人履行民事债务后，行政机关可以作出并执行行政处罚决定。

2. 行政裁决

基于民事责任优先、发挥行政、民事合力等考虑，在处理竞合的民事纠纷时，行政裁决也应作为行政处罚的前置程序。一般认为，行政裁决是行政机关根据当事人申请和法律法规授权，居中对与行政管理活动密切相关的民事纠纷进行裁处的行为。行政裁决具有效率高、成本低、专业性强、程序简便的特点。行政机关裁决民事纠纷一般由法律列举规定，法律未明确规定的则统一由法院管辖。行政机关对民事争议的管辖大多属于不完全管辖。[③] 在进行行政裁决时，行政处罚行为中止，待行政裁决作出后，行政机关可以作出行政处罚决定。在违法行为人的财产不足以支付时，可以收缴财产后返还，以清偿民事之债，剩余部分再用于执行行政处罚决定；也可以在当事人清偿民事之债后，行政机关再执行行政处罚决定。

3. 行政和解

对于大规模违法行为而言，行政和解有助于缓解有限执法资源与海量违法

---

① 《国务院关于加强法治政府建设的意见》（已失效）规定："要把行政调解作为地方各级人民政府和有关部门的重要职责，建立由地方各级人民政府负总责、政府法制机构牵头、各职能部门为主体的行政调解工作体制，充分发挥行政机关在化解行政争议和民事纠纷中的作用。完善行政调解制度，科学界定调解范围，规范调解程序。对资源开发、环境污染、公共安全事故等方面的民事纠纷，以及涉及人数较多、影响较大、可能影响社会稳定的纠纷，要主动进行调解。"

② 青锋、袁雪石：《美国纠纷解决的体制机制及其借鉴意义》，《行政法学研究》2011 年第 3 期。

③ 应松年主编：《行政法与行政诉讼法》，高等教育出版社 2017 年版，第 272 页。

行为之间的矛盾，也能解决相关民事主体的损害赔偿等诉求。行政和解作为行政处罚的替代行政行为，运用的是协议的方式，需要有法律的明确规定。一审稿未引入行政和解制度，并仍然坚持“行政机关必须查明事实；违法事实不清的，不得给予行政处罚”。

目前，我国只有证券领域有行政和解的明确规定，《证券法》第一百七十一条规定：“国务院证券监督管理机构对涉嫌证券违法的单位或者个人进行调查期间，被调查的当事人书面申请，承诺在国务院证券监督管理机构认可的期限内纠正涉嫌违法行为，赔偿有关投资者损失，消除损害或者不良影响的，国务院证券监督管理机构可以决定中止调查。被调查的当事人履行承诺的，国务院证券监督管理机构可以决定终止调查；被调查的当事人未履行承诺或者有国务院规定的其他情形的，应当恢复调查。具体办法由国务院规定。国务院证券监督管理机构决定中止或者终止调查的，应当按照规定公开相关信息。”

从证券领域的实践来看，行政和解金有专门的部门规章即《行政和解金管理暂行办法》。根据该规定，行政和解金是中国证监会在监管执法过程中，与涉嫌违法的公民、法人或者其他组织就涉嫌违法行为的处理达成行政和解协议，行政相对人按照行政和解协议约定交纳的资金。行政和解金在补偿投资者后仍有剩余的，应当上缴国库。从这一制度构建来看，行政和解实现了民事、行政手段的融合运用，能够在行政处罚过程中附带解决民事纠纷。

结语

私法和公法恰如一个母亲的孩子，他们虽然履行着自己的使命，但是并非如敌对的兄弟相互争斗，而是最终始终聚集在一起创造共同的事业。[①]《行政处罚法》宜像《民法典》一样尽力体现公私法融合理念，规定民事纠纷一并解决的制度通道，为《民法典》和《行政处罚法》、行政处罚之债与民事之债搭建桥梁，防止因为行政、司法的分工造成制度空转，给百姓平添程序之扰。

建议建立健全行政处罚附带民事纠纷解决机制，增加以下规定：

一是行政机关在作出行政处罚决定前，应当先进行行政调解，或者根据法律法规规定作出行政裁决。

---

① ［德］奥托·基尔克：《私法的社会任务》，刘志阳、张小丹译，中国法制出版社2017年版，第53页。

二是就金钱之债而言，行政机关在作出行政处罚时应当责令当事人退赔，当事人的财产不足以同时支付的，优先承担民事责任；无法查清民事权利义务关系，或者因债权人下落不明、权利人放弃债权等原因导致退赔不能时，可以先由行政机关追缴，债权人可以依法向有关行政机关申请返还，但要考量诉讼时效等因素。

三是就行为之债而言，行政机关在作出行政处罚决定的过程中，可以责令当事人停止侵害、排除妨害等。

四是正面规定行政和解制度，如有困难，可以考虑授权国务院逐步探索。

第三章　民法典对行政执法的新要求[①]

我国《民法典》是一部同时面向民事主体、行政执法人员、法官、检察官等的法律，在行政组织、行政立法、行政执法、行政公物、行政责任等方面提出了一系列新要求。行政机关要贯彻好《民法典》，必须坚持依法行政、私法自治原则，尊重和保障民事权利。

一、民法和行政法的背后是政府与市场、政府与社会的关系

党的十九届四中全会决定的精义之一是整体主义。“高效的法治实施体系”等要求国家治理克服部门主义，处理好整体治理与专业治理、组织法与行为法的关系，改革立法、执法、司法、法学教育的部门化，扬弃公私法严格区分的做法，实现优化协同高效。我国《民法典》是公私法融合的典范，其编纂贯彻了整体主义，对如何处理政府与市场、政府与社会的关系提出了一系列新要求，推动实现权利与权力的平衡，将进一步促进依法行政，深化“放管服”改革，优化营商环境，推进国家治理体系和治理能力现代化。

（一）《民法典》规定了自发秩序的制度规制框架，发挥“看不见的手”的作用

《民法典》的核心要义是“权利”，其调整的主要是市场与社会的规则，提供自发秩序的法律规制框架。《民法典》是基础性法律，确立了私法自治原则，囊括了一系列权利义务的公共选择，即“使市场在资源配置中起决定性作用”。人格权、身份权、财产权等概念和制度群，是民法精神的具体化，是其他部门法的基石，也给公权力行使划出了界限。根据《立法法》，没有法律法规和国务院的决定、命令为依据，规章不得设定减损公民、法人和其他组织权利或者增加其义务的规范。但《民法典》只是约束了行政机关，并未给民事主体以对抗权，民事主体无条件执行行政决定是行政行为公定力的基本要求。

---

① 本文原载《中国司法》2020 年第 8 期，收入本书作了增补。

民法能否正确全面有效实施，在很大程度上取决于行政机关是否能依法行政。一方面，民事制度是其他法律制度的基石，想要罚款、没收或者征收征用财产，前提是弄清楚财产权的类型和归属。另一方面，虽然历史上行政法是借“民法之腹”而生，但民事主体确认、物权公示、合同效力等不少私法制度依靠公法得以落实。

（二）行政法规范的是干预秩序，发挥“看得见的手”的作用

行政法的核心要义是“权力”，其规定的是干预秩序，涉及国家的结构、运作以及国家与个人、群体之间的关系等。干预秩序是对自发秩序的调整，体现的是“更好发挥政府作用”。许可、救助等依申请行政行为更多的是进行资源配置，体现的是分配正义；处罚、征收、强制等依职权行政行为是对脱离民法规制的自发秩序和已配置的资源进行矫正，体现的是矫正正义。

行政组织的架构与运行会影响民事制度的落地程度。以物权登记为例，物权法对不动产统一登记作了授权规定，但只有在登记职责整合到自然资源部门后，该制度才得以落地。类似的还有动产和权利担保统一登记。为了优化营商环境，《民法典》对原规定作了调整，但没有对动产和权利担保统一登记作出明确规定。从实践来看，融资难是长期影响中小企业发展的痛点，动产和权利是中小企业最容易获得的担保物，但其由各部门按职责登记，没有统一的公示平台，无法满足物权公示公信的要求。中国人民银行征信中心借鉴联合国贸法会《动产担保交易登记落实指南》等，以声明登记制为基础构建电子化登记系统，提醒可能的权利负担，并确定权利的优先顺位，如能扩及其他动产和权利，整合有关机关登记职责，则有助于搭建统一的公示平台，推动解决企业融资难问题。在比较法上，荷兰民法典甚至以登记物和非登记物的区分取代不动产和动产，这是具有前瞻性的进步立法。进一步而言，如能推动动产与不动产的统一登记，则行政机关对于物权公示公信原则的支撑作用，将得到更好发挥。民事主体登记、婚姻收养登记、合同许可等，也都离不开行政组织。

（三）以公私法融合理念处理好民法和行政法的关系

对于国家政府行政职能和行政权力的大扩张、大膨胀的情况，学者们概括为“行政国”。在行政国的背景下，民法和行政法是鸟之两翼，车之两轮，离开了哪一个，国家和社会都无法正常运转。如果“法”可以比喻为“道”，公法、私法则可以比喻为阴阳，这是类似“太极”般的存在，二者你中有我，我

中有你，只不过在具体的个案中，公私法规则的适用浓度各有不同。

民法和行政法的分工体现了效率原则，能由民法调整的，行政法不介入，这节省了治理成本，也是资源配置应遵循的逻辑。民法是权利法，行政法是管制法，二者如鸟之两翼，车之两轮，离开了哪一个，国家和社会都无法正常运转。当前，行政主体、行政行为、行政监督等行政规则基本建立，但还面临着行政法基本原则、行政组织、行政公物、行政行为共同规则、公法之债及其与私法之债的关系等方面的挑战，这导致政府监管、行政改革、司法实践等面临规则缺失、冲突等方面的难题，制度供给尚有不足。《民法典》提供了市场与社会的治理规则，规范政府的规则需要行政法的法典化，以行政法总则或者通则类制度群，加强行政法治建设，规范和整合国家权力，稳定民事主体的制度预期，破除民事主体对行政权的邻避效应，促使其立恒心，实为法治国家、法治政府建设、法治社会建设之要，人民安居乐业、国家长治久安之基。

二、行政执法人员要有权利意识

《民法典》是权利宣言书，规定了人格权、身份权、物权、知识产权、债权（合同、侵权、不当得利、无因管理之债等）、继承权等。行政执法人员不能只盯着行政法，要树立三个意识。

（一）镜像意识

行政执法人员要用《民法典》来“照镜子”，处理好职权法定与民事权利的关系，以权利意识深化对职权法定原则的理解，把握好侵益性行政行为的界限，维护私法自治原则。公法中的权力和私法中的权利具有一定程度的对应关系。如警告和通报批评对应的是名誉权，罚款、没收违法所得、没收非法财物对应的是财产权，行政拘留对应的是人身自由权，稍微复杂点的是，责令停产停业、限制开展生产经营活动、暂扣许可证件、降低资质等级、吊销许可证件、不得申请行政许可等，这些对应的实际是营业权，也属于广义的财产权范畴。①

（二）界限意识

民法典划出了行政行为的界限。《民法典》第三条规定：“民事主体的人身权利、财产权利以及其他合法权益受法律保护，任何组织或者个人不得侵犯。”

---

① 行政许可是对普遍禁止的解除，许可具有排他性，既是资源配置，也是财产配置；既建构竞争秩序，也会排斥竞争。

这就确立了权利约束限制，与职权法定原则是一体两面。“任何组织和个人”包括行政机关。《民法典》关于“任何组织或者个人”的规定共有23处，涉及物权平等保护等诸多条款。如第九百九十一条规定：“民事主体的人格权受法律保护，任何组织或者个人不得侵害。”其中，“任何组织和个人不得侵犯”可以理解为“任何组织和个人不得非法侵犯”。行政执法必须坚持职权法定原则，以行政处罚为例，一是对象法定，必须是对于“公民、法人或者其他组织违反行政管理秩序的行为”；二是行使主体法定，必须是依法具有管辖权的行政机关、法律法规授权的组织等；三是种类法定，必须是《行政处罚法》第八条以及其他法律、行政法规规定的处罚种类；四是设定依据法定，法律、行政法规、地方性法规和规章都必须按照各自权限设定；五是处罚程序法定，《行政处罚法（修订草案）》规定，不遵守法定程序构成重大且明显违法的，行政处罚无效；六是决定执行法定，行为人拒不履行处罚决定的，行政执法主体也不能任意为之，其处理的方式、措施都必须按照法律规定，否则可能面临国家赔偿。

（三）阶梯意识

阶梯意识可以包括区隔意识和辅助意识两部分内容。

一是要树立区隔意识，让民事的归民事，行政的归行政。如《民法典》第三百三十四条规定：“土地承包经营权人依照法律规定，有权将土地承包经营权互换、转让。未经依法批准，不得将承包地用于非农建设。”同时，根据第三百四十三条，国有农用地的承包也需要批准，这里的批准不是行政许可，而是机关法人以财产所有人身份行使民事权利，与行政管理的身份无关或者具有较远的因果关系。这时，行政执法人员不能动辄使用行政权，应当在民事活动中坚持平等原则，避免身份混同。否则，将民事合同定性为行政合同，行政合同的优益权可能会使市场主体信心受到影响，也不利于发挥市场在资源配置中的决定性作用。在规范层面，需要关注第九十七条机关法人、第二百四十六条至第二百五十九条关于国家所有权方面的规定。

二是要树立辅助意识，贯彻辅助性原则，即凡是民法有规定的依据民法，凡是行政法没有规定的，参照适用民法；凡是软法能解决的不用硬法；凡是当事人能直接解决的，不寻求社会组织，能通过社会组织解决的，不寻求行政机关，能通过行政机关解决的，不寻求法院；凡是地方能做的首先交给地方。

三、《民法典》是行政执法的依据

《民法典》规定了许可、确认、征收、征用、收费、备案、救助、奖励、检查、赔偿等行政行为。

（一）行政执法认定事实需要《民法典》

1. 如何认定谁是权利主体

行政处罚调查中，需要识别谁是涉案财物的权利主体，谁是案件的利害关系人。如在加工、附合、混合的情况下，财产权利主体往往不易认定，《民法典》第三百二十二条规定：“因加工、附合、混合而产生的物的归属，有约定的，按照约定；没有约定或者约定不明确的，依照法律规定；法律没有规定的，按照充分发挥物的效用以及保护无过错当事人的原则确定。因一方当事人的过错或者确定物的归属造成另一方当事人损害的，应当给予赔偿或者补偿。”

2. 如何认定出生死亡

《行政处罚法》规定了未成年人承担责任的前提是满十四周岁，但是，有的情况下，是否满十四周岁需要结合具体情况认定。《民法典》第十五条规定：“自然人的出生时间和死亡时间，以出生证明、死亡证明记载的时间为准；没有出生证明、死亡证明的，以户籍登记或者其他有效身份登记记载的时间为准。有其他证据足以推翻以上记载时间的，以该证据证明的时间为准。”

3. 如何认定财产

一是是否是财产。《民法典》只规定了民事权利的类型，但没有明确规定何为财产，《行政处罚法》也没有明确。实践中有很多疑难问题，如死者人格上的财产利益是否是财产，需要依据《民法典》判定。《民法典》第九百九十四条规定：“死者的姓名、肖像、名誉、荣誉、隐私、遗体等受到侵害的，其配偶、子女、父母有权依法请求行为人承担民事责任；死者没有配偶、子女且父母已经死亡的，其他近亲属有权依法请求行为人承担民事责任。”

二是执行有何特殊要求。如在让与担保的情况下，实际主体和登记主体存在不一致，表面上的主体并不是主体，实施行政处罚需要考虑让与担保因素。

（二）有的条文是行政执法的直接依据

《民法典》第一百一十七条、第二百二十九条、第二百四十三条等六个条款规定了征收。如，《民法典》第二百四十五条规定：“因抢险救灾、疫情防控等紧急需要，依照法律规定的权限和程序可以征用组织、个人的不动产或者动产。被征用的不动产或者动产使用后，应当返还被征用人。组织、个人的不动产或者动产被征用或者征用后毁损、灭失的，应当给予补偿。”

众所周知，我国没有征收方面的统一立法，只是在《森林法》等中有个别规定，《民法典》的上述规定，行政机关可以直接适用。此外，行政裁决、行政调解需要直接适用《民法典》。

（三）有的条文作了衔接规定

如物权编规定的不动产登记既涉及合同效力、物权变动，也涉及行政确认、收费、赔偿。这类衔接规定，总的处理原则是坚持从技术上区分民事法律关系和行政法律关系，在行政机关履行行政职权时，适用依法行政原则；在行政机关参与民事活动时，适用私法自治原则。①

四、《民法典》对具体行政执法行为的影响

（一）行政许可

行政许可对民事主体、民事权利、民事行为等都具有实质性影响，体现了国家对于社会生活较高强度的干预。②《民法典》关于行政许可的表述，有许可、登记、批准等，但有的登记是确认或备案。第一千零八条第一款规定：“为研制新药、医疗器械或者发展新的预防和治疗方法，需要进行临床试验的，应当依法经相关主管部门批准并经伦理委员会审查同意，向受试者或者受试者的监护人告知试验目的、用途和可能产生的风险等详细情况，并经其书面同意。”《药品管理法》第十九条规定，“开展药物临床试验，应当按照国务院药品监督管理部门的规定如实报送研制方法、质量指标、药理及毒理试验结果等有关数据、资料和样品，经国务院药品监督管理部门批准……”根据《医疗器械监督管理条例》第十八条、第十九条的规定，医疗器械领域的人体试验，可以是备案，也可以是许可。但是，新的预防和治疗方法尚无现行法依据，《民法典》实际创设了一项行政许可，实施主体可能涉及卫生健康、药品等部门。在适用时，临床试验的批准适用行政法，其他内容适用民法。

---

① 这方面较深入的讨论是双阶理论，严益州：《德国行政法上的双阶理论》，《环球法律评论》2015 年第 1 期。

② 这方面已有不少研究，最近的梳理参见王轶：《行政许可的民法意义》，《中国社会科学》2020 年第 5 期。

（二）行政确认

行政确认是国家信用平台的产物，具有证明、公示等方面的作用，体现了国家中等强度的干预。《民法典》中的确认各有不同，如离婚冷静期确认和不动产登记确认，行政执法机关要遵循不同的操作规则。[①]

下面以姓名和名称登记为例阐述。《民法典》第一千零一十六条第一款规定："自然人决定、变更姓名，或者法人、非法人组织决定、变更、转让名称的，应当依法向有关机关办理登记手续，但是法律另有规定的除外。"姓名登记和名称登记表现为不同的法律性质。

姓名登记为行政确认，只要不违反姓名登记的禁止性规定，则公安机关无权拒绝申请人的姓名登记。从理论上来看，姓名登记应采取登记对抗主义，非经登记的，不得对抗善意第三人。《大清民律草案》中"姓名非登记，不得与善意第三人对抗"的规定符合本条的立法精神，在解释层面，未经登记的姓名不具有对抗善意第三人的效力。在社会生活中，户口本、身份证解决的是姓名登记的问题，二者都能起到证明民事主体身份的作用。如果自然人使用的是非经登记的笔名、化名，比如阿里巴巴集团员工使用了"令狐冲""张无忌"等公司内部员工"花名"从事民事活动，就不能对抗善意第三人，仅能在他人事实知悉的情况下产生相应的拘束力。

除了公法人之外，民事主体的名称登记为行政许可，单行法作了详细规定。如《企业名称登记管理规定》第二十三条规定："企业名称可以随企业或者企业的一部分一并转让。企业名称只能转让给一户企业。企业名称的转让方与受让方应当签订书面合同或者协议，报原登记主管机关核准。企业名称转让后，转让方不得继续使用已转让的企业名称。"此前，国务院已经决定将企业登记改为行政确认。我国对名称实行严格的管制，采取登记生效主义，非经登记的，不产生法律效力。如《企业名称登记管理规定》第三条规定，"……企业名称经核准登记注册后方可使用，在规定的范围内享有专用权"。但是，民事主体名称的简称，对方当事人知悉的，可以产生法律拘束力。

此外，主体性质不同，名称登记机关也不同。《国务院行政机构设置和编制

---

① 当然，动产和权利担保统一登记方面，市场主体声明登记制将来可能会替代行政机关的审查确认制，改革的目的是更好发挥市场作用，行政确认如何在该改革背景下重新定位，需要统筹研究。

管理条例》《事业单位登记管理暂行条例》《基金会管理条例》《社会团体登记管理条例》《企业法人登记管理条例》等规定了不同类型组织体的名称等的行政管理制度。

（三）行政裁决

《民法典》规定了部分行政裁决事项。如，《民法典》第三十一条第一款规定："对监护人的确定有争议的，由被监护人住所地的居民委员会、村民委员会或者民政部门指定监护人，有关当事人对指定不服的，可以向人民法院申请指定监护人；有关当事人也可以直接向人民法院申请指定监护人。"

在特别法中也有类似规定，如《土地管理法》第十四条规定："土地所有权和使用权争议，由当事人协商解决；协商不成的，由人民政府处理。单位之间的争议，由县级以上人民政府处理；个人之间、个人与单位之间的争议，由乡级人民政府或者县级以上人民政府处理。当事人对有关人民政府的处理决定不服的，可以自接到处理决定通知之日起三十日内，向人民法院起诉。在土地所有权和使用权争议解决前，任何一方不得改变土地利用现状。"

（四）行政给付

《民法典》第三十四条第四款规定："因发生突发事件等紧急情况，监护人暂时无法履行监护职责，被监护人的生活处于无人照料状态的，被监护人住所地的居民委员会、村民委员会或者民政部门应当为被监护人安排必要的临时生活照料措施。"对此，居民委员会、村民委员会或者民政部门在紧急情况下应及时主动为无人照料的被监护人安排必要的临时生活照料措施，妥善解决弱势群体的生活困难。

第三十一条第三款还规定了担任临时监护人制度，即"依据本条第一款规定指定监护人前，被监护人的人身权利、财产权利以及其他合法权益处于无人保护状态的，由被监护人住所地的居民委员会、村民委员会、法律规定的有关组织或者民政部门担任临时监护人"。

（五）行政检查

《民法典》第五百三十四条规定："对当事人利用合同实施危害国家利益、社会公共利益行为的，市场监督管理和其他有关行政主管部门依照法律、行政法规的规定负责监督处理。"

（六）行政赔偿

《民法典》虽删除了《民法通则》关于国家机关侵权的规定，但在法理层面，《国家赔偿法》没有规定的，《民法典》可以参照补充适用。《民法典》第二百二十二条规定："当事人提供虚假材料申请登记，造成他人损害的，应当承担赔偿责任。因登记错误，造成他人损害的，登记机构应当承担赔偿责任。登记机构赔偿后，可以向造成登记错误的人追偿。"据此，虚假登记的赔偿顺位是虚假申请人、登记机构，分别对应的是民事责任、行政责任，归责原则分别是过错原则、无过错原则，总体来看是补充责任的法律构造。在法律适用上，行政机关已经尽到了勤勉、忠实审查的义务，也不能免除其赔偿责任；如果行政机关工作人员存在故意或者重大过失，可以解释为"造成登记错误的人"，根据其与虚假申请人是否存在意思联络及过错程度，再细化共同侵权的责任形态以及相应的责任份额。综合来看，虚假登记错误的赔偿责任涉及《民法典》、不动产登记特别法（包括法规规章）、《国家赔偿法》等，片面强调民法或者行政法都不能解决实际问题。

五、《民法典》新设了行政执法机关的义务

《民法典》规定了行政执法机关的义务，如登记机关的公示义务、主管机关的申请清算法人义务等，这些义务是行政机关积极作为的法定依据，如果行政执法人员不作为，将承担相应的法律后果。

（一）救助义务

《民法典》第一千零五条规定："自然人的生命权、身体权、健康权受到侵害或者处于其他危难情形的，负有法定救助义务的组织或者个人应当及时施救。"根据《人民警察法》第二十一条、《人民武装警察法》第二十八条、《消防法》第四十四条等规定，人民警察、武装警察、消防队具有法定的救助义务。

从法条的表述来看，警察的义务是"应当立即救助"，武装警察的义务是"应当及时救助"，消防队的义务是"必须立即赶赴火灾现场，救助遇险人员，排除险情，扑灭火灾"。以上救助义务完全基于法定，而非基于合同行为。从法律责任角度来看，未履行法定救助义务或者履行义务不到位，要承担相应的侵权责任。对于警察和消防队来说，由于其属于国家机关，首先适用的法律依据是《国家赔偿法》。

（二）保护义务

《民法典》第一千零一十条第二款规定："机关、企业、学校等单位应当采取合理的预防、受理投诉、调查处置等措施，防止和制止利用职权、从属关系等实施性骚扰。"本款规定的是安全保障义务的子类型，即单位对劳动者或者学生等性利益的安全保障义务，违反该规定的，在解释上应适用第一千一百九十八条关于违反安全保障义务侵权责任的规定。具体来讲，适用需要把握以下几点。

一是机关等单位对劳动者或者学生等性利益具有安全保障义务。军队、福利院等都构成本条意义上的单位。联合国《消除对妇女暴力行为宣言》第二条第一款将"在工作场所、教育机构和其他场所的性骚扰"列入对妇女的暴力行为。①

二是预防措施包括制定相关防范规则、安装监控设备等。如中国农业银行制定的《中国农业银行女员工权益保障（暂行）办法》第二十五条规定："禁止对女员工进行性骚扰。各级行均有义务防止工作场所的性骚扰，制定适当的调查性骚扰指控的制度，建立反对性别歧视的良好工作环境。"

三是补救措施包括受理投诉、制止违法行为、调查处置、报警、保护隐私、积极处理赔偿等。

四是单位承担补充责任。实施性骚扰的侵害人利用职权、从属关系等侵害他人性利益，造成他人损害的，由其承担侵权责任，发生侵害人逃跑、死亡等情形的，单位在承担赔偿责任后，可以向侵害人追偿。

（三）保密义务

《民法典》第一千零三十九条规定："国家机关、承担行政职能的法定机构及其工作人员对于履行职责过程中知悉的自然人的隐私和个人信息，应当予以保密，不得泄露或者向他人非法提供。"本条来源于《网络安全法》第四十五条。

1. 保密义务的要求

机关法人及其工作人员履行保密义务的前提是"在履行职责过程中知悉自然人的隐私和个人信息"，与职务行为无关的保密义务，不适用本条规定。如国家机关中的医务人员，在旅游过程中营救他人知悉的隐私和个人信息，此时的

① 王利明主编：《中国民法典学者建议稿及立法理由·人格权编·婚姻家庭编·继承编》，法律出版社2005年版，第182页。

保密义务仅仅与其个人相关。同时，“他人”也包括其他行政执法机关，其他机关请求分享隐私和个人信息（含个人信用）等没有依据的，有关机关应拒绝提供。

机关法人履行保密义务时要采取一些防范措施，如对工作人员的防范措施，发生泄露个人信息时的补救措施预案等，未采取防范措施的，将承担不利后果。我国台湾地区“个人资料保护法”第十八条规定：“公务机关保有个人资料档案者，应指定专人办理安全维护事项，防止个人资料被窃取、窜改、毁损、灭失或泄漏。”我国澳门地区“个人资料保护法”第十六条规定了控制进入设施、控制资料载体、控制输入等八项安全措施。

推行行政处罚决定公示制度，要考虑《民法典》的规定。如《民法典》第一千零三十四条第二款规定：“个人信息是以电子或者其他方式记录的能够单独或者与其他信息结合识别特定自然人的各种信息，包括自然人的姓名、出生日期、身份证件号码、生物识别信息、住址、电话号码、电子邮箱、健康信息、行踪信息等。”对此，不动产登记机构作为不动产登记资料的管理者在依法提供相关资料的同时应尽到提示责任，或者研究通过其他行政管理手段对利害关系人擅自公开、非法使用权利人的不动产登记资料等行为进行规制，以保障权利人的合法权益。再如，《民法典》第一千零三十三条规定：“除法律另有规定或者权利人明确同意外，任何组织或者个人不得实施下列行为：（一）以电话、短信、即时通讯工具、电子邮件、传单等方式侵扰他人的私人生活安宁；（二）进入、拍摄、窥视他人的住宅、宾馆房间等私密空间；（三）拍摄、窥视、窃听、公开他人的私密活动；（四）拍摄、窥视他人身体的私密部位；（五）处理他人的私密信息；（六）以其他方式侵害他人的隐私权。”本条中的任何组织也包括行政机关。

2. 违反保密义务的法律后果

当发生自然人的隐私和个人信息泄露等情形时，机关法人的法律责任应按照《国家赔偿法》予以认定。机关法人工作人员履行职责时与“外鬼”里应外合窃取、出售自然人的隐私和个人信息的，构成共同侵权，承担连带责任；机关法人工作人员履行职责时与“外鬼”虽无意思联络，但引起行为共同导致隐私和个人信息泄露等，也可以构成共同侵权，可以分别依据《国家赔偿法》和《民法典》确定按份责任，难以确定责任大小的，按照《民法典》第一千一百七十二条的规定，应平均承担责任。

《国家赔偿法》第三条规定了机关法人及其工作人员侵害人身权的损害赔偿问题，但隐私和个人信息并不在这两条范围内，《国家赔偿法》第二条第一款还规定："国家机关和国家机关工作人员行使职权，有本法规定的侵犯公民、法人和其他组织合法权益的情形，造成损害的，受害人有依照本法取得国家赔偿的权利。"在解释层面，《民法典》第一千零三十九条构成机关法人及其工作人员侵害他人隐私和个人信息的特别规定，为《国家赔偿法》的特别条款，在侵权责任判定上可以参照《国家赔偿法》《行政处罚法》《行政许可法》等。

（四）不作为义务

《民法典》第一千零三十二条规定："自然人享有隐私权。任何组织或者个人不得以刺探、侵扰、泄露、公开等方式侵害他人的隐私权。隐私是自然人的私人生活安宁和不愿为他人知晓的私密空间、私密活动、私密信息。"这里，任何组织也包括行政机关。

（五）更正义务

《民法典》第一千零三十一条规定："民事主体享有荣誉权。任何组织或者个人不得非法剥夺他人的荣誉称号，不得诋毁、贬损他人的荣誉。获得的荣誉称号应当记载而没有记载的，民事主体可以请求记载；获得的荣誉称号记载错误的，民事主体可以请求更正。"

（六）受理义务

《民法典》第二百八十六条规定："业主应当遵守法律、法规以及管理规约，相关行为应当符合节约资源、保护生态环境的要求。对于物业服务企业或者其他管理人执行政府依法实施的应急处置措施和其他管理措施，业主应当依法予以配合……业主或者其他行为人拒不履行相关义务的，有关当事人可以向有关行政主管部门报告或者投诉，有关行政主管部门应当依法处理。"

结语

德国学者拉德布鲁赫讲道："行政法是社会的法律，在将来社会主义的福利国家中，如我们所料，民法可能会完全融合在行政法之中。"① 他的话并不适用于我国《民法典》，但公私协力是一个发展方向。我国《民法典》开启了一个

① ［德］拉德布鲁赫：《法学导论》，米健等译，中国大百科全书出版社1997年版，第137页。

公私法融合的时代，《民法典》实施后，行政执法离不开《民法典》，行政执法人员不仅要熟练掌握《民法典》中的行政法条款，而且还要熟悉掌握纯粹的民事条款，毕竟实践不是按照理论和立法上区分的民事和行政“生长”的，更多的是二者的交叉、融合。需要提醒的是，《民法典》只是民事制度的一部分，《民法典》之外还有大量的特别法，《民法典》提供了找法的便利，但它不是民法的全部。

第四章　建构“互联网+”行政执法的新生态[①]

建构“互联网+”行政执法的新生态是个系统工程，需要借助信息平台推进行政执法一体化，解决执法部门化问题，并将现场执法转化为非现场执法、推进执法的半自动化。创设简易送达，简化优化执法程序，建构“行政执法监督平台+海量的群众”。公开行政执法决定书，推进行政决定的执行，释放市场和社会的活力。

连接，本身是互联网的基本属性。[②] 通过连接，互联网能够缩短信息传播时间，去除政府自身、市场自身、社会自身及其相互之间的中间环节，降低交易成本，增强人与人之间的互动黏性，提高资源配置和政府管理的效率。但是，目前我国行政执法互联网化的速度还很慢，程度还不够深。本文尝试探讨，如何用互联网（包括物联网、云计算、大数据等）的思维和技术建构行政执法的新生态。

一、借助信息平台推进行政执法一体化

我国市县级行政执法主体太多，执法部门化愈演愈烈，行政执法协助难，行政管理的碎片化效应明显，很难达到行政管理一体化目标。如，城管综合执法部门执行的主要是规划等领域的行政处罚权，如果不能获得规划的行政许可信息，则难以开展违法建设执法活动，实践中如何获得其他部门的许可信息成为难题。

“免费+增值”是互联网企业最常见的盈利模式，而这一模式往往要有两个战略资产：让人欲罢不能的产品和有效的平台。打破执法部门信息孤岛现象的重要措施之一，就是借助信息化，实现行政执法的平台化、体系化。任何一个行政执法部门，都能直接收集到违法行为人的相关违法行为信息，并将其作为裁量的考虑因素，从而加大违法行为人的成本，推进执法环境从“一处违法，

---

① 本文原载《行政管理改革》2016 年第 3 期。

② 马化腾等：《连接一切：互联网+国家战略行动路线图》，中信出版社 2015 年版，第 2 页。

一处受制”到“一处违法，寸步难行”，执法效果从“一根线”扩张到“一张网”，充分贯彻行政一体原则，发挥行政机关的合力。

同时，行政执法的一体化可以节约成本，提高效率。这里需要借助的是云计算技术。当前，我国不少部委都有自己的“条条”执法信息系统，鸡犬之声相闻，但老死不相往来。为了解决类似问题，2011 年，美国联邦政府发布了《联邦政府云战略》，该战略要求各个机构必须确定 3 个可以推向云平台的系统，并在年内完成至少一个。同时，联邦政府 2094 所数据中心，通过云计算，在 2011 年合并了 137 所。

二、将现场执法转化为非现场执法，推进执法的半自动化

当前，行政机关人手少，任务重，发现线索难，执法成本高。通常来讲，行政执法机关的案件来源有投诉举报、行政检查、其他机关转交、上级交办等形式。目前，行政检查是行政机关主动获得监管信息的最主要方式，因此，行政机关更倾向于使用行政检查，但行政检查易滋生寻租，重复检查多，检查的透明度和可预测性低，也影响企业的正常经营活动，不利于营造公平竞争的发展环境，推动大众创业和万众创新。实践中，为了更好地发现和制止违法行为，不少地方和部门推行网格化执法，即将管辖区域划分成面积均等的网格（通常是一万平方米），在每个网格中配备相应的执法人员，这种人海式战术效果好，但成本比较高，如果每个行政执法部门都这么搞，财政将不堪重负。要解决“人少、事多、成本高”的执法难题，必须向科技要生产力。

一是借助物联网、智能手机等技术、设备，解决发现执法线索难、人力资源不足、执法成本高的问题。据北京市城市管理综合行政执法局介绍，城管系统在建筑工地安装噪声监测仪，噪声超标则自动报警，实现了监管的自动化和常态化。其实，视频监控、遥感、无人机、无人驾驶汽车、机器人等都可以在适当的场所和领域使用。可以想象，将梳理好的行政执法依据、行政裁量标准、行政执法流程、行政执法文书等载入固定的程序，人工智能机器人上街执法巡查，收集证据，作出初步处理决定，也不是不可能。

二是补足执法科技化、信息化的“木桶”短板。如，疲劳驾驶、超载等问题，立法已经比较完善，需要的是加大实施力度。《道路交通安全法实施条例》第十四条规定：“用于公路营运的载客汽车、重型载货汽车、半挂牵引车应当安装、使用符合国家标准的行驶记录仪。交通警察可以对机动车行驶速度、连续驾驶时间以及其他行驶状态信息进行检查。安装行驶记录仪可以分步实施，实施步骤由国务院机动车产品主管部门会同有关部门规定。”行驶记录仪的成本并不昂贵，我国长途客运汽车、渣土车事故频发，机动车强制预安装芯片是个解决路径。芯片记录疲劳驾驶、超速等信息，行为人一旦违法，则信息自动传输给执法部门，执法部门据此作出行政执法决定，这样就实现了全天候、自动化执法。此外，如果公安和城管等执法部门安装的摄像头共享给其他执法部门，相当多的室外巡查可转换为室内网上巡查。

三是完善投诉举报的激励机制。投诉举报能够降低行政机关的执法成本。当然，行政执法的非现场化、半自动化离不开智能手机，离不开“移动互联网＋”。2015 年，贵州省贵安新区管委会开发了行政审批局移动互联网办公系统，将执法人员从工作场所解放出来，有网络的地方都是工作场所，工作效率大大提升。

三、创设简易送达，简化优化执法程序

目前，送达难、送达多影响了行政执法的效率。关于送达难，通常是行政相对人恶意逃避送达程序，直接送达、留置送达、邮寄送达等都不能达到送达目的，行政机关只能选择公告送达，但公告送达的问题是送达周期长、成本高。关于送达多，不少违法相对人不需要正式的行政执法决定书（比如违法占道停车），而这类案件数量非常大，逐件送达无疑影响了行政效率。

解决送达难，“互联网＋送达地址确认书制度”是一条路径。能电子送达的，制度上要允许电子送达。受送达人有义务提供真实有效送达地址，因受送达人自己提供或者确认的送达地址不准确、拒不提供送达地址、送达地址变更未及时告知行政执法机关、受送达人本人或者受送达人指定的代收人拒绝签收，导致文书未能被受送达人实际接收的，文书退回之日视为送达之日，但受送达人能够证明自己在文书送达的过程中没有过错的，不在此限。这就在一定程度上解决了行政相对人规避送达程序的问题。

解决送达多，建议创设简易送达制度：一是行政执法机关可以给行政相对人发送“手机短消息/网络社交账号留言/电子邮件”等，告知其登录行政机关网站的密码和账户，获取正式的行政执法决定书。二是允许行政机关向行政相对人送达不加盖印章的执法决定书，在法定的异议期后起算行政复议、行政诉讼救济期间，相对人没有在异议期提起异议的，决定书视为送达，案件的范围可以大于简易程序的范围，锁定在高频且对相对人影响较小的案件。三是送达地址确认书要明确附上受送达人的手机号码、电子邮箱地址、QQ账号、微信账号、支付宝账号等信息，并告知其简易送达的异议期及相应的程序、实体权利。

四、对行政执法的监督从“官督”到“众督”

当前，行政机关及其执法人员不作为问题突出，对行政执法行为的监督效果不甚理想。政府信息公开尚不能满足市场与社会自主运行的需要。要解决这些问题，不能单靠政府自身，必须依靠人民群众的力量，依靠公开的力量，通过“免费”开放政府数据，主动公开行政执法决定书，获得市场与社会自我治理的“增值”服务。

一是建构“统一的行政执法监督平台+海量的群众”的“众督”模式。智能手机的普及使得群众获得证据更加容易，“统一的行政执法监督平台+海量的群众”的“众督”模式，不受时间、地点限制，更接近于事中监督。这是“平台+点”互联网架构在政府管理中的直接运用。

二是用公开推进行政决定的执行。法院的实践可以作为参考。截至2015年12月3日，中国裁判文书网已公布裁判文书1165万份，总访问量达到3.4亿人次。全国已有245万名被执行人被列入失信被执行人名单，其中34%的失信被执行人慑于联合信用惩戒的威力而自动履行义务。现行法律关于罚款数额规定的违法成本非常低，如，违法事实确凿并有法定依据，对公民处以50元以下、对法人或者其他组织处以1000元以下罚款或者警告的行政处罚①，可以适用简易程序。在难以大规模修改现行法律的情况下，公开行政执法决定书是一个非常好的选择，有助于提高违法成本，降低守法成本。

三是公开释放市场与社会的活力。如，公开行政执法决定书，征信企业可通过收集、整理、分析有关个人和企业的处罚、许可、补贴等信息制作信用调查报告获利；征信企业持续关注行政执法决定书信息，进而行政相对人也会持续地努力依法办事。除了征信企业，口碑类网站可以将服务业企业的行政决定书信息作为置顶评论，财经类网站可以加大对企业许可、处罚、补贴类信息的整理、分析，向投资者提供更为全面的投资分析报告。在信息时代，信息是比

---

① 2021年《行政处罚法》修订为“对公民处以二百元以下、对法人或者其他组织处以三千元以下罚款或者警告的行政处罚”。

物质和能源更为重要的资源，信息的产生、发布、使用和整合将成为经济活动的枢纽。公开行政执法决定书，政府除了减轻治理压力，还可能找到新的经济增长点。

五、行政执法大数据分析推进决策与执法优化

科学的行政决策离不开对行政执法大数据的分析。目前，不少政府机构还是固守定性分析的决策模式，定量分析还有较大推广空间。抽样调查仍然是政府决策的最主要方式，基于对全部数据进行分析的大数据决策模式尚不多见。而大数据时代意味着更广泛、更深层的开放和共享，更精准、更高效、更智能的管理革命。

一是优化行政决策。决策的科学离不开对总体数据的分析。如，可以借助春节期间出行的大数据，为解决春运难题提供思路。再如，可以收集法律实施中的问题，及时反馈立法，进而实现法律的动态完善。

二是预测违法信息。北京市城市管理综合行政执法局通过对全部投诉举报电话进行定量分析，得出每年夏季晚上某固定时段占道经营违法行为上升的结论，结合指挥系统的位置信息，调配执法力量，开展执法活动，实现了科学执法。美国纽约市警察局曾将案件以圆点的形式标注在地图上，不同颜色代表不同类型犯罪，特定位置的成串圆点则表示发生系列案件。针对数据分析进行重点治理，纽约市的治安指标不断下降。这套后来被美国司法部推广的“地图映射和数据驱动的治安管理系统”，被证明在治安以外的交通等领域也行之有效。

硬币总有两面。“互联网战略”既是“互联网 +”，也是“互联网 -”，我们还要警惕“互联网 +”行政执法的副作用。一是广泛的信息化可能危及信息安全。西方国家仍处于信息技术的高端，斯诺登“棱镜门”事件只是信息安全问题的一个缩影，在推进政府治理“互联网 +”的同时，必须充分考虑信息安全因素。二是信息化系统将执法流程固化，新的改革措施出台后，很难快速落地。三是大规模的数据采集、网络侵权难以恢复原状，决定了商业秘密、个人隐私将会遇到前所未有的挑战，其保护、利用规则也会因应更新。

附录：

《中华人民共和国行政处罚法》新旧对照*

（左栏黑体部分为增加的内容，右栏删除线部分为删除的内容，两栏下画线部分为修改的内容，右栏波浪线部分为移动的内容）

目　录 第一章　总　　则 第二章　行政处罚的种类和设定 第三章　行政处罚的实施机关 第四章　行政处罚的管辖和适用 第五章　行政处罚的决定 　**第一节　一般规定** 　第二节　简易程序 　第三节　普通程序 　第四节　听证程序 第六章　行政处罚的执行 第七章　法律责任 第八章　附　　则	目　录 第一章　总　　则 第二章　行政处罚的种类和设定 第三章　行政处罚的实施机关 第四章　行政处罚的管辖和适用 第五章　行政处罚的决定 　第一节　简易程序 　第二节　一般程序 　第三节　听证程序 第六章　行政处罚的执行 第七章　法律责任 第八章　附　　则
第一章　总　　则	**第一章　总　　则**
第一条　为了规范行政处罚的设定和实施，保障和监督行政机关有效实施行政管理，维护公共利益和社会秩序，保护公民、法人或者其他组织的合法权益，根据宪法，制定本法。	第一条　为了规范行政处罚的设定和实施，保障和监督行政机关有效实施行政管理，维护公共利益和社会秩序，保护公民、法人或者其他组织的合法权益，根据宪法，制定本法。

* 以下表格左栏为2021年1月22日第十三届全国人民代表大会常务委员会第二十五次会议修订公布的新《行政处罚法》，右栏为1996年3月17日通过、2009年8月27日第一次修正、2017年9月1日第二次修正的旧《行政处罚法》。

第二条　行政处罚是指行政机关依法对违反行政管理秩序的公民、法人或者其他组织，以减损权益或者增加义务的方式予以惩戒的行为。	新增条文
第三条　行政处罚的设定和实施，适用本法。	第二条　行政处罚的设定和实施，适用本法。
第四条　公民、法人或者其他组织违反行政管理秩序的行为，应当给予行政处罚的，依照本法由法律、法规、规章规定，并由行政机关依照本法规定的程序实施。	第三条　公民、法人或者其他组织违反行政管理秩序的行为，应当给予行政处罚的，依照本法由法律、法规或者规章规定，并由行政机关依照本法规定的程序实施。 没有法定依据或者不遵守法定程序的，行政处罚无效。（移至第三十八条修改）
第五条　行政处罚遵循公正、公开的原则。 设定和实施行政处罚必须以事实为依据，与违法行为的事实、性质、情节以及社会危害程度相当。 对违法行为给予行政处罚的规定必须公布；未经公布的，不得作为行政处罚的依据。	第四条　行政处罚遵循公正、公开的原则。 设定和实施行政处罚必须以事实为依据，与违法行为的事实、性质、情节以及社会危害程度相当。 对违法行为给予行政处罚的规定必须公布；未经公布的，不得作为行政处罚的依据。
第六条　实施行政处罚，纠正违法行为，应当坚持处罚与教育相结合，教育公民、法人或者其他组织自觉守法。	第五条　实施行政处罚，纠正违法行为，应当坚持处罚与教育相结合，教育公民、法人或者其他组织自觉守法。
第七条　公民、法人或者其他组织对行政机关所给予的行政处罚，享有陈述权、申辩权；对行政处罚不服的，有权依法申请行政复议或者提起行政诉讼。 公民、法人或者其他组织因行政机关违法给予行政处罚受到损害的，有权依法提出赔偿要求。	第六条　公民、法人或者其他组织对行政机关所给予的行政处罚，享有陈述权、申辩权；对行政处罚不服的，有权依法申请行政复议或者提起行政诉讼。 公民、法人或者其他组织因行政机关违法给予行政处罚受到损害的，有权依法提出赔偿要求。 ~~第三十五条　当事人对当场作出的行政处罚决定不服的，可以依法申请行政复议或者提起行政诉讼。~~

第八条　公民、法人或者其他组织因违法**行为**受到行政处罚，其违法行为对他人造成损害的，应当依法承担民事责任。 违法行为构成犯罪，应当依法追究刑事责任**的**，不得以行政处罚代替刑事处罚。	第七条　公民、法人或者其他组织因违法受到行政处罚，其违法行为对他人造成损害的，应当依法承担民事责任。 违法行为构成犯罪，应当依法追究刑事责任，不得以行政处罚代替刑事处罚。
第二章　行政处罚的种类和设定	**第二章　行政处罚的种类和设定**
第九条　行政处罚的种类： （一）警告**、通报批评**； （二）罚款、没收违法所得、没收非法财物； （三）暂扣许可证件、**降低资质等级**、吊销许可证件； （四）**限制开展生产经营活动**、责令停产停业**、责令关闭、限制从业**； （五）行政拘留； （六）法律、行政法规规定的其他行政处罚。	第八条　行政处罚的种类： （一）警告； （二）罚款； ~~（三）~~没收违法所得、没收非法财物； （四）责令停产停业； （五）暂扣或者吊销许可证、~~暂扣或者吊销执照~~； （六）行政拘留； （七）法律、行政法规规定的其他行政处罚。
第十条　法律可以设定各种行政处罚。 限制人身自由的行政处罚，只能由法律设定。	第九条　法律可以设定各种行政处罚。 限制人身自由的行政处罚，只能由法律设定。
第十一条　行政法规可以设定除限制人身自由以外的行政处罚。 法律对违法行为已经作出行政处罚规定，行政法规需要作出具体规定的，必须在法律规定的给予行政处罚的行为、种类和幅度的范围内规定。 **法律对违法行为未作出行政处罚规定，行政法规为实施法律，可以补充设定行政处罚。拟补充设定行政处罚的，应当通过听证会、论证会等形式广泛听取意见，并向制定机关作出书面说明。行政法规报送备案时，应当说明补充设定行政处罚的情况。**	第十条　行政法规可以设定除限制人身自由以外的行政处罚。 法律对违法行为已经作出行政处罚规定，行政法规需要作出具体规定的，必须在法律规定的给予行政处罚的行为、种类和幅度的范围内规定。

第十二条　地方性法规可以设定除限制人身自由、吊销营业执照以外的行政处罚。 法律、行政法规对违法行为已经作出行政处罚规定，地方性法规需要作出具体规定的，必须在法律、行政法规规定的给予行政处罚的行为、种类和幅度的范围内规定。 **法律、行政法规对违法行为未作出行政处罚规定，地方性法规为实施法律、行政法规，可以补充设定行政处罚。拟补充设定行政处罚的，应当通过听证会、论证会等形式广泛听取意见，并向制定机关作出书面说明。地方性法规报送备案时，应当说明补充设定行政处罚的情况。**	第十一条　地方性法规可以设定除限制人身自由、吊销~~企业~~营业执照以外的行政处罚。 法律、行政法规对违法行为已经作出行政处罚规定，地方性法规需要作出具体规定的，必须在法律、行政法规规定的给予行政处罚的行为、种类和幅度的范围内规定。
第十三条　国务院部门规章可以在法律、行政法规规定的给予行政处罚的行为、种类和幅度的范围内作出具体规定。 尚未制定法律、行政法规的，国务院部门规章对违反行政管理秩序的行为，可以设定警告、**通报批评**或者一定数额罚款的行政处罚。罚款的限额由国务院规定。	第十二条　国务院部、委员会制定的规章可以在法律、行政法规规定的给予行政处罚的行为、种类和幅度的范围内作出具体规定。 尚未制定法律、行政法规的，~~前款规定的~~国务院部、委员会制定的规章对违反行政管理秩序的行为，可以设定警告或者一定数量罚款的行政处罚。罚款的限额由国务院规定。 ~~国务院可以授权具有行政处罚权的直属机构依照本条第一款、第二款的规定，规定行政处罚。~~
第十四条　地方政府规章可以在法律、法规规定的给予行政处罚的行为、种类和幅度的范围内作出具体规定。 尚未制定法律、法规的，地方政府规章对违反行政管理秩序的行为，可以设定警告、**通报批评**或者一定数额罚款的行政处罚。罚款的限额由省、自治区、直辖市人民代表大会常务委员会规定。	第十三条　省、自治区、直辖市人民政府和省、自治区人民政府所在地的市人民政府以及经国务院批准的较大的市人民政府制定的规章可以在法律、法规规定的给予行政处罚的行为、种类和幅度的范围内作出具体规定。 尚未制定法律、法规的，~~前款规定的~~人民政府制定的规章对违反行政管理秩序的行为，可以设定警告或者一定数量罚款的行政处罚。罚款的限额由省、自治区、直辖市人民代表大会常务委员会规定。

第十五条　国务院部门和省、自治区、直辖市人民政府及其有关部门应当定期组织评估行政处罚的实施情况和必要性，对不适当的行政处罚事项及种类、罚款数额等，应当提出修改或者废止的建议。	新增条文
第十六条　除法律、法规、规章外，其他规范性文件不得设定行政处罚。	第十四条　除本法第九条、第十条、第十一条、第十二条以及第十三条的规定外，其他规范性文件不得设定行政处罚。
第三章　行政处罚的实施机关	**第三章　行政处罚的实施机关**
第十七条　行政处罚由具有行政处罚权的行政机关在法定职权范围内实施。	第十五条　行政处罚由具有行政处罚权的行政机关在法定职权范围内实施。
第十八条　**国家在城市管理、市场监管、生态环境、文化市场、交通运输、应急管理、农业等领域推行建立综合行政执法制度，相对集中行政处罚权。** 国务院或者省、自治区、直辖市人民政府可以决定一个行政机关行使有关行政机关的行政处罚权。 限制人身自由的行政处罚权只能由公安机关**和法律规定的其他机关**行使。	第十六条　国务院或者经国务院授权的省、自治区、直辖市人民政府可以决定一个行政机关行使有关行政机关的行政处罚权，但限制人身自由的行政处罚权只能由公安机关行使。
第十九条　法律、法规授权的具有管理公共事务职能的组织可以在法定授权范围内实施行政处罚。	第十七条　法律、法规授权的具有管理公共事务职能的组织可以在法定授权范围内实施行政处罚。
第二十条　行政机关依照法律、法规、规章的规定，可以在其法定权限内**书面**委托符合本法第二十一条规定条件的组织实施行政处罚。行政机关不得委托其他组织或者个人实施行政处罚。 **委托书应当载明委托的具体事项、权限、期限等内容。委托行政机关和受委托组织应当将委托书向社会公布。** 委托行政机关对受委托组织实施行政处罚的行为应当负责监督，并对该行为的后果承担法律责任。	第十八条　行政机关依照法律、法规或者规章的规定，可以在其法定权限内委托符合本法第十九条规定条件的组织实施行政处罚。行政机关不得委托其他组织或者个人实施行政处罚。 委托行政机关对受委托的组织实施行政处罚的行为应当负责监督，并对该行为的后果承担法律责任。 受委托组织在委托范围内，以委托行政机关名义实施行政处罚；不得再委托其他任何组织或者个人实施行政处罚。

受委托组织在委托范围内，以委托行政机关名义实施行政处罚；不得再委托其他组织或者个人实施行政处罚。	
第二十一条　受委托组织必须符合以下条件： （一）依法成立并具有管理公共事务职能； （二）有熟悉有关法律、法规、规章和业务**并取得行政执法资格**的工作人员； （三）需要进行技术检查或者技术鉴定的，应当有条件组织进行相应的技术检查或者技术鉴定。	第十九条　受委托组织必须符合以下条件： （一）依法成立的管理公共事务的事业组织； （二）~~具~~有熟悉有关法律、法规、规章和业务的工作人员； （三）~~对违法行为~~需要进行技术检查或者技术鉴定的，应当有条件组织进行相应的技术检查或者技术鉴定。
第四章　行政处罚的管辖和适用	**第四章　行政处罚的管辖和适用**
第二十二条　行政处罚由违法行为发生地的行政机关管辖。法律、行政法规、**部门规章**另有规定的，从其规定。	第二十条　行政处罚由违法行为发生地的~~县级以上地方人民政府具有行政处罚权的~~行政机关管辖。法律、行政法规另有规定的除外。
第二十三条　行政处罚由县级以上地方人民政府具有行政处罚权的行政机关管辖。法律、行政法规另有规定的，从其规定。	新增条文
第二十四条　省、自治区、直辖市根据当地实际情况，可以决定将基层管理迫切需要的县级人民政府部门的行政处罚权交由能够有效承接的乡镇人民政府、街道办事处行使，并定期组织评估。决定应当公布。 **承接行政处罚权的乡镇人民政府、街道办事处应当加强执法能力建设，按照规定范围、依照法定程序实施行政处罚。** **有关地方人民政府及其部门应当加强组织协调、业务指导、执法监督，建立健全行政处罚协调配合机制，完善评议、考核制度。**	新增条文

第二十五条　**两个以上行政机关都有管辖权的，由最先立案的行政机关管辖。** 对管辖发生争议的，**应当协商解决，协商不成的，**报请共同的上一级行政机关指定管辖；**也可以直接由共同的上一级行政机关指定管辖。**	第二十一条　对管辖发生争议的，报请共同的上一级行政机关指定管辖。
第二十六条　行政机关因实施行政处罚的需要，可以向有关机关提出协助请求。协助事项属于被请求机关职权范围内的，应当依法予以协助。	新增条文
第二十七条　违法行为涉嫌犯罪的，行政机关应当及时将案件移送司法机关，依法追究刑事责任。**对依法不需要追究刑事责任或者免予刑事处罚，但应当给予行政处罚的，司法机关应当及时将案件移送有关行政机关。** **行政处罚实施机关与司法机关之间应当加强协调配合，建立健全案件移送制度，加强证据材料移交、接收衔接，完善案件处理信息通报机制。**	第二十二条　违法行为构成犯罪的，行政机关必须将案件移送司法机关，依法追究刑事责任。
第二十八条　行政机关实施行政处罚时，应当责令当事人改正或者限期改正违法行为。 **当事人有违法所得，除依法应当退赔的外，应当予以没收。违法所得是指实施违法行为所取得的款项。法律、行政法规、部门规章对违法所得的计算另有规定的，从其规定。**	第二十三条　行政机关实施行政处罚时，应当责令当事人改正或者限期改正违法行为。
第二十九条　对当事人的同一个违法行为，不得给予两次以上罚款的行政处罚。**同一个违法行为违反多个法律规范应当给予罚款处罚的，按照罚款数额高的规定处罚。**	第二十四条　对当事人的同一个违法行为，不得给予两次以上罚款的行政处罚。

第三十条　不满十四周岁的**未成年**人有违法行为的，不予行政处罚，责令监护人加以管教；已满十四周岁不满十八周岁的**未成年**人有违法行为的，**应当**从轻或者减轻行政处罚。	第二十五条　不满十四周岁的人有违法行为的，不予行政处罚，责令监护人加以管教；已满十四周岁不满十八周岁的人有违法行为的，从轻或者减轻行政处罚。
第三十一条　精神病人、**智力残疾人**在不能辨认或者不能控制自己行为时有违法行为的，不予行政处罚，但应当责令其监护人严加看管和治疗。间歇性精神病人在精神正常时有违法行为的，应当给予行政处罚。**尚未完全丧失辨认或者控制自己行为能力的精神病人、智力残疾人有违法行为的，可以从轻或者减轻行政处罚。**	第二十六条　精神病人在不能辨认或者不能控制自己行为时有违法行为的，不予行政处罚，但应当责令其监护人严加看管和治疗。间歇性精神病人在精神正常时有违法行为的，应当给予行政处罚。
第三十二条　当事人有下列情形之一，应当从轻或者减轻行政处罚： （一）主动消除或者减轻违法行为危害后果的； （二）受他人胁迫**或者诱骗**实施违法行为的； **（三）主动供述行政机关尚未掌握的违法行为的；** （四）配合行政机关查处违法行为有立功表现的； （五）法律、法规、规章规定其他应当从轻或者减轻行政处罚的。	第二十七条　当事人有下列情形之一的，应当~~依法~~从轻或者减轻行政处罚： （一）主动消除或者减轻违法行为危害后果的； （二）受他人胁迫有违法行为的； （三）配合行政机关查处违法行为有立功表现的； （四）其他依法从轻或者减轻行政处罚的。 违法行为轻微并及时纠正，没有造成危害后果的，不予行政处罚。（移至第三十三条修改）
第三十三条　违法行为轻微并及时改正，没有造成危害后果的，不予行政处罚。**初次违法且危害后果轻微并及时改正的，可以不予行政处罚。** **当事人有证据足以证明没有主观过错的，不予行政处罚。法律、行政法规另有规定的，从其规定。** **对当事人的违法行为依法不予行政处罚的，行政机关应当对当事人进行教育。**	第二十七条第二款　违法行为轻微并及时纠正，没有造成危害后果的，不予行政处罚。

第三十四条　行政机关可以依法制定行政处罚裁量基准，规范行使行政处罚裁量权。行政处罚裁量基准应当向社会公布。	新增条文
第三十五条　违法行为构成犯罪，人民法院判处拘役或者有期徒刑时，行政机关已经给予当事人行政拘留的，应当依法折抵相应刑期。 违法行为构成犯罪，人民法院判处罚金时，行政机关已经给予当事人罚款的，应当折抵相应罚金；**行政机关尚未给予当事人罚款的，不再给予罚款**。	第二十八条　违法行为构成犯罪，人民法院判处拘役或者有期徒刑时，行政机关已经给予当事人行政拘留的，应当依法折抵相应刑期。 违法行为构成犯罪，人民法院判处罚金时，行政机关已经给予当事人罚款的，应当折抵相应罚金。
第三十六条　违法行为在二年内未被发现的，不再给予行政处罚；**涉及公民生命健康安全、金融安全且有危害后果的，上述期限延长至五年**。法律另有规定的除外。 前款规定的期限，从违法行为发生之日起计算；违法行为有连续或者继续状态的，从行为终了之日起计算。	第二十九条　违法行为在二年内未被发现的，不再给予行政处罚。法律另有规定的除外。 前款规定的期限，从违法行为发生之日起计算；违法行为有连续或者继续状态的，从行为终了之日起计算。
第三十七条　实施行政处罚，适用违法行为发生时的法律、法规、规章的规定。但是，作出行政处罚决定时，法律、法规、规章已被修改或者废止，且新的规定处罚较轻或者不认为是违法的，适用新的规定。	新增条文
第三十八条　**行政处罚**没有依据或者**实施主体不具有行政主体资格的，行政处罚无效。** <u>违反</u>法定程序**构成重大且明显违法**的，行政处罚无效。	第三条第二款　没有~~法定~~依据或者<u>不遵守</u>法定程序的，行政处罚无效。
第五章　行政处罚的决定	**第五章　行政处罚的决定**
第一节　一般规定	
第三十九条　行政处罚的实施机关、立案依据、实施程序和救济渠道等信息应当公示。	新增条文

第四十条　公民、法人或者其他组织违反行政管理秩序的行为，依法应当给予行政处罚的，行政机关必须查明事实；违法事实不清、**证据不足的**，不得给予行政处罚。	第三十条　公民、法人或者其他组织违反行政管理秩序的行为，依法应当给予行政处罚的，行政机关必须查明事实；违法事实不清的，不得给予行政处罚。
第四十一条　行政机关依照法律、行政法规规定利用电子技术监控设备收集、固定违法事实的，应当经过法制和技术审核，确保电子技术监控设备符合标准、设置合理、标志明显，设置地点应当向社会公布。 **电子技术监控设备记录违法事实应当真实、清晰、完整、准确。行政机关应当审核记录内容是否符合要求；未经审核或者经审核不符合要求的，不得作为行政处罚的证据。** **行政机关应当及时告知当事人违法事实，并采取信息化手段或者其他措施，为当事人查询、陈述和申辩提供便利。不得限制或者变相限制当事人享有的陈述权、申辩权。**	新增条文
第四十二条　行政处罚应当由具有行政执法资格的执法人员实施。执法人员不得少于两人，法律另有规定的除外。 **执法人员应当文明执法，尊重和保护当事人合法权益。**	新增条文
第四十三条　执法人员与<u>案件</u>有直接利害关系**或者有其他关系可能影响公正执法**的，应当回避。 **当事人认为执法人员与案件有直接利害关系或者有其他关系可能影响公正执法的，有权申请回避。** **当事人提出回避申请的，行政机关应当依法审查，由行政机关负责人决定。决定作出之前，不停止调查。**	第三十七条第三款　执法人员与<u>当事人</u>有直接利害关系的，应当回避。

第四十四条　行政机关在作出行政处罚决定之前，应当告知当事人**拟**作出**的**行政处罚**内容及**事实、理由、依据，并告知当事人依法享有的**陈述、申辩、要求听证等**权利。	第三十一条　行政机关在作出行政处罚决定之前，应当告知当事人作出行政处罚~~决定的~~事实、理由及依据，并告知当事人依法享有的权利。
第四十五条　当事人有权进行陈述和申辩。行政机关必须充分听取当事人的意见，对当事人提出的事实、理由和证据，应当进行复核；当事人提出的事实、理由或者证据成立的，行政机关应当采纳。 行政机关不得因当事人**陈述、**申辩而给予更重的处罚。	第三十二条　当事人有权进行陈述和申辩。行政机关必须充分听取当事人的意见，对当事人提出的事实、理由和证据，应当进行复核；当事人提出的事实、理由或者证据成立的，行政机关应当采纳。 行政机关不得因当事人申辩而加重处罚。
第四十六条　证据包括： （一）书证； （二）物证； （三）视听资料； （四）电子数据； （五）证人证言； （六）当事人的陈述； （七）鉴定意见； （八）勘验笔录、现场笔录。 证据必须经查证属实，方可作为认定案件事实的根据。 以非法手段取得的证据，不得作为认定案件事实的根据。	新增条文
第四十七条　行政机关应当依法以文字、音像等形式，对行政处罚的启动、调查取证、审核、决定、送达、执行等进行全过程记录，归档保存。	新增条文
第四十八条　具有一定社会影响的行政处罚决定应当依法公开。 公开的行政处罚决定被依法变更、撤销、确认违法或者确认无效的，行政机关应当在三日内撤回行政处罚决定信息并公开说明理由。	新增条文

第四十九条　发生重大传染病疫情等突发事件，为了控制、减轻和消除突发事件引起的社会危害，行政机关对违反突发事件应对措施的行为，依法快速、从重处罚。	新增条文
第五十条　行政机关及其工作人员对实施行政处罚过程中知悉的国家秘密、商业秘密或者个人隐私，应当依法予以保密。	新增条文
第二节　简易程序	**第一节　简易程序**
第五十一条　违法事实确凿并有法定依据，对公民处以二百元以下、对法人或者其他组织处以三千元以下罚款或者警告的行政处罚的，可以当场作出行政处罚决定。**法律另有规定的，从其规定。**	第三十三条　违法事实确凿并有法定依据，对公民处以五十元以下、对法人或者其他组织处以一千元以下罚款或者警告的行政处罚的，可以当场作出行政处罚决定。当事人应当依照本法第四十六条、第四十七条、第四十八条的规定履行行政处罚决定。（移至第五十三条修改）
第五十二条　执法人员当场作出行政处罚决定的，应当向当事人出示执法证件，填写预定格式、编有号码的行政处罚决定书，并当场交付当事人。**当事人拒绝签收的，应当在行政处罚决定书上注明。** 前款规定的行政处罚决定书应当载明当事人的违法行为，行政处罚**的种类和**依据、罚款数额、时间、地点，**申请行政复议、提起行政诉讼的途径和期限**以及行政机关名称，并由执法人员签名或者盖章。 执法人员当场作出的行政处罚决定，应当报所属行政机关备案。	第三十四条　执法人员当场作出行政处罚决定的，应当向当事人出示执法~~身份~~证件，填写预定格式、编有号码的行政处罚决定书。行政处罚决定书应当当场交付当事人。 前款规定的行政处罚决定书应当载明当事人的违法行为、行政处罚依据、罚款数额、时间、地点以及行政机关名称，并由执法人员签名或者盖章。 执法人员当场作出的行政处罚决定，必须报所属行政机关备案。
第五十三条　对当场作出的行政处罚决定，当事人应当依照本法第六十七条至第六十九条的规定履行。	第三十三条第二句　当事人应当依照本法第四十六条、第四十七条、第四十八条的规定履行行政处罚决定。
第三节　普通程序	**第二节　一般程序**
第五十四条　除本法第五十一条规定的可以当场作出的行政处罚外，行政机关发现公民、法人或者其他组织有依法应当	第三十六条　除本法第三十三条规定的可以当场作出的行政处罚外，行政机关发现公民、法人或者其他组织有依法应当

给予行政处罚的行为的，必须全面、客观、公正地调查，收集有关证据；必要时，依照法律、法规的规定，可以进行检查。 **符合立案标准的，行政机关应当及时立案。**	给予行政处罚的行为的，必须全面、客观、公正地调查，收集有关证据；必要时，依照法律、法规的规定，可以进行检查。
第五十五条　执法人员在调查或者进行检查时，应当**主动**向当事人或者有关人员出示**执法**证件。**当事人或者有关人员有权要求执法人员出示执法证件。执法人员不出示执法证件的，当事人或者有关人员有权拒绝接受调查或者检查。** 当事人或者有关人员应当如实回答询问，并协助调查或者检查，不得**拒绝或者**阻挠。询问或者检查应当制作笔录。	第三十七条　行政机关在调查或者进行检查时，~~执法人员不得少于两人，并~~应当向当事人或者有关人员出示证件。当事人或者有关人员应当如实回答询问，并协助调查或者检查，不得阻挠。询问或者检查应当制作笔录。 行政机关在收集证据时，可以采取抽样取证的方法；在证据可能灭失或者以后难以取得的情况下，经行政机关负责人批准，可以先行登记保存，并应当在七日内及时作出处理决定，在此期间，当事人或者有关人员不得销毁或者转移证据。（移至第五十六条修改） 执法人员与当事人有直接利害关系的，应当回避。（移至第四十三条第一款修改）
第五十六条　行政机关在收集证据时，可以采取抽样取证的方法；在证据可能灭失或者以后难以取得的情况下，经行政机关负责人批准，可以先行登记保存，并应当在七日内及时作出处理决定，在此期间，当事人或者有关人员不得销毁或者转移证据。	第三十七条第二款　行政机关在收集证据时，可以采取抽样取证的方法；在证据可能灭失或者以后难以取得的情况下，经行政机关负责人批准，可以先行登记保存，并应当在七日内及时作出处理决定，在此期间，当事人或者有关人员不得销毁或者转移证据。
第五十七条　调查终结，行政机关负责人应当对调查结果进行审查，根据不同情况，分别作出如下决定： （一）确有应受行政处罚的违法行为的，根据情节轻重及具体情况，作出行政处罚决定； （二）违法行为轻微，依法可以不予行政处罚的，不予行政处罚；	第三十八条　调查终结，行政机关负责人应当对调查结果进行审查，根据不同情况，分别作出如下决定： （一）确有应受行政处罚的违法行为的，根据情节轻重及具体情况，作出行政处罚决定； （二）违法行为轻微，依法可以不予行政处罚的，不予行政处罚；

（三）违法事实不能成立的，不予行政处罚； （四）违法行为涉嫌犯罪的，移送司法机关。 对情节复杂或者重大违法行为给予行政处罚，行政机关负责人应当集体讨论决定。	（三）违法事实不能成立的，不得给予行政处罚； （四）违法行为已构成犯罪的，移送司法机关。 对情节复杂或者重大违法行为给予~~较重的~~行政处罚，行政机关~~的~~负责人应当集体讨论决定。 在行政机关负责人作出决定之前，应当由从事行政处罚决定审核的人员进行审核。行政机关中初次从事行政处罚决定审核的人员，应当通过国家统一法律职业资格考试取得法律职业资格。（移至第五十八条修改）
第五十八条　**有下列情形之一，**在行政机关负责人作出**行政处罚的**决定之前，应当由从事行政处罚决定**法制**审核的人员进行**法制**审核；**未经法制审核或者审核未通过的，不得作出决定：** **（一）涉及重大公共利益的；** **（二）直接关系当事人或者第三人重大权益，经过听证程序的；** **（三）案件情况疑难复杂、涉及多个法律关系的；** **（四）法律、法规规定应当进行法制审核的其他情形。** 行政机关中初次从事行政处罚决定**法制**审核的人员，应当通过国家统一法律职业资格考试取得法律职业资格。	第三十八条第三款　在行政机关负责人作出决定之前，应当由从事行政处罚决定审核的人员进行审核。行政机关中初次从事行政处罚决定审核的人员，应当通过国家统一法律职业资格考试取得法律职业资格。
第五十九条　行政机关依照本法第五十七条的规定给予行政处罚，应当制作行政处罚决定书。行政处罚决定书应当载明下列事项： （一）当事人的姓名或者名称、地址； （二）违反法律、法规、规章的事实和证据； （三）行政处罚的种类和依据；	第三十九条　行政机关依照本法第三十八条的规定给予行政处罚，应当制作行政处罚决定书。行政处罚决定书应当载明下列事项： （一）当事人的姓名或者名称、地址； （二）违反法律、法规或者规章的事实和证据； （三）行政处罚的种类和依据；

（四）行政处罚的履行方式和期限； （五）申请行政复议、提起行政诉讼的途径和期限； （六）作出行政处罚决定的行政机关名称和作出决定的日期。 行政处罚决定书必须盖有作出行政处罚决定的行政机关的印章。	（四）行政处罚的履行方式和期限； （五）~~不服行政处罚决定，~~申请行政复议或者提起行政诉讼的途径和期限； （六）作出行政处罚决定的行政机关名称和作出决定的日期。 行政处罚决定书必须盖有作出行政处罚决定的行政机关的印章。
第六十条　行政机关应当自行政处罚案件立案之日起九十日内作出行政处罚决定。法律、法规、规章另有规定的，从其规定。	新增条文
第六十一条　行政处罚决定书应当在宣告后当场交付当事人；当事人不在场的，行政机关应当在七日内依照《中华人民共和国民事诉讼法》的有关规定，将行政处罚决定书送达当事人。 **当事人同意并签订确认书的，行政机关可以采用传真、电子邮件等方式，将行政处罚决定书等送达当事人。**	第四十条　行政处罚决定书应当在宣告后当场交付当事人；当事人不在场的，行政机关应当在七日内依照民事诉讼法的有关规定，将行政处罚决定书送达当事人。
第六十二条　行政机关及其执法人员在作出行政处罚决定之前，未依照本法第四十四条、第四十五条的规定向当事人告知拟作出的行政处罚**内容及**事实、理由、依据，或者拒绝听取当事人的陈述、申辩，不得作出行政处罚决定；当事人**明确**放弃陈述或者申辩权利的除外。	第四十一条　行政机关及其执法人员在作出行政处罚决定之前，不依照本法第三十一条、第三十二条的规定向当事人告知给予行政处罚的事实、理由和依据，或者拒绝听取当事人的陈述、申辩，行政处罚决定不能成立；当事人放弃陈述或者申辩权利的除外。
第四节　听证程序	**第三节　听证程序**
第六十三条　行政机关**拟**作出**下列**行政处罚决定，应当告知当事人有要求听证的权利，当事人要求听证的，行政机关应当组织听证： **（一）**较大数额罚款； **（二）没收较大数额违法所得、没收较大价值非法财物；** **（三）降低资质等级**、吊销许可证件； **（四）**责令停产停业、**责令关闭、限制**	第四十二条　行政机关作出责令停产停业、吊销许可证~~或者执照~~、较大数额罚款等行政处罚决定~~之前~~，应当告知当事人有要求~~举行~~听证的权利；当事人要求听证的，行政机关应当组织听证。当事人不承担行政机关组织听证的费用。听证依照以下程序组织： （一）当事人要求听证的，应当在行政机关告知后三日内提出；

从业； **（五）其他较重的行政处罚；** **（六）法律、法规、规章规定的其他情形。** 当事人不承担行政机关组织听证的费用。	（二）行政机关应当在听证的七日前，通知当事人举行听证的时间、地点； （三）除涉及国家秘密、商业秘密或者个人隐私外，听证公开举行； （四）听证由行政机关指定的非本案调查人员主持；当事人认为主持人与本案有直接利害关系的，有权申请回避； （五）当事人可以亲自参加听证，也可以委托一至二人代理； （六）举行听证时，调查人员提出当事人违法的事实、证据和行政处罚建议；当事人进行申辩和质证； （七）听证应当制作笔录；笔录应当交当事人审核无误后签字或者盖章。（移至第六十四条修改） ~~当事人对限制人身自由的行政处罚有异议的，依照治安管理处罚法有关规定执行。~~
第六十四条　听证**应当**依照以下程序组织： （一）当事人要求听证的，应当在行政机关告知后五日内提出； （二）行政机关应当在**举行**听证的七日前，通知当事人**及有关人员**听证的时间、地点； （三）除涉及国家秘密、商业秘密或者个人隐私**依法予以保密**外，听证公开举行； （四）听证由行政机关指定的非本案调查人员主持；当事人认为主持人与本案有直接利害关系的，有权申请回避； （五）当事人可以亲自参加听证，也可以委托一至二人代理； **（六）当事人及其代理人无正当理由拒不出席听证或者未经许可中途退出听证的，视为放弃听证权利，行政机关终止听证；**	第四十二条第一款第三句　听证依照以下程序组织： （一）当事人要求听证的，应当在行政机关告知后三日内提出； （二）行政机关应当在听证的七日前，通知当事人~~举行~~听证的时间、地点； （三）除涉及国家秘密、商业秘密或者个人隐私外，听证公开举行； （四）听证由行政机关指定的非本案调查人员主持；当事人认为主持人与本案有直接利害关系的，有权申请回避； （五）当事人可以亲自参加听证，也可以委托一至二人代理； （六）举行听证时，调查人员提出当事人违法的事实、证据和行政处罚建议；当事人进行申辩和质证； （七）听证应当制作笔录；笔录应当交当事人审核无误后签字或者盖章。

（七）举行听证时，调查人员提出当事人违法的事实、证据和行政处罚建议，当事人进行申辩和质证； （八）听证应当制作笔录。笔录应当交当事人**或者其代理人**核对无误后签字或者盖章。**当事人或者其代理人拒绝签字或者盖章的，由听证主持人在笔录中注明。**	
第六十五条 听证结束后，行政机关**应当根据听证笔录，**依照本法第五十七条的规定，作出决定。	第四十三条 听证结束后，行政机关依照本法第三十八条的规定，作出决定。
第六章 行政处罚的执行	**第六章 行政处罚的执行**
第六十六条 行政处罚决定依法作出后，当事人应当在行政处罚决定**书载明**的期限内，予以履行。 当事人确有经济困难，需要延期或者分期缴纳罚款的，经当事人申请和行政机关批准，可以暂缓或者分期缴纳。	第四十四条 行政处罚决定依法作出后，当事人应当在行政处罚决定的期限内，予以履行。 第五十二条 当事人确有经济困难，需要延期或者分期缴纳罚款的，经当事人申请和行政机关批准，可以暂缓或者分期缴纳。
第六十七条 作出罚款决定的行政机关应当与收缴罚款的机构分离。 除依照本法第六十八条、第六十九条的规定当场收缴的罚款外，作出行政处罚决定的行政机关及其执法人员不得自行收缴罚款。 当事人应当自收到行政处罚决定书之日起十五日内，到指定的银行**或者通过电子支付系统**缴纳罚款。银行应当收受罚款，并将罚款直接上缴国库。	第四十六条 作出罚款决定的行政机关应当与收缴罚款的机构分离。 除依照本法第四十七条、第四十八条的规定当场收缴的罚款外，作出行政处罚决定的行政机关及其执法人员不得自行收缴罚款。 当事人应当自收到行政处罚决定书之日起十五日内，到指定的银行缴纳罚款。银行应当收受罚款，并将罚款直接上缴国库。 ~~第六十三条 本法第四十六条罚款决定与罚款收缴分离的规定，由国务院制定具体实施办法。~~
第六十八条 依照本法第五十一条的规定当场作出行政处罚决定，有下列情形之一，执法人员可以当场收缴罚款： （一）依法给予一百元以下罚款的； （二）不当场收缴事后难以执行的。	第四十七条 依照本法第三十三条的规定当场作出行政处罚决定，有下列情形之一~~的~~，执法人员可以当场收缴罚款： （一）依法给予二十元以下的罚款的； （二）不当场收缴事后难以执行的。

第六十九条　在边远、水上、交通不便地区，行政机关及其执法人员依照本法第五十一条、第五十七条的规定作出罚款决定后，当事人到指定的银行**或者通过电子支付系统**缴纳罚款确有困难，经当事人提出，行政机关及其执法人员可以当场收缴罚款。	第四十八条　在边远、水上、交通不便地区，行政机关及其执法人员依照本法第三十三条、第三十八条的规定作出罚款决定后，当事人向指定的银行缴纳罚款确有困难，经当事人提出，行政机关及其执法人员可以当场收缴罚款。
第七十条　行政机关及其执法人员当场收缴罚款的，必须向当事人出具**国务院财政部门或者**省、自治区、直辖市**人民政府**财政部门统一制发的专用票据；不出具财政部门统一制发的专用票据的，当事人有权拒绝缴纳罚款。	第四十九条　行政机关及其执法人员当场收缴罚款的，必须向当事人出具省、自治区、直辖市财政部门统一制发的罚款收据；不出具财政部门统一制发的罚款收据的，当事人有权拒绝缴纳罚款。
第七十一条　执法人员当场收缴的罚款，应当自收缴罚款之日起二日内，交至行政机关；在水上当场收缴的罚款，应当自抵岸之日起二日内交至行政机关；行政机关应当在二日内将罚款缴付指定的银行。	第五十条　执法人员当场收缴的罚款，应当自收缴罚款之日起二日内，交至行政机关；在水上当场收缴的罚款，应当自抵岸之日起二日内交至行政机关；行政机关应当在二日内将罚款缴付指定的银行。
第七十二条　当事人逾期不履行行政处罚决定的，作出行政处罚决定的行政机关可以采取下列措施： （一）到期不缴纳罚款的，每日按罚款数额的百分之三加处罚款，**加处罚款的数额不得超出罚款的数额**； （二）根据法律规定，将查封、扣押的财物拍卖、**依法处理**或者将冻结的存款、**汇款**划拨抵缴罚款； **（三）根据法律规定，采取其他行政强制执行方式；** （四）**依照《中华人民共和国行政强制法》的规定**申请人民法院强制执行。 **行政机关批准延期、分期缴纳罚款的，申请人民法院强制执行的期限，自暂缓或者分期缴纳罚款期限结束之日起计算。**	第五十一条　当事人逾期不履行行政处罚决定的，作出行政处罚决定的行政机关可以采取下列措施： （一）到期不缴纳罚款的，每日按罚款数额的百分之三加处罚款； （二）根据法律规定，将查封、扣押的财物拍卖或者将冻结的存款划拨抵缴罚款； （三）申请人民法院强制执行。

第七十三条　当事人对行政处罚决定不服，申请行政复议或者提起行政诉讼的，行政处罚不停止执行，法律另有规定的除外。 **当事人对限制人身自由的行政处罚决定不服，申请行政复议或者提起行政诉讼的，可以向作出决定的机关提出暂缓执行申请。符合法律规定情形的，应当暂缓执行。** **当事人申请行政复议或者提起行政诉讼的，加处罚款的数额在行政复议或者行政诉讼期间不予计算。**	第四十五条　当事人对行政处罚决定不服申请行政复议或者提起行政诉讼的，行政处罚不停止执行，法律另有规定的除外。
第七十四条　除依法应当予以销毁的物品外，依法没收的非法财物必须按照国家规定公开拍卖或者按照国家有关规定处理。 罚款、没收**的**违法所得或者没收非法财物拍卖的款项，必须全部上缴国库，任何行政机关或者个人不得以任何形式截留、私分或者变相私分。 **罚款、没收的违法所得或者没收非法财物拍卖的款项，不得同作出行政处罚决定的行政机关及其工作人员的考核、考评直接或者变相挂钩。除依法应当退还、退赔的外，**财政部门不得以任何形式向作出行政处罚决定的行政机关返还罚款、没收的违法所得或者没收非法财物拍卖**的**款项。	第五十三条　除依法应当予以销毁的物品外，依法没收的非法财物必须按照国家规定公开拍卖或者按照国家有关规定处理。 罚款、没收违法所得或者没收非法财物拍卖的款项，必须全部上缴国库，任何行政机关或者个人不得以任何形式截留、私分或者变相私分；财政部门不得以任何形式向作出行政处罚决定的行政机关返还罚款、没收的违法所得或者~~返还~~没收非法财物~~的~~拍卖款项。
第七十五条　行政机关应当建立健全对行政处罚的监督制度。县级以上人民政府应当**定期组织开展行政执法评议、考核，**加强对行政处罚的监督检查**，规范和保障行政处罚的实施**。 **行政机关实施行政处罚应当接受社会监督。**公民、法人或者其他组织对行政机关实施行政处罚的行为，有权申诉或者检举；行政机关应当认真审查，发现有错误的，应当主动改正。	第五十四条　行政机关应当建立健全对行政处罚的监督制度。县级以上人民政府应当加强对行政处罚的监督检查。 公民、法人或者其他组织对行政机关作出的行政处罚，有权申诉或者检举；行政机关应当认真审查，发现~~行政处罚~~有错误的，应当主动改正。

第七章　法律责任	第七章　法律责任
第七十六条　行政机关实施行政处罚，有下列情形之一，由上级行政机关或者有关机关责令改正，对直接负责的主管人员和其他直接责任人员依法给予处分： （一）没有法定的行政处罚依据的； （二）擅自改变行政处罚种类、幅度的； （三）违反法定的行政处罚程序的； （四）违反本法第二十条关于委托处罚的规定的； **（五）执法人员未取得执法证件的。** **行政机关对符合立案标准的案件不及时立案的，依照前款规定予以处理。**	第五十五条　行政机关实施行政处罚，有下列情形之一的，由上级行政机关或者有关部门责令改正，~~可以~~对直接负责的主管人员和其他直接责任人员依法给予~~行政~~处分： （一）没有法定的行政处罚依据的； （二）擅自改变行政处罚种类、幅度的； （三）违反法定的行政处罚程序的； （四）违反本法第十八条关于委托处罚的规定的。
第七十七条　行政机关对当事人进行处罚不使用罚款、没收财物单据或者使用非法定部门制发的罚款、没收财物单据的，当事人有权拒绝，并有权予以检举，**由**上级行政机关或者有关机关对使用的非法单据予以收缴销毁，对直接负责的主管人员和其他直接责任人员依法给予处分。	第五十六条　行政机关对当事人进行处罚不使用罚款、没收财物单据或者使用非法定部门制发的罚款、没收财物单据的，当事人有权拒绝处罚，并有权予以检举。上级行政机关或者有关部门对使用的非法单据予以收缴销毁，对直接负责的主管人员和其他直接责任人员依法给予~~行政~~处分。
第七十八条　行政机关违反本法第六十七条的规定自行收缴罚款的，财政部门违反本法第七十四条的规定向行政机关返还罚款、**没收的违法所得**或者拍卖款项的，由上级行政机关或者有关机关责令改正，对直接负责的主管人员和其他直接责任人员依法给予处分。	第五十七条　行政机关违反本法第四十六条的规定自行收缴罚款的，财政部门违反本法第五十三条的规定向行政机关返还罚款或者拍卖款项的，由上级行政机关或者有关部门责令改正，对直接负责的主管人员和其他直接责任人员依法给予~~行政~~处分。
第七十九条　行政机关截留、私分或者变相私分罚款、没收的违法所得或者财物的，由财政部门或者有关机关予以追缴，对直接负责的主管人员和其他直接责任人员依法给予处分；情节严重构成犯罪的，依法追究刑事责任。	第五十八条　行政机关将罚款、没收的违法所得或者财物截留、私分或者变相私分的，由财政部门或者有关部门予以追缴，对直接负责的主管人员和其他直接责任人员依法给予~~行政~~处分；情节严重构成犯罪的，依法追究刑事责任。

执法人员利用职务上的便利，索取或者收受他人财物、**将**收缴罚款据为己有，构成犯罪的，依法追究刑事责任；情节轻微不构成犯罪的，依法给予处分。	执法人员利用职务上的便利，索取或者收受他人财物、收缴罚款据为己有，构成犯罪的，依法追究刑事责任；情节轻微不构成犯罪的，依法给予~~行政~~处分。
第八十条　行政机关使用或者损毁**查封、**扣押的财物，对当事人造成损失的，应当依法予以赔偿，对直接负责的主管人员和其他直接责任人员依法给予处分。	第五十九条　行政机关使用或者损毁扣押的财物，对当事人造成损失的，应当依法予以赔偿，对直接负责的主管人员和其他直接责任人员依法给予~~行政~~处分。
第八十一条　行政机关违法实施检查措施或者执行措施，给公民人身或者财产造成损害、给法人或者其他组织造成损失的，应当依法予以赔偿，对直接负责的主管人员和其他直接责任人员依法给予处分；情节严重构成犯罪的，依法追究刑事责任。	第六十条　行政机关违法实行检查措施或者执行措施，给公民人身或者财产造成损害、给法人或者其他组织造成损失的，应当依法予以赔偿，对直接负责的主管人员和其他直接责任人员依法给予行政处分；情节严重构成犯罪的，依法追究刑事责任。
第八十二条　行政机关对应当依法移交司法机关追究刑事责任的**案件**不移交，以行政处罚代替**刑事**处罚，由上级行政机关或者有关机关责令改正，对直接负责的主管人员**和其他直接责任人员依法**给予处分；情节严重构成犯罪的，依法追究刑事责任。	第六十一条　行政机关~~为牟取本单位私利，~~对应当依法移交司法机关追究刑事责任的不移交，以行政处罚代替刑罚，由上级行政机关或者有关部门责令纠正~~；拒不纠正的~~，对直接负责的主管人员给予~~行政~~处分；徇私舞弊、包庇纵容违法行为的，依照刑法有关规定追究刑事责任。
第八十三条　行政机关对应当予以制止和处罚的违法行为不予制止、处罚，致使公民、法人或者其他组织的合法权益、公共利益和社会秩序遭受损害的，对直接负责的主管人员和其他直接责任人员依法给予处分；情节严重构成犯罪的，依法追究刑事责任。	第六十二条　执法人员玩忽职守，对应当予以制止和处罚的违法行为不予制止、处罚，致使公民、法人或者其他组织的合法权益、公共利益和社会秩序遭受损害的，对直接负责的主管人员和其他直接责任人员依法给予~~行政~~处分；情节严重构成犯罪的，依法追究刑事责任。
第八章　附　　则	**第八章　附　　则**
第八十四条　外国人、无国籍人、外国组织在中华人民共和国领域内有违法行为，应当给予行政处罚的，适用本法，法律另有规定的除外。	新增条文

第八十五条　本法中“二日”“三日”“五日”“七日”的规定是指工作日，不含法定节假日。	新增条文
第八十六条　本法自2021年7月15日起施行。	第六十四条　本法自1996年10月1日起施行。 ~~本法公布前制定的法规和规章关于行政处罚的规定与本法不符合的，应当自本法公布之日起，依照本法规定予以修订，在1997年12月31日前修订完毕。~~

后记：阳光灿烂的日子

——记跟随恩师杨立新教授求学的美好时光

今年是恩师七十大寿，我跟随恩师六年，是杨门在人大的第一位秘书长。

入　门

2001 年 9 月的一天，在贤进楼六层会议室，我和黄琳、陈怡一同被宣布为杨立新老师在中国人民大学的首届弟子。会议结束后，我和黄琳、陈怡在楼梯口认识了一下，算是建立了组织。黄琳年龄最长，陈怡是人大法学院“土著”，在我们三个当中，我始终是弱势群体，这种局面直到今天也没能扭转。我模糊地记得，那天陈怡穿了件粉色的裙子。那时候没有微信，无法建立微信群，但好处是增加了大家相互走动的次数。

那年初，恩师刚辞去最高人民检察院民事行政检察厅厅长职位，来到人大法学院任教，以前是统领全国民事行政检察业务，现在就管我们三个徒弟。要不是后来刘宗胜师兄又被恩师收入博士门墙，我们“学海无涯苦作舟”的日子肯定更“苦”。话说回来，刘师兄和黄琳一样，性格开朗，给我们那段求学的日子带来不少欢乐。

而那时我们还都不知道，我将跟随先生学习六载。当然，那时候我们也都不知道，几年后我还和陈怡建立了超友谊关系——根据《婚姻家庭法》《婚姻登记条例》，于 2007 年 6 月 1 日签订了婚姻合同，并在海淀区双榆树婚姻登记处登记公示，组建了小家庭。

开学后不久后的一天下午，我们得到通知，要去拜见恩师。那时候，恩师住在石景山。我说话还带着浓重的东北口音，师母听到家乡话，经常情不自禁地哈哈大笑。

当天，我们每人都领到任务，自选题目，写一篇入门文章——这一直成为杨门新生入学的保留项目。我当时写的是违约责任和侵权责任竞合时的赔偿责任，还画了图，后来我的电脑坏了，但硬盘一直留着，这是我进入人大后写的第一篇文章。2020 年，《民法典》改变了《合同法》第一百二十二条择一而诉的规定，硬盘里的那篇文章听到这个消息一定很高兴！

实　践

恩师数十年法曹生涯，造就了其学问有个特点，就是问题意识多来源于实践，而非仅仅是逻辑。

有一天，恩师把我们三个叫到一起，让我们去实地调研一下饭店、旅店停车场车辆损坏赔偿问题。我是从五线小城市来到北京的，人生地不熟，干事情也还处于学习阶段，好在黄琳干过几年教师，陈怡地头熟悉，于是我们到城乡仓储超市、双安商场、友谊宾馆等不同类型的公共场所作了实地访谈，最后与恩师合作完成了《饭店、旅店车辆管护义务及其损害赔偿》，发表在《法学家》上。这篇文章的“管护义务”一词好像是陈怡提炼的，我工作多年以后，忽然发现自己不会写学术文章了，后来专门阅读了不少学术论文写作的著作，其中，陈瑞华教授提出，学术文章应当努力提炼概念。对此，我深以为然。

话说恩师在调入中国人民大学之时，有些教授似乎还有一些不同看法：人大法学院是否需要引入实践性研究风格的人才？工作这么多年后，我发现这是有些教授骨子里面的真实认识，不是对某个人的偏见，或许这从一个侧面反映了我国法学研究的“偏见”。

人大校园东门口有块大石头，上面写着“实事求是”，这几个字写起来容易，真正能在实践中做到还真不容易。

法学是科学吗？法学在什么意义上是科学？中国最需要什么样的法学家？

在我的印象里，医学院的教授通常是能治病的，而且是医生中的佼佼者。当然，这个印象没有去印证，可能是误判。因为工作关系，我们也经常请一些专家帮助诊断国家与社会治理的“痛疾”，但有时会发现有些专家并不了解实际情况，讲话的逻辑和知识体系都是“希腊、罗马”式的，开出的方子不但不能“治病”，如果真按照方子吃药，“病”可能会更厉害。我想，这可能是当前中国法治需要改善的一个点，法治共同体建设还差强人意。

写　作

写作是一门技巧，需要不断磨砺，就像游泳一样，在岸上无法学会游泳。经过我多年观察，恩师成功的秘诀之一就是不断地写。和许多人不同，恩师是喜欢写作，认为写作是一种享受，正所谓“有文万事足”！这可能是许多高产作家的共同认知。

我之所以能有今天的文字能力和学术洞察能力，离不开大量的学术和工作训练。在硕士研究生阶段，我们就跟随恩师撰写了《人身权学说与判例》《中国人格权法立法报告》等，同时还参加了人格权、侵权法的课题研究，担任《侵权司法对策》、中国民商法律网的编辑。在博士阶段，还和王竹、周云涛师弟等发起成立了明德民商法研习社，忝任社长一职，定期举办读书会。可以说，我的写作能力是恩师手把手教出来的。当然，也离不开314宿舍几位大哥和同门、同学的耳濡目染。

2002年左右，中国人民大学民商事法律研究中心尝试创办《民商法前沿》刊物，陈怡因为表现突出，被恩师选为责任编辑，有个美差是采访谢老。后来，谢老根据问题提纲亲自撰写了采访稿。现在想来，没有一起蹭采访，没能近距离亲炙民法宗师风采，真是遗憾终生！

毕业后，我还时常参加杨门的聚会，有一次教师节，想不起来送什么礼物。最后，陈怡想到了谢老的手稿，手稿送给恩师后，他分外惊喜，晚宴结束后，还专门记得看看有没有把手稿落下，“这可是宝贝，不能丢了！”看到恩师小心地把手稿收起来，我和陈怡相视一笑。这礼物不是几页纸，而是《民法典》规定的特定人格物，凝聚着恩师对谢老的仰慕、怀念之情，背后也许还有见贤思齐的味道吧。

谢老就职于中国社科院法学所，但泽被学林，民法人大这一脉，也概莫能外。谢老那一代民法学家能得到后辈的普遍尊崇，一方面是因为学识高深，另一方面是因为人格魅力，没有门墙之念，提携后辈也是不遗余力的。这也是恩师后来经常提点我的，要做好学问，但更要做好人。毕业以后，我时常用恩师的教导来不断提醒自己，努力“日三省吾身”。对于错误，有则改之，无则加勉；对于经验，不断提炼，不断弘扬。

恩师肯收我继续读博士，多半源于写作《论人格权请求权》一文。这篇文章恩师和我打磨了差不多一年。文章确定发表后，恩师让陈怡告诉我，文章定于《法学研究》2003年第6期发表。当时，陈怡跑到研三楼314房间一本正经地说，文章没有被采用，当时听到这个消息后，有种准备在春晚登台表演，但节目被临时毙了的感觉。这篇文章后来被选入2004年《中国民法学精粹》，主要观点被《民法典》采纳。这篇文章发表后，我自己对人格权领域的研究有了一定的信心，对于如何写文章也有了一点初步的体会。

笔墨生涯这么多年，我也到了中年人的写作阶段，写作既是职业，也是业余爱好。对于国情，自认为有些了解，对于理论，也有一定的基础，同时涉猎民法、行政法，这种比较优势让我有条件写出不一样的论文，在未来的日子里，我下决心努力钻研能解决中国问题的中国学问。

态　度

态度决定一切。这里回忆一下穿西装和劝学书两件事。

先说穿西装。

2002 年暑假，我在学校看书、学习。有一天，恩师打电话让我去他家吃中午饭。我穿了沙滩裤、拖鞋和 T 恤就和刘生亮打车去恩师家。

哈哈！去了之后就被恩师一顿批：见长辈不能不注重仪表。陈怡后来还总结说，宁可“overdress”，也不能“underdress”。至此，我算是长记性了，立即花 1800 多元买了一套西装。2003 年 5 月 3 日，谢怀栻先生仙逝。此后，中国社科院法学所召开追思会，恩师带我们三人参加追思会，我就穿了那套西装。

后来，恩师陆续带我参加一些学术会议，还见到了王泽鉴、刘得宽等以前只在书本上能见到的大学者，正式场合，我穿的都是这套西装。有一次恩师准备带我见一位日本学者，恰巧被姚辉老师看到，“呵！大夏天的，这师徒俩都穿得这么正式!”这里插一句，那位日本学者只研究诉讼时效中的一个问题，直到工作多年以后，我才体会到日本人的精细化是贯穿于国家与社会生活各个方面的，这很值得我们反思。

恩师最开始研究的是侵权法，对曾世雄先生的《损害赔偿法原理》很重视。有一次，恩师有机会和曾世雄先生吃饭，恩师精心选择西装、领带隆重出席，体现了对曾世雄先生的尊重。其实，我个人还非常喜欢曾世雄先生的《民法总则之现在与未来》，好书不必长，就像钱穆先生的《中国历代政治得失》，读罢之后，颇感余音绕梁，拍案惊奇!

直到现在，那套西装还在我的衣柜里，我每次看到它，就会想起恩师对我的教诲。

下面说劝学书。

好多学者都写过劝学书。恩师也给杨门弟子写过。

记得有一次，恩师带着弟子们参加会议，有几位同门没有提交论文。恩师很生气，愤而疾书，写了《劝学书（一）》。我在恩师面前的人设是努力学习的乖学生。其实，工作以后，我也经常参加各类学术会议，但没有记得恩师的教诲，正所谓“学而不思则罔，思而不学则殆”，学业日渐荒芜。直到有一天，我参加中国行政法学会规制委员会的年会，于立深教授在点评时做了幻灯片，我才幡然醒悟。自此以后，不论工作多忙，我都会端正态度，努力做到以文会友。

后来，恩师还写了《劝学书（二）》《振学书》等，有兴趣的朋友可以找来一读。

生　活

杨门的生活很快乐。法律是对生活的提炼。

刚入门那段时间，我们经常到恩师家吃饭。堂堂的厅长、教授亲自下厨，弟子们主要的任务是吃，哈哈！有一次，恩师说要包饺子，我们三人只有陈怡会擀饺子皮。当然，黄琳可能也会，原谅我的眼里只有陈怡，没记得他会不会。我在家里是老小，擀饺子皮这类事情根本轮不上我。说实话，那一刻感觉很没面子。于是，我下决心不让这样的事情发生在我孩子身上。从孩子七八岁开始，我就经常让他下厨房。2018 年到 2019 年，我工作异常繁忙，加班是常态。记得有一次周末，我和孩子在家，孩子看我一脸疲惫，主动下厨房，焖了米饭、炒了鸡蛋，为人父者，甚为感动。

恩师那时候还经常开车带着我们郊游。有一次，恩师说带我们去红螺寺。在红螺寺的一个凉亭，我们照了合影，其中有一张是我照的，被恩师选在了一本介绍当代法学家的书籍中作为配图。

2002 年，王卫权、陶维群、蔡颖雯被恩师收入博士门墙。王师兄给人的第一印象是谦谦君子，事实也的确如此，那些年王师兄经常请我们吃饭，还尽可能地给我们提供各种帮助，真是感激不尽。陶师兄入门时在证券公司工作，这种人设让我没想到他还参与编写了《元照英美法词典》。词典出版后，陶师兄专门买了一本，并在扉页上题诗一首送我，隽永的文字至今记忆犹新。插播一句，《元照英美法词典》后来还出了电子词典，版权出售事宜，陈怡是实际操刀人。蔡师姐为人很外向，人走到哪里，笑声就到哪里，我硕士毕业后，不少东西没地方放，她非常爽快地作为无偿“仓储合同”的当事人，她现在已经是青岛大学法学院院长。前几天，我陪陈怡看电视《三十而已》，其中有个主角，我看着说脸熟，陈怡突然说，“像蔡颖雯！”你别说，还真像！

未　来

恩师写过《忽然五十》，没想到转眼间，我也过了四十。每每想起在恩师身边求学的日子，心里就暖洋洋的，仿佛在凉爽的秋天散步，正好一缕暖阳映入心田，全身每个细胞都分泌起肾上腺素。感谢恩师的传道授业解惑，父母给了我第一生命，恩师给了我第二生命。

如何报答恩师的教诲，我想，不论在什么岗位，都要老实做人，扎实做事；在学术上，尽全力将恩师的学说发扬光大！在事业上，尽全力为国家贡献自己的力量！

图书在版编目（CIP）数据

中华人民共和国行政处罚法释义／袁雪石著.—北京：中国法制出版社，2021.5（2021.8 重印）
ISBN 978－7－5216－1864－8

Ⅰ.①中… Ⅱ.①袁… Ⅲ.①行政处罚法－法律解释－中国 Ⅳ.①D922.115

中国版本图书馆 CIP 数据核字（2021）第 086694 号

责任编辑：刘晓霞　　　　封面设计：杨泽江

中华人民共和国行政处罚法释义
ZHONGHUA RENMIN GONGHEGUO XINGZHENG CHUFAFA SHIYI

著者/袁雪石
经销/新华书店
印刷/三河市国英印务有限公司
开本/710 毫米×1000 毫米　16 开　　　　印张/33.25　字数/438 千
版次/2021 年 6 月第 1 版　　　　2021 年 8 月第 7 次印刷

中国法制出版社出版
书号 ISBN 978－7－5216－1864－8　　　　定价：95.00 元

北京西单横二条 2 号
邮政编码 100031　　　　传真：010－66031119
网址：http：//www.zgfzs.com　　　　**编辑部电话：010－66075800**
市场营销部电话：010－66033393　　　　**邮购部电话：010－66033288**

（如有印装质量问题，请与本社印务部联系调换。电话：010－66032926）